금석문으로 읽는 신라 이야기

목요윤독회

지식산업사

금석문으로 읽는 신라 이야기

초판 1쇄 인쇄　2026. 4.　9.
초판 1쇄 발행　2026. 4. 27.

지은이　목요윤독회
펴낸이　김경희
펴낸곳　(주)지식산업사
본사 ● 10881, 경기도 파주시 광인사길 53(문발동)
전화 031 – 955 – 4226~7 팩스 031 – 955 – 4228
서울사무소 ● 03044, 서울시 종로구 자하문로6길 18 – 7
전화 02 – 734 – 1978, 1958 팩스 02 – 720 – 7900
영문문패　www.jisik.co.kr
전자우편　jsp@jisik.co.kr
등록번호　1 – 363
등록날짜　1969. 5. 8.

ISBN 978 – 89 – 423 – 9993 – 2(03910)

금석문으로 읽는 신라 이야기

목요윤독회 회원들이 들려주는
신라의 역사와 문화

노중국

강종훈　이기천
김권구　이미란
김복순　이영호
김세기　이준성
박광연　이청규
배현숙　임동민
서남영　조이옥
윤재운　홍승우

지식산업사

책을 펴내며

  이 책은 목요윤독회 회원들이 공동 집필한 책이다. 목요윤독회는 대구를 중심으로 한 영남 지역의 한국 고대사 및 고고학, 미술사 전공 교수들이 학기 중 매주 목요일 저녁에 만나 고대사 관련 사료들을 강독하는 모임으로, 1984년에 처음 결성되어 2026년 4월 현재 42년의 오랜 전통을 이어오고 있다. 아마 국내외를 막론하고 강독 모임이 이처럼 장기간 유지된 사례는 거의 없지 않을까 싶다.

  윤독회는 1984년 4월에 당시 계명대 노중국, 경북대 주보돈, 효성여대(현 대구가톨릭대) 최광식, 대구대 이명식 교수를 비롯한 대구 시내 각 대학의 한국 고대사 전공 교수들과 몇몇 일본사 전공 교수들이 대구 대명동의 이명식 교수 연구실에 모여서 일본의 고대 역사서인 《일본서기》를 읽는 모임으로 출발하였다. 이후 여러 장소를 옮겨가면서 《삼국유사》를 비롯한 국내 사료와 고고학 자료들을 섭렵하였고, 지금은 경북대 인문한국진흥관의 세미나실에서 수년째 한국 고대 금석문 자료를 읽고 있다. 문장 하나 자구 하나를 두고 치열한 토론을 벌여, 어떨 때는 십여 줄을 검토하는 데 한 시간 반이 훌쩍 지나가기도 한다. 윤독회 회원들은 강독한 내용과 직접 관련 있는 역사의 현장을 찾아 1년에 두 차례 국내 답사를 실시하고 있으며, 해외 답사도 2000년 첫 답사(멕시코) 이후 가까운 곳 먼 곳 가리지 않고 부정기적으로 꾸준히 다녀오고 있다.

현재 활동 중인 회원은 윤독회의 산 증인이자 이 책의 대표 집필자인 노중국 선생님(계명대 명예교수)을 필두로 강종훈(대구가톨릭대 교수), 김권구(계명대 명예교수), 김복순(동국대 명예교수), 김세기(대구한의대 명예교수), 박광연(동국대 교수), 서남영(경북대 연구교수), 윤재운(대구대 교수), 이기천(경북대 교수), 이미란(경북대 연구교수), 이영호(경북대 명예교수), 이준성(경북대 교수), 이청규(영남대 명예교수), 임동민(계명대 교수), 조이옥(이화여대 연구교수), 홍승우(경북대 교수) 등 16명이다. 그간 모임에 함께했다가 퇴임, 이직, 이사 등의 이유로 부득이 그만둔 분들로는 이명식(대구대), 주보돈, 이희준(이상 경북대), 이형우, 김정숙(이상 영남대), 김동소(대구가톨릭대), 박성현(전 계명대, 현 서울대), 전덕재(전 경주대, 현 단국대), 강현숙(동국대) 교수 등등 많은 분이 있다.

그런데 윤독회는 40년 이상 오랜 기간 열심히 활동해 왔으나, 정작 모임의 이름으로 결과물을 펴낸 적이 없었다. 이를 안타깝게 여긴 노중국 선생님이 2024년 6월에 김천 갈항사지 답사를 마무리하는 자리에서 윤독회 회원들에게 각자 자기 전공 분야와 내용상 가장 가까운 금석문 자료를 소재로 글을 써서 대중용 교양서를 내보자고 제안하셨다. 답사에 함께했던 회원들이 적극 동의하면서 드디어 이 책의 출간 계획이 잡히기에 이르렀다.

애초에는 한 학기의 집필 및 교열 기간과 또 한 학기의 편집, 인쇄 기간을 잡아 2025년 2학기 시작과 함께 책을 출간할 목표를 세웠다. 그렇지만 회원들이 주제를 선정하는 데나 실제 집필을 마치는 데 시간이 생각보다 많이 걸렸고, 노중국, 이영호 선생님과 필자가 편집위원, 이준성 선생님이 간사를 맡아 교열을 진행하는 데에도 상당한 시일이 소요되었다. 결국 2025년 2학기에 접어들 무렵에야 출판사인 지식산업사에 원고를 넘길 수 있었으며, 편집과 교정 과정을 거쳐 한 학기가 더 지난 이제야 책을 발간하게 되었다.

　이 책은 그동안 윤독회에서 집중적으로 검토해 온 금석문 자료 가운데 특히 신라사와 관련된 것들을 선별하여 회원들이 한 장씩 맡아 집필하였다. 신라사에 관한 금석문 자료가 가장 많아서기도 하지만, 모여서 공부하고 있는 지역 자체가 옛 신라와 연고가 깊은 곳이라서 기왕이면 신라 금석문 관련 단행본을 내기로 한 것이다.

　책의 구성은 삼국시대 신라 금석문을 다룬 제1부 '삼국시대: 덕업일신의 나라, 신라'와 통일신라 시대의 금석문을 다룬 제2부 '통일신라시대: 불교의 나라, 신라' 등 크게 두 개 부분으로 이루어졌는데, 〈울진 봉평리 신라비〉나 〈성덕대왕 신종 명문〉처럼 학계 안팎에 널리 알려진 금석문 자료뿐만 아니라 〈갈항사 석탑기〉, 〈철원 도피안사 철불 명문〉과 같이 일반인들에게는 다소 생소한 자료들까지 포함되어 있다. 그래서 이 책은 한국 고대사를 전공하는 연구자들과 일반 독자 모두에게 도움이 되고 흥미를 끌 것이라고 기대한다.

　이 책이 만들어지는 과정에서 회원들은 큰 슬픔을 겪기도 했다. 계명문화대 명예교수로서 열정적으로 윤독회에 참석하던 배현숙 선생님이 갑작스러운 사고로 유명을 달리하셨기 때문이다. 2025년 2월 하순 담양 개선사지 석등 답사를 함께 다녀오고 얼마 지나지 않은 시점에 선생님의 비보를 접하고서 모든 회원은 말로 다 표현할 수 없는 충격에 빠지고 말았다.

　선생님의 원고도 그때까지 들어오지 않은 상태였기에 다들 선생님이 담당하기로 했던 부분은 뺄 수밖에 없겠다고 생각하였다. 그런데 어느날 가족분으로부터 선생님의 유품을 정리하면서 윤독회 관련 원고를 발견했다는 연락이 왔다. 며칠 후 원고를 전달받고 보니 놀랍게도 거의 완성된 상태였다.

　이에 형식적인 측면에서 다른 원고들과 일관성을 갖추게 하는 정도로만 다듬어 원래 계획대로 책에 함께 싣기로 했다. 이 책의 제2부에 실린 배

선생님의 글, 〈철원 도피안사 철불, 우리를 피안으로 인도하는 부처님〉은 선생님이 세상에 남기고 가신 마지막 유고가 된다.

필자는 초대 노중국 선생님을 이어 이영호 선생님이 십여 년 동안 맡았던 회장직을 2024년 3월에 물려받아 윤독회를 이끌고 있다. 서문은 윤독회의 가장 큰 어른이시고 책의 출간을 처음 제안하셨던 노중국 선생님이 작성하는 것이 여러모로 맞지만, 회장인 필자에게 굳이 미루셔서 어쩔 수 없이 졸렬하나마 이렇게 대신 쓰게 되었다. 선생님이나 다른 회원들에게 누가 되지 않기를 바라는 마음이다.

앞서 언급했듯이 이 책은 목요윤독회의 이름으로 나가는 첫 단행본이다. 회원의 숫자가 제한적이다 보니 마땅히 다루어져야 할 소재인데도 빠진 것들이 많다. 미흡한 부분들은 향후 새로운 책을 통해 채워 나갈 것을 기약한다.

이 책이 나오기까지 많은 분들이 수고를 해주셨다. 우선 자신이 맡은 주제의 집필에 심혈을 기울여주신 회원 교수님들, 특별히 본인의 원고 외에도 전체 원고 교열에 귀중한 시간을 내어주신 노중국, 이영호 선생님과 원고 수합부터 출판사와의 연락까지 궂은 업무를 마다하지 않은 이준성 선생님께 깊이 감사드린다. 아울러 책의 간행을 흔쾌히 맡아주신 지식산업사 김경희 사장님과 편집자 김연주 씨께도 필자들을 대표하여 감사의 마음을 전한다. 마지막으로 1년 전 피안으로 건너가신 배현숙 선생님의 명복을 다시 한번 빌어 본다.

2026년 4월

집필자들을 대표하여 강종훈 삼가 씀

차 례

제1부 삼국시대: 

덕업일신의 나라, 신라

제1장 빛으로 망라사방網羅四方을 밝히다
─사로국 유력자들의 애호품 일광경

1. 사로국에 거울이 등장하다
2. 명문이 있는 중국 한나라 거울의 종류와 특성을 찾아서
3. 사로국과 인접 소국 영역 출토 중국 거울의 명문과 의미 속으로

김권구(계명대 사학과 명예교수)

1. 사로국에 거울이 등장하다

거울은 얼굴을 비추는 도구이면서 빛을 모아 반사하는 물건이다. 권위를 나타내는 위세품인 동시에 벽사의 기물로서 또는 서로의 연대와 충성을 상징하는 의미로 무덤에 묻히기도 한다. 그래서 시대별로 빛을 담기도 하고, 권력의 상징물이 되기도 하고, 문화를 이어주는 역할을 하기도 한다. 나아가 신에게 바치는 공헌물 내지 의례에 사용되던 종교적 기물이면서 화장도구이고 시대를 반영하는 기물이 되기도 했다. 거울의 뒷면에 있는 다양한 문양과 명문은 그것이 가진 상징성과 편년 그리고 계통에 대한 정보를 제공한다. 거울은 재질에 따라 동경銅鏡, 철경鐵鏡, 토경土鏡, 석경石鏡으로 나뉜다.

한반도에서는 여러 고리 거친무늬 거울(다뉴조문경)과 여러 고리 고운무

늬 거울(다뉴정문경)이 청동기시대 말기부터 초기철기시대에 걸쳐 호서지역과 호남지역에서 주로 유행하였고 권력의 상징물이면서 의례의 도구로 사용된 것으로 이해되기도 한다. 그래서 기원전 4세기에서 기원전 2세기에 걸쳐 사용된 이들 거울은 의례를 진행하던 사제司祭의 상징적 물건으로 보고 그 소유자를 사제왕(司祭王, shaman king)이라고 부르기도 한다.

사로국의 유력자 무덤에서 나오는 전한경前漢鏡 중에서 사로국의 옛 영역이라고 생각되는 경주지역에서 발견된 거울이 존재하는데 그 주요 대상은 일광경, 소명경, 사유경四乳鏡, 청백경 등이다. 일광경은 '해의 빛이 드러나면'이라는 의미의 현일지광見日之光이라는 명문이 있는 거울이며, 소명경은 소명昭明이라는 명문이 장식된 거울을 가리킨다. 사유경은 거울의 뒷면에 첫 꼭지와 같은 문양이 네 개가 있어 붙여진 거울이며, 청백경은 청백淸白이라는 글씨가 명문 첫머리에 새겨진 전자체 거울을 뜻한다. 사로국의 주변 지역인 골벌국의 영역인 영천지역, 압독국의 영역인 경산 임당지역, 이름이 남지 않은 소국의 영역이었던 경산 하양지역 그리고 달구벌에 있던 소국의 영역으로 추정되는 대구지역 등에서 출토되거나 수습·신고된 중국 한나라 청동거울(漢鏡), 본뜬 청동거울(方製鏡)이 있다. 이들 거울의 명문 내용, 출토양상, 분포양상을 종합적으로 바라보면 사로국 사람들이 선호했던 거울의 의미와 상징성이 더 잘 이해될 것이다.

영남지역에서는 청동기시대 만기에서 초기철기시대에 기하학문이 있는 여러 고리 거친무늬 거울과 여러 고리 고운무늬 거울이 거의 발견되지 않고 사천, 경주 일부 지역에서 예외적으로 발견된 바 있다. 이렇듯 여러 고리 거울(다뉴경)의 불모지에 가까운 경주지역과 대구와 경산 그리고 영천 등지의 주변 지역에서 기원전 1세기에서 기원후 1세기에 들어서면 명문이 있는 중국 한漢나라 청동거울(異體字銘鏡)이 다수 발견된다. 이 시기 경주지역에는 사로국이, 경산지역에는 압독국이, 영천지역에는 골벌국이 성립되어 있었다. 여기서는 이러한 거울의 뒷면에 새겨진 문자 내용과 종류를 살펴보고 그들 청동거울이 나온 무덤, 부장유물의 종류와 수량을 비교하면서 명문이 있는 중국 한나라 청동거울이 묻힌 무덤의 주인공을 살펴보고 교역방식이나 교역로 그리고 교역자에 대하여 살펴보게 될 것이다. 이를 통해 사로국단계 경주지역 유력자의 출현과 그들이 문자를 알아서 의도적으로 특정 종류의 청동거울을 갖길 희망하여 수입해 온 여부 등에 대해 살펴보고자 한다. 또 이를 통해 사로국 유력자들이 명문이 있는 중국 한나라 청동거울과 본뜬 청동거울을 차별적으로 사용한 양상을 엿볼 수 있을 것이다. 한나라 청동거울과 본뜬 거울을 통하여 사로국 유력자들은 그들의 내부적 권력을 강화하고 외부적 교역망과 관계망의 강화를 통한 외적 성장도 도모했던 것으로 추정된다.

2. 명문이 있는 중국 한나라 거울의 종류와 특성을 찾아서

기원전 4-3세기에는 대전 괴정동, 예산 동서리, 아산 남성리, 군산 선제리 등 호서지역과 호남지역에서 한국식동검과 더불어 다뉴경, 검파형동기, 나팔형동기 등의 청동의기가 부장되는 유력자의 무덤이 확인되고, 기원전 3-2세기에는 한국식동검, 동모, 동과 등 무기류와 여러 고리 정문경과 같은 청동거울류, 팔주령과 쌍두령 그리고 간두령 등 방울류가 의기류로 추가된 유력자의 무덤이 화순 대곡리, 함평 초포리, 충주 호암동 등 호서지역과 호남지역에서 집중적으로 확인되지만, 같은 시기 영남지역에서는 이러한 유물을 부장한 유력자의 무덤은 별로 확인되지 않는다. 그러나 기원전 1세기 -기원후 1세기에는 상대적으로 호서지역과 호남지역에서의 유력자 무덤은 잘 보이지 않고 경주 사라리, 경주 탑동, 경주 조양동 등 경주지역을 중심으로 그 인근 지역인 대구 평리동, 대구 비산동, 전 대구 지산동, 경산 양지리, 경산 임당동, 경산 갑제동, 영천 어은동, 영천 용전리, 포항 성곡리 등 금호강–형산강유역에서 유력자의 출현을 알려 주는 명문이 있는 중국 한나라 청동거울 그리고 철기와 한계漢系 유물이 부장된 목관묘가 집중적으로 나타난다. 그 유물의 종류와 수량 그리고 내용 면에서 한반도에서 대동강유역을 제외하고는 경주지역을 포함한 금호강유역 등에서 유력자의 존재양상이 가장 두드러져서 사로국을 비롯한 진한 소국의 형성과 발전과 관련하여 주목된다[1].

1) 사로국의 경주지역

(1) 경주 탑동 21-3·4번지 유적

가. 일광경

목관 바닥의 북동쪽에서 확인된 칠선자 자루 아래에서 본뜬 청동거울과 함께 포개져 일광경 1점이 출토되었다. 8엽의 내행화문이 돌려져 있다. 직경 8.3cm, 두께 0.5cm 꼭지경 1.1cm, 꼭지고 1.0cm이다. 주문대에는 '見日之光 天下大明'이라는 명문이 있다[2](도판 1).

---

1 고 이건희 회장 기증 '건희3092'로 등록된 20점의 중국 청동거울 일괄품 중 일광경 13점, 소명경 3점이 포함되어 있고 일괄 유물로 출토되었다고 기록되어 있다. 영천 어은동에서 중국 한나라 청동거울과 본뜬 청동거울이 15개 출토되고 있어서 일괄 출토 가능성이 있으며 이들 중국 한나라 청동거울도 모두 진한의 어느 지역이 출토지역일 가능성이 있다고 보고 있다(이양수2024:198-233).

나. 본뜬 청동거울

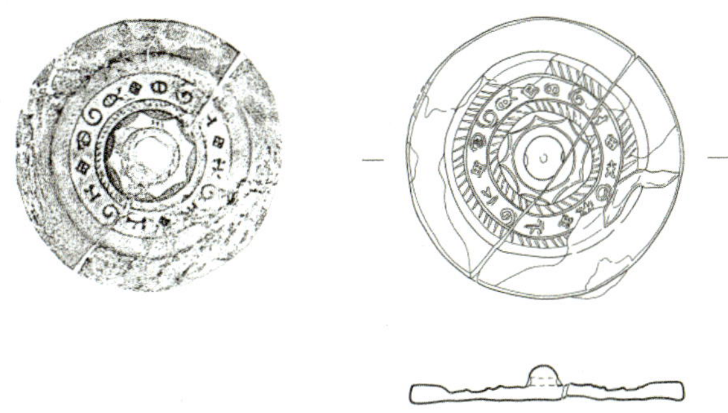

<도판 1> 경주 탑동 21-3·4번지 유적목관묘 출토 일광경

목관묘 바닥의 동북쪽에서 확인된 칠선자 자루 아래에서 일광경의 상부
에서 문양면이 서로 포개진 채로 본뜬 청동거울이 1점 출토되었다. 내행화
문계의 본뜬 거울으로 7엽의 내행화문이 돌려져 있다. 내행화문과 고리 부
착면은 7개의 방사형 선문으로 구획하고 각면 중앙에 '主' 혹은 '王'자의 명
문이 있다. 내행화문의 바깥쪽에도 '主' 혹은 '王'자와 ⑨를 반복적으로 시
문하였다(도판 2).

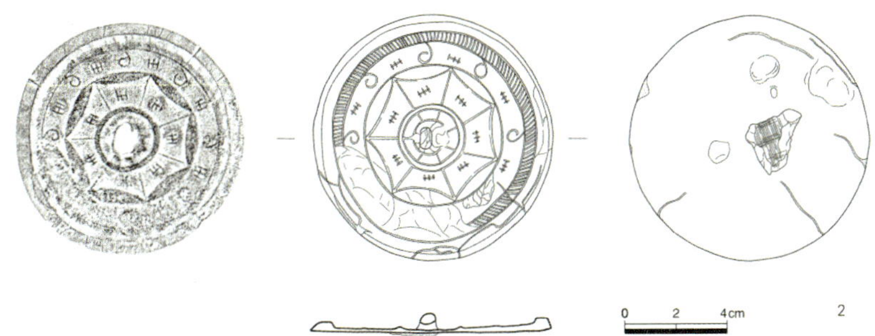

<도판 2> 경주 탑동 21-3·4번지 유적 목관묘 출토 본뜬 거울

---

2 이 글의 모든 도판과 도면의 전거는 참고문헌을 참고하기 바란다.

(2) 경주 조양동 38호 유적

장방형의 묘광에 요갱이 설치된 목관묘인 경주 조양동 38호에서는 4점의
중국 한나라 청동거울〔漢鏡〕이 출토되었다(국립경주박물관2001:68-69, 2003:
189-190)(도판 3).

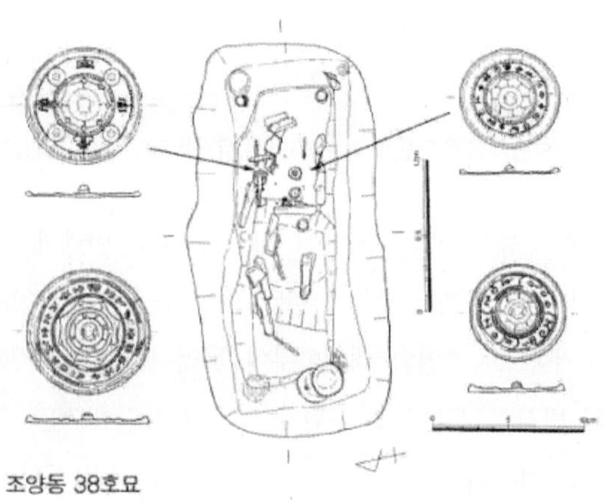

〈도판 3〉 경주 조양동 38호 출토 중국 한나라 거울

가. 사유경四乳鏡

사유경四乳鏡은 거울의 뒷면에 첫 꼭지와 같은 문양이 네 개가 있어서 붙여
진 이름이다. 이 거울의 직경은 7.5cm이고 두께는 0.2cm이다. '가상귀부(家常
貴)富' 4자의 명문이 있다(국립경주박물관2003:189, 김현진2006:33)(도판 3).

나. 소명경昭明鏡

소명경昭明鏡의 직경은 8.0cm이고 두께는 0.3cm이다. '內而淸而以昭而明/

光而象不日月 心而不今'이라는 명문이 있다. 이 명문은 소명경의 전형적인 문구인 '內淸質以昭明 光輝象夫日月 心忽揚而願忠 然壅塞而不泄'와 비교된다(국립경주박물관2003:189-190, 김현진2006:33)(도판 3).

다. 내행화문 일광경(內行花文 日光鏡)

내행화문 일광경(內行花文 日光鏡)의 직경은 6.5cm이고 두께는 0.2cm이다. '見日之光 天下大明(해의 빛이 드러나면 천하가 크게 밝아질 것이다)'이다(국립경주박물관2003:189-190, 김현진2006:33)(도판 3).

라. 중권문 일광경(重圈文 日光鏡)

중권문 일광경(重圈文 日光鏡)의 직경은 6.4cm이고 두께는 0.25cm이다. 주문대主文帶의 명문은 '見日之光 長不相忘'으로 초구初句와 종구終句가 서로 연결되지 않고 있다. 아마도 일광경 중에서 '久不相見 長毋相忘'이라는 명문이 있는데 이 명문은 내행화문일광경內行花文日光鏡의 초구初句와 구불상견명경久不相見銘鏡의 종구終句를 합한 것으로 추정된다. 종구의 '不'자는 '毋'자의 오자誤字로 추정된다(국립경주박물관2003:189-190)(도판 3).

(3) 경주 사라리 124-2번지 유적 목관묘 1호

경주 사라리 124-2번지 유적 목관묘 1호에서는 청백경淸白鏡으로 보이는 명문이 있는 중국 한나라 청동거울과 성운문경이 피장자 중앙부 쪽의 신변유물로 확인되었다. 명문이 있는 중국 한나라 청동거울의 경우 '… 承之可 …'로 추정되는 명문이 확인되었는데(도판 4) 기존 연구를 고려할 때

'… 承驩之可 …'명문과 유사하여 '淸白'명문으로 추정되며, 현재까지 한반도 남부에서 처음 확인되는 것이어서 주목된다(한국문화재재단2024, 孔祥星외2003:147).

〈도판 4〉 경주 사리리 124-2번지 유적 목관묘 1호 출토 중국 한나라 거울(청백경)

2) 골벌국의 영천지역

영천지역에서 중국 한나라 거울이나 본뜬 거울이 출토된 유적으로는 영천 어은동유적과 영천 용전리유적이 있다. 영천 용전리유적에서는 성운문경 편으로 보이는 거울 편이 출토되었으나 거울에 명문이 없어서 이 글에서는 영천 용전리유적이 논의 대상에서 제외되었다.

(1) 영천 어은동유적

영천 어은동유적은 목관묘로 추정되며 중국 한나라 청동거울로서는 훼룡문경 1점과 일광경 2점(도판 5) 그리고 본뜬 청동거울 12점이 수습되었다 (국립중앙박물관1992:56-58). 본뜬 청동거울은 전한경을 모방한 것으로 보인다. 일광경 2점의 명문 내용은 '見日之光 天下大明'이다.

〈도판 5〉 전 영천 어은동유적 출토 중국 한나라 거울

3) 이름 모를 다른 소국과 압독국의 영역이었던 경산지역

경산 임당지역과 그 주변 지역은 압독국의 옛 영역으로 알려져 있으나 금호강 건너의 현재 행정구역상의 경산 하양지역이 압독국의 영역이었는지 아니면 역사기록에 남지 않은 이름 모를 소국의 영역이었는지에 대해서는 연구자에 따라 의견이 다르다. 필자는 하양지역은 금호강이라는 자연경계물을 고려할 때 압독국의 영역이 아니었을 가능성이 있다고 추정한다.

(1) 경산 양지리 1호묘

경산 양지리 1호묘에서는 명문이 있는 중국 한나라 청동거울 2점과 성운문경 1점이 목관 내부에서 출토되었다.

가. 명문이 있는 중국 한나라 청동거울 1

명문이 있는 중국 한나라 청동거울 1의 지름은 17.4cm, 뉴 높이 1,3cm, 두께 0.2cm, 외연두께 0.5cm, 무게 561.3g이다. 명문은 39개의 글자 중 6개가 생략된 것으로 추정된다(도판 6).

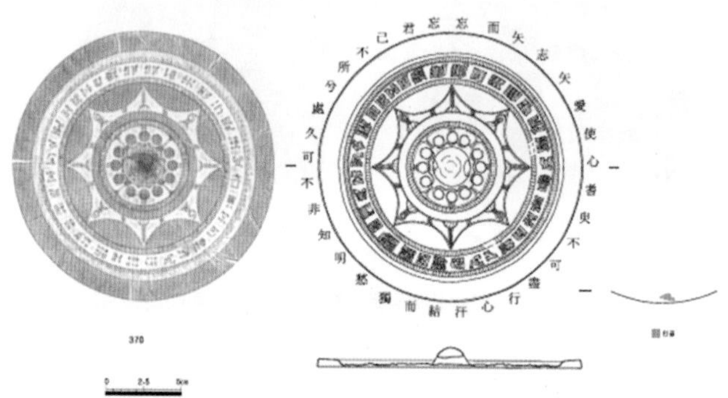

〈도판 6〉 경산 양지리 Ⅱ-5구역 1호 목관묘 목관 내부 출토 중국 한나라 거울

명문 내용은 다음과 같다. 밑줄 부분은 생략된 자구字句로 추정된다.

君忘忘(芒芒/茫茫)而失志兮, 愛使心臾(欲/慾)耆(嗜).
臾(欲/慾)不可盡行, 心汗(紆)結而獨愁.
(明)知非不可久處兮, 而志(또는 "心")所驩(歡)不能巳(已)之(성림문화재연구원 2020:448-449).

나. 명문이 있는 중국 한나라 청동거울 2

명문이 있는 중국 한나라 청동거울 2의 지름은 10.2cm, 뉴 높이 0.8cm, 두께 0.2cm, 무게 132.5g이다. 명문 내용은 다음과 같다: 內淸質以昭明(안으로 바탕을 깨끗이 하여 밝으며)/光輝象而夫日月(광휘는 해와 달을 본받는다)/心忽揚而願忠(마음은 홀연히 충심을 기원하는데)/然壅塞而不泄(가득하여 새지 않는다)(성림문화재연구원2020:449)(도판 7).

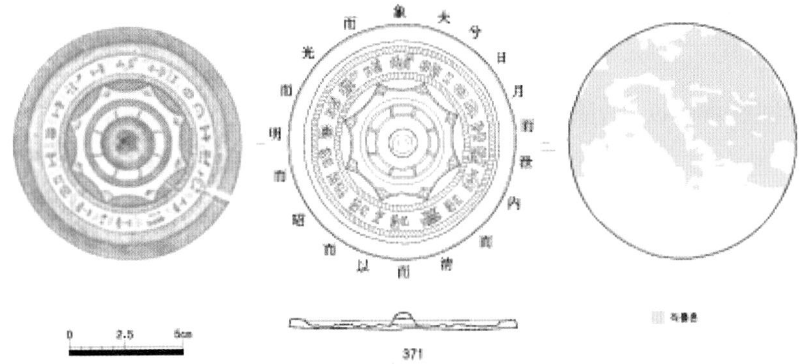

〈도판 7〉 경산 양지리 II-5구역 1호 목관묘 목관 내부 출토 중국 한나라 거울

(2) 전 경산 갑제동유적

전 경산 갑제동 출토 명문이 있는 중국 한나라 청동거울편이 채집된 것이 보고된 바 있는데(도판 8) 명문은 '內以昭日月心忽而揚忠壅塞而不洗'이다. 이 명문의 뜻은 '(거울이) 안으로 일월같이 밝게 하여 마음은 홀연히 충忠을 드날리니 굳게 지켜서 씻기지 않기를'이라는 의미로 판단된다.

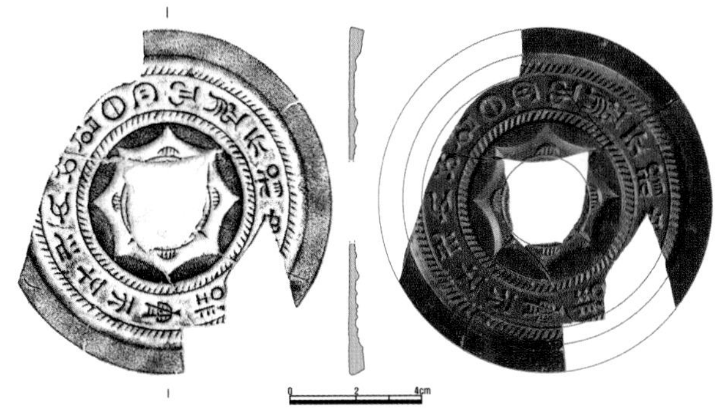

〈도판 8〉 경산 갑제동 발견 명문이 있는 한나라 청동거울 탁본(왼쪽)과 도판

(3) 경산 임당 E-58호 목관묘

경산 임당 E-58호에서는 관내에서 편구호, 재가공 동기로서 중국 한나라 청동거울 편, 이형철기편이 출토되었고 충전토에서는 대부주머니호, 단경호, 주머니호가 출토되었으며 충전토 상부에서는 광구소호가 출토되었다(김현진2006:49 재인용). 경산 임당 E-58호에서 나온 중국 한나라 청동거울 편에는 '장락長樂'명의 문자가 남아 있어서 중국 한나라 청동거울(漢鏡)의 명문 중 길상구를 부장했던 것으로 보인다. 이 중국 한나라 청동거울편의 명문은 과거 '신락臣樂'으로 읽혔으나 '장락長樂'으로 판단되고 있다(최종규2001). '장락長樂'명 중국 한나라 청동거울편에 대해 초엽문경을 재가공한 것으로 보면서 다른 목관묘에서 나온 재가공품들도 모두 일광경 등의 전한경을 재가공한 것들로서 대구 평리동이나 영천 어은동에서 보이는 중국 한나라 청동거울과 같은 것을 잘라서 만들었을 것으로 보는 견해(김현진2006:35)도 있다. 경산 신대리 37호, 경산 임당 A-I-122호, 경산 임당 E-138호에서도 중국 한나라 청동거울의 편이 출토되었다. 이는 경산 지역에 중국 한나라 청동거울의 재가공품이나 파경破鏡의 부장풍습도 있었음을 보여 준다.

4) 달구벌의 소국 영역이었던 대구지역

중국 한나라 거울이 출토되는 대구지역의 유적으로는 전 대구 지산동유적과 발견 신고되어 수습된 대구 평리동유적이 있다. 대구 평리동유적에서는 훼룡문경 1점과 본뜬 청동거울 5점이 출토된 바 있다. 그러나 중국거울이나 본뜬 거울에서 명문은 확인되지 않았다. 특히 대구 평리동유적에서는 거울뿐만 아니라 칠초동검, 검파두식, 동과, 호형대구, 청동팔찌, 칠초동모, 청동재갈, 입형동기, 동탁, 원개형동기 등 다양한 유물이 수습되었다. 그리고 전 대구 지산동유적에서는 중국 한나라 거울 6점이 나온 것으로 전해지고 있으나 아무런 수습기록이 없는 유물이어서 목관묘 출토 유물로 추정될 뿐이다. 따라서 아래에서는 명문이 있는 전 대구 지산동유적 출토 중국 한나라 거울을 소개한다.

(1) 전 대구 지산동유적

대구 지산동에서 출토된 것으로 전하는 중국 한나라 거울은 6점인데 모두 일광경이다(김현진2006:31-32). 발굴된 자료가 아니어서 모든 중국 한나라 청동거울이 함께 출토되었는지 어떤 정황에서 출토되었는지 그 맥락을 알 수 없는 것이 아쉽다. 그러나 일광경이 다수 출토된 것으로 알려져 주목된다. 명문이 있는 일광경은 모두 넷이다. 여기서는 명문이 있는 일광경 4점에 대해서만 살펴볼 것이다.

가. 일광경 1

일광경 1은 직경이 6.3cm이며 주문대主文帶에 '見日之光 天下大明'의 명문이 있다(김현진2006:32).

나. 일광경 2

일광경 2는 직경이 6.2cm이며 주문대主文帶에 '見日之光 天下大明'의 명문이 있다(김현진2006:32).

다. 일광경 3

일광경 3은 직경이 8.2cm이다. '日月心忽而不泄內'의 명문이 있다(김현진 2006:32).

라. 일광경 4

일광경 4는 직경이 7.7cm이다. '見日之光 長毋相忘'의 명문이 있다(김현진 2006:32).

5) 음즙벌국의 포항지역

음즙벌국의 영역으로 추정되는 포항지역의 경우 옹관묘인 포항 성곡리 I 구역 원삼국시대 분묘 13호와 창원 다호리 1호 목관묘 등에서 나온 전한경 前漢鏡인 성운문경이 출토되어 유력자의 묘제로서 옹관묘의 사용과 더불어 주목되었다. 그러나 출토된 성운문경에 명문이 없어서 여기서는 구체적으로 다루지 않고 생략한다.

3. 사로국과 인접 소국 영역 출토 중국 거울의 명문과 의미 속으로

위에서 살펴본 자료를 종합 정리하면 아래의 표와 같다. 이를 토대로 사 로국의 핵심지역인 경주지역을 포함한 그 인근지역인 금호강유역, 곧 사로국과 그 인접소국들이었던 골벌국, 압독국, 달벌국 등의 영역에서 출토된 명문이 있는 중국 청동거울의 분포양상, 종류, 내용상의 특성, 영남지역과 호남지역의 양상 비교, 영남지역 속에서도 경주지역을 포함한 그 인근 지역 의 양상과 김해지역을 중심으로 한 낙동강 하류와 남해안지역과의 비교, 당 시 명문이 있는 중국 한나라 청동거울 유통망 속의 교류주도자와 교류 양 상, 의미 등을 살펴보고자 한다.

1) 주요 명문내용

<표 1> 경주지역과 그 인근지역 출토 문자가 있는 중국 거울의 종류

유적명	일광경	소명경	사유경 (가상귀부)	초엽문경 (장락)	청백경	군망 망명경	명문 있는 본뜬 청동 거울
경주 탑동21-3·4번지 목관묘	1						1
경주 조양동38호 목관묘	2	1	1				
주 사라리 124-2번지유적 목관묘 1호					1		
전 영천 어은동	2						
경산 양지리 1호 목관묘		1				1	
전 경산 갑제동 유적		1					
경산 임당E-58호 목관묘				1			
전 대구 지산동	6						
계	11	3	1	1	1	1	1

경주지역에서는 모두 6개의 명문이 있는 중국 청동거울과 1개의 본뜬 거 울이 출토되어 모두 7개의 해당거울이 있다. 이중 일광경이 3점이고 소명 경이 1점이어서 '빛으로 세상을 밝히고자' 하는 거울이 7점 중 4점을 차지 하고 있다. 범위를 확대하여 사로국의 추정영역인 경주지역과 주변의 골벌

국의 추정영역인 영천, 음즙벌국의 추정영역인 포항, 압독국의 추정영역인 경산, 달벌국의 추정영역인 대구지역을 포함하면 일광경이 4개 유적에서 11점, 소명경이 3개 유적에서 3점이다. 빛 혹은 충성과 관련된 명문이 있는 중국 한나라 청동거울이 6개 유적에서 14점 출토되었고 장락長樂명문이 부분적으로 남아 있는 초엽문경 추정거울편 1개, 가상귀부명문이 있는 사유경 1점, 청백경 1점, 군망망명경 1점 정도여서 압도적으로 일광경이 다수이고 빛과 관련된 소명경과 합하면 그 비중이 더 커지는 양상이다(〈표1〉). 이는 경주지역과 그 인근의 금호강유역에 존재하던 사로국을 포함한 여러 소국 유력자들 사이에서 선호되는 문구를 가진 명문이 있는 중국 청동거울을 차별적으로 가져오거나 수입하여 유통시킨 것을 강하게 암시한다. 중국 중원 지역에서 전한시기에 다양한 중국 한나라 청동거울이 유행되었고 그중 일광경과 소명경이 포함되어 있었는데, 사로국과 여러 소국 유력자들이 일광경과 소명경을 특히 선호하여 가져온 것이다. 그렇지 않고서는 경주지역과 마찬가지로 그 주변지역인 금호강유역 등에서 일광경과 소명경이 다수를 차지하고 특히 일광경이 압도적인 비중으로 다수를 차지하는 양상을 설명하기 어렵다. 이는 사로국 유력자와 관계망을 공유하던 주변의 소국 유력자들 사이에서 성운문경이나 훼룡문경보다는 일광경과 소명경이 더 선호된 결과로 보이며 상호관계강화에 사용된 기물이었을 가능성이 있다.

그런데 호서지역과 호남지역에는 여러 고리 달린 거울이 집중적으로 분포하고 있다. 여러 고리 달린 거울의 기하학적 문양은 태양문을 상징하는 것이라고 판단되며 청동기시대에서 초기철기시대의 고지성 환구유구는 천신이나 태양신의 의례와 관련되는 것으로 추정된다. 그러나 호서지역과 호남지역과는 대조적으로 영남지역의 경우 여러 고리 청동거울은 남해안 교류권인 사천 월성동 1호무덤, 경주지역의 조양동 5호분 및 경주 입실리의 경우를 제외하고 거의 발견되지 않는다. 그러나 고지성 환구유구는 경주 화산리유적, 울산 중산동유적, 울산 서사리유적 등 영남지역에서도 다수 확인되고 있다. 이러한 양상은 천신의례나 태양숭배사상이 청동기시대−초기철기시대에 많이 퍼져 있었으나 그 내용은 지역성을 띠면서 서로 차별화된 것으로 보인다. 이러한 상황에서 중국 한나라 전한경인 문자가 있는 중국 한나라 청동거울 중에서 일광경과 소명경이 경주분지와 그 인근 지역인 금호강 유역을 중심으로 하는 지역에 다수 분포하는 것은, 호서지역과 호남지역과는 달리 고리 청동거울의 사용전통이 없던 사로국을 포함한 진한 소국 영역에서 태양 빛과 관련된 문양 대신 일광경과 소명경 속의 문자文字 내용을 전통적 천신의례와 태양숭배와 연관하여 선별적으로 선택하고 새로운 의미를 부여한 결과일 가능성이 있다. 이는 대동강 유역에서 새로 들어온 고조선 유민이 소국 형성기에 초기철기시대 한반도에 퍼져 있던 천신숭배사상과 태양숭배사상을 계승할 새로운 대상물로서 태양의 빛에 대한 언급이 명문으로 나오는 일광경과 소명경을 선호했고, 그것을 사로국과 그 주변에 있었던 골벌국, 압독국, 달벌국을 포함한 소국정치체와 그 유력자 사이의 동맹 혹은 협력 관계의 재확인 수단으로 활용하면서 위세품으로 삼았던 것의 결과물일 수도 있다. 즉 경주분지와 인근 지역에서 보이는 일광경과 소명경의 집중적 분포는 사로국과 그 인근 소국에 의해 이루어진 중국 한나라 청동거울 사용문화의 선택적 수용이면서 새로운 창조이며 진한 소국의 문화변용으로 볼 수 있다.

특히 '충심을 굳게 지켜 잊지 않도록 하자'는 명문이 있는 일광경과 소명경은, 사로국과 주변소국 사이의 연합과 협력 혹은 소국 안에서 국읍과 읍락의 유력자들이 서로 충성과 유대를 강화하고자 하는 상징물로서 사용되었을 가능성이 크다. 중국 한나라 거울의 유통이 여의치 않을 때 파경破鏡부장 양상도 출현하고 본뜬 청동거울도 자체생산하거나 일부는 왜倭로부터 수입한 것으로 보인다. 그러나 호남지역인 전주 신풍혁신도시에서 조사된 다뉴경의 파경부장 양상을 고려할 때 이러한 파경 전통이 이미 호남지역 등에서 발생하였고, 그러한 전통 속에 다뉴경이 거의 유통되지 않았던 사로국과 압독국 지역 등 진한지역에서도 중국 한나라 청동거울의 파경으로 나타났을 가능성도 배제할 수 없다.

또 성운문경, 훼룡문경, 청수경, 장락명 중국 한나라 청동거울편, 사유경, 가상귀부경 등 다양한 중국 한나라 청동거울도 발견된다. 일광경과 소명경에 비하면 그 비중이 아주 낮지만 부귀영화와 장락長樂의 희망을 담은 다양한 중국 한나라 청동거울이 유입되었음도 확인된다. 그렇지만 전체적으로는 일광경의 비중이 압도적이고 그 다음 유사한 내용을 담은 소명경이 다수 확인되는 것은, 사로국과 그 주변 소국들이 서로 상호 작용하며 연계되며 다른 지역과 차별화하며 선별적으로 선호하여 부장된 행위의 결과였던 것으로 추정된다. 결과적으로 일광경은 사로국과 금호강 유역권 등에 위치하는 사로국 인접 소국 유력자들의 애호품이었던 것으로 보인다.

경주 탑동 21-3·4번지 목관묘에서 출토된 방제경은 '壬' 혹은 '王'을 반복적으로 시문한 본뜬 거울이다. 이는 사로국을 포함한 진한 소국에서 자체 생산한 거울이라는 점에서 주목된다. 영천 어은동에서 출토된 청동 덩어리〔銅塊〕와 영천 용전리의 청동 찌꺼기〔湯口殘存物〕는 골벌국에서 청동기를 만들었던 기술 모습을 보여 준다. 이 청동 찌꺼기는 본뜬 거울 생산의 직접적인 증거는 아니지만 간접적인 증거로 주목된다.

2) 분포양상

기원전 1세기에서 기원후 1세기의 명문이 있는 중국 한나라 청동거울의 한반도 전체에 걸친 분포양상을 본다면, 대동강유역을 제외하고는 II장과

III장의 〈표 1〉에서 보듯이 주로 사로국의 중심지인 경주권역과 그 주변 지역인 금호강유역 등에 집중되는 경향이다. 즉 경주지역과 포항지역, 영천 지역과 경산지역 그리고 대구지역에 중국 한나라의 전한경前漢鏡이 집중적 으로 분포한다. 이는 당시 대동강 유역과 버금가는 선진문물이 유통되던 지 역이 바로 사로국의 경주지역과 그 인근의 포항, 영천, 경산, 대구 등의 인 접 지역이었음을 보여 준다.

시대를 넓혀서 본다면 초기철기시대 다뉴정문경이 주로 분포되는 호서지 역과 호남지역과 달리, 마지막 단계의 다뉴경의 잔상이 남은 소형의 다뉴경 이 경주 조양동 5호분과 입실리에서 각각 1점 출토된 것과 남해안권인 사 천 월성리 1호무덤을 제외하고는 영남지역에서는 잘 확인되지 않을 정도로 다뉴경의 사용전통이 거의 없었다고 생각된다. 그러나 기원전 1세기에서 기 원후 1세기 경주지역과 그 주변 지역인 금호강유역 등에서는 전한경인 명 문이 있는 중국 한나라 청동거울이 집중적으로 분포하고 유력자의 무덤에 서 부장품으로 출토되는 양상인 반면, 기원전 4-2세기 다뉴경이 유통되던 호서지역과 호남지역에는 전한경인 명문이 있는 중국 한나라 전한 청동거 울이 거의 분포하지 않는 양상이어서 지역적 대비가 된다. 호서지역과 호남 지역에서는 후한시기 청동거울이 분포하는 양상이다. 전한경의 영남지역 밀 집 분포 양상은 대동강유역으로부터 내려온 위만조선 유민을 포함한 범고 조선 유민의 이동과 관련되어 주목되며 《삼국지》 권30 〈위서 동이전〉 한전 韓傳에 '낙랑인을 '아잔阿殘'이라고 표현한 점을 고려하면, 당시 진한 소국 형성기 금호강유역과 형산강유역에 내려와 있던 범고조선계 유이민들의 혈 통 및 그들의 계통에 대한 인식의 일면을 보여 준다는 점에서 흥미로운 기 사로 판단된다. 이들이 평양지역에서 직접 내려온 사람들이었다는 견해와 준왕의 남천南遷 시 전북지역으로 내려왔던 집단의 일부가 육로로 다시 대 구지역으로 이주해 왔다는 견해도 있는데, 후자의 견해는 전북지역에 기원전 1세기와 기원후 1세기경 유력자의 모습이 상대적으로 덜 보이는 것과 대구 팔달동유적의 철기문화와 대동강유역과 관련된 한국식동검 칼집 등과 관련되어 제기되기도 하였다. 이것은 진한 우거수 염사치廉斯鑡가 낙랑으로 망명한 사건에서 보듯이 유이민의 유입과 이동이 생각보다 동태적이고 역동적이었음을 암시한다. 그런데 남양주 금남리 목관묘, 가평 달전리유적, 춘천 우두동유적 등의 출토유물이 보여 주듯 한강하류지역과 북한강에서는 고조선문화나 고조선 유이민의 유입양상이 잘 확인되나 원주지역과 충주지역 등 남한강유역에서는 유이민의 흔적이 확인되지 않아서 금호강유역으로의 주민이동경로가 하천을 이용한 육로가 주된 통로였는지 해로가 주된 통로였는지는 알 수 없다. 그렇지만 경주 하구리와 경주 문산리에서 확인되는 목관묘나 초기철기시대 주거지와 관련 유물은 산곡지간에 들어가 사는 유이민의 존재를 암시하며, 시간이 약간 흐른 후 이들을 이끌며 지도하던 유력자가 묻힌 무덤에서 문자가 있는 중국 한나라 청동거울이 나오는 모습이다. 일광경과 소명경 등의 중국 한나라 청동거울은 사로국을 포함한 경주지역과 그 주변 지역에서의 일정한 시차를 둔 외부로부터의 새로운 문화의 유입과 주민 이동에 따른 동태적인 진한 소국 형성과정 속 소국 유력자의 권력과 교역의 대표적 상징물이다.

명문이 있는 중국 한나라 청동거울 등 전한경의 분포양상은 금호강유역 등에서는 기원전 1세기에서 기원후 1세기까지 지속되다가 목곽묘가 출현하는 단계에는 사라지고 외래계 유물이 더 이상 부장되지 않는다. 그러나 김해지역 등 낙동강 하류역과 남해안지역에서는 김해 양동리유적과 김해 대성동유적 등에서 출토되는 후한경의 사례가 보여 주듯 외래계 유물이 위세품으로서 기원전 1세기의 목관묘 단계부터 기원후 2-3세경의 목곽묘 단계까지 지속된다. 아마도 중국 한나라 청동거울 등 외래계 물품을 중심으로 한 위세품에서의 전통유지가 이루어진 지역이 김해지역이라면 경주지역과

그 주변 지역인 금호강유역과 형산강유역에서는 외래계 물품이 철기의 대
량부장으로 교체되는 양상이어서 사로국을 포함한 진한소국의 위세품 부장
양상과 구야국을 포함한 변한 소국의 부장양상이 차별화되는 양상이다.
4-5세기 신라 마립간기 적석목곽분 단계에는 목관묘 단계의 외래계 위세
품의 교역범위와 비교할 때 동북아시아지역 물품에서 로만글라스와 페르시
아계 물품 등 서역물품이 포함되어 외래계 위세품의 교역범위가 크게 확대
되고 그에 철기류도 대량으로 매장된다. 이것이 마립간기 고신라의 위세품
부장체계이며 양상으로 이해된다.

　명문이 있는 중국 한나라 청동거울의 부장양상도 완경完鏡으로 부장하는
방식과 파경破鏡으로 부장하는 방식 그리고 본뜬 청동거울의 부장 등 중국
한나라 청동거울의 상징성과 부장방식에서도 동태적인 변화가 있었음을 암
시한다.

3) 교역주도자

　명문이 있는 중국 한나라 청동거울(異體字銘鏡)은 한국식동검, 검파두식,
동모, 동과, 철정 등 다양한 종류와 함께 다량으로 목관묘에서 출토되어 유
력자의 무덤으로 판단된다. 따라서 명문이 있는 중국 한나라 청동거울은 기
원전 1세기에서 기원후 1세기의 사로국의 중심권역인 경주지역과 그 주변
지역인 금호강유역에 있었던 골벌국, 압독국, 달구벌국 등의 사로국 인접
소국 유력자와 관련된 것으로 보이며 대동강유역과 교역망을 가진 집단의
유력자로 보는 것이 합리적이다. 따라서 명문이 있는 중국 한나라 청동거울
은 사로국을 포함한 소국들의 형성기와 발전기에 유력자 권위를 강화하기
위한 위세품으로 사용되었던 것으로 보이며 이 교역의 주도자는 소국의 국

읍 중심촌 유력자 혹은 읍락 중심촌 유력자였던 것으로 보인다(김민철 2024:146-177). 즉 명문이 있는 중국 한나라 청동거울이 부장된 무덤의 피장자는 소국의 왕 등의 유력자로서 역사기록에 나오는 주수, 신지, 읍차, 험측이었을 가능성이 높거나, 위만조선의 멸망과 같은 서북한지역의 정치적 파동 이후 지속적으로 유입되었던 유이민집단의 유력자였을 것으로 보인다.

그러나 대외교역 등은 위험성이 큰 경우에는 소국 국읍중심촌의 유력자인 왕 혹은 주수가 단독적 책임 아래에 추진하기보다는 사로국을 포함한 금호강유역 등의 여러 소국의 국읍중심촌 유력자가 연계하여 추진했을 가능성이 있다. 그리고 적어도 소국 단위로 문자가 있는 중국 한나라 청동거울 등을 구해오는 경우에도 사로국 등 각각의 소국 아래 여러 읍락의 유력자가 연합하여 추진했을 가능성이 있다. 명문이 있는 중국 한나라 청동거울 등 중국 한나라 거울을 구입하여 배분하였을 가능성은 낮다고 판단된다. 유이민이 남하하며 가져온 한나라 거울도 있을 수 있고 직접 대동강유역을 육로로 방문하여 가져온 중국 한나라 청동거울도 있을 수 있으며 낙랑과 왜 등의 문물과 철 등 여러 문물집산지인 김해지역을 통해 낙동강 하류에서 발견된 중국 한나라 청동거울도 있었을 것이다. 어느 경우이건 이러한 다양한 경로로 명문이 있는 중국 한나라 청동거울이 사로국이 위치하던 경주 일대와 그 주변지역인 대구-경산-영천-포항 일대에 들어온 것으로 보인다. 한강유역에서는 남양주 금남리 목관묘(짧은 목 항아리, 화분모양 토기, 을자형 청동기, 쇠낫, 쇠도끼, 쇠끌, 쇠투겁창이 출토), 가평 달전리(짧은 목 항아리, 화분모양 토기, 한국식동검, 쇠검, 고리자루칼, 쇠가지창, 쇠도끼, 쇠재갈, 쇠낫 출토), 춘천 우두동(짧은 목 항아리와 청동고리 출토)에서 한계漢系 유물 등이 출토되어 고조선 유민이 남하하는 양상을 암시해 준다. 아직 원주나 제천 등 남한강유역에서는 고조선 유민의 남하를 보여 주는 유적은 확인되지 않았지만 앞으로 확인될 가능성이 크다. 이렇듯 남한강을 역류하여 남쪽으로 와서 남한강, 금강 그리고 낙동강이 모두 만나는 상주지역이나 다른 소백산맥의 안부鞍部인 상대적으로 낮은 곡부를 교통로 삼아 경북 북부지역으로 들어온 후 대구–경산–영천–경주를 잇는 지역으로 고조선 유민이 들어오기도 하고, 한편은 해로로 김해지역까지 와서 낙동강 하류에서 낙동강 중류지역인 금호강유역으로 들어오는 경우도 있었을 것으로 추정된다. 이렇듯 경주지역을 포함한 금호강유역 등은 고조선 유민이 남하하여 확산되는 교통로였고, 소국형성기에는 중국 한나라 청동거울을 포함한 선진문물이 유통되던 통로였던 것으로 보인다(〈도판 9〉).

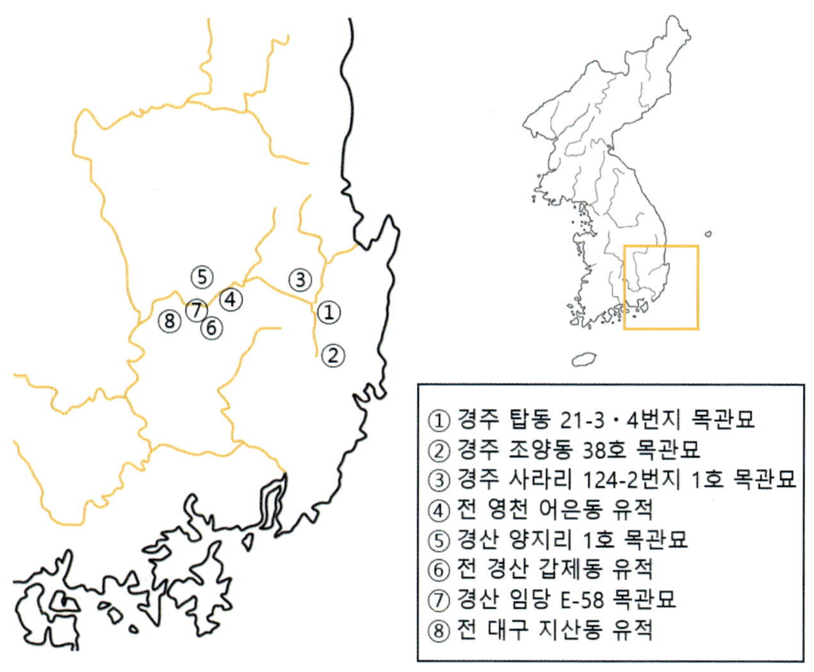

〈도판 9〉 금호강유역과 형산강유역의 주요 명문이 있는 중국 한나라 청동거울 분포도

그러한 점에서 사로국이 존재하던 경주지역과 영천, 경산, 대구 등 금호 강유역의 여러 소국들은 서로 밀접한 관계망과 교역망을 가지고 연계되어 있었을 가능성이 크다.

중국 한나라 청동거울 등 한계유물의 유통과 확산을 한漢제국의 힘을 과시하기 위한 정치적 목적의 사행무역使行貿易의 결과로 보는 견해(김병준 2019:109-136)는 이러한 양상이 한나라의 의도와 계획 속에 이루어진 것으로 본다. 이에 비하여 진한소국들의 필요에 의한 상업적 교역에 의해 한계漢系 유물이 유통되었다고 보는 견해(이재현2003)가 존재하고, 제3의 목적에 의한 교역의 결과라는 견해(오영찬2013:1-35)도 제기된 바 있다. 한제국의 힘이 강할 때에는 한제국의 구심력이 강하게 작용하고 약할 때에는 사로국을 포함한 진한 소국의 의도와 원심력이 더 크게 작용하였던 것으로 보는 것이 합리적이다. 사로국의 중심지인 경주지역과 그 주변지역인 금호 강유역과 형산강유역에 집중적으로 분포하는 중국 한나라 청동거울은 고조선유민에 의해 유입된 이주민이 가져온 경우도 있었겠지만 교역에 의해 이루어졌을 경우도 상당하게 있었을 것이다. 따라서 중국 한나라 청동거울 등 한계 유물의 유통과 확산은 한제국의 정치적 의도와 진한소국의 정치적·경제적·사회적·문화적 의도가 중층적으로 융합되어 나타난 결과로 보는 것이 합리적이다. 경주지역과 그 주변지역에서 일광경과 소명경의 비중이 압도적으로 높은 것은, 이 지역 유력자들이 명문이 있는 중국 한나라 청동거울의 문자 내용을 알고 전략적으로 완경完鏡으로 넣거나 파경破鏡으로 넣거나 아니면 본뜬 청동거울을 넣는 부장방식의 지역적 특성도 보여 준다. 또 경산 양지리, 영천 용산동, 포항 성곡리 등의 사례와 같이 성운문경도 전한경 중에서 다수 확인되는 점도 주목된다.

그리고 이들 명문이 있는 중국 한나라 청동거울은 사로국을 포함한 소국의 유력자들 사이의 동맹과 협력관계 그리고 소국 내부에서의 상하관계와 협력관계를 재확인하고 강화하는 수단으로 사용되었 것으로 보인다. 특정한 문양과 명문이 있는 중국 한나라 청동거울의 선별적 유통은, 사로국을 포함한 소국 유력자들이 소국 차원에서 추진하거나 여러 소국이 연합하여 추진하였다. 먼저 들어온 유이민집단의 유력자나 새롭게 유입되는 유이민집단 유력자의 무덤인 경주 탑동 21-3·4 목관묘, 경주 조양동 38호 목관묘, 경주 사라리 130호 목관묘의 피장자가 그러한 유통에 개입되었을 것이다. 따라서 경주지역의 이러한 무덤은 구체적으로 사로국 6부 촌장 혹은 사로국 왕이 묻힌 무덤으로 추정될 수 있다. 또 영천 어은동유적은 골벌국의 왕묘, 경산 양지리 1호 목관묘는 경산 하양지역에 소재했던 이름 모를 소국의 왕묘, 대구 평리동유적은 달구벌에 있었던 소국의 왕묘일 가능성이 있다. 압독국 왕묘의 후보군으로는 칠제 현악기 흔적, 칠초철검, 중국 한나라 청동거울, 철기 등의 유물이 출토되는 경산 임당 A-I-121호 목관묘, 경산 임당 E-118호 목관묘, 경산 신대리 75호 목관묘 등이 주목된다.

밝은 빛으로 세상을 밝히고자 했던 사로국 왕의 기원을 담은 일광경과 소명경은 사로국 유력자들이 아주 선호하는 위세품이었고 사로국의 출현과 발전을 상징하는 물건이었다. 일광경은 특히 살아서는 이승 세상을 밝히며 위세를 드높이던 거울이고 죽어서는 저승을 밝히며 사로국 유력자를 지키던 거울이었다. 경주 탑동 21-3·4번지 목관묘와 경주 조양동 38호 목관묘가 조사된 경주지역과 그 주변 지역은 기원전 1세기에서 기원후 1세기 사이의 소국 형성과정 속에서 새로운 이주민의 두드러진 역할, 중국 한나라 거울의 유통 등 대외교류체계, 사회분화의 진전과 소국 왕의 등장, 대등정치체상호작용(peer polity interaction) 등을 연구하는 데 중요한 무대이다. 앞으로 함께 관련 유적과 유물을 보호하고 이해하도록 하여야 하며 이들은 한국고고학 연구와 한국고대사 연구의 토대가 되는 학술적, 문화사적 가치가 큰 귀중한 문화유산이라고 할 수 있다.

참고문헌

국립경주박물관, 2001, 《경주 조양동 유적 II-도판-》.

국립경주박물관, 2003, 《경주 조양동 유적 II-본문-》.

국립나주박물관, 2024, 《빛, 고대 거울의 속삭임》, 디자인공방, 서울.

국립중앙박물관, 1992, 《한국의 청동기문화》, 범우사.

김권구·권순철·황종현, 2018, 〈경산 갑제동 발견유물에 대한 고찰-전한경편(前漢鏡片)을 중심으로-〉, 《신라문화》 제51집.

김민철, 2024, 〈목관묘군과 철기출현으로 본 진·변한 소국의 형성과정〉, 《박물관과 연구》 제2집.

김병준, 2019, 〈고대 동아시아의 해양네트워크와 使行교역〉, 《한국상고사학보》 106호.

김현진, 2006, 《영남지역 출토 한식경의 제작과 교역》, 영남대학교대학원 석사학위논문.

복천박물관, 2009, 《신의 거울 동경》.

성림문화재연구원, 2020, 《경산 양지리 유적-본문-》.

오영찬, 2013, 〈위만조선 및 낙랑군과 진변한지역의 교섭〉, 《이화사학연구》 47.

이양수, 2024, 〈고 이건희 회장 기증 전한경과 삼한경 일괄출토유물에 대해서〉, 《박물관과 연구》 제1집.

이재현, 2003, 《변·진한사회의 고고학적 연구》, 부산대학교 대학원 박사학위논문.

주보돈, 2002, 〈진·변한의 성립과 전개〉, 《진·변한사연구》, 경상북도·계명대학교 한국학연구원.

최종규, 2001, 〈談論 瓦質社會〉, 《古代研究》 제8집, 고대연구회.

한국문화재보호재단, 2011, 〈경주 탑동 21-3·4번지 유적〉, 《2010년도 소규모 발굴조사 보고서 IV-경북 2-》.

한국문화재재단, 2024, 〈소규모 국비지원 발굴조사 약식보고서-경주 사라리 124-2번지 일원 농업시설 신축부지 내 유적-〉.

제2장 〈포항 중성리신라비〉의 발견과 국보지정
(〈포항 중성리신라비〉와 4-5세기 흥해지역)

1. 중성리신라비의 발견: 공사현장의 자연석에서 국보로
2. 중성리신라비의 내용
3. 신라의 흥해지역 병합과 경영
4. 중성리비의 활용

김세기(대구한의대 명예교수)

1. 중성리신라비의 발견: 공사현장의 자연석에서 국보로

1) 화분 받침대가 될 뻔한 중성리 비석

포항 중성리신라비는 2009년 5월에 우연히 발견되어 보물을 거쳐 국보 318호로 지정된 비석이다. 이 조그마한 비석은 지금까지 발견된 신라비석 가운데 가장 이른 시기인 신라 지증왕 2년(501, 신사년辛巳年)에 만들어진 것으로 신라 초기 역사를 이해하는 데 중요한 자료를 제공하는 가치가 매우 큰 비석이다. 그리고 이 비석은 신라가 국가체제를 이룩하는 과정을 밝히는 역사적 의의는 물론 그 발견경위와 조사과정 등 문화유산의 보존과

보호 차원에서도 의미가 있는 문화유산이다.

이 비는 2009년 5월 11일 경북 포항시 북구 흥해읍 중성리 167−1번지 흥해 중앙교회 앞에서 발견되었다. 당시 이곳에서는 포항시에 의해 주민생활 개선사업으로 실시한 도로개설 작업이 진행 중이었다. 포클레인 중장비 담당기사인 흥해읍 학성리 168번지에 거주하는 김헌도(1963년생) 씨는 도로 공사를 위한 정지작업을 하던 중 큰 돌들이 나와서 길모퉁이에 치워 놓았다고 한다. 파낸 흙은 모두 트럭이 실어 나갔는데, 이틀이 지나도 그 돌들은 그대로 있었다. 그날 아침 출근하면서 집안의 화분받침대가 필요하다고 생각하여 쌓아놓은 돌 무더기 중에서 가장 평평한 돌을 골라 가져오려고 마음먹었다.

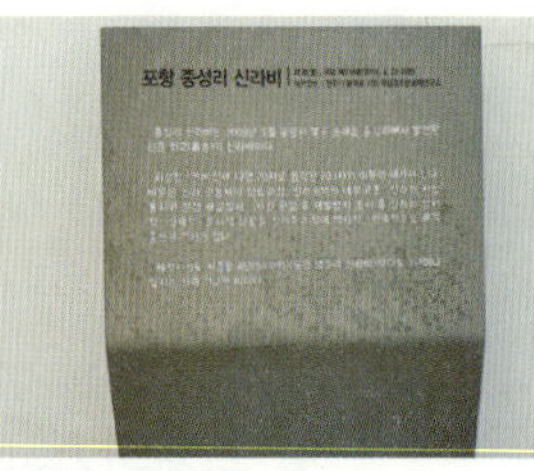

〈도판 1〉 중성리비 발견 지점인 왼쪽의 흥해중앙교회와 안내판(필자 촬영, 문화유산포털)

그날 퇴근하면서 그 돌을 밧줄로 묶어서 조금씩 끌어당겨 10여 m 떨어진 자기 집 마당까지 밀고 갔다. 다행히 밀고 갈 때 글자가 새겨진 비면이 위로 향하게 밀고가 전혀 글자에 손상이 없었고, 땅에서 중장비로 꺼낼 때 난 것으로 보이는 포클레인 발톱에 긁힌 자국이 비석 뒷면에 난 상처 외에는 깨끗하였다. 그래서인지 비면과 글자가 비교적 선명하고 양호하여 땅에 묻힌 이후 발견될 때까지 오랜 기간 그 자리에 있었던 것으로 볼 수 있다.

5월 11일 마침 비가 내려 공사가 중지되었고, 화분받침대로 쓰려던 돌이 빗물에 흙이 씻겨 나가면서 일부 글자가 보였다. 그는 좀 더 물을 뿌려 글자가 빼곡히 새겨진 것을 확인하였다. 그리고 이 돌이 예사로운 돌이 아니라고 생각하여 13일 오후 친구인 지역신문사 경북매일 편집국장에게 제보하였다. 김헌도씨는 5월 13일 오후 포항시에 자진 신고하였고, 포항시는 5월 14일 문화재청(현 국가유산청)에 발견문화재 신고를 하였다. 그 후 국립경주문화재연구소(현 국립경주문화유산연구소)에서 현지조사를 하였고, 이 돌을 국립경주문화재연구소로 옮겨 본격적인 조사 및 연구과정을 진행하였다. 이리하여 포항 중성리신라비가 드디어 세상에 나타나게 되었다. 화분받침대가 될 뻔한 〈포항 중성리신라비〉는 공사현장의 중장비 기사였던 김헌도씨에 의해 우연히 발견되었고, 그의 자발적 신고로 중요한 국가유산이 보존되었을 뿐 아니라 신라사 연구에 귀중한 자료로 남게 되었다.

2) 국보지정

비가 발견된 곳은 포항 냉수리신라비가 발견된 신광면 냉수리에서 동쪽으로 약 8.7km 떨어져 있는 곳으로 흥해읍성 동북쪽 모서리로 추정되는데, 해자 바깥 지점이기도 하다. 예전에 작은 실개천이 흐르는 저습지였던 것을 복토한 곳이다. 국립경주문화재연구소에서는 비가 발견된 후 3차에 걸쳐 그 주변을 정밀지표조사 하였지만, 비의 조각이나 비의 받침대 등 비석과 관련된 부속물은 찾지 못하였다. 정밀발굴조사를 하지 않은 것은 비가 최초로 발견된 지점 일대는 이미 주택밀집지역으로 오랜 기간 동안 거주 공간 등으로 사용되었던 지역이며, 비가 발견 신고되었을 때는 이미 도로개설을 위해 중앙부에는 배수로(길이 20m, 너비 2.1m, 깊이1.9m)를 위한 콘크리트 흄관을 만들어 놓았고, 지표면도 90cm 정도 긁어낸 상황이었으므로 발굴조사의 의미가 없다고 판단하였기 때문이었다.

다만 주위에서 초석이나 담장석 등으로 사용되었음직한 편평한 돌과 구들장용으로 이용되었을 것 같은 그을음이 묻은 돌들이 일부 확인되었다. 이런 정황들로 볼 때, 이 석재들은 초석이나 담장 석재 등 건축부재로 사용되었던 것인데, 도로개설로 인해 주택들이 철거되면서 이 지역에 폐기된 것으로 추정된다. 이 비가 발견된 지점에서 동남쪽으로 약 700m 거리에는 지증왕 5년(504)에 축조된 것으로 알려진 남미질부성(경상북도 기념물 제96호)이 위치하고 있다. 신라시대에 중요한 전초기지 역할을 한 것으로 추정되는 이 성안에는 삼국시대의 토기편, 기와편, 유구 등이 산재해 있으나, 1993년 국립경주문화재연구소에서 정밀지표조사가 실시된 이후 더 이상의 조사연구가 진행되지 않고 있는 실정이다. 하지만 비가 출토된 지점과 남미질부성이 서로 인접한 점으로 볼 때, 서로 상관관계가 있을 것으로 추정된다.

2009년 8월 국립경주문화재연구소는 '포항 중성리신라비 도록'을 발행하였고, 2009년 9월 경주에서 열린 '포항 중성리신라비' 학술심포지엄에 이어 같은 해 10월 한국고대사학회가 주관한 '신발견 포항 중성리신라비에 대한 역사학적 고찰'이란 학술대회가 연이어 개최되었다. 이런 과정을 거쳐 '중성리비'는 2012년 2월 22일 국가지정문화재 보물 제1758호로 지정되었고, 2015년 4월 22일 국보 제318호로 승격되었다. 현재는 국립경주박물관 신라역사관 3실에 상설 전시되고 있다.

국가유산 포털(국가유산 검색)에 따르면 국보지정에 대하여 다음과 같이 설명하고 있다. 그대로 인용한다.

포항 중성리신라비는 2009년 5월에 경상북도 포항시 북구 흥해읍 중성리에서 발견된 현존 최고(最古)의 신라비이다. 모양이 일정치 않은 화강암(花崗巖) 1면에 전체 12행 20자로 음각(陰刻)된 도합 203자의 비문이 각자(刻字)되어 있다. 비석은 비면 상단부 일부와 우측면 일부가 떨어져 나갔을 뿐 비문의 대부분은 판독이 가능할 정도로 양호한 상태이다.

이 비의 비문은 신라 관등제의 성립 과정, 신라 6부의 내부 구조, 신라의 지방통치와 분쟁 해결절차, 궁(宮)의 의미, 사건 판결 후 재발 방지 조치 등 신라의 정치적, 경제적, 문화적 상황을 알려 주고 있어 역사적·학술적으로 매우 중요한 가치를 지니고 있다고 평가된다.

이 비의 글씨체는 예서로 분류되는데, 고구려의 광개토대왕비와 통하는 고예서(古隷書)로서 신라 특유의 진솔미를 보여준다. 가로획에서 수평을 유지하는 가운데 기울기가 거의 나타나지 않는 것에서 예서임을 알 수 있으며, 다소 보이는 해서의 필의(筆意)는 단양 적성비 같은 고해서(古楷書)로 변해가는 전초(顚草)이며 선구가 된다는 점에서, 그리고 냉수리비와 봉평비보다도 더욱 신라스럽다는 점에서 더욱 그 가치가 있다.

또한 제작시기도 지증왕 4년(503)의 〈포항 냉수리신라비〉보다도 2년이나 앞서는 신라 최고의 비이다. 더욱이 제작시기가 늦은 〈울진 봉평리신라비〉(법흥왕 11, 524)도 이미 1988년에 국보로 지정되었고, 〈포항 냉수리신라비〉(지증왕 4, 503)도 1991년에 국보로 지정되어 관리되고 있다. 따라서 이와 같은 포항 중성리신라비의 역사적, 예술적, 학술적 가치에 의거, 국보로 지정하였다.

2. 중성리신라비의 내용

앞에서 본 바와 같이 2009년 5월 중성리 비가 발견된 이후 국립경주문화재연구소에서는 이 비문 내용을 정확히 해석하기 위해 탁본은 물론 여러 각도와 빛의 강도를 달리한 적외선 3D촬영과 음영 조합 등 각종의 최신 장비를 동원하여 판독에 심혈을 기울였다. 전문가들이 판독할 수 있는 여건을 마련하고 고대사학자, 고고학자, 목간학자, 서체학자 등 관련 연구자들을 모아 놓고 공동 판독회를 열었다. 그 결과로 나온 것이 2009년 8월의 '포항 중성리신라비 도록'이고, 2009년 9월 경주에서 열린 '포항 중성리신라비' 학술심포지엄에 이어 같은 해 10월 한국고대사학회가 주관한 '신발견 포항 중성리신라비에 대한 역사학적 고찰'이었다.

중성리비는 화강암으로 길이 104cm, 폭 49cm, 두께 12~13cm이며 무게는 115kg이다. 비석의 연대는 비문 첫 대목에 신사辛巳라는 간지가 나오는데, 비문 내용이나 표기법과 서체 등으로 볼 때, 신라 지증왕 2년(501년)으로 보게 되었다. 이보다 60년이 빠른 또 다른 신사년인 눌지왕 25년(441)으로 추정하는 의견도 있었으나 소수였다. 그렇게 되면 냉수리비가 503년에 조성된 것으로 추정된다는 점에서 현존하는 최고 신라비(501년)가 되는 것이다.

비석은 모양이 일정하지 않은 긴 역사다리꼴에 왼쪽은 직선에 가깝고 오른쪽은 중간 부분에서 왼쪽으로 움푹 들어가면서 곡선으로 휘어져 있고, 아랫부분은 다시 직선에 가깝게 내려오면서 좁아진다. 아래쪽에 20cm 정도 글자가 새겨지지 않은 공간이 있는데 이는 비를 세우기 위해 비워둔 공간으로 보인다.

글자는 1면에만 새겨져 있는데 세로로 전체 12줄이고, 줄마다 6~21자로 음각된 도합 203자가 새겨져 있다. 비면 상단부 일부와 우측면 일부가 떨어져 나갔을 뿐 비문의 대부분은 판독이 가능할 정도로 양호한 상태이다.

그러나 이 비는 비문의 구조가 명확하지 않고, 명사와 동사, 주어와 서술어의 구분이 쉽지 않아 해석과 내용파악에 어려움이 있다. 전체적인 내용은 이 지역에서 벌어진 어떠한 분쟁에 대해 왕을 포함한 신라6부의 핵심지배층들이 함께 의논하여 어떻게 처리할 것인지를 평결을 내리고, 그것을 이 지역에 '교敎'의 형태로 명령을 내리고 그 내용을 새긴 비를 세웠다는 것이다.

<도판 2> 중성리비(필자 촬영)

즉 냉수리비처럼 재물과 토지 등 재산 관련 평결로 "과거 모단벌牟旦伐의 재물을 다른 사람이 빼앗았는데 그 진상을 조사해 진실을 밝혀 본래 주인에게 되돌려주며, 향후 이에 대한 재론을 못하도록 한다"고 하고 "이런 평결의 과정과 관련자 등의 내용을 현지에서 반포해 현지인과 후세에 경계로 삼는다"고 되어 있다. 그러나 모단벌이 인명인지? 모단벌탁으로 읽어 모량부로 보아야 하는지? 학계에서 논란이 있지만, 이를 통해 신라 관등제의 성립 과정, 신라 6부의 내부 구조, 신라의 지방통치와 분쟁 해결절차를 확인할 수 있다. 또한 이 비에는 궁의 의미, 사건 판결 후 재발 방지 조치 등 신라의 정치·경제적 상황을 알려 주고 있어 역사적·학술적으로 매우 중요한 가치를 지니고 있다고 생각된다.

3. 신라의 흥해지역 병합과 경영

1) 음즙벌국과 실직곡국의 쟁강

흥해지역은 주변이 산으로 둘러싸인 분지에 위치하고 그 동쪽 끝은 바다에 닿아 있다. 분지 중심에는 곡강천曲江川이 서쪽에서 동쪽으로 흘러 동해로 들어간다. 포항지역은 지리적으로 영남내륙과 해양을 이어주는 위치에 있다. 특히 형산강을 통한 내륙수운과 기계평야를 통한 육로교통과 이에 이어지는 안강평야는 농업생산력을 높여 그 중심에 위치하는 안강과 흥해는 소국의 핵심을 이루어 왔다. 이러한 교통의 편리성과 생산력 증대는 고대로부터 현재까지의 문화발전과 지역 교류에 중요한 매개로 작용하였다.

흥해를 포함한 포항지역에서는 아직까지 구석기 및 신석기시대 유적은 발견된 사례가 없다. 그러나 청동기시대에 들어오면서는 지석묘를 비롯하여 암각화 등이 많이 분포하고 있어 청동기시대부터 본격적으로 사람들이 모여 살기 시작한 것으로 볼 수 있다. 특히 기계면의 인비리 16호 지석묘의 암각화는 청동기시대 마제석검 2자루와 석촉 1점이 선각으로 그려져 있고, 주변에도 여러 기의 지석묘가 분포되어 있다.

포항 곤륜산 일대에 분포하는 칠포리 암각화는 흥해읍 칠포리 201번지와 334번지 해안도로변, 749번지 등 곤륜산崑崙山 일대에 넓게 분포하고 있다. 암각화는 주로 곤륜산 정상에서 흐르는 좁고 깊은 계곡 옆의 돌출된 바위면에 새겨져 있다. 청동기시대 후기의 방패형암각화(경상북도 유형문화재 제249호)는 분포범위도 넓고 숫자도 많아 우리나라 방패형암각화의 시발점으로 이 지역 암각화의 대표적인 유적이다. 계곡 주변에 위치한 암반과 바위

위에는 방패형과 여성 성기형, 석촉형과 같은 다양한 모습의 암각화가 군집을 이루고 있다.

이러한 문화기반 위에서 흥해를 포함한 포항지역에는 여러 정치체들이 성립해 있었다. 《삼국사기》 지리지 의창군조에 따르면, 오늘날 포항지역에 설치된 신라의 군현은 퇴화군(退火郡: 포항시 흥해읍), 비화현(比火縣: 경주시 안강읍), 지답현(只沓縣: 포항시 장기면), 동잉음현(東仍音縣: 포항시 신광면), 근오지현(斤烏支縣: 포항시 연일읍), 모혜현(芼兮縣: 포항시 기계면), 음즙화현(音汁火縣: 경주시 안강읍 검단리)이었다. 이 가운데 음즙화현은 신라에 병합되기 전에는 음즙벌국音汁伐國이었다. 이로 미루어 나머지 군현도 본래는 각각 국이었을 것이다. 이는 남해안 일대에 위치한 포상8국의 하나인 골포국骨浦國이 마산현(현재의 창원시 마산구)으로, 칠포국柒浦國이 칠원현(함안군 칠원읍)으로, 고사포국(古史浦國: 古自國)이 고성군으로(경남 고성)으로, 사물국史勿國이 사천현(지금의 경남 사천시)으로 편제된 것에서 짐작할 수 있다.

〈도판 3〉 청동 진솔선예백장 동인(출처: 국가유산포털 및 한국민족문화대백과)

이 지역이 신라에 병합되기 전 그 형세를 보여 주는 자료가 1966년에 알려진 '진솔선예백장晉率善穢伯長'(보물 560호) 동인銅印이다. 이 도장은 포항시 북구 신광면 흥곡2리(출토 당시는 영일군 신광면 마조리)에 사는 권오술씨가 집의 우사를 신축하면서 정지작업을 하던 중 출토된 것이다. 청색의 유리 옥 10여 개와 함께 출토된 것으로 전해지는데 현재는 국립중앙박물관에 전시되고 있다. 《삼국지》 동이전 한조에 따르면, 위魏나라는 경초 연간(A.D.237~239)에 낙랑군과 대방군을 평정한 후 삼한의 신지臣智에게는 읍군邑君의 인수印綬를 더해 주고, 그 다음 세력자에게 읍장邑長의 인수를 더해 주었다. 이러한 형식은 조위 다음의 왕조인 서진西晉에서도 마찬가지였다. 이를 보여 주는 것이 바로 진솔선예백장 동인인 것이다. 이 동인은 신광면을 기반으로 한 세력이 서진으로부터 백장의 지위를 받을 정도로 그 힘이 컸음을 보여 준다. 한편 '예백장穢伯長'은 흥해지역에도 예족穢族이 분포하여 하나의 정치세력을 이루었음을 보여 준다.

이러한 여러 세력 가운데 역사서에 그 활동이 구체적으로 나오는 것은 음즙벌국이다. 경주에서 동해안으로 진출하는 교통로는 지금은 포항 중심부를 거쳐 흥해로 가는 현대식 도로로 되어 있지만 포항 중심부가 개발되기 전까지, 특히 신라시기에는 경주에서 안강을 거쳐 동해안을 따라 올라가는 길이 주교통로였다. 따라서 흥해지역은 음즙벌국과 교통로상으로 연결되어 밀접한 관계에 있었다고 할 수 있다.

이 음즙벌국의 활동을 보여 주는 것이 실직곡국悉直谷國과 벌인 영토분쟁, 이른바 쟁강爭疆 사건이다. 실직곡국은 실직국悉直國이라고도 하였다. 《삼국사기》 지리지에 따르면 실직국은 파사왕 대에 신라에 항복하였고, 지증왕 6년(502)에 주로 편제되었다. 영현으로는 죽령현(竹嶺縣: 강원도 정선군 임계면), 만경현(滿卿縣: 삼척시 근덕면), 우계현(羽谿縣: 강릉시 옥계면), 해리현(海利縣: 삼척시 원덕면)이 있었다. 이처럼 실직곡국 역시 동해안 일대의 큰 세력이었다. 그러나 2세기 초인 파사왕 대에 대외 진출을 시작한 사로국이 삼척지역까지 영역을 확대하였다고 보기는 어렵다는 입장에서 실직곡국은 포항지역 근처에 위치한 것으로 보는 견해도 있다.

《삼국사기》 신라본기 파사이사금 23년(102) 8월조에는 음즙벌국과 실직곡국이 강역을 다투다가, 왕을 찾아와 해결해 주기를 청하였다는 기사가 나온다. 왕이 이를 어렵게 여겨 말하기를 "금관국金官國 수로왕首露王은 나이가 많고 지식이 많다." 하고, 그를 불러 물었더니 수로가 의논하여 다투던 땅을 음즙벌국에 속하게 하였다. 이에 왕이 6부에 명하여 수로를 위한 연회에 모이게 하였는데, 5부는 모두 이찬으로서 접대 주인을 삼았으나 오직 한기부漢祇部만은 지위가 낮은 사람으로 주관하게 하였다.

이에 수로가 노하여 종〔奴〕 탐하리耽下里에게 명하여 한기부의 우두머리 보제保齊를 죽이게 하고 돌아갔다. 그 종은 도망하여 음즙벌국의 우두머리 타추간陁鄒干의 집에 의지해 있었다. 왕이 사람을 시켜 그 종을 찾았으나 타추陁鄒가 보내주지 않았으므로 왕이 노하여 군사로 음즙벌국을 치니 그 우두머리가 무리와 함께 스스로 항복하였다. 이에 실직국悉直國과 압독국押督國 두 나라의 왕도 와서 항복하였다. 압독국은 경산에 위치한 나라였다.

이 쟁강 사건의 결과 신라는 흥해 일대는 물론 삼척지역과 경산 지역도 신라의 영역으로 편입하였다. 그 시기에 대해 《삼국사기》에서는 파사이사금(80~112)대라고 하였다. 그러나 파사이사금대의 왕권은 그다지 강한 것은 아니었다. 이를 보여 주는 것이 주다(酒多: 각간) 관등이 나오게 된 설화이다. 파사왕이 태자를 데리고 유찬榆湌의 못 가에서 사냥한 후 한기부韓歧部를 지나게 되었는데, 이찬 허루許婁가 잔치를 베풀었다. 술이 얼근하게 취하자 허루의 아내가 어린 딸을 데리고 나와서 춤을 추었다. 이찬 마제摩帝의 아내 역시 자기 딸을 이끌고 나왔는데, 태자가 보고서 기뻐하였다.

허루가 언짢아하자, 왕이 허루에게 말하였다. "이곳 땅 이름이 대포大庖

인데, 공은 이곳에서 잘 차린 음식과 맛좋은 술을 마련하여 잔치를 열어 즐겁게 해주었으니 마땅히 주다(酒多)의 위계를 주어 이찬보다 위에 있게 하겠다.”고 위로하고 마제의 딸을 태자의 짝으로 삼았다. 이 기사는 한기부의 지위 높은 귀족들이 자신의 딸을 태자의 배필로 시집보내기 위해 유희를 하여 태자의 마음에 들기를 간절히 바라는 모습과, 배필로 채택되지 않은 여자의 아버지인 허루에게 이찬보다 높은 주다를 임명하여 달래는 모습을 동시에 보여 준다.

따라서 이 시기에 사로국이 흥해지역은 물론 삼척지역까지 정복할 형편이 아니었다고 생각된다. 또 신광면에서 출토된 '진솔선예백장' 동인은 서진대에 흥해지역이 아직 독립적이었음을 시사해 준다. 따라서 흥해지역이 신라에 편입된 시기는 3세기 말경으로 보는 것이 타당하지 않을까 한다. 그렇다면 음즙벌국과 실직곡국의 영토분쟁 사건은 사로국이 흥해지역을 병합하는 계기가 되었다고 할 수 있겠다.

2) 신라의 흥해지역 경영: 미질부성 축성과 고구려군 격퇴

사로국이 포항지역을 복속시킨 이후에 이 지역에 대한 경영을 보여 주는 것이 흥해읍 옥성리고분군이다. 이 고분군은 흥해읍 옥성리 산 12-3번지 일대에 위치하는 원삼국시대에서 삼국시대에 걸친 대규모 고분군이다. 1998년 영남문화유산연구원을 시작으로 총 7개의 기관에서 발굴 조사를 실시하여, 600여 기의 고분에서 와질토기 등 3,500점의 유물이 출토되었다.

옥성리 고분군에서 중요한 부분은 국립경주박물관이 조사한 가지구와 영남문화유산연구원이 조사한 나지구로 나누어진다. 무덤은 가지구에서는 목관묘, 목곽묘 및 적석목곽묘, 석곽묘들이 조사되었고, 나지구에서는 주로 옹관묘, 목관묘, 목곽묘들이 주로 조사되었다. 가지구에서 140기, 나지구에서 134기의 많은 고분에서 다양한 유물이 출토되었는데, 특히 이른 시기의 갑옷과 마구馬具 및 장신구류들이 출토되었다.

흥해지역은 고구려가 동해안을 타고 내려와 경주지역으로 들어가고자 할 때 관문이 되는 곳이다. 이를 잘 보여 주는 것이 소지왕 3년(481) 고구려의 공격이다. 장수왕이 보낸 고구려군과 말갈군은 고구려의 북쪽 국경 지역으로 들어와 호명성(狐鳴城: 강원도 금화? 또는 죽령?) 등 7성을 함락한 후 미질부에 이르렀다. 이때 신라는 백제 및 가야에 구원군을 요청하여 합동으로 길을 막아 고구려군을 격퇴하였다. 신라는 퇴각하는 고구려군을 추격하여 이하泥河 서쪽에서 격파한 후 수천 여 명의 머리를 베는 전과를 올렸다. 미질부 전투는 신라, 백제, 가야군이 합동으로 고구려군의 공격을 막아낸 최초의 사례이다.

한편 이 전투와 관련하여 주목되는 것이 6세기경에 축조된 포항 신광면의 냉수리고분'이다. 이 냉수리고분은 도음산(禱陰山, 384.6m)의 서측 자락과 용천龍泉 저수지 사이에 단독분으로 위치한다. 이 고분은 안강에서 흥해로 가는 925번 지방도로 공사 중에 발견되어, 1990년에 국립경주박물관과 국립경주문화재연구소에 의해 발굴조사가 이루어졌다. 이 고분은 흥해지역에서 처음으로 발굴조사된 대형 횡혈식 석실분으로 연도 측면에 측실側室이 존재하는 점에서 고구려 석실분과 관련성이 깊은 것으로 알려지게 되었다.

냉수리고분에서 서쪽으로 저수지 건너 300m 이상 떨어진 곳에 모두 7기의 봉토분이 확인되었는데, 대부분 도굴되고 파괴가 심하다. 도굴 구덩이를 통해 내부를 보면 이 고분들은 대부분 측실이 있는 횡혈식석실분이다. 이 고분이 위치한 곳은 고대부로부터 안강 방면에서 동해안으로 통하는 중요한 길목이었다. 고분이 축조된 시기와 미질부성 전투가 벌어진 시기가 가깝다. 이로 미루어 미질부 전투 때 투항한 고구려 장수가 신라에서 벼슬을 하다가 죽어서 이곳에 묻혔을 가능성도 있다. 이와는 달리 내물왕 46년(400년)에 가야·왜 연합군이 신라를 공격하자 고구려 광개토대왕이 보기 5만을 보내 신라를 구원해 주었는데 이후 고구려군이 신라에 주둔하게 되었다. 이후 신라는 고구려의 정치적 문화적 영향을 크게 받았으며 그 결과 고구려의 영향이 짙은 냉수리고분이 만들어진 것으로 보는 견해도 있다.

미질부 전투 이후 흥해지역의 전략적 중요성을 파악한 신라는 지증왕 5년(504) 9월에 미질부성을 축조하였다. 이때 파리성(波里城: 강원도 삼척시 원덕읍), 골화성(骨火城: 경북 영천시 완산동)도 함께 축조되었다. 미질부성은 원래 남미질부성과 북미질부성으로 나뉘어 있었는데 최근 북미질부성 시굴 결과 토성과 석축이 확인되었고 6세기 초의 토기편이 출토되었다.

남미질부성南彌秩夫城에 대한 발굴조사는 이루어지지 않아 지표조사 결과로 내용을 추측할 수밖에 없는 실정이다. 성은 흥해읍 남성리와 중성리, 망천리에 걸친 낮은 구릉에 위치하는데, 성이 위치한 구릉은 서쪽과 동쪽이 높고, 가운데가 낮아 말안장 모양의 완만한 굴곡을 이루고 있다. 현재 확인할 수 있는 성벽은 1,576m 정도이며, 이 성에는 문지門址와 성내에 물을 보관하는 집수지가 작은 골짜기에 위치하고 있다. 성내의 물을 배출하는 수구水口는 남벽에 2개소, 북벽에 2개소 정도가 있으며, 현재의 저수지 동쪽이 가장 큰 배수구가 된다.

남미질부성의 지표에서 채집된 유물은 와질토기편과 뚜껑없는 고배편, 적색연질토기편, 기와편 등으로 대다수가 초기신라에서 5-6세기 유물들이다.

4. 중성리비의 활용

1) 파격적 보상가격 1억 원

'매장문화재보호 및 조사에 관한 법률' 제17조에서는 매장문화재를 발견한 때에는 그 발견자나 매장문화재 유존지역의 소유자·점유자 또는 관리자는 그 현상을 변경하지 말고 대통령령으로 정하는 바에 따라 그 발견된 사실을 국가유산청장에게 신고하여야 한다. 또 같은 법 시행령 17조에서는 법 제17조에 따른 발견신고는 매장문화재를 발견한 날부터 7일(2024년 시행령 개정에서는 30일) 이내에 방문 또는 전화 등의 연락수단을 통하여 하여야 한다고 되어 있다.

또 제21조(발견신고된 국가유산의 보상금과 포상금)에서는 '① 국가유산청장은 해당 국가유산을 국가에 귀속하는 경우 그 국가유산의 발견자, 습득자拾得者 및 발견된 토지나 건조물 등의 소유자에게 〈유실물법〉 제13조에 따라 보상금을 지급한다. 이 경우 발견자나 습득자가 토지 또는 건조물 등의 소유자와 동일인이 아니면 보상금을 균등하게 분할하여 지급한다. 다만, 발견하거나 습득할 때 경비를 지출한 경우에는 대통령령으로 정하는 바에 따라 그 지급액에 차등을 둘 수 있다'고 규정하여 매장문화유산을 발견 신고한 사람에게 그 대가를 보상해 주도록 되어 있다.

경상북도 울진에서 발견되어 국보(242)로 지정된 울진 봉평리신라비는 1988년 1월 발견되었다. 경상북도 울진군 죽변면 봉평리 농민이 논 객토작업 중에 논둑에 박힌 커다란 바위를 포클레인으로 파내어 논두렁에 놓아두었는데, 마을이장이 이 돌덩이를 대문 기둥으로 쓰려고 마을 공터로 옮겼다. 그대로 2-3개월 방치되어 있다가 우연히 글자를 발견하여 울진군에 신고하였다. 오랜 세월 땅속에 묻혀 있었던 까닭에 상태가 좋은 편은 아니나, 원래의 형태를 잘 간직하고 있었다.

〈도판 4〉 울진봉평리신라비(국가문화유산포털)

이 비석에 나오는 간지干支 갑진년甲辰年은 524년(법흥왕 11년)으로 추정되며 이때 세워진 것으로 신라가 동북방면으로 진출하면서 건립한 것이다. 신라사회 전반에 걸치는 여러 면들을 새롭게 검토해 볼 수 있는 중요한 역사적 자료이다. 또한 법흥왕 때의 율령반포와 6부제六部制의 실시, 왕권의 실태 등을 파악할 수 있는 실마리를 제공하고 있다. 비의 크기는 길이가 204cm, 글자가 새겨진 부분의 위폭 32cm, 아래폭 54.5cm이다. 비는 사각 장방형의 자연석 화강암에 한 면을 다듬어 비문을 새겼는데, 규모는 작지만 형태는 고구려 장수왕 2년(414)에 세운 광개토왕비와 유사한 고구려계의 특징을 보이고 있다. 신라 6부제 실시와 법흥왕의 율령반포에 대한 《삼국사기》의 기록입증 등 이 비의 사료로서의 가치가 매우 크다. 이 비석을 발견한 마을이장과 토지 소유자 농민은 각각 250만 원씩의 보상금을 지급받았다.

〈도판 5〉 포항 냉수리비(국가문화유산포털)

그리고 1년 뒤, 1989년 3월 울진 봉평리비석 발견 소식을 들은 포항시 북구 냉수리의 밭 주민은 옛 비석을 밭에 묻어두었다는 할아버지의 말씀을 기억하였다. 쇠꼬챙이로 밭을 이리저리 쑤시던 밭주인은 자기 밭 가장자리에 박혀 있던 돌 하나를 찾아내었다. 그 비석이 국보급일 것이라 생각하여 비싼 가격을 받고 팔 생각에 비석을 살 만한 사람을 암암리에 알아보다가 세상에 알려지게 되었다. 이것이 포항 냉수리비(국보 264호)이다. 이 비석의 발견자는 발견 즉시 신고하지 않고 개인적으로 매매하려다 알려져 논란이 되기도 하였지만, 땅 주인과 발견자가 같아 300만 원의 보상금이 지급되었다.

한편 포항 중성리비가 발견된 해인 2009년 9월 경주시 동부동 개인 주택에서 수도검침원이 조선 후기에 발견되어 탁본까지 남아 있었으나 행방을 몰랐던 문무왕릉 비편을 발견하였다. 원래 문무왕릉 비편은 경주 부윤을 지낸 조선 후기 문신 홍양호(洪良浩 1724-1802)의 문집인 《이계집耳溪集》에서 확인된다. 문무왕릉비는 687년경 사천왕사에 건립되었고, 조선 정조 20년(1796) 경주부윤을 지냈던 홍양호에 의해 그 존재가 확인되었다. 한 농부가 밭을 갈다가 비석조각을 발견하였다고 한다.

〈도판 6〉 문무왕릉비편(필자 촬영)

그 뒤 이 비는 1817년과 1824년 경주를 방문한 추사 김정희에 의해 재조명되었다. 그는 선덕왕릉 아래 신문왕릉 사이에서 두 개의 비편을 발견했다고 그의 저서 《해동비고海東碑攷》에 기록하고 있다. 그리고 비편을 사천왕사지에 있는 비좌에 꽂아보니 크기가 맞았다고 한다. 이 비편의 탁본들이 청나라 유희해(劉喜海 1793-1853)에게 전해졌다. 유희해는 이 탁본과 함께 우리나라의 금석문 자료를 엮어 《해동금석원海東金石苑》을 편찬하였다.

그러나 이 비편들은 그 이후 어디로 갔는지 알지 못하다가 1961년 경주 박물관 직원에 의해 경주시 동부동 주택에서 비편 하단부(길이 94cm 높이

60cm)가 발견되었다. 당시 경주박물관은 3만 5천 원의 보상비를 주고 이 비편을 소장하게 되었다. 그러다가 포항 중성리비가 발견된 후 2009년 9월 한 수도검침원에 의해서 경주시 동부동 한 주택의 마당 수돗가에서 글자가 많이 새겨진 돌이 발견되었다. 수돗가 시멘트에 박혀 있던 이 돌은 판독 결과 국립경주박물관에 소장되어 있는 문무왕릉비의 윗부분(길이 40cm, 높이 66cm)이었다. 논란 끝에 집주인과 발견자인 수도검침원에게 각각 1500만 원씩의 보상금을 지급하는 것으로 일단락되었다.

국가유산을 발견하여 당국에 신고하면 손해라는 사회분위기 속에서 중성리비가 발견되었고, 아무런 손상 없이 발견자에 의해 즉시 관계당국인 포항시에 신고되어 국보급 문화유산이 보존되게 되었다. 중성리비는 건립연대가 신라 지증왕 2년(501)으로 지금까지 발견된 신라비석 가운데 가장 이른 시기에 제작되었고, 내용도 신라의 국가발전 과정을 연구하는 데 중요한 자료가 되었다. 또한 울진 봉평리신라비, 포항 냉수리신라비도 모두 국보로 지정되었으므로 이 비석도 국보로 지정될 가치가 충분하다는 점과, 무엇보다 이렇게 중요한 문화유산의 발견에 아무런 조건 없이 발견 즉시 당국에 신고하여 국보급 유물을 보존하게 한 점으로 보아 대국민 홍보 차원에서 고가의 보상비를 책정할 필요가 있었다. 그리고 시민들에게 국가의 중요 유산을 발견신고하면 손해라는 생각을 불식하는 의미에서 파격적인 보상금 1억 원이 책정되었다. 보상가 1억 원은 문화유산 발견신고 보상금으로는 지금까지도 가장 높은 파격적인 금액이었다.

그런데 비가 발견된 지점이 국가소유의 도로였으므로 법에 따라 5천만 원은 국고로 환수되고, 발견자인 김헌도씨는 5천만 원의 보상비를 받게 되었다. 또 보상비의 20%인 1천만 원은 세금으로 제하고 실제 받은 보상금은 4천만 원이었다.

2) 중성리신라비의 역사적 의의와 활용

중성리신라비는 발견 매장문화재로서, 공사장에서 나온 평평한 돌을 화분 받침대로 쓰려고 집으로 가져온 돌이 빗물에 씻기면서 글자가 나타나 발견자가 스스로 즉시 당국에 신고하여 알려지게 되었다는 발견경위는 위에서 설명한 바와 같다. 이 비의 발견신고는 발견자에게도 무한한 영광이자 자부심을 주는 행위이지만, 더 나아가서는 우리의 소중한 문화유산을 지키고 가꾸는데 크게 이바지한 것으로 평가될 것이다. 근래에 포항 냉수리비의 발견경위나 문무왕릉 비편 재발견 과정에서 일어났던 사회문제 등을 감안할 때 더욱 귀감이 된다 하겠다. 최근 문화유산에 대한 관심은 국가유산청이나 지방자치단체뿐만 아니라 성숙한 시민의식을 통해 높아지고 문화유산 발굴에 대한 적극적 동참의식이 보편화되고 있다. 이는 매우 바람직한 방향이라 생각되며, 앞으로 이러한 분위기가 더욱 확산되어 우리 국민들 모두가 문화유산을 지키고 사랑하는 주체가 되면 좋을 것이다.

중성리비는 이러한 발견경위의 바람직한 경우임은 물론 그 내용에서도 매우 중요한 역사적 의의를 가지고 있다. 신라의 왕경사회에서는 냉수리비와 중성리비가 세워진 흥해지역의 촌락에 이례적으로 각별한 관심을 가지고 있었다고 하겠다. 이는 이 지역의 촌락들이 왕경사회의 이해관계와 직결되어 있었음을 말해 준다. 냉수리비가 발견된 신광면 냉수나 중성리비가 발견된 흥해지역은 지리적 위치나 교통로 등을 감안할 때, 사로국이 동북방향으로 발전하는 데 그 비중이 매우 컸다. 옥성리고분군으로 대표되는 흥해지역의 고분군과 남미질부성의 고고자료에서도 이 지역과 경주지역과의 밀접한 관계가 입증된다.

이 중성리비의 비문내용은 신라 관등제의 성립 과정, 신라 6부의 내부구조, 신라의 지방통치와 분쟁 해결절차, 사건 판결 후 재발 방지 조치 등 신라의 정치적, 경제적, 문화적 상황을 알려 주고 있어 역사적, 학술적으로 매우 중요한 가치를 지니고 있다. 즉, 중성리비는 흥해지역의 4개 촌락 주민을 둘러싸고 약탈과 분쟁이 발생하자, '교敎'와 '영슈'을 통해 분쟁을 해결하고, 그 사실을 사건 관련자와 흥해지역 지방민에게 알리기 위해 세워진 것이다. 중성리비의 건립 시기는 지증왕 2년(501) 설이 일반적이지만, 그보다 60년 빠른 눌지왕 25년(441) 설도 존재한다.

이와 같이 중성리비의 역사적 의의는 6부 문제를 비롯한 신라사 연구의 획기적인 자료가 될 수 있으므로 전공자들의 계속적인 연구와 힘께, 이 중요한 비의 내용과 문화유산적 가치를 시민들이 향유하고 즐길 수 있는 활용 방안도 매우 중요하다고 생각된다.

그러기 위해서는 현재는 울진박물관에만 만들어서 전시되고 있는 모형 제작과 같은 복제품을 만들어 활용하여야 한다. 현재 국립경주박물관 신라역사관 제3실에 단독으로 전시되어 있는 중성리비는, 비가 손상되지 않도록 은은하고 부드러운 빛을 활용한 조명 전시기법으로 잘 전시되어 있다. 얼마 전에 다시 가 본 전시실에 관람객들은 천마총금관 진열장 앞에는 금관과 기념사진을 찍기 위해 대기 줄을 길게 서 있었지만, 중성리비나 문무왕릉 비편 전시에는 관람객이 없었다. 중성리비 원비의 크기와 색, 그리고 글자까지도 완벽하게 여러 점을 복제하여 연구 활동은 물론 일반시민들과 어린이들도 쉽게 만져보고 느낄 수 있도록 해야 한다. 그래야 1,600년의 숨결과 글자도 만져보고 그 문화적, 예술적 감각을 배우고 향유할 수 있을 것이다.

그리고 발견 경위나 비석의 내용에 나오는 분쟁이나 판결 등을 중견작가에게 의뢰하여 문학작품으로 만들어 문화유산이 일상생활에 활용될 수 있도록 해야 할 것이다. 또 이것을 연극이나 뮤지컬로 만들어 공연한다면 문화유산 애호사상과 보물과 국보를 사랑하는 마음이 자연스럽게 생길 것이다.

참고문헌

강종훈, 2009, 〈포항중성리신라비의 내용과 성격〉, 《韓國古代史研究》 56.

국립경주문화재연구소, 2009. 9, 《浦項 中城里新羅碑》(발견기념 학술심포지엄 자료집).

김보상, 2009, 〈포항 중성리신라비의 발견경위 및 향후 과제〉, 《浦項 中城里新羅碑》.

선석열, 2009, 〈포항 중성리신라비의 금석학적 위치〉, 《浦項 中城里新羅碑》.

이문기, 2009, 〈포항 中城里新羅碑의 발견과 그 의의〉, 《韓國古代史研究》 56.

李泳鎬, 2009, 〈興海地域과 浦項中城里新羅碑〉, 《韓國古代史研究》 56.

차순철, 2009, 〈포항 흥해지방의 역사, 고고학적 고찰〉, 《浦項 中城里新羅碑》.

한국고대사연구회, 1989, 《한국 고대사 연구》 2(울진 봉평리 신라비 특집호).

한국고대사연구회, 1989, 《영일 냉수리 신라비(가칭)의 종합적 검토》.

한국고대사학회, 2009. 10, 《신발견 포항 중성리신라비에 대한 역사학적 고찰》.

홍사준, 1961, 〈문무왕릉단비의 발견〉, 《美術資料》 3.

제3장 〈포항 냉수리신라비〉와 신라의 사법체계

1. 법과 재판, 사법체계
2. 〈포항 냉수리신라비〉의 내용
3. 비문에 나타난 신라의 사법체계

홍승우(경북대 역사교육과 교수)

1. 법과 재판, 사법체계

재판은 공적인 영역의 형사 재판과 사적인 영역의 민사 재판으로 나뉘어지며, 국가의 권한 행사와 연관되어 있는 행정 재판도 있다. 보통 재판은 주로 당사자들만의 관심사였으나, 정치적 사안이나 큰 범죄에 대한 재판들이 많아지고 국가적인 중대사들이 재판 결과에 따라 결정되고 있기도 하여서, 현재는 당사자 이외에도 많은 사람들이 재판 결과에 관심을 가지게 되었다. 나아가 재판의 결과를 점치기 위해 사법 시스템, 즉 재판 과정과 법리 해석에 대해 찾아보고 분석하기도 한다. 재판 그 자체가 많은 관심을 받고 있는 중이라고 할 수 있다.

인간 사회는 다양한 욕망을 가지고 있는 많은 사람들이 어울려 살아가고 있고, 그 때문에 사람들 사이의 충돌 역시 끊이지 않는다. 그리고 국가가 잘 유지되기 위해서는 공공의 이익과 개인의 이익이 조화를 이루어야 하는데, 그 둘 사이의 갈등 역시 큰 문제이다. 통상 법은 이러한 갈등들을 해소하기 위해 사회 구성원들의 합의에 따라 성립하며, 그 법에 기반하여 사회가 운영되어 왔다.

물론 계급이 있는 사회, 곧 구성원들 사이에 차별이 있는 시대에는 전체 구성원들이 공정하게 논의하고 합의하였다고 하기는 곤란하며, 일방적 강요라고도 할 수 있을 것이고 또 그것이 정당하다고 할 수도 없다. 하지만 법을 어겼을 때 적어도 당시의 사회 질서가 유지되기 곤란하다는 공통의 인식을 바탕으로 지켜야만 한다는 인식을 공유하고 있었을 것이다. 즉 법치라는 원리로 사회와 국가가 돌아갔었고 지금도 그러한 상황이다. 다만 법의 원리와 내용이 끊임없이 변화해 왔다.

결국 여러 갈등들은 법에 의해 조율되고 해소되어 왔다고 할 수 있다. 갈등이 생겼을 때 법률에 의해 해결 방안이 결정되었다고 할 수 있는데, 문제는 인간 사회는 너무나 복잡하고 법률은 제한적이라는 것이다. 모든 일을 법률로 정할 수는 없기도 하거니와 어떠한 문제가 어떤 법에 의해 판단되어야 되는지가 명확하지 않은 문제가 언제나 있어 왔다. 그렇기에 국가운영을 위해서 법은 끊임없이 만들어지고 보완되고 수정되어야 했으며, 법의 적용을 위한 다양한 시스템으로서 사법체계가 고안되고 시행되어 왔다.

이렇게 중요한 사법체계이기 때문에, 그 역사에 대해서도 많은 관심이 있었고, 역사 연구의 중요한 주제 중 하나가 되었다. 위정자들 역시 법 그 자체는 물론이고 어떻게 법을 적용하여야 하는지에 대해서도 많은 기록들을 남겼다. 또 훌륭한 관리가 되기 위한 지침서로서 사건과 재판 과정 및 결과를 기록한 여러 판례들을 모아 놓은 책이 나오기도 하였다.

특히 한국고대사에서는 법의 형식과 그것이 국정에 반영되는 방식 등이 매우 중요하다고 여겨져 국가의 형태로서 '율령 국가'라는 용어가 사용되고 있기도 하다. 이는 법의 제정과 그것을 통한 국가운영의 초창기에 해당하는 고대사회이기에 그 중요성이 더욱 부각되었기 때문이다.

다만 법과 사법체계에 대한 구체적인 내용은 역사 기록에 잘 남아 있지 않다. 보통 결과 중심으로 기록되기 마련인데, 기록이 많이 소실된 고대에는 더욱 그러한 경향이 두드러진다. 예를 들어 우리나라 최초의 국가라는 고조선에는 8조의 법이 있었다고 하지만, 실제로는 그중 3조만이 전할 뿐이다. '사람을 죽이면 바로 죽여서 배상한다.', '사람을 상처입히면 곡물로써 배상한다.', '물건을 훔친 자는 노비로 삼고 이를 면하려 자는 인당 50만을 내어야 한다.'는 세 가지가 그것이다. 이러한 3조의 법 조항을 통하여 범죄와 그에 대한 처벌 조항을 확인할 수 있을 뿐이고, 그러한 처벌 결과가 나오기까지의 과정, 즉 재판과 집행이라는 사법체계의 구체적 모습은 알 수 없다. 이렇게 한국 고대국가의 사법체계는 사료의 부족이라는 한계로 잘 알 수가 없는 것이다.

그런데 고대국가에서 얼마 안 되기는 하지만 어떠한 분쟁에 대한 판결문의 일부가 남아 있어 당시 재판의 양상과 그 결정에 대한 처리 과정을 엿볼 수가 있다. 이를 통해 고대국가의 사법체계를 어느 정도 이해할 수 있는데, 국보로 지정된 〈포항 냉수리신라비〉가 바로 그것이다.

2. 〈포항 냉수리신라비〉의 내용

〈포항 냉수리신라비〉(이하 냉수리비)는 1989년 3월 경상북도 포항시 북구(당시 영일군) 신광면 냉수2리에서 발견된 6세기 초의 신라 석비이다. 이 석비는 1년 먼저 발견된 〈울진 봉평리신라비〉(이하 봉평리비)와 함께 신

라사 연구를 몇 단계 진전시킨 금석문으로 널리 알려져 있다. 그리고 20년
뒤인 2009년 발견된 〈포항 중성리신라비〉와 묶어서 '신라 동해안 3비'라
지칭되기도 하는 중요한 문화유산이다.

〈도판 1〉 냉수리비 앞면, 뒷면, 윗면(필자 촬영)

비문의 내용은 다음과 같다.

(1) 사라(斯羅, 신라의 옛 표기)의 탁喙의 사부지왕斯夫智王과 내지왕乃智王, 이 두 왕이 교
하시기를, 진이마촌珍而麻村의 절거리節居利의 주장을 근거로 하여 그가 '재물'을 가지게 하
라고 교하시었다.

(2) 계미년(503) 9월 25일에 사탁沙喙의 지도로至都盧 갈문왕葛文王, 사덕지斯德智 아간지
阿干支, 자숙지子宿智 거벌간지居伐干支, 탁喙의 이부지尒夫智 일간지壹干支, 지심지只心智 거벌
간지, 본피本彼의 두복지頭腹智 간지干支, 사피斯彼의 모사지暮斯智 간지, 이 7왕들께서 함께
논의하여 교하시기를, 앞선 두 왕의 교를 근거로 하여 '재물'을 모두 절거리가 가지라고 교
하시었다.

(3) 별도로 교하시기를, 만약 절거리가 죽는다면 그 집안의 아이 사노斯奴가 이 '재물'을
가진다고 교하시었다.

(4) 별도로 교하시기를, 말추末鄒와 사신지斯申支, 이 두 사람은 이후에 다시는 이 '재물'
에 대하여 (자신들에게 권리가 있다고) 말하지 말라고 하시었다. 만약 다시 말하면 중죄重罪
라고 교하시었다.

(5) 전사인典事人은 사탁沙喙의 일부지壹夫智 나마奈麻, 도로불到盧弗, 수구휴須仇休, 탁의 탐수도사眈須道使 심자공心訾公, 탁의 사부나沙夫那, 사리斯利, 사탁의 소나지蘇那支이다. 이 7인이 무릎을 꿇고 일을 마쳤음을 보고하고, 소를 잡아 (제사 지내며) 널리 (판결 결과를) 알리었다. 이에 기록한다.

(6) 촌주村主 유지臾支 간지干支, 수지須支 일금지壹今智, 이 두 사람이 이해에 일을 마쳤다. 이에 기록한다.

냉수리비는 모양을 다듬지 않은 6면체 화강암의 앞면과 뒷면, 그리고 윗면에 글자를 새겨 넣었다. 윗면에도 글자를 새긴 비는 냉수리비가 유일하다. 비문은 3면을 모두 합하여 24행 231자로, 앞면 12행 152자, 뒷면 7행 59자, 윗면 5행 20자이다. 이 비문의 내용은 해당 지역에 사는 사람들 사이에 어떠한 분쟁이 발생하였는데, 이에 대해 재판을 하고 그 판결 내용을 적어 둔 것으로, 현대로 치자면 판결문과 비슷한 것이다.

다만 현대 판결문에는 원고(형사의 경우 검사)와 피고의 이름, 결론에 해당하는 '주문'과 재판을 하게 된 분쟁의 내용과 판결의 근거를 담은 '이유', 재판관의 이름과 서명 등으로 구성되어 있어, 사건의 내용과 당사자 및 판단의 근거 등이 자세히 적혀 있는데 비해, 냉수리비에는 관련자들의 이름과 결과만 간략하게 적혀 있어 차이가 있다. 이는 이 냉수리비가 판결문 그 자체로서 그 자세한 내용을 사람들이 알 수 있도록 한 것이 아니라, 판결 결과를 긴 시간 동안 사람들에게 주지시키기 위한 목적을 가진 일종의 상징물로 기능하도록 의도한 것이기 때문이다.

돌이나 금속같이 오랫동안 변하지 않는 소재의 서사 재료에 글을 남긴 금석문은 종이 문서와 유사하지만, 내용 자체를 다른 사람에게 전달하는 목적만이 아니라, 그 재질의 특성상 긴 시간 동안 그 적힌 사실을 널리 알리고자 하는 목적을 강하게 지니고 있다. 즉 이 비문은 왜 그런 판결이 났는가 하는 구체적 내용이 중요한 것이 아니라, 그 결과를 후대까지 전달하여 변함없는 사실로 인지시키는 것이 주된 목적이었던 것이다.

이 비문이 지어지게 된 원인이 되는 분쟁은 이 비가 발견된 포항시 북구 냉수리 인근에 있었던 두 지역 유력세력 간에 '재물'을 둘러싸고 일어났다. 이 '재물'이 무엇이었는지는 내용에 분명히 나오지 않는다. 다만 농경사회였고, 비가 땅에 세워졌던 것을 고려한다면, 아마 농경지와 그것을 경작할 수 있는 지역 주민의 노동력 등이 아니었을까 추정되고 있다.

분쟁의 한쪽은 진이마촌에 사는 절거리라는 사람이고, 다른 한쪽은 말추와 사신지 두 사람이었다. 이 분쟁은 단발적인 것이 아니었던 것 같다. 이전에 실성마립간(재위 401~417)으로 추정되는 사부지왕과 눌지마립간(재위 417~458)으로 추정되는 내지왕 대에 이미 이 분쟁 대상 '재물'에 대한 판결이 나와 있었다. (1)에서 확인되듯이 두 왕의 판결은 절거리가 '재물'의 권리자라는 것이었다.

그런데 503년경에 이르러 다시 말추와 사신지 2인이 '재물'의 권리를 주장하고 나왔던 것 같다. 혹은 그사이 어떤 사정에서인지 '재물'을 두 사람이 차지하고 있었을 수도 있다. 이에 절거리와 말추·사신지 두 측 사이에서 '재물'에 대한 권리를 둘러싸고 분쟁이 벌어졌고, 이것이 다시 국가 권력에 판결을 요청하게 되는 데 이른 것이다.

(2)가 바로 판결 결과를 적시한 것이다. 503년 음력 9월 25일에 당시 사탁沙喙의 지도로至都盧 갈문왕葛文王을 포함한 중앙 유력 지배자 7인이 함께 논의하여 결론을 내리고 이를 '교敎'로 널리 알렸다. 지도로 갈문왕은 당시 왕이 없던 상황에서 임시로 그 역할을 수행하고 있었고, 얼마 있지 않아 왕위에 오른 지증왕이었다. 사실상 왕을 포함한 최고위 지배층 7인이 판결의 주체였다고 할 수 있다. 그 결론은 앞선 두 왕의 교를 근거로 하여 '재물'에 대한 권리는 절거리가 가진다는 것이었다.

그런데 이 분쟁이 이것으로 종결된다는 보장은 없었다. 또한 이전 두 왕의 시대부터 이름이 나오는 절거리의 나이가 적지 않았다고 추정되므로, 그가 죽은 후 다시 분쟁이 발생할 소지가 있었던 것 같기도 하다. 그렇기에 (3)과 같이 지증왕을 비롯한 7인은 여기에 더하여 추가적인 조치를 명령하고 있다. 그것은 만약 절거리가 죽으면, 그 집안의 아이인 사노가 그 권리를 가진다는 것이다.

더하여 (4)와 같이 이번에 패소한 말추와 사신지 두 사람 측에서는 다시는 이 '재물'에 대한 권리를 언급하지 말라는 명령도 별도의 교로 내려서 향후 분쟁의 소지를 없애려고도 하였다. 만약 다시 문제를 제기하여 판결을 요구한다면 중죄로 처벌할 것이라고 한 것이다.

(5)는 신라의 수도인 지금의 경주에서 내려졌을 판결을 분쟁 발생 지역의 행정 담당자와 당사자들에게 전달하고 판결대로 일이 집행되도록 관리 감독하는 일을 맡은 실무 집행 집단의 명단과 그 처리 결과를 적어 놓은 것이다. 사람들을 모아서 판결을 전달하고 이에 승복하여 한마음으로 받들도록 하는 맹세를 소를 잡아 하늘에 제사 지내는 형식으로 하였다.

(6)은 해당 지역 행정 담당자인 진이마촌의 촌주 유지와 그 아래의 관리인 일금지 직위의 수지가 일 처리를 마무리하였다는 사실을 기록한 것이다. 이를 통해 중앙에서 이루어진 판결이 지방의 행정 담당자를 통해 처리되었고, 그 결과를 새긴 비석을 만들어 해당 재물 인근에 세움으로써 이를 후대까지 지속적으로 주지시키려 하였다는 것을 알 수 있다.

이상 비문의 내용을 일별해 보면, 신라 왕경에서 가까운 지방인 현재의 포항 북구 지역에서 그 지역의 중요한 '재물'을 둘러싸고 지역의 유력자 집단 둘 사이에 분쟁이 발생하였고, 이것이 지속적으로 이어졌기에 일정한 재판 절차, 곧 사법체계를 통해 분쟁에 대한 조정인 판결이 내려지고 그대로 집행되었다는 것을 알 수 있다.

지금으로 치자면 일종의 민사 소송이 일어났고, 이를 일정한 사법 절차를 통해 해결하려 하였던 과정이 기록되어 있는 것이다. 다만 현대의 민사 소송과 달리 전근대 국가는 민사의 영역이 형사와 엄격히 구분되지 않는 모호한 지점이 있다. 판결의 집행과 후속 처리 역시 국가 권력을 통해서 구현되고, 잘못한 것에 대한 처벌 역시 형벌의 범주에서 다루어지는 등, 형사 재판과 명확히 구분되지는 않는다. 즉 이 비문의 사건은 민사이지만, 형사를 다루는 사법체계와 크게 다르지 않았다는 것이다. 이 분쟁보다 조금 뒤이기는 하지만 형사 사건을 다루었다고 할 수 있는 봉평리비에서도 이와 유사한 재판 과정과 처리 진행이 보이고 있는 것은 이를 잘 알려 준다.

3. 비문에 나타난 신라의 사법체계

1) 재판부의 구성과 평결 방식

이 비문에서는 당시 신라의 재판 과정과 그 판결의 집행 및 처리 과정의 모습을 찾아볼 수 있다. 행정과 사법이 분리되어 있는 현대사회와 달리 고대국가에서는 행정과 사법이 일체화되어 있다. 즉 현대에서는 민사의 경우 행정 관부가 아니라 사법 재판소에 소송을 제기하지만, 전근대 국가에서는 민사 소송 역시 전적으로 국가 행정권력에게 판단을 의뢰하게 된다. 사실상 형사 재판과 민사 재판이 엄격히 구분되지 않았으므로 형사 재판의 범위까지 함께 이야기할 수밖에 없다.

신라의 사법체계는 어떻게 작동하였을까. 이와 관련하여 고대국가의 사법체계란 무엇인가에 대해 먼저 대략적으로 이야기해 둘 필요가 있다. 앞서 이른바 고조선 8조법에 대해 언급하였는데, 그 가운데 1조가 '사람을 죽이면 바로 죽여서 배상한다〔相殺以當時償殺〕.'는 것이다. 만약 누군가 사람을 죽이면 그 사람을 죽여서 그 죗값을 치르게 하였다고 할 수 있겠는데, 이 과정이 자연적으로 이루어질 리 없다.

사람을 죽인 자를 죽인다는 결정을 누가 하는가, 이보다 앞서 그에게 책임을 물을 것을 누가 누구에서 어떻게 요구(신고, 고발)할 것인가에서 시작하여, 어떠한 절차를 거쳐 법에 규정된 처벌을 판결하는가와 함께, 그 판결을 누가 어떤 방식으로 집행하는가 하는 제반 규정과 절차가 바로 사법체계라 할 수 있다. 그 중심에는 재판이라는 절차가 있다.

먼저 분쟁에 대한 재판 방식과 판결의 집행 과정이라는 측면에 한정하여 재판을 누가 하는가라는 문제를 생각해 보자. 현대 대한민국에서야 당연히 사법부, 곧 법원의 판사가 전담하지만, 전근대 국가에서는 행정 관리가 판사의 역할을 겸하였다. 물론 국가 안위와 관련한 중대한 범죄의 경우 이를 전담하였던 수사 감찰기관이 있었던 경우도 있지만, 통상은 소송이나 범죄가 발생한 지방의 행정을 담당한 지방관이 재판을 맡았다.

그러나 이도 관리들의 업무가 명확히 정해진 행정체계를 갖춘 이후의 일이다. 명확한 사법체계는 국가 권력이 독점적으로 사법권을 행사할 수 있을 징도로 성장했을 때 비로소 가능하기 때문이기도 하다. 고조선 8조법 단계에서는 '사람을 죽인 자를 죽인다'라는 결정을 내릴 수 있는 국가 권력에 입각한 사법 기구가 존재하였는지 분명하지 않다. 법은 있어도 누가 어떤 방식으로 그 법을 적용한 판결을 내리는지가 명확하지 않은 것이다.

더하여 사람을 죽인 것과 같은 법에 규정된 명확한 범죄라면 법 적용이 분명하여 그 판결이 어떠할지 고심이 필요하지 않지만, 법에 명시적으로 규정되지 않은 사안에 대한 판결이 필요하면 어떤 사법 절차와 방식이 필요할까라는 의문이 생길 수밖에 없을 것이다. 고조선 8조법에서 보듯이 초기의 법은 살인, 상해, 절도 등 기본적인 범죄 행위와 그에 대한 처벌이 주였기에, 이 시점에 민사적인 성격의 문제가 법에 적시되어 있을 리도 없거니와, 다양한 양상의 갈등을 모두 포괄하는 법도 있을 수 없다. 따라서 갈등과 문제가 생겼을 때, 이를 논의하여 판결을 내리는 절차와 기구, 곧 단순히 법을 연구하고 적용하는 것이 아니라 이것이 죄가 되는가, 누가 소송에서 이겨야 되는가를 고민하고 결정하는 과정과 주체가 필요할 수밖에 없다.

국가가 발생하기 이전이라면 기본적으로 이는 당사자들 간에 협의를 기본으로 하고, 양자의 의견이 좁혀지기 힘들다면 중재자적 위치에 있는 존재가 그 역할을 수행하였을 것이다. 그러나 국가가 성립하면 모든 판결은 국가 권력에 의해 이루어지는 것으로 변화하게 된다. 다르게 말하면 중요한 재판과 판결의 과정은 국정을 운영하는 방식과 크게 다르지 않았다는 것이 된다. 왕이 권력의 정점에 확고히 자리 잡는 국가체제에서는, 그 실무적인 양상과는 무관하게, 법의 제정과 개정 및 중요한 결정은 왕의 이름으로만 이루어진다. 사법체계 역시 왕의 명령으로 제정된 법을 근거로 왕에게 권한을 위임받은 관리에 의해 수행되는 방식이 되는 것이다.

그런데 고조선 8조법 단계와 같이 왕이 국가 권력의 정점에 서서 형식적으로 권력을 독점하기 이전 단계에 법에 의한 판결 혹은 법에 규정되지 않은 판결은 어떤 방식으로 이루어졌을까. 물론 고조선 8조법 단계의 일을 현재로서는 알기 어렵다. 그러나 강력한 왕권을 바탕으로 한 중앙집권국가 이전 단계의 재판에 대한 단서를 찾을 수 있는 문헌 기록이 존재한다. 바로 중국 사서인 《삼국지三國志》 위서魏書 동이東夷 고구려전高句麗傳에 나오는 다음의 기사이다.

범죄자가 있으면 여러 우두머리〔諸加〕들이 모여서 평의評議하여 사형에 처하고 처자식은 몰수하여 노비로 삼는다.

아직 명확한 법 규정이 없는 일을 판결해야 하거나, 또는 고정적인 사법 기구가 없는 상황에서는 분쟁이나 갈등 혹은 범죄가 발생하였을 때, 우두머리들이 모여 논의하는 과정을 거쳐 결론을 내린다는 것이다. 여기에서 우두머리들은 한자로 '가加'라고 하는 존재들이다. '가'는 유목 민족의 수장인 '칸汗'과 같은 의미로, 신라나 가야에서는 간(지) 혹은 한(기)라 발음하는 '干(支)·旱(岐)'라는 이름을 사용하였다.

그러면 이 우두머리들은 구체적으로 어떠한 존재들이었을까. 그런데 그것을 알기 위해서는 당시 국가체제와 정치 방식을 이해할 필요가 있다. 앞서 말하였다시피 이러한 재판의 방식은 국정 운영의 방식과 동일하다. 당시 국가의 중대한 사안이 있으면 여러 우두머리들이 모여 논의하여 결정하였던 것이었고, 재판을 하는 우두머리들은 정치권력을 가지고 있는 지배층의 상층부였던 것이다.

이 기록에 해당하는 시기 고구려는 아직 왕이 권력을 독점하는 중앙집권 국가 단계에 이르지는 못하였다. 고구려는 5부部라고 부르는 5개의 커다란 지역 자치 정치체들의 연합체적 성격으로 출발하였다. 즉 왕이 있었지만, 영역 전체에 완전한 지배권을 행사하기에는 한계가 있었고, 5개의 유력 정치체가 연합하여 국가를 운영하는 방식이었던 것이다. 이러한 국가체제에서 국정의 중요한 사안을 결정하는 우두머리들은 바로 5부의 수장들이었다고 할 수 있다. 결국 중앙집권국가 이전 단계 고구려의 중요 재판은 5부 수장들의 합의에 의해 이루어지는 방식이었다고 할 수 있다.

이제 다시 냉수리비로 돌아가 보자. (1)에 따르면 냉수리비의 분쟁에 대한 재판보다 전이기는 하지만 두 명의 왕에 의해 어떤 결정이 이루어졌다고 되어 있다. 그렇다면 왕에 의해 사법권이 독점되었다고 보아야 할까. 그렇지는 않다. (1)은 판결문 전체가 아니라 냉수리비의 주 분쟁에 대한 판결의 근거로 요약하여 적은 것이기 때문에, 실제 판결의 주체가 제대로 적혀 있지 않았을 뿐이다. 당시 재판의 방식과 주체는 (2)를 보아야 한다. (2)에서 판결을 내리는 주체가 '7왕들(七王等)'이라고 적시되어 있다. 이들이 '함께 논의하여〔共論〕' 그 결과를 '교'하는 모습이 고구려의 재판 방식과 완전히 일치한다고 보아도 좋을 것이다. '7왕들'이 당시 일시적 궐위 상태였던 왕의 역할을 수행하였던 지도로 갈문왕을 포함하고 있었으므로, (1)에 있는 두 왕의 교 역시 (2)과 같은 방식으로 평의가 이루어졌던 것으로 보아야 할 것이다.

신라 역시 고구려의 5부 연합과 마찬가지로 지금의 경주 일대에 있었던 6부의 연합체적 성격의 국가로 출발하였는데, 이 6부의 수장과 그 아래 유력자들이 모여 주요한 국정 사안을 결정하거나 재판에 대한 판결을 하였던 것을 알 수 있다.

유력한 정치 권력자들로 구성된 재판부의 존재를 알 수 있으며, 재판부 구성 원리는 국가체제 및 정치 형태와 밀접한 관련을 맺고 있음을 알 수 있다. 냉수리비와 비슷하지만 앞선 시기에 세워진 〈포항 중성리신라비〉에는 이들 재판부를 지칭하는 '쟁인(爭人)'이라는 용어가 확인된다. 쟁인을 재판의 두 당사자로 보는 견해도 있지만, 평결 집단으로 보는 것이 일반적이다. '쟁인' 집단은 이들 재판부가 임시적이고 일시적인 것이 아니라 제도로서 규정된 정규의 것임을 알려 준다.

다만 냉수리비가 건립되었던 지증왕 대는 이미 중앙집권화가 상당히 진전되었던 시기로, 6부 연합체적 성격은 크게 약화된 시점이었다. 그렇기 때문에 실질적으로는 왕이 중심이 되어 평결이 이루어졌을 것으로 짐작된다. '7왕들'의 구성을 보면, 왕과 밀접한 관계를 맺었던 탁(부)와 사탁에서 각각 2인과 3인씩 5인이 참여하였고, 나머지 4부에서는 본피와 사피의 수장 1인씩만이 참여할 뿐이었으며, 잠탁과 한기(부)에서는 한 명도 참여하지 못하였다. 사실상 왕이 주도한 평결이었지만, 형식상으로는 6부의 수장들이 함께 논의하여 결정하는 방식이 여전히 남아 있었던 것이다.

이러한 재판의 평결 방식이 단순히 형식으로만 남아 있었던 것은 아니었다. 이들의 평결 결과는 왕의 이름으로 세상에 공시되지 않았다. '7왕들' 전체 다시 말해 '신라육부新羅六部' 전체가 교를 내리는 주체였다고 할 수 있다. 냉수리비보다 약간 뒤인 524년 만들어진 봉평리비에서는 판결 결과를 '신라육부'의 이름으로 널리 알리는 모습이 확인되기도 한다.

중앙집권국가로 발전하기 이전 시기에 신라와 고구려 등 삼국은 몇 개의 지역 단위 정치체인 '부'들의 연합체적 성격을 가지고 있었고, 중요한 재판은 여러 부의 우두머리들〔가 혹은 간(지)〕이 모두 함께 논의하여 판결을 내는 방식이었던 것이다.

2) 판례의 집적과 활용

그러면 다음으로 어떻게 재판의 결과를 도출하였을까에 대해 알아보자. 기본적으로 고대 국가들에 법이 있었기에 법 조문에 의거하여 재판이 이루어졌음을 짐작하는 것은 어렵지 않다. 여러 우두머리들이 모여 결정할 때에도 법이 중요한 기순이 되었을 것이다. 그러나 모든 분쟁과 갈등 혹은 범죄가 법 조문에 명확히 규정되지 않았을 것은 분명하다. 다양한 사례들이 있었을 것인데, 이때 우두머리들이 모인 재판부는 논의를 통해 합의하여 판결을 내렸을 것이다.

그런데 냉수리비에는 판결을 결정하게 된 이유가 명확히 적혀 있다. 물론 비문에 분쟁의 내용이나 사건의 개요 혹은 관련 법 규정 등이 나오지는 않는다. 그럼에도 판결을 내리는 근거는 명확히 제시하고 있다. 바로 (1) 이전 두 왕 시기에 있었던 판결 결과가 그것이다. 사실 냉수리비의 분쟁은 단발적인 것이 아니라 이전부터 있어 왔던 것이고, 이전에 이미 판결을 내린 적이 있었기 때문에, 과거 판결 결과를 근거로 이번 판결을 내렸던 것이다.

현대의 재판에도 많이 보이는 '판례'에 근거한 판결이라고 할 수 있겠다. 우두머리들로 구성된 재판부는 매번 모여 새롭게 논의하여 판결을 내리는 것이 아니라, 법 조문은 물론 이전의 판례들을 참고하여 판결을 내리는 시스템이 있었음을 알 수 있다. 그리고 이러한 재판 과정은, 반대로 당시 '판례'가 단순히 구두로 논의되어 결정된 후 당사자들에게 전달되는 것에 머물지 않고, 문서화된 판결 결과로 남았고 또 그것이 축적되어 다른 판결들에 영향을 주었다는 것을 알 수 있게 한다.

현대의 재판도 마찬가지이지만, 모든 사건이나 소송을 새롭게 살펴보고 평결하는 것은 효율적이지 않다. 유사한 사례들을 모아 그것을 참고하여 재판을 진행하는 것은 효율적이고 공정한 재판을 뒷받침해 주기에, 중요하고 필요한 시스템이다. 신라에서도 이렇게 여러 재판을 하면서 판결문을 남기고 그것을 판례로서 집적하는 사법체계가 구축되어 있었음을 짐작할 수 있다. 아울러 이러한 판례들을 모아 법제도를 고도화시켜 나갔음도 알 수 있다. 냉수리비가 세워진 503년에서 얼마 지나지 않은 520년 신라의 법체계를 대대적으로 구축한 체계적인 법령인 '율령'을 반포할 수 있었던 것은, 이러한 신라 사법체계가 뒷받침되었기 때문에 가능하였던 일이다.

율령 반포 직후인 524년에 건립된 봉평리비에서 이와 관련하여 재미있는 판결이 보인다.

> 이에 대노촌大奴村은 함께 5만큼에 해당하는 양을 부담케 하고 나머지 일들은 모두 노인법奴人法에 따라 조처하라.

봉평리비에는 훼손된 부분이 있어서 정확한 내용을 파악하는 데 어려움이 있다. 그렇지만 대체로 지금의 경상북도 울진군 죽변면 봉평2리 부근으로 추정되는 거벌모라居伐牟羅에 있었던 어떤 '성'에서 일종의 소요 사태가 발생하였고 그로 인한 화재도 일어나자 군대가 동원되어 수습한 사건이 있었는데, 이 사건에 대해 조사하여 후속 처리를 하고 책임자들을 처벌하는 판결을 내렸던 내용이 담겨 있다.

그런데 6부의 우두머리들이 모여 논의한 판결에서 두 가지 형태가 보인다. 하나는 이 우두머리들의 논의에서 결정한 사항인 이 소요 사태에 책임이 있는 '대노촌大奴村'이라는 행정 단위의 구성원들이 5라는 수치에 해당하는 무언가를 공동으로 바치도록 하였다. 이는 평의에서 결정한 처벌이라고 할 수 있다. 다른 하나는 그 외의 사람들에 대한 처벌은 '노인법'으로 묶여 있는 일련의 '법 조문'에 근거하여 처리하라고 한 것이다. 노인법의 구체적인 내용은 알 수 없기는 하지만, 이 판결의 경우 구체적인 사항을 평의에서 정하지 않았고 특정 법 조문에 의거하여 처리하라고만 결정한 것임을 알 수 있다.

520년 대대적이고 체계적인 신라의 법전인 율령에 구체적으로 명시되어 있는 범죄에 대한 처벌 조문을 그대로 따르면 된다고 결론 내린 것이라 할 수 있다. 단순히 이전의 판례를 언급하는 섯을 넘어서 어떠한 종류의 법전에서 특정 조문을 보고 그에 합당한 처분을 내리라는 방식은 구체적 처분까지 적시한 전자 판결과는 양상이 완전히 다른 것이다.

아마 신라의 체계적 법체계 안에 있는 '노인법'에, 해당 사태에 대한 판결을 내릴 수 있는 구체적 내용이 포함되어 있기에 이러한 방식의 판결이 내려진 것이고, '대노촌'에 별도의 부담을 지운 것은 유사한 사례가 이전에 없었거나 그 정도가 다른 새로운 상황이었기에 기존 법전에 근거한 판결을 내리기 어려웠고, 이에 이 평결에서 새로운 판례를 만들었던 것으로 보인다.

신라에서는 평결이 이루어져 판결문이 나오면 단순히 판례로서 모아지고 다른 판결에 활용되는 것에 끝나지 않고, 사례별로 분류되고 일련의 유사한 사례들을 모아 하나의 전범으로서 체계화하는 작업이 지속적으로 이루어졌음을 알 수 있다. 그 결과 새로운 법의 편목이나 조문들 나아가 법전이 만들어지거나 수정·보완되는 고도화가 이루어졌던 것이고, 그것이 가능한 사법체계가 구축되어 있었던 것이다.

3) 판결의 집행과 사법체계를 통해 본 고대국가 신라

이제 마지막으로 재판부에 의한 판결 결과가 어떻게 전달·공시되고 그 처분이 이루어졌는지에 대해 살펴보자.

이 사건의 분쟁은 지방인 포항 북구 냉수리에서 일어났고, 재판의 평결은 현지가 아니라 재판부의 구성원들인 유력자들이 거주하였던 신라 왕경, 즉 현재의 경주시에서 이루어졌다. 분쟁의 당사자들이 평결이 이루어졌던 왕경까지 와서 판결을 들었을 가능성도 있지만, 재판 결과가 현지 다른 사람들에게도 알려져야 하고, 판결 결과를 해당 지역 행정 담당자가 처리하는 문제도 있어서, 평결 결과를 담은 판결문이 분쟁 대상의 소재지로 전달되는 과정과 실제 처분을 수행하는 담당자가 필요하였던 것은 분명하다.

이와 관련한 내용이 (5)(6)에 담겨 있다. 우선 비문에 판결 결과를 사람들에게 전달하는 역할을 맡은 사람들이 (5)에 '전사인典事人'이라는 이름으로 명단까지 제시되어 있다. 이들은 모두 신라 6부에 속한 인물들로, 재판부를 구성한 우두머리들 아래에서 실무를 담당하였던 인물들이었다. 이들이 판결문을 들고 냉수리비 지역으로 이를 전달하였고, 현지인들이 이 결과에 승복하고 그에 따라 처리하는 과정을 지켜보았다.

그런데 (6)에서 다시 일을 담당하여 처리를 마친 두 사람이 추가로 나온다. 그들은 이 분쟁이 일어났던 지역의 행정 단위, 아마 진이마촌이었을 것으로 보이는, 촌의 책임자 촌주와 그 아래 직책으로 생각되는 일금지 지위를 가졌던 인물이다. 이들 역시 판결 결과에 따른 처분을 마치고 그 일을 비문에 새겼던 것이다. 아마 이 냉수리비를 세우는 실무도 촌주와 일금지 두 사람이 담당하였을 가능성이 높다.

이러한 기록을 볼 때, 판결은 전사인에 의해 이 지역에 전달되었고 전사인이 그 처분을 지시하였지만, 실제로 해당 지역에서 여러 조치들을 수행한 사람은 지역의 유력자들이었을 것이다. 이러한 역할의 분담은 당시 신라의 지방통치 방식과 깊은 관련이 있다. 앞서 신라가 6부 연합체적인 성격의 국가로 성립하여 중앙집권국가로 발전하였다고 하였는데, 6부라는 범위를 가진 국가로 출발한 신라는 이후 점차 영역을 넓혀 나갔다. 그 과정에서 6부는 왕경 지역, 곧 중앙이 되었고, 새롭게 영역에 포함된 지역은 지방이 되었다.

대체로 정복과 복속이라는 과정으로 영역이 확장되는 경우 많았기에, 신라에서 왕경과 지방은 단순히 같은 나라 안에서 수도와 그 외 지역이라는 행정 단위의 구분에 머물지 않고, 지배자 지역과 피지배자 지역이라는 엄격한 구분이 이루어지며 차별적인 대우를 받는 데까지 이르렀다. 그러한 지배 방식은 아울러 복속 지역인 지방에 대한 지배 방식에도 일정한 영향을 끼쳤다. 새로운 영역에 대해서는 같은 신라라는 동질성 인식이 약하였고, 그 주민들에 대한 지배도 같은 신라인이라고 하더라도 왕경 거주인들에 대한 지배와 차별적으로 이루어졌다. 물론 여기에는 문화적·경제적 차이도 원인으로 작용한다. 그래서 신라의 영역이 되었음에도 기존 그 지역의 지배자를 그 지역의 통치자로 두면서 자치적인 성격을 어느 정도 인정하는 간접 지배 방식으로 통치하는 경우가 많았던 것이다.

‘전사인’에는 신라가 지방에 파견한 지방관 ‘도사’가 포함되어 있다. 그러나 도사는 판결을 전달하는 역할을 할 뿐, 그 처분에 대한 구체적인 집행은 도사의 역할이 아니었다. 이는 당시 신라가 지방관을 파견하기는 하였지만, 그 지방관이 해당 지역에 상주하면서 그 행정 업무를 전담하였던 것이 아니었음을 확인시켜 준다. 지방관 도사는 중앙과 지방을 연결하여 명령 등을 전달하는 역할을 주로 담당하였고, 실제 지방에서의 업무는 원래 그 지역의 지배자들이 주로 하였다. 이러한 방식을 간접 지배 방식이라고 할 수 있다.

그렇다고 신라의 지방이 독자적인 세력은 아니었다. 냉수리비에 담겨 있는 분쟁과 평결 내용과 그 처분의 집행 양상을 보면 알 수 있듯이, 지역 내부의 일이지만 중요한 일의 경우 신라 중앙에서 그 처분을 결정하고 그것을 그 지역에 철저히 관철시켰음을 알 수 있다. 신라는 지방을 간접 지배의 방식으로 통치하였던 것이지, 그 독자성과 자치성을 완전히 인정한 것은 아니었던 것이다.

그리고 사법체계에 있어서는 신라 중앙의 법이 지방에까지 균일하고 철저하게 적용되었다. 6부 평의 집단에 의한 법 적용과 그 처리가 집행되는 과정 등이 모두 신라 사법체계 속에서 규정된 대로 이루어지는 양상이 확인되기 때문이다. 지역 사람들은 판결을 담은 이 냉수리비를 보면서 그것에 그대로 따라야 한다는 인식을 가지게 되는데, 이는 신라의 사법체계 안에서 통치를 받는다는 인식으로 자연스럽게 이어지게 된다.

즉 신라의 법과 사법체계가 신라의 영역 안에서 작용하면서 신라의 통치가 이루어지고, 이러한 양상이 더욱 강화되고 철저히 관철되어 가는 과정에서 서로 다른 정체성을 가졌던 신라의 영역 안이 신라라는 하나의 동질성을 가진 정치체로서 통합되어 가는 결과를 가져왔을 것이다.

결론적으로 냉수리비에 보이는 신라의 법과 사법체계는 하나의 국가로 완전히 통합되기 이전의 연합체적인 성격을 가졌던, 그리고 중앙과 지방이 분리된 국가 체제를 가졌던 초기 신라의 상황을 반영하고 있다고 볼 수 있다. 그러나 동시에 이러한 신라의 법과 사법체계가 지방에까지 체계적이고 규칙적으로 작용하는 양상을 통해, 영역 안의 구분과 분리가 점차 극복되어 나갈 수 있는 배경을 마련해 주었다고 할 수 있다. 신라는 법과 사법체계를 통해 하나의 통합된 국가, 중앙집권적 고대국가로 발전해 나갔다고 할 수 있는 것이다.

참고문헌

국립경주박물관, 2017, 《신라문자자료Ⅰ》, 국립경주박물관.

김창석, 2020, 《왕권과 법-한국 고대 법제의 성립과 변천-》, 지식산업사.

이기동 외, 2012, 《신라 최고의 금석문 포항 중성리비와 냉수리비》, 주류성.

주보돈, 2002, 《금석문과 신라사》, 지식산업사.

한국고대사회연구소 편, 1992, 《역주 한국고대금석문Ⅱ》, 가락국사적개발연구원.

한국역사연구회 고대사분과, 2004, 《고대로부터의 통신》, 푸른역사.

홍승우, 2011, 〈한국 고대 율령의 성격〉, 서울대학교 국사학과 박사학위논문.

제4장 매금왕에서 대왕으로:

〈울진 봉평리신라비〉와 〈울산 천전리서석〉을 중심으로

1. 두 금석문의 발견 경위와 내용 소개

2. 신라의 국가 발전과 국왕 칭호의 변화

3. '탁부매금왕' 칭호의 의미

4. 대왕 칭호의 사용과 외왕내제의 표방

5. 전륜성왕과 왕실의 신성화

노중국(계명대 사학과 명예교수)

1. 두 금석문의 발견 경위와 내용 소개

만주와 한반도에서는 청동기시대를 거쳐 초기철기시대에 이르기까지 각처에서 많은 국國이 성립하였다. 사로국(신라)도 이 시기에 성립한 여러 국 가운데 하나였다. 국이 성립될 수 있는 토대가 읍락(邑落: 촌)이었다. 읍락을 기반으로 한 국의 성립과 이후의 국가 발전 단계는 읍락 단계-국 단계-국 연맹 단계-부체제 단계-중앙집권국가 단계로 정리할 수 있다. 이러한 발전 단계에 따라 신라 최고 지배자의 칭호는 국 단계의 거서간居西干·차차웅次次雄→국 연맹 단계의 이사금→부체제 단계의 마립간→중앙집권 단계의 왕으로 바뀌었다. 이 가운데 신라가 왕 칭호를 사용하기 시작한 전후 사정과 이후의 변화 과정을 살펴볼 수 있게 하는 금석문 자료가 '매금왕寐錦王'이 나오는 〈울진 봉평리신라비〉(이하 〈봉평리비〉로 약칭)와 '대왕'이 나오는 〈울산 천전리서석〉(이하 〈천전리서석〉으로 약칭) 원명과 추명 그리고 을묘명과 갑인명이다.

1) 〈울진 봉평리신라비〉

〈봉평리비〉는 1988년 1월 경상북도 울진군 죽변면 봉평리 주두원씨 논에서 객토하는 과정에서 발견되었다. 3월 마을 이장 권대선이 글자를 확인하고 울진군에 신고한 후 문화재계장 이규상 등과 함께 비의 글자를 확인하였다. 향토 서예가 윤현수는 맨 처음 탁본하였다. 탁본을 통해 신라비라는 사실을 확인한 매일신문 기자 박진용이 4월 15일자 매일신문에 1면 톱기사로 보도함으로써 〈봉평리비〉는 세상에 널리 알려졌다. 현재 이 비는 발견된 곳에서 약 50m 떨어진 울진봉평리신라비전시관 안에 전시되어 있다.

이 비는 자연석 화강암에 한 면을 다듬어 만들어졌다. 비의 높이는 204cm, 글자가 새겨진 부분의 위 폭은 32cm, 아래 폭은 54.5cm이다. 새겨진 글자 수는 400자 정도이다. 글씨는 중국 북조의 영향을 받은 해서체이지만 예서체의 모습도 보인다. 비를 옮기는 과정에서 첫 줄 아랫부분의 한 조각이 떨어져 나갔는데 현장 발굴조사에서 찾아내어 원래의 자리에 붙여 완전한 형태가 되었다.

이 비의 건립 시기는 갑진년(524: 신라 법흥왕 11)이다. 비문은 크게 네 문단으로 구성되었다. 이 글의 중요 주제어인 '매금왕寐錦王'은 비문 첫 줄에 나온다. 매금왕은 문헌 자료나 다른 금석문에는 나오지 않고 〈봉평리비〉에만 나온다.

〈도판 1〉 울진 봉평리신라비 전시관 내부 모습(심현용 관장)

이 비에는 왕을 비롯하여 중앙의 고위 인물들이 모두 6부에 속하였다는 것, 중요한 일은 6부의 귀족들이 모여 회의하여 결정하였다는 것, 노인법奴人法·교법敎法·별교령別敎令·장백杖百 등 율령 관련 내용, 결정한 사항은 되돌릴 수 없다는 의미에서 소를 잡아 제사를 드리는 의례, 거벌모라와 남미지 등 당시 울진 지역의 촌락 이름, 박사와 서인書人 등 지식인, 아간지·거벌간지 등 왕경인에게 수여한 경위, 하간지·일벌 등 지방민에게 수여한 외위, 실지군주·도사·사인使人등 지방 관명 등이 나온다. 이 비는 6세기 신라 정치사와 사회사를 밝히는 데 중요한 자료이다.

2) 〈천전리서석〉 원명과 추명

〈천전리서석〉은 울산광역시 울주군 두동면에 있는 암벽에 새겨져 있다.

태화강의 지류인 대곡천 중류 강 언덕에 있는 이 지역은 경관이 빼어나 예로부터 명승지로 이름났다. 이 〈천전리서석〉은 1970년 동국대학교박물관 울산지구 불적조사대(황수영·문명대)가 발견했다. 암벽은 높이 약 2.7m, 폭이 약 9.5m이며 동남향으로 약 15° 앞으로 비스듬히 선 채 있다. 상부에는 원·동심원·능형의 기하문과 각종 동물상이 새겨져 있고, 하부에는 삼국 및 통일신라시대의 인물·기마 행렬도, 항해하는 작은 배, 각종 동물이 선각으로 새겨져 있고, 명문도 새겨져 있다. 현재까지 확인된 명문은 〈천전리서석〉 원명과 추명, 계사명, 을묘명, 을축명, 계해명, 갑인명, 상원 2년명, 상원 4년명, 개성 3년명 등이다. 여기에는 영랑永郎·금랑金郎·정광랑貞光郎 등 다수의 화랑 이름도 보인다. 이 가운데 본 주제와 관련하여 주목되는 명문이 원명과 추명 그리고 을묘명과 갑인명이다.

〈도판 2〉 왼쪽부터 〈천전리서석〉 전경, 〈천전리서석〉 원명·추명, 원명과 추명의 탁본(신라 천년의 역사와 문화)

원명과 추명은 암벽의 하부에 새겨져 있는데 위치와 내용에서 보아 연속된 기록이다. 원명은 을사년(525: 신라 법흥왕 12)에 새겨졌는데 그 내용은 사탁부 소속의 사부지 갈문왕이 사랑하는 누이와 함께 옛 골짜기〔古谷〕를 찾아온 후 이 골짜기를 서석곡書石谷으로 이름지었다는 것과 따라온 사람과 밥 짓는 여성의 이름 그리고 글씨를 쓴 사람의 이름이 나온다.

추명은 기미년(539: 법흥왕 26)에 새겨졌는데 이전 을사년의 내용을 먼저 축약하여 새기고 '무즉지태왕비另卽知太王妃'가 심맥부지(深麥夫智: 진흥왕의 이름)와 함께 다녀갔음을 새겼다. 추명 6행~7행에 나오는 "무즉지태왕비부걸지비另卽知太王妃夫乞支妃"의 '태왕'은 본 글의 핵심 주제어이다. 법흥왕비를 '무즉지태왕비另卽知太王妃'라고 한 것과 사부지 갈문왕이 사탁부 소속이라 한 것은 국왕의 지위와 왕실의 소속 부部를 보여 주는 중요한 자료이다. 여성의 칭호로 '부인夫人'이 나오고, 귀족의 아내에 대한 표기가 원명에는 '처妻'로, 추명에는 '부婦'로 표기된 것은 아내의 칭호 변화를 보여 주며, 대사제지·일길간지·사간지 등 관등은 신라 17관등제를 이해하는 데 중요한 자료이다.

3) 〈천전리서석〉 을묘명

〈도판 3〉 〈천전리서석〉 을묘명(신라 천년의 역사와 문화)

〈천전리서석〉 을묘명은 서석의 왼쪽 윗부분의 면이 얇게 떨어져 나가 패인 곳에 새겨져 있다. 새겨진 연대는 을묘년(535년: 법흥왕 22)이다. 본 명문 첫 줄의 "을사년팔월사일성법흥대왕절乙巳年八月四日聖法興大王節"에 나오는 '성법흥'과 '대왕'은 본 글의 핵심 주제어이다. 명문의 내용은 비록 간단하지만 법흥왕 앞에 '성聖'자를, 뒤에 '대왕'을 붙인 것은 신라 정치사를 연구하는 데 중요한 자료이다. 또 도인道人, 비구승比丘僧, 사미승沙彌僧 등 승려 호칭은 신라 불교사 연구에 중요한 자료가 된다.

4) 〈천전리서석〉 갑인명

갑인명은 원명과 추명의 좌측 비슷한 높이에 있는 계사명의 '癸'자 바로 위쪽에 새겨져 있다. 명문은 '갑인대왕사중 안장 허작甲寅大王寺中 安藏 許作'으로 간단하다. 대왕사는 신라에서 대왕 칭호를 절 이름으로 삼은 대왕 흥륜사일 가능성이 크다는 점에서, 안장은 진흥왕 대에 대서성大書省이었던 승려 안장과 동일 인물일 가능성이 크다는 점에서 주목된다. 명문이 새겨진 갑인년은 안장을 진흥왕 대의 인물로 보면 법흥왕 21년(534)이다. 이는 늦어도 534년에 대왕 칭호가 사용되었음을 보여 준다.

2. 신라의 국가 발전과 국왕 칭호의 변화

1) 사로국 단계: 거서간·차차웅

사로국이 세워지기 전에 경주 지역에는 알천 양산촌, 돌산 고허촌, 취산 진지촌, 무산 대수촌, 금산 가리촌, 명활산 고야촌 등 6촌(읍락)이 있었다.

이 시기가 읍락단계이다. 이 6촌의 촌장이 난생한 시조 혁거세를 옹립하여 사로국을 세우고 국호를 '서라벌(徐羅伐: 徐伐, 斯盧)', 왕호를 '거서간居西干'이라 하였다. 거서간은 거슬한居瑟邯이라고도 하였는데 토착적인 칭호로서 '왕을 일컫는 말' 또는 '왕에 대한 존칭'이었다. 건국 시기는 B.C.57년이었다.

제2대 남해왕은 '차차웅次次雄'을 칭하였다. 차차웅은 자충慈充이라고도 하였는데 원래 '무당〔巫〕'을 일컫는 말이었으나 후에 존장자의 칭호가 되었다. 차차웅은 당시 최고지배자가 사제자司祭者였음을 보여 준다. 남해왕은 거서간으로 불리기도 하고 차차웅이라고도 하였다(南解居西干 亦云次次雄). 이로 미루어 남해왕은 정치적 지배자이면서 동시에 제사장의 성격을 가졌다고 할 수 있다. 이는 국 단계의 사로국이 제정祭政일치 사회였음을 보여 준다.

2) 국 연맹 단계: 이사금

제3대 유리왕(24~57)은 '이사금尼師今'을 칭하였다. 이사금은 이질금尼叱今 또는 치질금齒叱今으로도 표기되었다. 이사금 칭호가 나오게 된 유래는 다음과 같다. 남해차차웅이 죽자 아들 유리는 대보大輔 벼슬에 있는 탈해脫解가 본래 덕망이 있다고 하면서 왕위를 사양하였다. 탈해는 남해왕의 사위로서 유리와는 처남매부 사이였다. 탈해는 '성스럽고 지혜로운 사람은 이〔齒〕가 많다고 하니 떡을 깨물어서 시험해 봅시다'라고 하였다. 두 사람이 떡을 깨물어 보니 유리의 잇금〔齒理〕이 많았다. 이에 탈해는 좌우의 신하와 더불어 유리를 받들어 왕으로 세우고 이사금尼師今이라 불렀다. 통일신라기의 학자인 김대문金大問은 이사금에 대해 '이사금은 방언으로 잇금〔齒理〕을 일컫는 말이다'라고 하면서 '박, 석, 김 3성三姓에서 나이가 많은 사람이 서로 왕위를 이었던 까닭에 이사금이라 불렀다'고 하였다.

이 시기에 경상도 일대에는 12국으로 이루어진 진한연맹체가 형성되어 있었다. 사로국도 처음에는 진한연맹체의 한 구성원이었다. 이후 사로국은 점차 성장하여 진한연맹체를 대표하는 나라(맹주국)가 되었다. 그 시기가 유리왕 대였을 가능성이 크다. 유리왕은 자신은 사로국의 국왕일 뿐만 아니라 연맹을 대표하는 맹주임을 표방하여 이사금을 일컬었던 것 같다.

이후 사로국은 맹주국의 지위를 굳건히 하였지만 내부에서는 박씨, 석씨, 김씨 세력 사이에 왕위 교체가 일어났다. 이를 삼성교립三姓交立이라고 한다. 시조 혁거세에서부터 3대 유리이사금까지는 박씨가 왕위를 이었다. 유리이사금이 죽은 후 석씨인 석탈해(57~80)가 제4대 왕이 됨으로써 일시적으로 왕위는 석씨로 넘어갔다. 그러나 박씨인 제5대 파사이사금(80~112)이 이사금이 된 이후 제8대 아달라이사금(154~184)까지 박씨가 왕위를 이었다. 이후 석씨인 제9대 벌휴이사금(184~196) 대부터 제12대 첨해이사금(247~262)까지 석씨가 왕위를 이었다. 이후 김씨인 제13대 미추왕(262~284)이 왕이 됨으로써 왕위가 일시적으로 김씨에로 넘어갔지만 제14대 유례이사금(284~299) 대부터 제16대 흘해이사금(310~356)까지는 석씨가 다시 이사금의 지위를 차지하였다. 그러나 김씨인 제17대 내물왕(奈勿王: 356~402)이 즉위함으로써 왕위는 김씨에게로 넘어갔다. 이처럼 왕위가 일정한 성씨 집단에 세습되지 않고 힘의 강약에 따라 다른 성씨 집단으로 옮겨진 것이 이사금 시기의 정치적 특징이라 할 수 있다.

3) 부체제 단계: 마립간

석씨 왕인 흘해이사금이 아들이 없이 죽자 제17대 내물왕(奈勿王: 356~402)이 왕위를 이었다. 내물왕은 나물奈勿 또는 나밀那密이라고도 하였다.

성은 김씨로, 말구末仇 각간의 아들이었다. 어머니는 김씨 휴례부인休禮夫人이고, 왕비는 김씨로 미추왕의 딸이었다. 말구와 미추 이사금은 형제였으므로 내물왕과 왕비 김씨는 사촌간이다. 이는 이 시기에 신라왕실에서 근친혼을 하였음을 보여 준다.

내물왕이 즉위함으로써 종전과 같은 3성교립이 없어지고 김씨가 왕위를 세습하였다. 즉위 후 내물왕은 최고지배자의 칭호를 종래의 이사금에서 마립간麻立干으로 바꾸었다. 마립간의 유래와 의미에 대해 김대문은 다음과 같이 말하였다.

> 마립麻立은 방언에서 말뚝을 일컫는 말이다. 말뚝은 함조諴操를 말하는데, 〔그것은〕 위계位階에 따라 설치되었다. 왕의 말뚝은 주主가 되고 신하의 말뚝은 그 아래에 배열되었기 때문에 이로 말미암아 〔왕의〕 명칭으로 삼았다.

이 기사에 따르면 '왕의 말뚝'과 '신하의 말뚝'은 상하로 구분되어 있었다. 이는 왕권이 그만큼 강화되었음을 보여 준다. 언어학적으로 볼 때 "마립간"의 '마립'은 '마루'로서 '크다' 또는 '높다'는 의미이고, '간'은 'khan'으로서 지배자를 가리킨다. 따라서 마립간은 '간 중의 간', '큰 간', '큰 지배자', 곧 대수장, 대군장大君長을 가리키는 칭호였다. 마립간은 〈봉평리비〉에는 매금寐錦으로 표기되었다. 매금 칭호는 고구려에도 알려졌다. 그래서 신라왕을 〈광개토대왕비〉에는 '신라 매금新羅寐錦'으로, 〈충추고구려비〉에는 '동이 매금東夷寐錦'으로 불렀다.

마립간을 칭한 시기에 대해 《삼국유사》에는 내물왕부터, 《삼국사기》에는 내물왕의 아들인 제19대 눌지왕(417~458)부터라고 하였다. 이러한 차이가 생긴 배경은 제18대 실성왕(402~417)의 즉위와 연관된다. 실성왕은 이찬 대서지大西知의 아들이었고, 어머니는 아간阿干 석등보昔登保의 딸인 이리부인伊利夫人이었다. 실성은 내물왕 37년(392)에 고구려에 볼모로 보내졌다가 401년에 돌아왔다. 이듬해(402)에 내물왕이 죽고 아들이 어린 틈을 타서 실성왕은 모계인 석씨의 도움을 받아 왕위에 올랐다. 즉위 후 실성왕은 자신이 외국에 볼모로 잡힌 것을 원망하여 원년(402)에 내물왕의 셋째 아들 미사흔을 왜국에, 11년(412)에는 내물왕의 둘째 아들 복호卜好를 고구려에 볼모로 보냈다. 이로 미루어 실성왕은 내물왕의 개혁 정치에 제동을 건 것으로 보인다. 이 과정에서 실성왕은 내물왕이 칭한 마립간 칭호를 이사금으로 되돌리지 않았을까 한다. 이후 내물왕의 장자인 눌지왕이 실성왕을 죽이고 왕위에 오르자 다시 마립간을 칭하였다. 《삼국유사》는 마립간이 최초로 등장한 것을 중시하여 내물왕 대에 마립간을 칭한 것으로, 《삼국사기》는 마립간 칭호가 확정된 것을 중시하여 눌지왕 대부터 마립간을 칭한 것으로 본 것 같다. 그래서 내물왕 대 설과 눌지왕 대 설이 나오게 된 것이다.

즉위 이후 내물마립간은 왜군의 침입을 막고, 백제와 우호관계를 맺었다. 실성을 고구려에 인질로 보내 고구려와의 관계도 돈독히 하였다. 경상도 일원의 여러 국을 정복하였을 뿐만 아니라 영역을 강릉까지 확대하였다. 377년과 382년 두 차례에 걸쳐 전진前秦에 사신을 파견하여 국제 무대에도 당당히 등장하였다.

이렇게 성장한 신라의 모습을 보여 주는 것이 전진 왕 부견苻堅과 신라 사신 위두衛頭 사이에 오간 대화에 나오는 '시대변혁時代變革'과 '명호개역名號改易'이다. '시대변혁'은 내물왕의 즉위로 김씨의 왕위세습이 이루어진 것을, '명호개역'은 내물왕이 마립간을 칭한 것이 핵심 내용이었을 것이다. 내물왕의 즉위와 마립간 칭호의 사용은 신라사에서 '시대변혁'과 '명호개역'으로 불릴 정도로 큰 의미를 가졌다. 내물왕이 즉위함으로써 김씨의 마립간 세습은 제21대 소지왕(479~500) 대까지 이어졌다. 이 시기를 '마립간 시기'라고도 한다.

4) 중앙집권국가 단계: 신라 국왕

신라의 국호와 왕호는 제22대 지증왕(500~514) 대에 와서 또 한 번의 변화를 겪었다. 지증왕은 지대로智大路, 지도로智度路, 지철로智哲老로도 표기되었다. 〈포항 냉수리신라비〉(이하 〈냉수리비〉로 약칭)에는 지도로갈문왕智度路葛文王으로 나온다. 아버지는 습보(習寶: 期寶)갈문왕, 어머니는 김씨 조생부인鳥生夫人으로 눌지왕의 딸이었다. 왕비는 이찬 등흔(登欣: 登許)의 딸인 박씨 연제(延帝, 迎帝)부인이었다. 지증왕은 즉위할 당시 64세였으므로 출생 연도는 437년(눌지왕 21)이었다. 향년은 79세였다.

지증왕은 소지마립간(479-500)의 재종형(6촌형)이었다. 《삼국사기》에는 500년 11월 소지마립간이 사망하자 지증왕이 곧바로 왕위를 이은 것으로 나오지만 〈냉수리비〉에 따르면 지도로(지증)는 503년 9월까지 갈문왕의 지위에 있었다. 비문대로라면 2년 11개월 동안 왕위가 빈 셈이다. 이 공위空位 기간에 왕실 내에서는 왕위계승을 둘러싸고 힘겨루기가 있었을 것이다. 이 힘겨루기에서 지증왕은 갈문왕의 지위를 이용하여 마침내 왕위에 올랐다.

이 시기 신라에서는 현세의 삶이 내세에도 이어진다는 계세 사상에 따라 순장殉葬이 행해지고 있었다. 즉위 후 지증왕은 순장은 노동력 손실과 재정의 낭비를 가져왔을 뿐만 아니라 또 유교 이념에도 맞지 않다고 보고 3년(502)에 국왕이 죽으면 남녀 5명씩을 순장하던 장례 방식을 금지하였다. 몸소 신궁神宮에 제사를 드려 왕위계승의 정당성을 확보하였다. 주주州主와 군주郡主에게 각각 명하여 농사를 권장케 하였고, 처음으로 소를 부려 논밭 갈이[牛耕]를 하도록 하여 농업생산력을 높이고 민생을 안정시키는 데 힘썼다. 이에 신하들이 4년(503)에 국호와 왕호를 바꾸기를 건의하였다. 그 내용은 다음과 같다.

시조께서 나라를 세우신 이래 나라 이름[國號]을 정하지 않아 사라斯羅라고도 하고 혹은 사로斯盧 또는 신라新羅라고도 칭하였습니다. 신등의 생각으로는, 신新은 '덕업이 날로 새로워진다.'는 뜻이고 나羅는 '사방을 망라한다.'는 뜻이므로 이를 나라 이름으로 삼는 것이 마땅하다고 여겨집니다. 또 살펴보건대 옛부터 국가를 가진 이는 모두 제帝나 왕王을 칭하였는데, 우리 시조께서 나라를 세운 지 지금 22대에 이르기까지 단지 방언만을 칭하고 높이는 호칭을 정하지 못하였으니, 이제 뭇 신하가 한마음으로 삼가 신라국왕新羅國王이라는 칭호를 올립니다. 왕이 이에 따랐다.

지증왕은 이 건의를 받아들여 국호는 '덕업일신 망라사방'의 의미를 가지는 '신라'로 확정하였다. '덕업을 날로 새롭게 한다'는 것은 국가운영의 근본 목적이 덕치에 있음을, '사방을 망라한다'는 것은 영역을 확대하여 왕의 덕화를 널리 편다는 것을 의미한다. '덕업일신 망라사방'은 이후 역대 왕들의 국정 운영의 지표가 되었다. 이와 짝하여 지증왕은 최고지배자의 칭호를 토착적인 칭호인 마립간 대신 신하들이 요청한 '신라국왕'을 받아들여 중국식의 '왕호'로 확정하였다. 이를 통해 지증왕은 왕의 위엄을 높였다.

국호와 왕호를 확정한 뒤 지증왕은 왕권 강화를 위한 여러 조치들을 본격적으로 시행하였다. 5년(504)에 상복법을 반포하여 시행[頒行]했다. 파리성(삼척시 원덕읍), 미실성(포항시 흥해읍), 진덕성, 골화성(영천) 등 12개의 성을 쌓아 국토 방어력을 강화하였다. 6년(506)에는 주-군-성(촌)제라는 지방 통치조직을 만들어 주에는 군주軍主, 군에는 당주幢主, 성(촌)에는 도사道使를 파견하여 지방에 대한 통제력을 강화하였다. 이로써 왕권 중심의 중앙집권국가 체제가 갖추어졌다. 이에 따라 6부의 장長에 의해 별도로 주관되어[別主] 간접지배를 받아 온 반공지半公地와 그곳에 사는 반공민半公民은 모두 국왕의 직접 지배를 받는 공지公地와 공민公民이 되었다. 이 토대 위에서 지증왕은 10년(509)에 왕도에 동시東市를 설치하여 물자 교환이 원활히 이루어지게 하였고, 13년(512) 여름 6월에 이사부로 하여금 우산국于山國을 정복하게 하여 영역을 확장하였다. 이는 지증왕이 덕치를 행하고 사방을 망라하는 이념을 몸소 실천하였음을 보여 준다.

3. '탁부매금왕' 칭호의 의미

1) 마립간이 속한 '탁부'와 갈문왕이 속한 '사탁부'

마립간 시기에 중앙의 지배 세력은 6부部에 편제되었다. 6부는 양부(梁部: 탁부), 사량부(沙梁部: 사탁부), 본피부本彼部, 모량부(牟梁部: 잠탁부), 습비부習比部, 한기부(漢岐部: 한지부)이다. 중요한 국사는 6부의 대표들이 모여 논의·결정하였다. 〈냉수리비〉에 따르면 논의에 참여한 자의 관등인 아간지, 거벌간지 등에 '간지干支'가 붙어 있다. 따라서 이 논의 기구는 '제간지諸干支회의체'라 할 수 있다. 이 회의체의 의장이 갈문왕葛文王이었다. 이는 회의에 참석한 7명 가운데 지도로갈문왕이 제일 앞에 나오는 것에서 알 수 있다. 이처럼 6부가 정치 운영의 중심축을 이룬 지배체제를 6부체제라고 한다.

6부체제에서 마립간의 지위는 내물마립간의 첫째 아들 눌지마립간(417~458)→손자 자비마립간(458~479)→증손자 소지마립간(479~500)으로 이어졌다. 마립간 왕실이 속한 부는 탁부였다. 이는 탁부가 왕을 배출하는 부였음을 보여 준다. 한편 갈문왕葛文王의 지위는 내물마립간의 둘째 아들 복호갈문왕→손자 습보갈문왕→증손자 지도로갈문왕으로 이어졌다. 갈문왕을 이어간 복호계 가계는 사탁부에 속하였다. 사탁부는 갈문왕을 계승하는 부였다. 그 결과 탁부와 사탁부는 6부 가운데 가장 영향력이 컸다.

지증왕 이전까지 왕실은 탁부 소속이었고, 탁부 출신자만이 마립간이 될 수 있었다. 그러나 사탁부 소속의 지증왕의 즉위는 신라의 왕위계승 원칙에 큰 변화를 가져왔다. 왕은 탁부 소속이어야 한다는 원칙이 깨어지게 되었기 때문이다. 이는 결코 작은 문제가 아니었다. 이 문제를 해결하기 위해 지증왕은 자신과 다음 왕위계승자인 맏아들 법흥은 탁부 소속으로 옮기고, 둘째 아들 입종(立宗: 사부지)은 사탁부에 그대로 남도록 하였다. 일종의 타협책이었다. 이리하여 지증왕은 마립간은 탁부여야 한다는 원칙과 갈문왕은 사탁부여야 한다는 원칙을 충족시켰다. 그 결과 법흥왕과 입종은 형제이지만 부를 달리하게 되었다. 〈봉평리비〉에 지증왕의 맏아들 모즉지매금왕(법흥왕)이 탁부 소속으로, 둘째 아들 사부지(입종) 갈문왕이 사탁부 소속으로 나오는 것이 이를 말해 준다. 이는 오랫동안 이어져 온 6부체제가 여전히 일정한 영향력을 행사하였음을 보여 주는 것이다.

2) '매금왕' 칭호가 나오게 된 배경

매금왕寐錦王은 〈봉평리비〉의 "모즉지매금왕牟卽智寐錦王"에서만 확인된다. '모즉지'는 신라 제23대 법흥왕(514~540)의 이름이다. '매금'은 '마립간'의 다른 표기이므로 '매금왕'은 종래의 마립간(매금)에 왕을 붙인 칭호이다. 〈봉평리비〉의 매금왕은 법흥왕이 처음으로 칭한 것이 아니었다. 부왕 지증왕이 칭한 것을 그대로 이어받은 것 같다. 앞에서 말한 바와 같이 지증왕은 140년 이상 동안 사용되어 온 '마립간', 즉 '매금'이란 칭호 대신 '왕'호를 칭하기로 하였다. 그러나 오랜 관행이 된 매금 칭호를 하루아침에 혁파하는 것이 쉽지 않았을 것이다. 그래서 지증왕은 일종의 타협책으로서 종래의 매금(마립간)에 왕을 덧붙인 형태인 '매금왕'을 칭하였던 것이다. 법흥왕도 이 칭호를 그대로 사용하였다. 그 결과 〈봉평리비〉에 '모즉지매금왕'이 나오게 된 것이다. 그렇다면 지증왕 4년조의 '신라국왕'은 본래는 '신라국매금왕'이었을 것이다.

지증왕이 왕호를 사용하되 '매금왕'을 칭한 것은 자신의 소속부를 사탁부에서 탁부로 옮긴 것과 맥락을 같이 한다. 이는 왕권이 아직 6부 중심의 국가운영 체제를 초월하지 못했음을 보여 준다. 이렇게 보면 국왕이 탁부에 속한 것과 매금왕 칭호를 사용한 시기는 6부체제에서 중앙집권체제로 넘어가는 과도기라고 할 수 있다.

4. 대왕 칭호의 사용과 외왕내제의 표방

1) 대왕 칭호와 그 의미

법흥왕(法興王: 514-540)은 지증왕의 원자元子이다. 어머니는 연제(延帝, 迎帝)부인이고, 비는 박씨 보도(寶刀, 巴刀)부인이다. 이름은 '모즉지牟即智'이다. 모즉지는 '모진募秦', '무즉지另即知'로도 표기되었는데 소명(아명)으로 보인다. 법흥왕의 또 다른 이름으로 원종原宗과 법흥이 있다. 원종은 성년이 되면서 지어진 아화된 이름이고, 법흥은 불교를 공인한 이후 지은 불교식 이름이다. 법흥왕이 즉위함으로써 지증왕계가 왕위를 계승해 나가는 중고기가 열렸다.

즉위한 뒤 법흥왕은 3년(516)에 친히 신궁神宮에 제사를 드린 후 곧장 통치조직 정비에 착수하여 병부령 1인을 설치하고, 4년(517)에 병부를 설치하여 군사권을 왕권 아래에서 통제하였다. 7년(520)에 율령을 반포하고 처음으로 관리의 공복公服 색깔을 붉은색, 자주색으로 하여 위계位階를 정하였다. 〈봉평리비〉에 나오는 '노인법奴人法'과 '곤장 백대[杖百]' 등은 이 시기 율령의 편린을 보여 준다. 8년(521) 양나라에 사신을 보내 토산물을 바침으로써 국제 무대에도 등장했다. 19년(532)에 김해의 금관가야를 멸망시킨 뒤 금관군으로 편제하는 등 지방통치조직도 정비하였다. 왕경인을 대상으로 하는 이벌찬~선저지에 이르기까지 경위 17관등제를 정비하고, 악간~아척에 이르기까지 외위 11관등제를 만들어 지방 세력을 지배체제 안에 편제해 넣고, 지방의 유력자는 촌주로 임명하여 지방관을 보좌하도록 하였다.

　체제 정비를 통해 정치적·경제적 안정을 이루고, 군사력을 증대하여 왕권을 확립한 법흥왕은 왕의 위상과 위엄을 높이는 조치를 취하였다. 이 과정에서 나온 것이 '대왕' 칭호의 사용이다. 금석문상에서 '대왕' 칭호는 갑인명의 '대왕사大王寺', 을묘명의 '성법흥대왕聖法興大王', 추명의 '무즉지태왕另卽知太王'에서 확인된다. 갑인년은 법흥왕 21년(534)이므로 대왕사는 현재로서는 '대왕'의 존재를 보여 주는 최초의 사례이다. 이는 늦어도 534년부터 법흥왕이 '대왕'으로 불렸음을 보여 준다. 그러면 대왕 칭호의 최초 사용은 매금왕이 보이는 524년 이후 대왕이 보이는 534년 사이가 된다.

　대왕 칭호 사용 시기를 구체적으로 추론하고자 할 때 주목되는 것이 법흥왕이 18년(531)에 상대등上大等을 설치하고 철부哲夫를 초대 상대등으로 임명한 사실이다. 상대등은 국사를 총괄하면서 한편으로는 왕권을 보위하며 다른 한편으로는 귀족들의 입장을 대변하는 직이었다. 그 위에 국왕이 군림하였다. 상대등 설치는 국왕이 귀족회의체를 초월하는 존재로 군림하였음을 보여준다. 이에 법흥왕은 초월자로서의 면모를 과시하기 위해 대왕을 칭하였던 것으로 보인다.

　'왕'을 높여 부른 칭호인 '대왕' 또는 '태왕太王'은 신라뿐만 아니라 고구려, 백제, 가야, 왜에서도 칭하였다. 고구려의 경우 〈광개토대왕비〉에는 '광개토경평안호태왕'이, 백제의 경우 미륵사지서탑에서 출토된 〈사리봉영기〉에 무왕이 '대왕폐하'로 나온다. 대가야의 경우 고령 대가야 왕궁지에서 출토된 토기에 새겨진 '대왕'과 충남대학교 소장 대가야토기에 새겨진 '대왕'이 그 예이다. 일본 도하산고분稻荷山古墳에서 출토된 철검의 명문에 나오는 '획가다치로대왕獲加多齒鹵大王'은 왜도 대왕을 칭하였음을 보여 준다.

고대 동아시아 각국이 대왕 칭호를 사용한 것의 의미를 파악하는 데 단서가 되는 것이 유목족들의 '천왕天王' 칭호이다. 만리장성 북쪽에서 생활하던 유목족들은 3세기 말 이후 화북지방에 들어와 5호16국을 세웠다. 16국의 최고지배자는 종래의 '선우單于' 대신 '천왕' 칭호를 사용하였다. 천자를 칭하지 않은 배경은 강족 출신〔羌人〕으로서 후진後秦의 추존 황제인 요익중(姚弋仲: 351~352)이 "자고로 융적이 천자가 된 적이 없다"고 한 말에서 살펴볼 수 있다. 이 말에 따르면 천자는 중국 왕조에서만 칭할 수 있었다. 그렇지만 16국은 중국 천자의 지배를 받는 제후국이 아니라 독립적인 국이었으며 그 위상은 천자의 제후보다는 상위라고 인식하고 있었다. 이러한 인식에서 16국의 지배자들은 천왕을 칭하여 제후왕과 차별화하였던 것이다.

이 시기 고구려, 백제, 신라는 물론 왜도 중국왕조와 외교 교섭을 하였다. 중국왕조는 각국의 최고지배자를 왕으로 책봉하였다. 그렇지만 삼국은 물론 왜는 중국 황제의 제후국이 아니라 독립국이었다. 이는 5호16국의 경우와 마찬가지였다. 그래서 고구려, 백제는 물론 신라왕도 대왕을 칭하여 제후왕보다 격이 높았음을 드러냈던 것이다.

2) 연호 '건원'과 '순수·짐·건도'와 '외왕내제' 의식

대왕을 일컬음으로써 법흥왕은 마립간 시기의 전통에서 벗어나 초월적인

군주가 되었다. 이와 짝하여 주목되는 것이 법흥왕이 23년(536)에 최초로 '건원建元'이란 연호年號를 사용하였다는 사실이다. 대왕을 일컫은 2년 뒤이다. 연호는 고대동아시아에서 제왕의 치세에 붙이는 칭호를 말한다. 이 연호제가 주변국으로 퍼져나가 중국 주변의 나라에서도 연호를 사용하게 되었다. 우리나라의 경우 고구려 광개토대왕의 '영락永樂' 연호와 신라 법흥왕의 건원 연호가 대표적인 사례이다.

건원은 중국 한 무제武帝의 연호인데 한대의 최초 연호이다. 법흥왕이 칭원을 하면서 한 무제의 건원 연호를 본받은 것은, 신라를 한나라와 같은 강국으로 만들겠다는 의지가 담긴 것으로 볼 수 있다. 법흥왕의 독자적인 연호 사용은 후계왕으로 이어졌다. 진흥왕은 12년(551)에 친정을 하면서 연호를 '개국開國'으로 고쳤다. '새 나라를 열겠다'는 의지의 표명이다. 그리고 29년(568)에는 대창大昌으로, 33년(572)에는 홍제鴻濟로 고쳤다. 진평왕은 6년(584)에 연호를 건복建福으로 하였다.

유교적 예제에 따르면 연호는 황제만이 반포할 수 있었고, 제후왕은 독자적 연호를 사용하지 못하였다. 그럼에도 법흥왕과 진흥왕은 독자적인 연호를 사용하였다. 이는 신라가 비록 중국 왕조와의 외교 관계에서는 제후의 예를 표하였지만 대내적으로는 칭원稱元을 통해 황제와 같은 존재로 군림하였음을 보여 준다. 이를 '외왕내제外王內帝'라고 한다. 신라가 외왕내제를 표방하였음은 진흥왕이 세운 순수비에서도 확인된다.

순수巡狩는 순행巡幸이라고도 하는데 천자가 왕경을 떠나 천하를 돌아다니며 천지산천에 제사하고, 제후를 모아 정치와 민심의 동향을 살피고, 예악의 제도를 바로잡는 등의 통치 행위를 말한다. 대표적인 사례가 진시황秦始皇과 한 무제이다. 진시황은 각 지방을 순수하면서 태산에 봉선제封禪祭를 올리고 각석刻石을 세워 진나라의 덕을 찬양하였다. 한 무제도 순수를 하면서 태산에 봉선제를 드렸다.

진흥왕은 친정親政을 하게 되었을 때 연호를 개국으로 고치고 사방으로 영역을 확장한 후〔四方拓境〕'사방군주四方軍主'를 두었다. 사방군주는 한성군주, 비사벌군주, 비열홀군주, 감문군주를 말하는데 '천하사방을 다스리는 군주'라는 뜻이다. 이러한 진흥왕의 '사방관념'은 지증왕이 국호에 부여한 '망라사방'의 구체적인 실현이며, 7세기에 이루어진 일통삼한一統三韓 의식의 토대가 되었다.

이에 진흥왕은 새로이 영역으로 편입한 지역에 순수하였다. 한강 유역으로의 순수를 보여 주는 것이 〈북한산비〉이고, 함경남도 지역으로의 순수를 보여 주는 것이 〈황초령비〉와 〈마운령비〉이다. 특히 〈북한산비〉는 아무나 쉽게 접근할 수 없는 높고 험한 곳에 세워졌다. 이는 진흥왕이 이곳에서 하늘에 드리는 제사인 '봉선제封禪祭'를 지냈음을 보여 주는 것으로서 진시황이 천하를 순수하면서 봉선제를 올리고 비를 세운 것과 유사하다. 또 진흥왕은 순수비에서 자신을 황제의 자칭호인 '짐朕'으로, 자신이 행하는 정치를 '건도(乾道: 하늘의 도리)를 어기지 않는 정치〔恐違乾道〕'로 표현하였다. 이것도 외왕내제 의식을 보여 주는 것이다.

5. 전륜성왕과 왕실의 신성화

1) '성'법흥대왕

칭원을 한 법흥왕과 순수를 한 진흥왕은 외왕내제를 표방하면서 동시에 왕권을 신성화하는 작업도 추진하였다. 이 시기 왕권의 신성화는 불교 신앙과 연결하여 이루어졌다. 법흥왕은 15년(528)에 이차돈의 순교라는 희생을 치루고서 불교를 공인하였다. 불교 공인 이듬해에 법흥왕은 살생금지령을 내리고, 십재일十齋日을 시행하였다. 신라 최초의 사찰인 흥륜사를 창건하였다. 이 흥륜사는 대왕흥륜사라고도 하였으므로 534년의 갑인명에 나오는 대왕사일 가능성이 크다. 법흥왕은 불교를 공인해 왕권을 뒷받침하는 사상으로 삼음으로써 종래의 무교巫敎 신앙이 가지는 분립적인 성격을 극복할 수 있었다.

불교를 강조한 법흥왕은 한 걸음 더 나아가 왕의 이름을 '불교를 흥륭시킨다'는 의미를 가지는 '법흥'으로 고쳤다. 신라에서 불교식 왕명의 사용은 여기에서 비롯되었다. 이후 불교식 왕명은 진흥왕, 진평왕, 선덕왕, 진덕왕으로 이어졌다. 불교식 왕명의 사용은 불교를 통해 왕권을 신성화하는 1단계라고 할 수 있다.

왕권 신성화의 제2단계를 보여 주는 것이 535년(법흥왕 22)에 새겨진 을묘명의 '성법흥대왕'이다. '성'자는 '신성神聖'의 의미를 갖는다. 왕명 앞에 '성'자를 붙인 것은 법흥왕이 최초이다. 이를 통해 법흥왕은 자신은 단순한 '대왕'이 아니라 '신성 대왕'임을 드러냈다. 승려와 신도들은 법흥왕을 '신성 대왕'으로 받들었다. '성법흥대왕' 명문이 가지는 의미는 여기에 있는 것이다. 이와는 달리 성법흥대왕은 '성스러운 법', 즉 '불법佛法'을 일으킨 대왕으로 해석하는 견해도 있지만 이럴 경우 법흥왕의 존재가 없어지므로 받아들이기 어렵다.

2) 전륜성왕을 칭한 진흥왕

왕권과 왕실의 신성화 작업은 진흥왕이 '전륜성왕轉輪聖王'을 자처하면서 극대화되었다. 불교에서 전륜성왕은 보륜을 돌리면서 정법으로 나라를 다스리는 이상적인 군주를 말한다. 돌리는 보륜은 위덕威德에 따라 금륜, 은륜, 동륜, 철륜의 4종으로 나누어진다. 역사상에서 전륜성왕을 상징하는 인물이 인도의 아육왕(阿育王, 아쇼카왕: 기원전 268-232)이었다. 아육왕은 불교 나라인 인도를 통일한 정복군주로서 불교를 깊이 신봉하고 정법으로 나라를 다스렸다. 그래서 그는 이상적인 제왕인 전륜성왕으로 추앙되었다.

진흥왕이 전륜성왕을 칭하였음은 다음의 두 사례에서 살펴볼 수 있다. 하나는 진흥왕이 맏아들 이름을 동륜銅輪으로, 둘째 아들을 사륜(舍輪: 鐵輪)으로 지었다. 그러면 진흥왕은 금륜왕이 된다. 이는 진흥왕이 스스로 전륜성왕을 칭했음을 보여 준다. 다만 아들 이름에 은륜銀輪이 없는 이유는 알 수 없다. 다른 하나는 장육존상丈六尊像의 주성鑄成이다. 불교에서 장육은 석가모니의 신장을 말하므로 장육불은 석가불이다. 석가장육상은 아육왕이 만들어 널리 전하였기 때문에 아육왕상으로 불렸다. 진흥왕은 35년(574)에 장육상丈六像을 주성하여 황룡사에 안치하였다.

장육상 조성 연기 설화에 따르면 아육왕은 장육석가삼존상을 조성하려다가 실패하자 1불2보살상의 모습을 그린 그림과 황금, 동철 등을 배에 실어 보내면서 인연이 있는 나라에 가서 주성되기를 기원하였다. 이 배가 신라에 도착하였다. 진흥왕은 아육왕이 보낸 황금과 동철로 한 번에 장육상을 만들어 황룡사에 안치하였다. 아육왕이 만들려고 해도 못 만든 장육상을 진흥왕이 한번에 만들었다는 설화는 진흥왕이 아육왕보다 뛰어난 군주임을 과시하기 위해 만들어진 것이라 하겠다.

이 토대 위에서 진흥왕의 손자인 진평왕(眞平王: 579~632)은 자신의 이름은 석가모니의 아버지의 이름인 백정(伯淨: 淨飯)으로, 부인의 이름은 석가모니의 어머니의 이름인 마야부인摩耶夫人으로, 두 동생의 이름은 석가모니의 삼촌 이름인 백반伯飯과 국반國飯으로 하였다. 이를 통해 진평왕은 신라왕실이 석가족과 같은 신성한 왕실이라는 의식을 내외에 드러냈던 것이다.

참고문헌

강종훈, 2016, 〈명문의 새로운 판독을 통해 본 울주 천전리각석의 성격과 가치〉, 《대구사학》 123집, 대구사학회.

남희숙. 1991, 〈신라 법흥왕대 불교수용과 그 주도세력〉, 《한국사론》 25집, 서울대학교 국사학과.

노중국, 2020, 《역사의 맞수 1: 백제 성왕과 신라 진흥왕》, 지식산업사.

신라 천년의 역사와 문화 편찬위원회 편, 2016, 《신라 천년의 역사와 문화》 제3권 신라의 체제 정비와 영토 확장, 경상북도.

윤진석, 2009, 〈신라 지도로갈문왕의 '섭정'〉, 《한국고대사연구》 55집, 한국고대사학회.

이기동, 1980, 《신라 골품제사회와 화랑도》, 한국연구원.

이문기, 1983, 〈울주 천전리서석 원·추명의 재검토〉, 《역사교육논집》 4집, 경북대학교 사범대학 역사과.

전덕재, 1996, 《신라육부체제연구》, 일조각.

주보돈, 1992, 〈삼국시대의 귀족과 신분제-신라를 중심으로-〉, 《한국사회발전단계사론》, 일조각.

최병헌, 2019, 〈신라 진흥왕대의 국가발전과 정치사상-진흥왕순수비·황룡사장육존상 조성의 역사적 의의-〉, 《신라문화》 54집, 동국대학교 신라문화연구소.

한국고대사연구회(현 한국고대사학회) 편, 1989, 《한국고대사연구》 2집 울진 봉평신라비 특집호, 지식산업사.

한국고대사학회 편, 1999, 《한국 고대사회와 울진지방》 국보 제242호 울진봉평신라비 발견 10주년기념학술대회논총, 울진군·한국고대사학회.

1. 자료 소개
2. 수리시설의 유형과 발전
3. 금호강 유역의 농경과 수리시설

윤재운(대구대 역사교육과 교수)

1. 자료소개

1) 영천 청제비 병진명丙辰銘과 정원명貞元銘

이 비는 경상북도 영천시 도남동 산7-1번지 비각에 있다. 2025년 6월 2일 보물에서 국보로 승격되었다. 주변에 영천청제永川菁堤가 있다. 신라삼산학술조사단新羅三山學術調査團이 1968년 12월에 현재의 위치에서 발견하였으며, 지금까지 발견된 그 자리에 있다. 1969년 정영호가 발견 경위를 보고하고, 이어 이기백이 처음으로 판독과 해석을 시도하여 연구의 디딤돌을 놓았다. 비는 높이 130.0cm, 너비 93.5cm, 두께 45.0cm 정도이며, 적갈색 화강암의 자연석을 그대로 이용하여 만들었다. 비면이 고르지 않은 상태에서 문자를 새겨 선명하지 않은 부분이 있다. 이 비는 앞뒤 양면에 문자를 새겼으며, 작성한 시기가 다르다. 앞면의 비는 '병진'이라는 간지가 새겨져 있으며, 뒷면의 비는 '정원 14년(798)'이라는 연대가 새겨져 있다. 시기를 달리하는 비문을 하나의 돌에 새긴 것은 이 비가 유일하다. 비각 안에는 다른 형태의 비석이 하나 더 있는데, 숙종 14년(1688)에 세워진 부러진 청제비를 다시 세웠다는 내용의 청제중립비菁堤重立碑이다.

〈도판 1〉 왼쪽의 영천 청제비 비각과 영천 청제비 정원명(우)과 중립비(좌)(신라 천년의 역사와 문화 편찬위원회, 2016,
《신라 천년의 역사와 문화》 자료집4-중고 시기 중앙집권과 체제 정비, 282쪽)

먼저 병진명의 내용은 다음과 같다.

병진년(丙辰年) 2월 8일에 영음곡(另邑谷)의 큰 저수지(大塢)이다. (저수지의) 둑 밑부분 길이(弘)는 61득(淂), 둑의 윗부분 길이(鄧)는 92득, 못 바닥의 너비(沢廣)는 32득, 높이(高)는 8득, 윗부분 너비(上)는 3득이며, 작인(作人)은 7천명이며 □는 280방(方)이다.

사인(使人)은 탁(喙)의 안척(安尺) □지(知) 대사제(大舍第), □□추(鄒) 소사제(小舍第), 휴리(休利) 대오제(大鳥第), 시지(尸支) 소오(小鳥), 말이혜(末珎兮) 소오(小鳥) □지(支)이며, 객인(客人)은 차(次) □이리(尒利), 내리(乃利), □□혜(兮)이다. 사(使)는 이척지(伊尺只), 진파(珎巴), 이즉력(伊卽力)이다. 중사촌(衆祀村)의 지(只) □□리(利) 간지(干支)와 사이리(徙尒利)이다.

<도판 2> 왼쪽의 영천 청제비 병진명과 그 탁본(신라 천년의 역사와 문화 편찬위원회, 2016, 《신라 천년의 역사와 문화》 자료집4-중고 시기 중앙집권과 체제 정비, 283쪽)

영천 청제비 병진명의 연대에 대해서는 두 가지 견해가 있다. 먼저 병진년을 법흥왕 23년(536)으로 보는 입장이다. 여기서는 경위京位에 붙는 존칭 어미인 '제第'가 확인되는 점, 법흥왕 18년(531) 수리시설의 정비 사실, 5세기에는 경위가 성립되어 있지 않다는 점 등을 근거로 6세기에 비문이 작성되었을 것이라 본다. 다음으로 병진년을 자비마립간 19년(476)으로 보는 견해가 있다. 여기에 따르면 병진명에서 촌명村名과 외위外位를 확인할 수 없으므로, 외위가 확인되는 포항 냉수리신라비보다 이른 시기에 비석이 세워졌다고 보았다. 하지만 '병진' 간지로 시작하는 비문은 524년의 울진 봉평리신라비와 유사하며, 또한 경위의 표기법 변화에서 간지干支가 점차 간干으로만 표기되는 점도 병진년이 더 늦은 시기의 비문임을 시사한다. 따라서 병진년은 536년으로 보는 것이 타당하다.

본 비석은 지금의 경북 영천지역에 산골짜기를 막는 저수지인 청제를 쌓으면서 건립한 공사 기념비이다. 비문은 내용상 크게 두 단락으로 나눌 수 있다. 첫째 단락은 1~4행까지로 비를 세운 연월일, 오塢의 규모, 동원된 인원수 등을 기록하였다. 둘째 단락인 5~10행은 작인作人을 통솔하는 책임자와 기술자, 재지의 협력자 등을 기술하였다.

이 비에서는 논에 물을 대는 제언을 '오'라는 용어를 사용하여 표현하였다. 원래 '오'는 위진남북조시대에 중국 남방의 방어촌락을 가리키던 용어였으나, 신라에서는 저수지를 막는 둑의 의미로 차용하였고 더 나아가 제언 자체를 의미하게 되었다. 병진명의 '오'가 정원명에서 '제堤'로 표기되고 있는 것이 이를 말해 준다.

이 비의 인명 표기는 4개의 그룹으로 나눌 수 있다. 즉 5행의 '사인使人' 집단, 8행의 'ㅁ인(ㅁ人)' 집단, 9행의 '사작인使作人' 집단, 그리고 10행 '중사촌衆祀村'의 재지 세력 등이다. 이 중에서 앞의 세 집단은 사인의 맨 앞사람만 출신지로 '훼부喙部'를 관칭하고 뒤의 11인은 출신지가 생략된 점이 중고기 인명표기의 예와 같으므로 모두 훼부 소속의 왕경인이라 여겨진다. 'ㅁ인'과 '사작인'은 모두 왕경인 기술자로 여겨진다. 네 번째 집단의 인명은 출신지로 촌명이 나오는 것으로 보아 중사촌 출신의 지방민이라 할 수 있다. 청제비 지역의 성격에 대해서는 왕경 사찰의 녹읍이라는 설과, 어떤 사찰에 직속해서 역역동원이 필요할 때 직접 현지 주민을 부릴 수 있는 '사령지寺領地'라는 설이 제기되어 있다.

다음으로 정원명의 내용은 다음과 같다.

정원(貞元) 14년(799년: 원성왕 14년) 무인(戊寅) 4월 13일에 청제(菁堤)를 수리하고 그를 기록한다.

못둑이 상하였다고 하므로 소내사(所內使)에게 살펴보게 하셨다.

구(玖)의 길이는 35보, 기슭[岸]을 세운 넓이[立弘] 가운데 가장 깊은 곳[至深]은 6보 3척, 상배굴리(上排掘里)는 12보다. 이와 같은 것을 2월 12일 시작하여 4월 13일 이 사이에 치수를 마쳤다.

모두 합하여 부척(斧尺)이 136, 법공부(法功夫)가 14,140인이다. 이 가운데 전칠각조역(典柒角助役)은 절화(切火)·압량(押梁) 두 군(郡)의 각각 □인(人)이다.

이때 소내사는 상간(上干) 년(年) 내말(乃末), 사수(史須) 대사(大舍), 가태수(加大守)는 수(須) 옥순(玉純) 내말이다

〈도판 3〉 영천 청제비 정원명(국립경주박물관, 2017, 《신라문자자료》Ⅰ, 174쪽)과 그 탁본(신라 천년의 역사와 문화 편찬위원회, 2016, 《신라 천년의 역사와 문화》 자료집4-중고 시기 중앙집권과 체제 정비, 284쪽)

신라 중고기 축성을 위한 역역편성은 지방관의 지휘 아래 군이나 촌 단위로 인원이 편성되고 작업 후에는 책임이 부과되었다. 그러나 영천 청제비 병진명에는 촌 단위로 인원이 동원되거나 작업이 이루어지는 모습을 찾기 힘들다. 작인 7,000인은 중사촌을 비롯하여 수리시설의 혜택을 입는 촌들의 촌민들만 동원된 것이 아니라 그와 관계없는 촌의 촌민들까지도 동원된 수치일 것이다. 이는 8세기 말 건립된 영천 청제비 정원명에서 청제의 수축을 위해 지금의 경북 경산, 영천 지역에 있던 2군郡의 인원을 동원한 사실로 보아 알 수 있다.

2) 대구 무술명 오작비

이 비는 1969년 11월에 보물 제516호로 지정되었으며, 현재 경북대학교 박물관이 소장하고 있다. 오작비는 1946년 당시 대구사범대학에 재직하고 있던 임창순이 대구 대안동大安洞에서 발견하였다. 이후 대구사범대학 교정으로 옮겨 보관하던 중 6·25 전쟁을 겪으면서 그 소재를 알지 못하다가 1957년에 구 대구사범대학(현 경북대학교 사범대학 부설고등학교) 교정에서 재발견되었다. 이에 임창순은 논문의 형식을 통하여 학계에 정식으로 소개하였다. 이후 2009년에 하일식에 의해 재조사가 이루어졌다. 이를 통해 원래 발견 장소가 대안동 82-8·9번지임이 확인되었다.

〈도판 4〉 대구 무술명 오작비(국립경주박물관, 2017,《신라문자자료》I, 148쪽)와 무술명오작비 발견 장소(하일식, 2009, 〈무술 오작비 추가 조사 및 판독 교정〉《목간과 문자》3, 142쪽 〈도판〉 2)

이 비는 적갈색의 화강암으로 만들었으며, 그 형태는 전체적으로 아래가 네모나고 윗부분이 둥근 형태를 띠고 있어 중국의 비석 형태를 고려한 듯하다. 비석의 높이는 103㎝이며, 너비는 넓은 쪽이 약 65㎝, 좁은 쪽은 53

㎝, 두께는 12㎝이다. 이 비의 서체는 중국 한대漢代 예서의 전통이 남아 있는 남북조시대 북조풍의 해서체이다. 문장은 이두문과 한문이 결합한 형식이다. 전체 9행으로 구성되었으며, 180여 자로 구성되어 있다. 무술 오작비의 내용은 다음과 같다.

무술년(戊戌年) 11월 삭(朔) 14일에 무동리촌(另冬里村)에 높이 □의 오(塢)를 만들고 기록한다.

이것을 만든 사람들은 도유나(都唯那)인 보장(寶藏) 아척간(阿尺干)과 도유나인 혜장(慧藏) 아천간, 대공척(大工尺)인 구리지촌(仇利支村)의 일리도혜(壹利刀兮) 귀간지(貴干支), □상인 □일리(壹利) 간(干), 도척(道尺)인 진(辰)□ 생지(生之)□ 촌(村)의 □□, 부작촌(夫作村)의 령(슈) 일벌(一伐), 나생(奈生) 일벌, 거모촌(居毛村)의 대정(代丁) 일벌, 무동리촌의 사이지(沙尒之) 일벌, 진득소리촌(珎淂所利村)의 야득실리(也淂失利) 일벌, 오진차지촌(塢珎此只村)의 □□□ 일척(一尺), □□ 일척, 무소(另所)□ 일척, 이차목리(伊此木利) 일척, □조지(助只) 피일(彼日) 등이다.

이 저수지의 크기는 폭 20보(步), 높이 5보 4척, 길이 50보이다. 이것을 만드는 데 동원된 수는 312인의 공부(功夫)다. 13일 동안에 일을 마쳤다.

이 글을 작성한 사람은 일리혜(壹利兮) 일척이다.

대구 무술명 오작비는 첫머리의 '무술년'이라는 간지를 통해 건립 시기를 추정할 수 있다. 수리시설의 조성과 관련하여 참여한 인원 중에 도유나라는 승직僧職을 띤 두 사람이 등장하고 있다. 승려의 존재로 보아 법흥왕 대 불교 공인 이후임을 알 수 있다. 신라 중고기에서 법흥왕 대를 제외하고 무술년의 연대를 찾으면, 진지왕 3년(578)이나 선덕왕 7년(638)으로 좁힐 수 있다. 그런데 비문에는 외위를 표기하는 방식이 두 가지 나온다. 하나는 귀간지貴干支이고 다른 하나는 간干이다. 귀간지는 6세기 후반에 귀간으로 변하고 있으며, 간지는 간으로 변하고 있다. 동일한 비문에 이전 방식과 새로운 방식이 함께 나오는 점을 고려하면, 6세기 전반에서 멀지 않은 6세기 후반으로 확정할 수 있다. 그래서 선덕왕 대보다는 진지왕 3년인 578년으로 보는 것이 합리적이다.

대구 무술명 오작비는 무동리촌男冬里村에 제방을 축조하면서 세운 것으로 영천 청제비와 성격이 유사하다. 여기에 나오는 '오'는 영천 청제비를 참조하여 계곡을 막아 수량을 조절하는 수리시설인 저수지로 이해한다. 대구 무술명 오작비의 오는 물의 흐름을 조절하면서 대구 분지 내의 저습지를 개발하기 위해 쌓은 수리시설이라고 여겨진다. 6세기에는 경주 분지 내 하천 주변의 저습지들이 개발되고 있는 시기이므로 충분한 개연성이 있다.

한편 본 비에는 영천 청제비 병진명과 달리 경위를 가진 중앙관리인 사인이 보이지 않고 그 대신에 도유나란 승직과 아척간阿尺干이란 경위를 가진 승려가 역역동원의 총책임자로 나오는 것이 주목된다. 종래 오를 축조하면서 지방관이 보이지 않고 승려가 책임자로 파견된 것에 대한 의문이 제기되기도 하였다. 이런 시각은 수리시설의 관리를 지방관의 파견과 연결한 것인데, 본 비문과 병진명의 예로 보아 지방관에 의한 수리시설의 수축보다는 중앙에서 파견한 사인과 도유나에 의한 관리체계가 중심을 이루었던 것으로 여겨진다. 따라서 이 비에 지방관이 보이지 않는다고 이상하게 여길 필요는 없다고 본다. 특히 승려가 국가의 관등을 띠는 예는 신라에서 이 경우밖에 보이지 않는다. 이는 도유나라는 승직을 지닌 2인의 승려가 국가의 수리 담당 책임자로 근무하면서 관등을 가진 특이한 경우라고 해석할 수 있을 것이다.

다음으로 주목되는 것은 축제의 기술자로 보이는 도척道尺과 소공척小工尺의 외위가 일벌一伐과 일척一尺이라는 사실이다. 이들은 대부분 일벌이나 일척의 외위를 가지고 있는 것으로 보아 주로 촌주村主급이 아닌 실무자인 기술자들로 보인다. 즉 촌주 아래의 기술자 집단으로 출신촌을 단위로 수리시설의 수축에 징발되어 온 것이다. 이들이 꼭 오의 축조로 수리水利 혜택을 입는 촌의 출신이라고 단정할 필요도 없다. 당시 신라는 영천 청제비 병진명에서 보았듯이 촌을 단위로 역역인원을 동원하였으나, 수리 혜택과는 관계없이 국가의 수리시설 관리 체계에 따라 동원하였다. 그리고 촌마다 대부분 일벌과 일척이 동원된 것은, 이들이 그 자연촌의 수장이 아니라 촌의 기술자 집단을 수리시설이 있는 지역과는 관계없이 동원하였기 때문이다. 따라서 촌마다 동원되는 기술자의 숫자에서 차이가 난 것이다.

2. 수리시설의 유형과 발전

한국 고대사회에서 경제의 바탕은 농사였다. 그중에서도 논농사는 제때 물을 공급하는 것이 필수적이다. 논농사는 개전 단계부터 수리시설, 평탄화 작업, 고저 차에 의한 논둑의 설치 등 집약적인 노동력과 기술력이 필요하다. 이중에서도 수리시설은 벼농사에 필요한 물의 저장과 공급만이 아니라 홍수로부터 논을 보호해야 하므로 논농사의 성패에 가장 중요하다.

우리나라의 수리시설은 청동기시대부터 발달하기 시작하였으며, 이는 논농사의 시행과 불가분의 관계를 맺고 있다. 이는 크게 보洑와 같이 하천의 물을 막거나 물길을 돌려 관개하는 인수관개형引水灌漑型, 제방〔堤〕을 축조하여 물을 저수하고 충적지 전체를 경작지로 바꾸어 관개하는 축제저수관개형築堤貯水灌漑型, 방파제 등과 같이 물의 유입을 차단하여 경작지를 확대하거나 보호하도록 만드는 축제보전유형築堤保田類型으로 크게 나눌 수 있다. 이들은 단순한 관개 방식의 차이가 아닌 시기에 따른 발달 과정도 보여 준다.

인수관개유형의 대표적인 사례가 보로서, 이는 폭이 좁은 유로나 수로에서 물을 정체시켜 수위와 수온을 상승시킨 다음 이 물을 물길을 통해 농경지로 공급하는 것이다. 청동기시대의 보시설은 안동 저전리와 논산 마전리, 보령 관창리, 보성 조성리, 천안 장산리, 무안 양장리, 광주 동림동 유적 등 약 13개소 정도에서 조사된 바 있다. 축제저수관개형은 제방을 축조하여 물을 저수하고 하류의 충적지 전체를 경작지로 바꾸어 관개하는 유형이다. 청동기시대의 저수지는 아주 조그만 소하천을 막고 담수하는 정도였던 것에 비해, 산간 계곡에 축조되는 것들은 저수의 양이 최대가 되면서 제방을 축조하는 공력이 가장 최소가 될 수 있는 지점을 택하여 축조된다. 이는 청동기시대의 저수시설과는 제방의 규모나 축조 기술·저수량·수로를 이용한 관개 방식 등에서 비교가 될 수 없을 정도로서, 신라가 536년에 축조한 영천 청제가 이 유형의 가장 대표적이며, 이외에도 제천 의림지·경주 영지·상주 공검지에 축조된 것으로 알려져 있다. 의림지와 영지는 제방 평면형이 밖으로 만곡된 아치형을 하고 있으며, 영천 청제와 함께 암반을 굴착하여 반영구적인 여수토餘水吐를 활용한다는 점에서 공통적이다. 여수토는 순우리말로 '무너미', '물넘이'라고 하며, 저수지가 만수위가 되었을 때 물이 넘치는 것을 막기 위해 설치한 시설이다. 축제보전유형의 대표적인 사례는 김제 벽골제와 밀양 수산제를 들 수 있다.

우리나라 관개시설의 발달 과정은 크게 4단계로 구분할 수 있다. Ⅰ단계는 논농사가 본격화하는 청동기시대의 관개시설로서, 소규모의 인수관개引水灌漑 시설들이 작은 하천마다 설치되고 이를 지역 집단들이 소규모로 관리·운영하는 체계였다. 이 인수관개유형은 이후 시기에도 규모를 달리하며 계속 만들어진다. Ⅱ단계는 원삼국시대 후기~삼국시대 초기로서 고고학적 증거는 아직 명확하지 않으나, 문헌 기록을 볼 때 하천과 하천을 연결하여 물의 공습과 배수를 하는 인공적인 수로의 존재가 예상되는 등 저습지 개발의 서막이 되는 시기이다. Ⅲ단계는 산간 계곡에 대규모 제방의 건설을 통해 하천 하류 충적지 전체를 개발하는 축제저수관개형이 성립하는 시기이다. 이를 포함하여 늦어도 5세기 무렵에는 이전과는 차원을 달리하는 관개체계가 성립되어 삼국시대 국가 간 경쟁의 경제적 토대가 되었다. Ⅳ단계는 고려시대 후기의 기록을 통해 저습지를 개발하는 더욱 발달한 관개체계가 이루어졌을 가능성이 있으나, 이에 대해서는 아직 고고학적 증거가 없어 검토의 여지가 있다.

그렇다면 신라는 왜 영천 청제비 병진명(536년)과 대구 무술명 오작비(578년)를 만들었을까? 제방은 6세기에 들어 신라에서 전국적으로 보급이 이루어졌다. 신라 법흥왕은 532년(법흥왕 18)에 담당 관리에게 명하여 제방을 수리하게 하였다. 이와 같은 조치는 이전 시기부터 일부 지역만 조성되어 오던 수리시설을 국가 차원에서 전국적 범위로 확대해 만들라는 것으로 이해된다. 제방의 조성과 수리를 통해 새로운 토지를 개발함으로써 농업 생산력의 증대를 꾀하였다. 신라는 수리시설의 확충을 통해 물길을 제어함으로써 기존의 황무지를 농사짓는 땅으로 이용할 수 있게 되었다.

6세기에는 제방을 만들거나 수리할 때 중앙의 담당자인 유사有司가 인원을 일괄 편성하여 관리하였다. 이는 축제에 동원되는 역역·관리 체계가 일반 행정 단위를 중심으로 하는 복속 의례적 동원이 아니라 국가에서 직접 관장하는 중앙 행정체계를 중심으로 정비되었기 때문이다.

6세기 전반에 제방을 축조하면서 세운 비석이 앞서 살펴본 영천 청제비 병진명(536년, 법흥왕 23)과 대구 무술 오작비(578년, 진지왕 3)이며, 영천 청제는 현재도 사용되고 있다. 영천 청제비는 지금의 영천에 산골짜기를 막아 물을 가두는 저수지인 청제를 쌓으면서 건립한 공사 기념비이고 대구 무술명 오작비는 지금의 대구에 있던 무동리촌에 위치한 오를 축조하면서 세운 비이다. 그러나 이 두 개의 제방은 자연환경에 따라 다른 형태를 띤 제방이었다. 청제는 산골짜기를 흐르는 작은 하천을 막아 물을 가두는 '제' 형의 제방이고 대구 무술오작비의 제방은 대구의 중심부를 흐르는 금호강과 같이 큰 하천의 범람을 막아 유량을 조절하고 농경지에 물을 대는 '언' 형의 제방이다. 대구 무술명 오작비의 제방은 물의 흐름을 조절하면서 대구 분지 내의 저습지를 개발하기 위해 쌓은 수리시설이라고 여겨진다. 대구 무술명 오작비의 제방은 하천의 흐름을 제어하는 언형의 수리시설로서 폭이 넓게 튼튼히 만들었다.

당시 수리시설은 종류와 관계없이 국가 차원에서 축조가 이루어지고 있었다. 제방의 축조는 촌에 파견된 지방관을 통하지 않고 중앙에서 직접 장악하여 실시되고 있었다. 즉 법흥왕 대에는 유사有司나 사인使人이, 진지왕 대에는 대구 무술명 오작비에 보이듯이 아척간이라는 경위를 가진 도유나가 수리 사업을 행할 때 관리로 파견되어 작업을 관장하였다. 전자에서는 책임자와 기술자가 모두 왕경 6부인이었으나 후자에서는 책임자가 왕경 6 부인이나 기술자는 지방의 촌민이었다. 대구 무술명 오작비에는 승려가 수리시설 축조의 책임자로 참여한 것은 불교의 사회사업과 관련이 있었기 때문이다. 또, 이는 불교의 도입과 더불어 중국의 발달한 토목기술이 승려를 통해 들어왔기 때문일 것이다.

이후 신라 통일기 논농사의 진전은 국가에서 관장하는 수리시설의 보수와 관련이 있었다. 신라의 수리사업사에서 6세기만큼 시선을 끄는 또 하나의 시기는 8~9세기이다. 이 시기에 제방의 증축과 보수에 대한 기록이 연이어 나오는데 이는 전국적 규모로 행해지고 있었다. 즉 810년(헌덕왕 2)과 859년(헌안왕 3)에도 전국적 범위로 제방의 수리를 명하고 있다. 또 798년(원성왕 14) 4월에는 영천 청제를 수리하였으며, 그 내용을 기록한 것이 영천 청제비 정원명이다. 이처럼 신라에서는 9세기 전후에 수리시설의 수리와 보수가 집중적으로 이루어지고 있었다. 수리 사업이 활발해지는 것은 농업 생산력의 발달과 관계가 있고 또 이는 녹읍의 부활, 장원의 발달 등 귀족 경제력의 발전과도 궤를 같이하고 있었다. 이 시기에 진행된 수리 사업은 새로운 수리시설의 축조라기보다는 5~6세기에 이루어진 시설을 보수·확대한 것이라고도 할 수 있다.

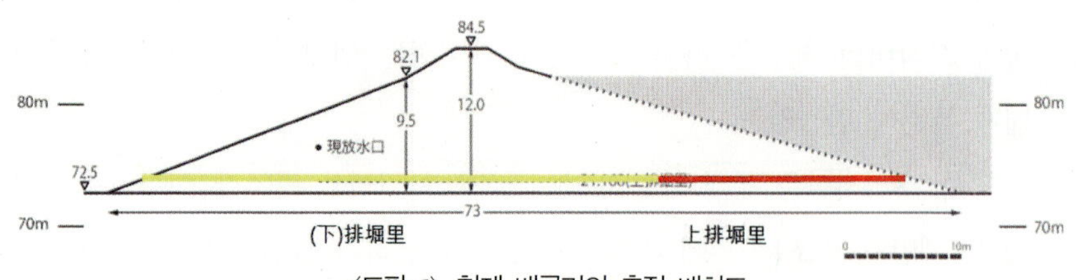

〈도판 5〉 청제 배굴리의 추정 배치도
(김재홍, 2021, 〈금호강 유역 신라 소월리 목간의 '堤'와 水利碑의 '塢'·'堤'〉《동서인문》16, 177쪽 〈그림 5〉)

이 시기 제방의 세부 시설은 영천 청제비 정원명을 통해 알 수 있다. 798년(원성왕 14) 4월 영천 청제를 보수할 때 제방에 길이 12보步인 상배굴리上排堀里도 보수하였다. 현재 영천지역에서는 굴통을 '빼구리'라고 부르는데, 빼구리를 한문으로 표기한 것이 바로 배굴리排堀里다. 굴통은 청제의 수문을 말하며, 지금도 시멘트로 만든 굴통(수통)이

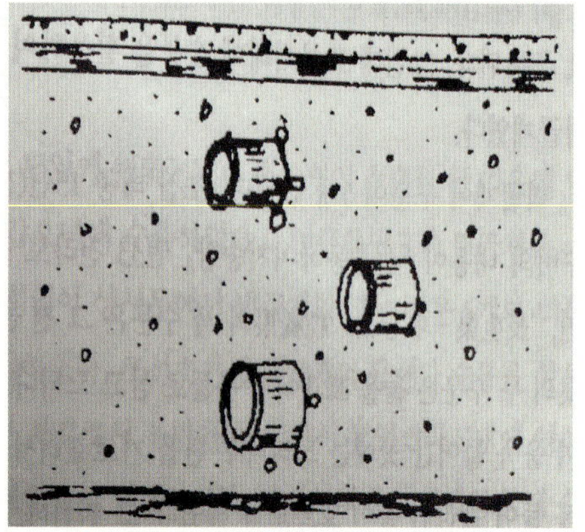

〈도판 6〉 제언에 설치된 수통(추정)
(한국고고환경연구소 편, 2010, 《한국고대의 수전농업과 수리시설》, 서경문화사, 331쪽 〈그림 3〉)

설치되어 있다. 배排는 물을 배수한다는 의미로 해석되며, 굴堀은 물을 배수하는 굴을 가리키는 것이다. 즉 배굴리는 바로 청제에 저장된 물을 배수

하는 굴이란 뜻이고, 여기에 명사형 접미어인 리를 덧붙인 것이다. 조선시대에 배굴리는 일반적으로 수통水桶으로 표기하였다. 상배굴리의 존재로 보아 하배굴리의 존재도 추정할 수 있는데, 하배굴리는 청제가 처음으로 축조된 536년(법흥왕 23)에 조성한 것으로 추정된다. 이처럼 신라 통일기에는 이전 시기의 제방을 증축·수리하여 논농사를 발전시켰고 배굴리 등 다양한 시설을 통해 제방 축조술을 발전시키고 있었다.

3. 금호강 유역의 농경과 수리시설

금호강 유역은 신라가 내륙으로 진출하는 길목에 해당하며 넓은 금호평야를 끼고 있는 곡창지대였다. 금호강은 경상북도 포항시 죽장면에서 발원하여 대구 달성군 화원읍에서 낙동강으로 합류하는 지류이다. 금호강 유역에는 영천, 경산, 대구 지역 등이 걸쳐 있으며, 팔공산, 보현산, 비슬산 등 큰 산으로 둘러싸인 분지 지형이다. 산과 산이 이어지고 있으나 그사이에 금호강의 지류가 실핏줄처럼 흘러 들어온다. 대표적인 지류로 자호천, 북안천, 대창천, 청통천, 남천, 팔거천, 신천 등이 있으며, 지류의 주변에는 평야지대가 형성되어 있다. 이처럼 금호강 유역에는 크고 작은 하천을 끼고 있는 곡간에 마을이 형성되었다. 이러한 곡간의 마을을 ○○곡이라 불렀으며, 금호강 유역의 마을 특성을 반영하고 있다. 곡을 단위로 마을이 형성되고 마을 주변에 논과 밭이 분포하는 경관을 이룬다.

금호강 유역의 분지 대부분은 구릉성 침식 저지이다. 그리고 개석開析 곡저를 따라 넓게 충적 평야를 형성하고 있다. 이 지역은 금호강 본류와 거리가 멀기 때문에 보의 축조로 수량을 확보할 수밖에 없었다. 즉 금호강

유역의 수리시설은 상대적으로 산곡형山谷形의 보가 많다. 산곡형 보는 강의 상류인 영천, 경산 자인 지역에서 우세하며, 평야형 보는 하류인 대구 지역에서 우세하다. 금호강 유역의 수리시설은 조선 후기에 이르면 전국에서 밀집도가 가장 높은 지역이 된다. 이는 역으로, 고대로부터 경작 여건이 양호한 지역이었음을 시사한다.

농사, 특히 도작은 물의 공급이 관건이다. 금호강 유역의 농경지는 상대적으로 물의 확보에 유리하다. 하지만 한반도의 기후 양상은 3~5월까지 강수량이 매월 평균 90㎜를 넘지 않는 반건조기후의 특성을 띤다. 따라서 봄철 가뭄으로 하천이나 계곡물을 농업용수로 이용하려는 관심이 일찍부터 생겨날 수밖에 없었을 것이다. 예컨대 신라 중고기의 대구 무술오작비, 영천 청제비, 임당 고비 등 축제築堤 혹은 물과 관련된 비가 금호강 유역에 집중된 것은 실로 우연이 아니다.

《수서隋書》 신라전에는 신라의 농법을 '수륙겸종水陸兼種'으로 서술하였다. 이것이 벼와 보리의 이모작을 의미하는지, 논농사와 밭농사를 교대로 시행하는 윤작의 형태인지 단언하기는 어렵다. 당시 신라의 농경 상황을 고려하면 이모작하였다고 보기는 어려울 듯하다. 오히려 중국 문헌에서 기술한 신라의 농경 상황은 중국인들의 관점에서 "수종水種과 육종陸種을 아울러 하였다"라고 보는 것이 타당하다.

금호강 유역에서 꽤 많은 신라시대 경작지들이 확인되었다. 대구 서변동 유적에서도 중심연대 6~7세기로 편년 되는 논 유구가 일대에서 처음 확인되었다. 논의 형태는 계단식이며, 논둑, 수구水口, 발자국, 소 발자국, 쟁기자국 등이 검출되었다. 특히 신라농업에서 우경의 흔적이 확인되었다는 점에서 의미가 깊다. 신라는 지증왕 대 전국에 걸쳐 농업을 권장하고 처음으로 우경을 하였다고 한다. 축력을 활용했다는 점에서 농업에서 진일보된 측면을 보인다. 이는 결국 잡초의 제거나 지력을 효율적으로 활용할 수 있다는 점에서 그간의 농법보다는 발전한 것으로 이해할 수 있다.

한편, 대구 칠곡 생활유적 역시 팔거천 하류역에 보를 쌓아 경작지로 물을 대는 시설이 확인되었다. 보는 횡목이나 말목 등을 박고 깬돌을 쌓아 물의 저항력을 높였다. 보의 축조 시 나무를 이용했다는 점에서 영천 청제비에 보이는 부척의 활동을 짐작하는 데 유용한 정보를 제공한다. 보의 연대는 삼국시대로 편년된다. 인근 대구 동천동 수리시설 유적에서는 대규모 구상유구, 수리시설, 경작지 등이 확인되었다. 이곳은 금호강 지류인 팔계천이 있어 물의 공급이 쉬워 대규모 농업생산 지역이었던 것으로 보인다. 보나 도수시설은 유입된 물을 경작지로 적절하게 분배하는 역할을 했다. 수리시설의 대체적인 시기는 5세기 말에서 6세기 초로 편년된다.

또한 최근 조사된 경산 소월리유적도 금호강 유역의 농경과 관련하여 시사하는 바가 크다. 소월리유적에서는 다량의 고상식 건물지, 수혈, 삼국시대 토기 가마 등이 확인되었다. 그중 가장 눈에 띄는 유물은 수혈에서 출토된 투각인면토기와 목간이다. 그중 목간은 74.2㎝라는 장대한 길이와 곡谷, 답畓, 제堤, 결結, 부負 등 신라의 농업경영을 짐작게 할 수 있는 용어들이 검출되어 주목을 받았다. 목간의 서식은 '지형, 지명+전답+결부수'로 구성되어 있다. 목간에는 곡을 동반한 지명이 보인다. 따라서 골짜기를 중심으로 마을이 형성되었음을 짐작해 볼 수 있다. 그리고 답이라는 신라 국사國字의 형성 시기가 창녕 진흥왕척경비(561)보다 웃돌 가능성도 시사하고 있다. 한편 제방은 보이지 않지만, 답이 확인되므로 경작지는 천수답이 아닌 물을 관개하여 사용할 수 있는 논으로 볼 수 있다. 아울러 목간에 기재된 전답의 결 수를 종합해 보면 대략 '27결 62부+α'가 된다. 이는 신라 촌락문서에 보이는 촌락의 결부 수(107~182결)와 비교했을 때 현저히 적은 수치이다. 이는 청제의 물 댈 면적이 79결에 상당하므로 소월리 목간의 촌락은 촌락문서의 한 촌에 불과한 지역으로 볼 수 있다. 소월리 목간의 의의는 제방과 전답의 상응 관계이다. 영천 청제비의 경우 산고지에 위치하며, 경산 임당고비와 대구 무술오작비는 평야 지대에서 확인된 경우이다. 그리고 나머지 경작 유적의 경우 모두 계곡에 있는 정황이 포착된다. 이를 통해 계곡의 물을 수월하게 농경지로 유입시키는 형태로 경작을 해온 증거라 할 수 있겠다.

참고문헌

계명사학회 편, 2007, 《한·중·일의 고대 수리시설 비교연구》, 계명대학교출판부.

김재홍, 2021, 〈금호강 유역 신라 소월리 목간의 '堤'와 수리비의 '塢'·'堤'〉, 《동서인문》 16.

성정용, 2015, 〈우리나라 선사~고대 수리시설의 유형과 발달과정〉, 《한국상고사학보》 87.

신라 천년의 역사와 문화 편찬위원회 편, 2016, 《신라 천년의 역사와 문화》 10-신라의 산업과 경제, 경상북도.

신라 천년의 역사와 문화 편찬위원회 편, 2016, 《신라 천년의 역사와 문화》 18-신라의 건축과 공예, 경상북도.

이미란, 2016, 〈고대 동아시아 공역에서의 '功'과 대구무술오작비〉, 《대구사학》 124.

이미란, 2019, 〈8세기 후반 동아시아 役制 변화를 통해 본 영천청제비 정원명의 法功夫〉, 《한국고대사연구》 95,

이미란, 2024, 〈영천 청제비 병진명으로 본 신라 중고기 塢의 축조와 그 운영〉, 《신라문화》 64.

하일식, 2009, 〈무술오작비 추가 조사 및 판독 교정〉, 《목간과 문자》 3.

한국고고환경연구소 편, 2010, 《한국고대의 수전농업과 수리시설》, 서경문화사.

제6장 축성을 통해 본 신라 국가운영의 저력, 〈경주명활성비〉와 〈경주남산신성비〉

1. 신라 왕경방어체제를 구성하는 산성 축조에 대한 금석문
2. 〈경주명활성비〉와 진흥왕 대의 축성
3. 〈남산신성비〉의 발견과 원위치
4. 〈남산신성비〉와 진평왕 대의 축성
5. 국가의 역량을 최대치로 활용한 왕경의 축성사업

이미란(경북대 인문학술원 HK연구교수)

1. 신라 왕경방어체제를 구성하는 산성 축조에 대한 금석문

전근대시대 방어시설인 성의 축조는, 축조 주체가 국가든 지방세력이든 간에 당대의 토목기술과 인력 및 재원이 적절히 조합·운영되어야 이룰 수 있는 국가사업이다. 성벽을 돌로 쌓아 올린 석성石城은 흙으로 쌓은 토성土城보다 견고하고 지속력이 높아, 한반도의 여러 고대국가에서 전략적 거점 지역에는 주로 석성을 쌓았다.

신라에서는 자비마립간 13년(470)에 축조된 충북 보은의 삼년산성이 문헌사료에서 확인되는 최초의 석성이다. 이후 신라는 문경 고모산성, 경주

명활성과 같이 변경이나 왕경을 지키는 주요 길목과 같은 군사적 요충지에 석성을 쌓거나 기존의 토성을 석성으로 개축하였다.

특히 《삼국사기》에는 진흥왕 12년(551)에 명활성, 진평왕 13년(591)에 남산신성, 진평왕 15년(593)에 다시 명활성과 서형산성을 축조 또는 개축했다는 사실을 전하고 있다. 이는 6세기 후반에 신라가 왕경의 동·서·남쪽 방면에 대형 석성을 축조해 산성 위주의 왕경방어체제를 구축했음을 의미한다. 그런데 바로 이 시기에 축조된 명활성과 남산신성의 축조에 대한 금석문이 20세기에 발견되었다. 진흥왕 12년(551) 무렵에 새겨진 것으로 추정되는 〈경주명활성비〉(이하 〈명활성비〉로 약칭)가 2기, 진평왕 13년(591)에 제작된 〈경주남산신성비〉(제1~10비)가 그것이다. 이들 비석에는 축조 구간별로 공사한 공역조직과 축조 거리가 기록되어 있다. 이렇게 성을 축조한 공사담당자와 축조 거리를 기록해 둔 비석을 '축성비築城碑'라고 하고, 성벽의 성돌에 축조 구간과 공사 담당자를 새긴 것을 '축성 석각'이라고 하며, 이상을 통칭해서 '축성 금석문'이라고 한다.

〈도판 1〉 국립경주박물관에 전시된 〈남산신성비〉과 〈명활성비〉(필자 촬영, 2024.09.02.)

<명활성비>와 <남산신성비>는 통일 후에 만들어진 <관문산성 석각>에 비해 상대적으로 내용이 풍부하다. 두 축성비는《삼국사기》나《삼국유사》에서는 찾아보기 어려운 6세기 중후반 신라 왕경과 지방의 행정단위와 신라의 지방관들, 신라의 지배에 협조하고 있는 재지세력들의 이름과 관등이 열거되어 있다. 축성비에 대한 연구를 통해, 행정성·촌에 지방관을 파견하고 재지세력들에게 외위外位라는 관등을 주어 지방관을 보좌하도록 한 신라의 지방지배체제, 지방관과 재지세력들을 통해 역부를 동원했던 전국 단위의 역역동원체제, 당시 축성법과 공역조직 운영 등에 대해 상당한 연구가 축적되어 있다. 통일 전의 신라가 왕경을 둘러싼 산성을 축조하기 위해 당시의 지방지배체제, 역역동원체제와 같은 제도를 활용해서 역부를 동원했을 뿐만 아니라, 최고의 축성기술과 인력 편제 방법, 공사운영 능력 등을 발휘했음을 알 수 있는 금석문이 바로 <명활성비>와 <남산신성비>인 것이다.

2. <경주명활성비>와 진흥왕 대의 축성

경주시 보문동 닝활산 북문지 인근 북쪽 성벽의 붕괴구간에서 1988년에 인근 주민에 의해 <명활성비>가 발견되었다. 이미 <남산신성비>가 발견되어 있었기 때문에 명활성도 축성비가 있을 것이라는 기대에 힘입은 발견이라 학계의 주목을 받았다.

명활성은 명활산의 북쪽 산정 흰등산과 장군봉을 감싼 포곡식 산성으로 동해에서 경주분지로 들어오는 방어성이기도 하다.《삼국사기》 실성이사금 4년(405)에 왜병이 명활성에 침입했다는 기사로 처음 등장하여 줄곧 신라 왕경의 동쪽 통로를 지키는 산성이었다. 신라의 왕성인 월성으로부터 약

<도판 2> 명활성의 성벽과 북문지(굵은 원 부분) 및 명활성 북문지 및 등성시설

3.2km 정도 떨어져 있어 월성이 잘 보이는 곳에 위치해 있다. 자비마립간 16년(473)에 명활성을 수리했는데, 자비마립간 18년(475)부터 소지마립간 10년(488)까지 13년 동안 월성에서 명활성으로 왕의 거처를 옮긴 적도 있다. 또 선덕여왕 16년(647) 비담의 난이 일어났을 때 반란군의 근거지로 활용되어 선덕여왕과 김유신 군을 위협했다가 난이 진압된 후 폐성되었다.

명활성은 자비마립간 16년(473), 진흥왕 15년(554), 진평왕 15년(593) 수·개축 기록이 있다. 초기에는 토성이었다가 진흥왕 대인 551년~554년에 석성으로 개축했다고 보는 견해도 있고, 처음부터 석성으로 축조되었다고 보는 견해도 있다. <명활성비>는 진흥왕 대 개축 시에 건립된 축성비이다.

한편 1975년 3월에 경주 월지(안압지)를 조사하면서 비의 일부가 발견되었다. 이 비편의 발견 당시에는 <남산신성비> 비문과 유사하여 <남산신성비> 제7비로 불렸다. 그러나 1988년에 <명활성비>가 발견된 후 외형, 재질, 비문의 구조가 <남산신성비>보다 <명활성비>에 가깝다는 연구에 따라 현재는 이때 발견된 비를 〈월지 출토 명활성비〉로 부른다. 이 비는 〈명활성비〉와 같이 명활성 성벽 인근에 있었을 테지만, 월지 조성을 위해 석재로 재활용되었으므로 명문의 일부만 남아 있다. 이로써 진흥왕 대의 명활성 개축을 보여 주는 축성비는 〈명활성비〉와 〈월지 출토 명활성비〉 두 비이다.

축성은 당대의 인력, 재원, 조직력 등을 적시에 운용해야 이룰 수 있는데다가 왕경의 방어시설을 축조하는 사업인만큼 〈명활성비〉와 〈월지 출토 명활성비〉는 진흥왕 대의 국가체제가 반영되어 있는 금석문이다. 두 비 모두 자형이 분명하여 판독에 이견이 적지만 내용 파악에는 다소 논란이 있다. 기왕의 연구를 참고하여 해석을 제시하면 아래와 같다.

〈표 1〉 명활성비의 해석과 내용 구분

〈명활성비〉	〈월지 출토 명활성비〉	구분
신미년(551) 11월 중에 성을 만들었다.	(비문 결락)	연월
책임자〔上人〕는 나두(邏頭) 본피부(本波部) 이피이리 길지⑭이다.	…촌 도사(道使) 탁부…	A
군중상인(郡中上人)은 오대곡(鳥大谷) 구지지 하간지(7)이다. 장인(匠人)은 비지휴 파일⑩이다.	… 대공척(大工尺) 광혜지…	B
아울러 공인(工人)은 추혜 하간지(7)의 무리〔徒〕가 길이〔長〕 4보 5척 1촌을 받아 만들었다〔作受〕. 문일질혜 일벌(8)의 무리가 길이 4보 5척 1촌을 받아 만들었다. □첨리 파일⑩ 무리가 길이 4보 5척 1촌을 만들었다.	… …일척(9) 두루지(豆婁知) 간지(7)… …일벌(8) 무리 14보 …	C
모두 높이 10보, 길이 14보 3척 3촌이다.		분량
이것을 기록하면 고타문에서 서남방향으로 돌아가는 그곳을 만들었고, 돌을 세워 기록한다.	(비문 결락)	구간
여러 사람들〔衆人〕이 도착하여 11월 15일에 만들기 시작하여 12월 20일에 끝났다. 35일 동안이었다.		기간
서사인(書寫人)은 원흔리 아척⑪이다.		기록

※ 원 안의 숫자는 신라 왕경인의 관등 등급이고 괄호 안의 숫자는 지방민의 외위의 등급이다.

〈월지 출토 명활성비〉는 비편만 전하기 때문에 〈명활성비〉와 비교한 연구를 참고하였다. 〈명활성비〉는 전체적으로 '월일 – 공역조직(A·B·C집단) – 공사분량 – 공사구간 – 공사기간 – 기록자'로 구성되어 있다.

비문을 순서대로 살펴보면, 먼저 "신미년"은 진흥왕 12년(551)인데, 《삼국사기》에서는 진흥왕 15년(554)에 명활성 수축기사가 있다. 이 때문에 〈명활성비〉는 전면 개축이 아니라 특정 구간의 수축에 대한 축성비라거나, 551년과 554년 두 차례의 개축기사는 별도로 진행된 공사로 보기도 한다. 그러나 전근대시대의 축성은 대체로 1년 안에 완공되기 어려웠고 〈명활성비〉의 공사도 551년에 비문에 기재된 구간만큼의 체성이 축조된 사실을 전하고 있을 뿐이다. 그러므로 〈명활성비〉의 시점 이후에도 체성의 다른 구간이나 성문 등의 공사가 이어졌고 《삼국사기》에 기록된 554년에야 최종적으로 명활성 개축이 완료되었다고 볼 수 있다. 공사기간은 11월 15일부터 12월 20일까지 35일 동안이었는데, 양력으로 환산하면 12월 28일부터 다음 해 1월 31일까지로 한겨울이다.

공역조직은 기본적으로 공사구간만큼의 축조에 대한 책임이 있는 사람들을 명시한 것으로 '왕경인 책임자(A) – 군중상인과 장인(B집단) – 공인 세 무리(C집단) – (역부)'로 구성되었다. A는 신라 6부 중 본피부 출신인데, 왕경인만이 가질 수 있는 경위 17관등 가운데 14등인 길지를 받은 왕경인이다. 신라에서 11위 나마부터 17위까지는 신라 관인사회에서 주로 실무책임자가 소지한 관등이라고 한다. "상인上人"은 '윗사람'이라는 의미인데 이 축성 현장의 책임자라는 역할명[役名]이다. 이 왕경인에게는 나두邏頭라는 관직명도 확인되는데, 원래 이 왕경인은 나두라는 관직을 가진 사람이지만 명활성 축성 현장에서는 해당 구간 축조에 대한 왕경인 책임자[上人]의 역할을 맡았음을 나타낸다.

여기서 나두라는 관직명이 무엇인지는 논란이 있다. 〈명활성비〉 A와 같은 역할로 추정되는 〈월지 출토 명활성비〉의 A는 "(어떤)촌도사村道使"라고 기재되어 있는데 도사는 지방관이므로 〈명활성비〉의 A "상인나두"도 어떤 지역의 지방관이라는 주장이 제기되었다. 또 〈명활성비〉보다 40년 뒤에 세워진 〈남산신성비〉에서도 A에 '지역명+나두', 즉 어떤 지역의 지방관으로 나타났다. 이에 〈명활성비〉의 A의 나두도 비록 지역명이 붙어 있지 않지만 지방관으로 보는 견해가 우세하다. 하지만 "나두"는 원래는 고구려에서 순라병邏兵의 우두머리에서 유래한 군관軍官의 직명이다. '지역명+나두'라면 지방관으로 볼 여지도 있지만 〈명활성비〉 A에서는 지역명 없이 나두만 등장하므로, 군관일 가능성도 배제할 수 없다. A의 나두가 군관이라면 지방의 공역조직 B·C집단을 군관이 인솔하여 축성을 지휘했다는 의미인데, 고대 중국이나 조선시대의 사례에서 축성의 현장 지휘자가 군관인 경우도 적지 않으므로, A의 나두는 군관으로 보는 것이 좋을 것이다.

B집단은 오대곡 출신의 군중상인과 장인이 한 사람씩 기재되어 있다. 이들은 축조 분량의 공사를 감독하고 숙식, 철물이나 필요 자재를 조달하는 등의 제반 관리를 담당하였다고 한다. '군중상인郡中上人'은 '군' 안에서 윗사람이라는 의미이므로 축성 지휘부가 현장에서 해당 군의 책임자〔上人〕로 인정하는 재지세력이라는 의미이다.

이 대목은 진흥왕 대 신라의 지방 지배단위의 구성을 알려 주는 중요한 부분이다. 〈명활성비〉보다 10년 후에 건립된 〈창녕진흥왕척경비〉에서는 '우추·실직·하서아군사대등于抽悉支河西阿郡使大等'이라는 관직이 있는데, 이는 세 지역에 파견되는 사신이나 감찰이라고 한다. 이에 따라 551년에 건립된 〈명활성비〉의 군郡도 2~3개의 행정성·촌들이 모여 군을 이루지만 군명은 나타나지 않은 과도기적인 성격의 군이었다고 보는 입장이 유력하다. 〈월지 출토 명활성비〉의 "(어떤)촌도사村道使"를 통해 6세기 중반 신라에서 지방관이 파견되는 행정단위는 성城·촌村인데, 〈명활성비〉에서 오대곡 출신 재지세력이 군중상인이므로 성城·촌村뿐 아니라 오대곡도 행정단위가 될 수 있음을 알 수 있다. 즉 진흥왕 대 명활성 축성에 참여한 공역조직은 과도기적인 군을 매개로 행정성·촌뿐 아니라 곡도 B집단으로 구성되었다. 진흥왕 대의 지방지배는 행정성·촌 단위를 기준으로 실행되고 있고 군에는 별도의 지방관을 파견하지 않은 과도기적인 군이 설정되었다고 정리할 수 있다.

C집단은 군중상인 휘하에 외위를 소지한 재지세력 각 1인이 우두머리로 있는 세 무리〔徒〕의 공인工人으로 이루어져 있다. 통일 전 신라에서는 지방의 유력 재지세력을 회유하여 이들의 인력과 자원을 효율적으로 이용하기 위해 그들에게 외위外位라는 관등을 주었다. 외위는 1위인 악간嶽干부터 11위 아척阿尺까지 11등급으로 이루어졌다. C집단으로는 7위 하간지, 8위인 일벌, 10위인 파일(피일)의 세 외위 소지자가 등장하는데 이 외위 소지자의 '무리〔徒〕'라고 하면, 이들 외위 소지자들이 동원한 역부라고 이해할 수 있다.

외위 소지자의 무리〔徒〕들은 B집단이 받은 축조 분량인 14보 3척 3촌을 세 등분해서 각 4보 5척 1촌 만큼의 축성 분량을 배정받았다. '무리〔徒〕'의 실체에 대해 논란은 있지만, 각 외위 소지자들을 정점으로 공동체적 질서에 의해 동원된 역부들로 보고 있다. 각 외위 소지자에게 할당한 축조 분량에 대해 몇 보 몇 척의 "축조 분량을 받았다〔作受〕"라고 썼는데, 〈남산신성비〉 에서는 "受作"으로도 표현하고 있다.

〈명활성비〉에서 A, B, C집단은 명활성 축성에서 어떠한 역할을 하는 것 일까. 〈표1〉을 통해 축조 분담 방식을 추정하면, 축성의 총 지휘부가 왕경 인 책임자 A를 통해 군단위 재지세력 대표〔郡中上人〕로서 오대곡이라는 행 정촌 출신인 B집단에게 먼저 14보 3척 3촌의 축조 분량을 할당하였고, B 집단이 다시 C집단에게 축조 분량을 삼등분하여 재할당하였다. 〈명활성비〉 의 축조 분량, 축조 구간에 대한 서술의 기준은 B집단을 중심으로 기술되 었으므로 축조 책임은 최종적으로 B집단임을 알 수 있다. 40년 후에 건립된 〈남산신성비〉에서도 재지세력은 B집단과 C집단으로 나뉘어 있지만, 〈남산신성비〉에서는 C집단의 역할과 구성이 자세히 기재되어 있고 축조 분량에 대한 책임도 C집단에게 있다고 명시되어 있다. 즉 축조 분량을 책임지운 공역조직은 기본적으로 군 내 대표적인 재지세력이고, 이를 그 내부의 행정성·촌단위로 나누어 공사했다는 점은 공통되지만, 축조 책임의 단위를 진흥왕 대에는 군중상인인 B집단에, 진평왕 대에는 그 하위의 성·촌단위인 C집단에 책임지운 것이다. 이처럼 축조 책임의 단위가 세분된 점에 대해, 일반적으로 진평왕 대에 지방지배체제가 더 강화되었기 때문으로 이해되고 있다. 지방지배체제가 강화되었다는 점은 사실이지만 축조책임의 세분화의 원인은 축조 운영의 차이로도 이해할 수 있다.

축성 운영이란, 축성 지휘부의 입장에서 전체 축조구간을 어떻게 나누고 어느 정도의 공역조직을 투입해야 완공할 수 있는지에 대해 공사를 기획한 측에서 채택한 전략이다. 축성비의 내용은 축성공사에 대한 전모라고 오해하기 쉽지만, 실제로는 해당 비문에 기재된 구간만큼 공사한 사람들이 작업한 내용만을 전한다. 이를테면 〈명활성비〉는 비문에 기재된 공역조직과 그들이 지휘한 역부(役人)들이 11월 15일부터 12월 20일까지 높이 10보의 성벽을 14보 3척 3촌만큼 축조했다는 내용만을 전하는 것이다. 다른 체성 구간에서는 〈월지 출토 명활성비〉와 같이 〈명활성비〉보다 훨씬 많은 축조 분량을 받았을 가능성도 있다는 의미이다.

6세기의 신라는 축성할 때 공사할 역부들에게 한꺼번에 축조하도록 한 것이 아니라, 축조할 성의 전체 둘레(周)를 일정 구간씩 나누어서 공역조직에게 분담시켜 축조했다. 후술할 진평왕 대에 만들어진 남산성도 이와 같은 공사방식으로 축조되었는데, 〈명활성비〉가 발견됨으로써 이와 같은 공사방식이 진흥왕 대부터 나타나고 있었음을 알 수 있다.

그렇다면 진흥왕 대에 공사한 명활성의 전체 축조 분량은 어느 정도였을까. 진평왕 15년(593)에 3,000보 규모로 개축되기 전, 진흥왕 대(551~554년) 명활성의 전체 둘레는《삼국사기》잡지에 따르면 1,906보였다. 〈명활성비〉에서 공역조직(B)이 받은 축조 분량은 총 14보 3척 3촌이었고, 〈월지 출토 명활성비〉에서 축조 분량은 최대 42보였다는 연구가 있다. 명활성의 전체 둘레에서 한 공역조직의 축조 분량의 최대치나 최소치를 나눠보면 (1906보 ÷ 14보 3척 3촌 또는 42보) 공사에 참여한 공역집단은 최대 131집단 최소 45집단의 행정성·촌이 참여했음을 알 수 있다. 이 정도 규모면 진흥왕대에 명활성을 개축하는 데 전국 단위의 역역을 동원한 것은 아닌 것이다.

이상 진흥왕 대에 명활성을 개축한 내용을 담은 두 기의 축성비를 통해 당시의 국가체제와 중앙과 지방의 동원력을 엿볼 수 있었다. 왕경 방어시설인 명활성을 축성하는 데 공사할 전체 둘레에서 축조 분량을 나누고, 광역의 감찰단위인 군郡으로 묶여 있는 곡谷을 포함한 행정성·촌이 공역조직을 구성했으며, 왕경인 책임자의 지휘 하에 외위를 가진 군단위의 재지세력이 축조 분량에 대해 책임주체로 비문에 등장했다. 이러한 축성 운영은 40년 뒤인 진평왕 대에 축조한 남산성 축조방식과는 어떠한 차이가 있을까.

3. 〈남산신성비〉의 발견과 원위치

남산은 경주 월성의 남쪽에 있는 타원형의 산인데, 〈도판 3〉에서 볼 수 있듯이 월성의 서남방면에 둘레 1km의 남산토성이 있고 월성 바로 남쪽 남산 자락에는 남당이 있었다고 전해지는 도당산토성이 있다. 도당산토성의 남쪽 해목령을 중심으로 축조된 대형 석성이 남산성이다.《삼국사기》와《삼

〈도판 3〉 남산 북록에 위치한 경주남산신성(2010)

국유사》에 따르면 진평왕 13년(591)에 '남산신성'을 축조했다고 하는데, 남산의 옛 성인 남산토성에 비해 새롭게 축조했다는 의미에서 남산의 '신성'으로 불렀다고 한다. 성벽 둘레는 국립경주문화유산연구소의 정밀 지표조사에 따르면 4,850m, 한국전통문화학교에서 실시한 실측치는 4,911m로 알려져 있다. 신라 왕성인 월성이 공격받을 경우 피난할 수 있는 배후산성이자 왕경 방어의 최후의 보루가 바로 남산성이다.

남산성의 축조 당시에 건립된 비와 비편이 현재까지 총 10기가 발견되어 〈남산신성비〉로 불리고 있다. 제1비는 1934년에 경주 내남면 탑리 식혜곡 민가에서 발견되었는데 원래는 남산쪽으로 올라가 대문지로 불리던 곳에 있었다고 한다. 제2비는 1956년 6월에 남산 서쪽 기슭의 전 일성왕릉 부근에서 상부가, 1960년 같은 곳에서 하부가 발견되었는데 두 비가 결합되어 제2비로 명명하고 있다. 제3비는 같은 해 배반동 사천왕사지 부근 민가에서 발견되었지만, 원래는 배반동 자기등 부락 북쪽으로 약 150m 올라간 뒷거림지에 있었다고 한다. 제4비는 1956년에 제2비의 하부와 함께 발견되었다. 제5비는 1972년 사정동 흥륜사지 부근 철거된 민가 터에서, 제6비는 발견지는 미상이나 경주박물관에 소장되어 있다가 1974년에 조사되었다. 1985년 남산성 성벽 인근에서 발견되어 각각 8·9비로 불리다가, 기존에 제7비로 알려진 비가 〈월지 출토 명활성비〉로 판명된 후 8·9비의 번호가 조정되어 각각 제7비, 제8비로 불리게 되었다. 제8비는 단 두 글자밖에 없어 〈남산신성비〉에 포함해야 할지 논란이 있지만 남산성 북문지에서 발견되었기 때문에 〈남산신성비〉의 하나로 인정받고 있다. 창림사터 동북쪽 150m 떨어진 성벽 터에서 1994년에 발견한 제9비는 유일하게 원위치에서 발견된 비이다. 제10비는 2000년 남산성 북서쪽 구황동 일명사터 부근, 경주박물관 동남쪽 논둑에서 비편으로 발견되었다. 이상 10기의 〈남산신성비〉의 발견지를 아래의 〈도판 4〉에 제시해 보았다.

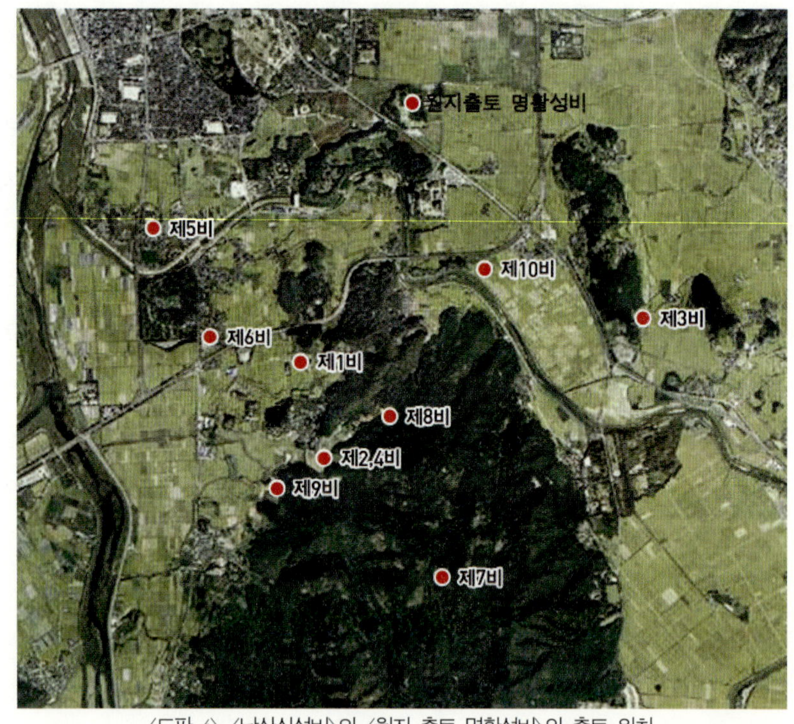

〈도판 4〉 〈남산신성비〉와 〈월지 출토 명활성비〉의 출토 위치

성돌에 직접 축조 정보를 새긴 축성 각석과 달리 축성비는 옮길 수 있으므로, 비의 발견지가 비가 세워진 원래 위치인지 후대에 이동했는지를 확인할 필요가 있다. 축성비를 새기고 이를 세우는 시점이 착공 때인지 완공 때인지, 특정 의식을 동반했는지, 축성비의 최초 건립 위치가 성벽 안쪽이나 밖인지, 축성 각석처럼 공역조직이 해당 축조 분량만큼 공사를 맡은 기점에 세운 것인지, 축조 기점과 무관하게 세운 것인지 등을 반영하는 정보이기 때문이다.

선학들의 연구에 따르면 각 〈남산신성비〉의 원위치는 성 내부인데 성 밖에서 발견되는 경우는 후대에 비를 다른 용도로 재활용하기 위해 반출된 것이라는 견해와, 축성을 맹세한 날과 비를 세운 날은 다른 날이고 축성비를 성벽 근처에 세운 것은 아닐 수 있다는 견해로 나뉜다. 이와 관련해서는 다음 절에서 비문을 구체적으로 살펴보면서 설명하겠다.

4. 〈남산신성비〉와 진평왕 대의 축성

〈남산신성비〉 총 10기 중에서 제1·2·3·9비는 완형비로 이를 기준으로 연구되었고 제4~8비는 비편으로 보완자료로 활용되었다. 완형비 중에서도 제1·2비의 내용은 '연월일·서약 – 공역조직(A·B·Ca Cb) – 축조 분량〔受作〕'의 순서인데, 제3·9비는 '연월일·서약 – 축조 분량〔受作〕 – 공역조직(B·Ca Cb)'로 나타난다. 이에 제1·2비를 1형식 또는 주비主碑, 제3·9비는 2형식 또는 종속비라고 부른다. 〈남산신성비〉는 총 10기나 있고 많은 지명과 인명이 나열되어 장황하나 비문의 구조는 단순하고 공역조직과 축조 분량이 조금씩 다를 뿐이다. 여러 선학들의 연구를 정리하여 1형식 중에서 제1비를, 2형식에서는 제9비를 대표적으로 살펴보겠다. 다른 비와 달리 제3비는 왕경 내부의 행정단위에서 왕경인을 동원한 사례이므로 간단히 소개하고자 한다.

<표 2> <남산신성비> 제1비와 제9비의 해석과 내용 구분

1형식	제1비	2형식	제9비
서약	신해년(591) 2월 26일 남산에 새 성을 만들 때[作節], 법에 따라[如法] 만든 후 3년 이내에 무너지고 무너지면 죄로 다스릴 것이라는 사실을 널리 알리도록 교령으로 서약하게 하였다.		
A	아량나두(阿良邏頭) 사탁 ㉭대사⑪ 노함도사(奴含道使) 사탁 ㉭대사⑪ 영고도사(營沽道使) 사탁 ㉭대사⑪	분량	구벌군(仇伐郡) 중 이동성(伊同城)의 무리[徒]가 6보를 받았다.
B	군상촌주　아량촌　㉭찬간(5) （〃）　칠토촌　㉭상간(6) 장척(匠尺) 아량촌　㉭간(7) （〃）　노함촌　㉭간(7) 문척(文尺)　（〃）　㉭아척(11)	B	군상인(郡上人) (미상)　㉭찬간(5) （〃）　생벌(生伐)　㉭상간(6) 장척　동촌(同村)　㉭상간(6) （〃）　□곡촌(□谷村) ㉭일척(9) 문척　생벌(生伐)　㉭일벌(8)
Ca	성도상(城徒上) 아량　㉭상간(6) 공척(工尺)　（〃）　㉭간(7) 문척(文尺)　（〃）　㉭일벌(8)	Ca	성도상인(城徒上人) 이동촌　㉭상간(6) 공척　지대□촌 ㉭일벌(8) 문척　이동촌　㉭아척(11)
Cb	면착상(面捉上)　（〃）　㉭ 흥착상(臂捉上)　（〃）　㉭ 불착상(不捉上)　（〃）　㉭ 소석착상(小石捉上)（〃）　㉭	Cb	면착　백간지촌(伯干支村) ㉭일척(9) 흥착　동촌　㉭아척(11) 불착인　이동촌　㉭ 소석착인 백간지촌　㉭
분량	11보 3척 8촌을 받았다.		

※ 원 안의 숫자는 신라 왕경인의 관등 등급이고 괄호 안의 숫자는 지방민의 외위의 등급이다. 인명이 있었으나 생략하여 ㉭으로 표시하였다.

우선 <남산신성비>는 <명활성비>에는 있는 축조 기간, 축조 구간에 대한 정보는 없지만 공역조직의 구성이 <명활성비>보다 자세하다. 1형식은 날짜와 서약문, 공역조직(A·B·C), 축조 분량[受作]으로 구성되어 있고 2형식은 지방관인 A집단이 없고 '어떤 부의 어떤 리 또는 어떤 군의 어떤 성이 (축조 분량을) 받았다.'라고 기재되었다.

먼저 날짜의 경우, "신해년"이라는 간지는 이 비의 절대연대를 알려 주는 중요한 정보인데, 《삼국사기》 신라본기 진평왕 13년(591), "가을 7월, 남산성을 쌓았는데 둘레가 2,854보였다."라는 기사를 통해 비문의 신해년은 591년임을 알 수 있다. 《삼국사기》 기록의 7월은 아마 완공시점일 것이므로, 비문에 기재된 2월 26일은 착공시점에 가깝다. 체성 축조를 위해 공역조직이 모여 서약한 날로 추정된다.

〈남산신성비〉의 서약문은 비마다 빠진 글자가 한두 개 있지만 거의 같은 문장으로, 서약문의 유무는 〈남산신성비〉의 판별을 결정하는 기준이다. 여기서 "법"은 신라의 율령에 근거하여 제정된 남산성 축성에 대한 교령敎令이라고 할 수 있다. 축성에 동원된 모든 공역조직이 서약했고 따라서 축성비가 더 있었을 것이라는 견해도 있고, 군 내부의 성·촌 중 먼저 동원된 작업분단만 서약한 후 그들에 대한 축성비만 세웠다고 보는 견해도 있다.

전술하였듯이 대부분의 〈남산신성비〉가 발견된 곳은 원위치가 아니라 어떤 이유로 옮겨온 곳이었다. 축성비에 축조분량과 공역조직을 새긴 이유는 공사의 책임을 밝히기 위해서이므로, 전근대의 다른 축성 금석문은 대체로 성벽 인근에 발견된다. 게다가 〈남산신성비〉의 서약문은 축조 후 3년 안에 무너지면 공사한 사람들이 다시 와서 쌓는 책임을 진다는 내용인데, 각 공역조직이 공사한 구간이 비문에 구체적으로 명시되지 않았으므로 〈남산신성비〉도 대체로 비문의 공역조직이 축조한 성벽 인근에 또는 그 축조 기점에 세워졌을 것으로 보인다.

축조 후 3년이라는 축조 책임 보증기간은, 한반도 고유의 법제에서 유래했다는 견해도 있지만, 중국 전국시대 진나라의 법률이 기록되어 있는 《수호지진간》 요율徭律에서는 축조한 담장의 보증기한이 1년이었다고 하고, 조선시대에는 축성 책임기한이 대체로 5년이었다. 이처럼 축성에 참여한 공역조직이 축조를 담당한 구간에 대한 보증기간을 설정하고, 금석문에 이를 명시하는 제도는 고대 중국에서 유래했을 것으로 추정할 수 있다.

다음으로 공역조직과 축조 분량에 대한 부분이다. 〈남산신성비〉 1형식에서 공역조직은 왕경인 책임자인 A집단, 군에서 지방세력의 대표자〔郡中上人, 郡上村主〕와 장인〔匠人〕인 B집단, 군 예하의 성·촌에서 동원되어 할당받은 축조 분량을 공사했을 Ca집단, Ca집단과 같은 지역에서 동원된 석공들인 Cb집단으로 구분할 수 있다.

A집단의 구성에 대해 제1비를 통해 구체적으로 살펴보면, A집단에서 아량은 현재의 함안, 노함은 의령, 칠토는 함안의 칠원지역으로 비정되고, 지역명과 결합된 나두, 도사는 해당 지역의 지방관이라는 의미이다. B집단의 재지세력 대표를 지칭할 때 군이 등장하므로, 이 세 행정성·촌을 아우르는 군이 당시 하주〔下州〕 관하에 있었다고 추정된다.

통일 전 신라가 지방 통치를 위해 도사나 나두와 같은 지방관을 파견한 지역을 행정성·촌이라고 한다. 신라는 이 행정성·촌을 통해 지방관을 파견하지 않은 자연촌과 자연취락 등을 관할하게 했다. A에 언급된 세 행정성·촌은 하나의 군의 범위를 나타내는데, 비문에서는 행정성·촌에 파견된 지방관만 나타날 뿐, 군명이나 군 장관은 기록되지 않았다. 반면 2형식인 제9비에는 A 대신에 구벌군〔仇伐郡〕이라고 간략하게 나타냈다. 군의 지방관이 기재되어 있지 않은 것은, 실제로 군단위의 지방관이 파견되지 않았기 때문이라는 견해도 있고, 파견되었지만 축성비에 기재되지 않았을 뿐이라는 견해도 있다. 구벌군은 경북 의성군 단촌면에 비정되고 구벌군 내의 이동성은 군위로 비정되며 구벌군 내의 행정성이었다고 추정되고 있다.

제9비에서 구벌군은 위로는 상주〔上州〕 관하에 속하고 아래로는 이동성과 같은 행정성·촌을 아우르는 중간 단위의 행정단위로 나타나고 있다. 그러므로 제9비에서 군의 지방관이 파견되어 있지만 축성비에는 기재되지 않았다고 보는 것이 타당하다. 축성비는 어디까지나 축성공사에서 구체적인 역할과 책임이 있는 사람들을 밝힌 것이지, 해당 지역의 지방관 모두를 기록할 필요는 없다. 후대의 사례를 참고하면, 조선 전기 한양도성의 축조 때에 각 지방에서 역부 징발을 맡은 차사원은, 지방관 내부에서 별도로 임명하거나 해당 고을의 수령이 직접 맡았다. 차사원을 별도로 두었다면 그들을 축성비에 기록해 두었을 것이고, 차사원을 별도로 임명하지 않고 지방관이 책임자면 그 군명을 밝히면 된다. 군 지방관에 대한 정보는 중앙정부가 이미 가지고 있었겠지만, 행정성·촌에 파견된 지방관 중에서 누가 차사원으로 임명되었는지에 대한 정보는 축성비에 기재해 두지 않으면 안되기 때문이다.

전술했듯이 6세기 후반 당시 신라의 지방 지배에 대해 논란이 분분하다. 진평왕 대의 군도 1형식의 A집단처럼 몇 개의 성·촌으로 구성되었지만 군 지방관은 설치되지 않아 지방지배의 중간 단위까지 기능하지 않았다고 보는 견해와 B집단에서 지방세력이 체계적으로 조직되어 군사郡司를 구성하고 있으므로 '군—행정성·촌'의 형태로 조직화되었다고 보기도 한다. 1형식의 A에서 군명은 보이지 않지만 군을 이루고 있고 2형식에서는 군이 직접 등장하고 있으므로, 진평왕 대에는 몇 개의 행정성·촌을 아우르는 광역의 행정단위로 군이 설정되었다고 인정된다. 이는 몇 개의 행정성·촌을 임의로 설정한 진흥왕 대의 군보다는 한층 발전된 것으로 평가된다.

B집단은 제1비에서는 "군상촌주"로 표현되었지만 다른 비에서는 〈명활성비〉에서와 같이 군중상인 또는 군상인으로 기재되어 있어, 군상촌주와 군중상인은 축성 현장에서 같은 역할이었음을 알 수 있다. 군중상인 또는 군상촌주는 군 내에서 재지세력 및 역부 동원의 실질적인 책임자이다. 지방민으로 구성된 B집단의 경우 모두 '군중상인—장척—문척'으로 구성되었다. 이들은 축성이 끝나도 해체되지 않고 지방관을 도와 지방 통치를 보조하는 군사郡司로 보기도 하지만, 축성비만으로는 B집단이 상설직이었다고 판단하기

어렵다.

한편 신라 중앙정부를 구성하는 단위정치체였던 탁, 사탁, 모탁, 본피, 습비, 한지 6부는 5세기 말부터 행정구역으로 그 성격이 변해간다고 한다. 마치 서울특별시 예하에 구－동으로 나뉘어져 있듯이, 왕경 6부 아래에는 몇 개의 리里로 나뉘어져 왕경인을 부별로 지배하고 있었다. 진평왕 대에 각 부에 대한 행정기관은 6부감전이었다고 한다. 이에 대한 실상을 엿볼 수 있는 사례가 바로 2형식으로 기재된 〈남산신성비〉 제3비이므로 〈표 3〉으로 제시해 보았다.

<표 3> 〈남산신성비〉 제3비의 해석과 내용 구분

2형식	2형식 제3비		
서약	신해년(591) 2월 26일 … 서약하게 하였다.		
분량	탁부(喙部) 주도리(主刀里)에서 21보 1촌을 받아 만들었다.		
B	부감(部監)	(탁부)	㉰대사⑫
	(〃)	(〃)	㉰대사⑫
	문척	(〃)	㉰소사⑬
Ca	리작상인(里作上人)	(주도리)	㉰대사⑫
	(〃)	(〃)	㉰소사⑬
	문척	(〃)	㉰길사⑭
Cb	면석착인(面石捉人)	(〃)	㉰ㅁㅁ(미상)
	흉석착인(臖石捉人)	(〃)	㉰대오⑮
	불석착인(不石捉人)	(〃)	㉰ㅁ대오⑮
	소석착인(小石捉上)	(〃)	㉰소오⑯

※ 원 안의 숫자는 신라 왕경인의 관등 등급이다.

제3비에는 왕경 6부 중 탁부가 B집단으로 참여하였고 그 예하에 주도리가 C집단으로 조직되었다. B집단으로 부감－문척이 있고 Ca집단은 리작상인－문척으로 구성되어 있다. 탁부 예하에 여러 리가 공역조직으로 동원되었을 것이므로 부감은 남산성 축성 현장에서 탁부 소속 여러 리작상인들의 대표라고 할 수 있다. 그러나 부감의 관등과 주도리작상인의 관등이 같아,

부감이 리를 관할하는 항상적인 관직인지 축성 현장에 한정된 임시직인지
에 대해 이 사례만으로 판단하기 어렵다.

B집단은 여러 C집단을 거느렸을 것이다. 왕경에서는 부部 예하의 여러
리가, 지방에서는 군 예하의 여러 성·촌이 각기 C집단으로 조직되어 공사
를 맡았다. C집단은 축조 분량만큼 실제로 공사한 공역조직이다.

제1비에서 C집단의 구성원은 모두 같은 촌 출신인데, 제9비에서는 "이동
성의 무리[徒]"라 하여 여러 촌 출신자로 구성되어 있다. 왜 제9비의 이동
성은 다른 지역과 달리 C집단이 여러 촌으로 구성되었는지에 대해, 논란이
있으나 이동성은 행정성이지만 그 세가 미약하여 할당받은 축조 분량을 공
사하기 어려우므로, 여러 자연촌과 함께 도徒를 만들어 하나의 공역조직을
구성했다는 주장을 따르겠다.

〈남산신성비〉에서 C집단이 받은 축조 분량은 〈표 2〉·〈표 3〉에서 볼 수
있듯이 최소 6보부터 최대 21보 1촌까지 제각각이다. 공역조직마다 축조
분량의 차이가 큰 이유에 대해, 축성 난이도가 고려되었다거나 공역조직이
구성된 왕경의 리나 지방의 행정촌이 인구나 경제력 등에서 세勢의 차이가
반영되었다는 견해가 있었다. 그러나 제9비에서 C집단, 즉 이동성도만으로
는 할당된 축조 분량을 감당하지 못하여 인근 자연촌과 함께 C집단을 구
성된 사례가 확인되었다. 이로써 진평왕 대 남산성의 축성공사는 축성 지휘
부가 군에 특정 축조 분량을 할당하면 군에서는 다시 군 내의 여러 성·촌
을 C집단으로 조직하여 축조 분량을 재할당하는데, 성·촌의 수나 촌세와
무관하게 기계적으로 배분한 경우도 있었음을 알 수 있다.

C집단은 Ca와 Cb집단으로 다시 세분되는데, Ca집단은 해당 축조 분량
을 실제로 맡아 현장에서 공사한 공역조직이다. Cb집단도 이 Ca집단과 같
은 지역에서 징발되었으므로 Ca집단의 대표(부감이나 군중상인)의 관할 하
에 Ca 공역조직과 공사했을 것으로 추정된다.

Cb집단은 돌을 다루는 기술자[石工]로, 돌의 형태에 따라 면석面石, 홍석齊石, 큰 돌[조石]이라는 의미에서 불석不石, 소석小石 등으로 구분되었다. 면석 석공이 2인이고 불석 석공이 없는 제3비를 제외하고, 〈남산신성비〉의 모든 Cb집단은 면석-홍석-불석-소석으로 일정하게 배치되었다. 돌의 형태에 따라 석공의 호칭을 구분하고 석공의 이름과 관등을 비문에 열거했다는 점은, 〈명활성비〉에서는 볼 수 없는 부분이다.

국가가 지방 내의 기술 인력을 파악하고 이들을 축성 현장에서 일정하게 조직한 것은, 성돌의 규격과 성벽 축조 기술을 일관되게 구사하려는 의도가 있었다고 볼 수 있다. 현재 남아 있는 남산성 성벽은 진평왕 대의 성벽보다 문무왕 19년(679)에 증축한 성벽이 훨씬 많다고 한다. 신라 석성의 성돌은 통일 전에는 치석되지 않은 세장방형 성돌이 특징이고 통일 이후부터 장방형의 치석한 성돌이 나타난다는 것이 일반적인 견해이다. 그러나 진평왕 대에 남산성을 처음 축조했을 때 〈남산신성비〉에서 성돌의 쓰임에 따라 석공의 명칭을 달리 기재했다는 점에서, 신라 왕경의 석성에서 진평왕 대부터 쓰임에 따라 각기 다르게 다듬은 성돌이 출현했을 가능성이 있다.

C집단의 장長에 대해 제1·9비에는 '성 도상인徒上人'이고, 제2·3비에서 '리 또는 촌 작상인作上人'으로 기재되어 있다. 6세기 말에 각석된 〈수력지명 석각〉과, 흥덕왕 2년(827)에 건립된 〈중초사지 당간지주기〉에도 확인되므로 도상·작상은 조영과 관련된 역할임은 틀림없다. 이에 대해, 도상은 돌을 뜨고 운반하는 작업[浮石·運石]을, 작상은 터를 다지고 성벽을 쌓는 작업[開基·築役]을 담당했다는 주장이 있었다. 그러나 도상과 작상의 Cb집단, 즉 석공石工의 구성과 수가 일정하고, 돌을 뜨고 운반했을 것이라는 도상도 축조 분량을 받았으므로 도상과 작상의 차이는 작업 분담에서 기인한 것은 아니다. 현재로서는 성城에 기반해서 C집단으로 동원하면 성도상城徒上, 리나 촌에 기반되면 리 또는 촌작상으로 불렸을 것으로 추정된다.

이상과 같이 〈남산신성비〉에 기재된 지역명과 사람들에 대한 기록을 바탕으로, 진평왕 대의 왕경과 지방의 편제와 지역지배의 일면을 알 수 있었다. 왕경과 지방의 지역지배를 기반으로 재지세력과 역부들이 동원되어 축성공사를 진행했던 것이다. 국가의 통치체제가 어떻게 작동하고 있는지 진평왕 대의 축성 운영과정을 통해 좀 더 자세하게 살펴보고자 한다.

5. 국가의 역량을 최대치로 활용한 왕경의 축성사업

진평왕 대에 남산성의 축조는, 신라의 왕궁인 월성이 위협받을 때 피난성이 될 대규모의 석성을 축조하는 국가적 조영사업이었다. 남산성을 축조한 지 2년 후에는 명활성과 서형산성도 3,000보 규모로 확장하였다. 고구려나 백제가 왕성과 도시를 성곽으로 감싼 나성을 축조한 것과 달리, 신라는 왕경으로 진입하는 길목에 산성을 축조하여 외부에서 경주로의 접근을 통제하고 남천과 서천, 북천을 자연 해자로 활용하여 왕경 방어체제를 구축한 것이다. 그렇기 때문에 최고의 축성술을 구사했을 뿐 아니라 당시의 통치체제를 체계적으로 활용하여 필요한 인력과 물자를 효율적으로 조달했을 것임은 자명하다. 이에 대한 구체적인 기록은 남아 있지 않지만 후대의 축성 사례를 참고하여 축성 운영과 체제를 살펴보고자 한다.

먼저 축성을 추진할 주체, 즉 축성 지휘부가 구성되었을 것인데, 이와 관련해서 《삼국유사》에서 전하는 성덕왕 21년(722) 관문성 축조 기사가 주목된다. 관문성은 성덕왕 대 울산 방면에서 왕경으로 진입하는 길목을 차단하는 방어성으로 전체 규모가 6,792보 5척으로 당대 최대 규모였다. 축조 책임자인 원진 각간은 당대 최고위 관등을 가졌는데 그의 역할은 축성할 역부 39,262인을 총괄[掌員]하는 것이었다고 한다. 진평왕 대의 남산성도 8세기 전반의 관문성 축조만큼이나 중요했다는 점에서 진평왕 대 최고위 관등 소지자가 축성 지휘부의 대표였을 것이다.

진평왕 대의 남산성의 축성 지휘부는 대규모 축성공사를 위해 무엇을 결정하고 기획해야 했을까. 〈명활성비〉나 〈남산신성비〉에서 본 바와 같이 각 공역조직마다 수작受作, 즉 축조 분량이 기록되어 있었다. 또 남산성 축조부터 신라의 축성기록에는 성의 전체 둘레를 함께 기재한 사례가 나타나기 시작했다. 축성기록에서 성의 전체 둘레를 굳이 밝히는 것은 축조한 성의 규모를 알려줄 뿐 아니라 성의 전체 둘레에서 축조 분량을 나눠서 공사를 분담시키는 방식으로 축조했다는 사실을 밝히기 위함이다. 조영물의 전체 둘레[周]에서 축조 분량을 나누어[受作] 축조하게 하는 공사방식을 주작형周作型 공역방식이라고 부를 수 있다. 이는 〈대구무술오작비〉에서 볼 수 있듯이 구조물의 체적을 계산해서 역부 1인의 하루당 노동량[功]으로 공사하는 계공計功 방식과는 다른 운영방식이다. 신라에서는 6세기부터 성이나 제방과 같은 조영사업에 계공이나 주작형 공역방식을 적용해서 공사하기 시작하였다.

다시 말해 남산성의 축성 지휘부는 남산성을 전체 둘레 2,854보로 설계했을 것이고, 이만한 규모의 공사는 주작형 공역방식으로 추진하는 것이 유리하다고 판단했던 것이다. 주작형 공역방식에 따라 전체 둘레를 어떻게 나누고 노동력 동원 방법을 어떻게 정했을까. 이에 대해 조선 세종조 한양도성 공사 추진 과정을 참고할 수 있다. 세종 3년(1431) 10월에 한양도성 수축이 결정되자 도성수축도감이라는 TF팀을 결성한 후 회의를 열어, 공사의 내용과 범위를 정하고 필요한 노동력은 전국 단위의 역역으로 동원하기로 결정하였다. 그해 12월 10일에 역역의 주관기관인 병조가 각 도에 징발할 정부丁夫 및 기술자들의 인원을 30여만 명으로 정하였다. 전국 군현에서 징발 업무를 맡은 차사원과 인솔자를 정하여 전국의 호당 역역 대상자를 차출하였고, 공사기간의 식량을 마련해서 한양의 축성 현장에 모이기까지 대략 한 달 정도가 소요되었다. 한겨울에 정해진 날짜에 축성 현장에 도착해야 했으므로 오는 길에 역부들이 동사하거나 기일 안에 도착하지 못해 곤장을 맞는 사례도 있었다. 대부분의 역부가 도착한 이듬해 1월 14일에 축성 기점이 되는 목멱산과 백악에 제사를 지낸 뒤, 다음 날부터 일제히 공사를 시작하였다.

진평왕 대에 남산성을 주작형 공역방식으로 축조하였고 〈남산신성비〉에서 볼 수 있듯이 역역 동원범위를 전국으로 결정했다면, 시기와 행정력의 차이가 있지만 축성 운영방식은 조선 세종조 도성수축 때와 유사하다고 볼 수 있다. 진평왕 대에 역역 동원의 주관기관은 병부였으므로 병부가 왕경의 행정기관인 6부감전과 지방의 각 주별로 역역 대상자를 차출하였을 것이다. 〈남산신성비〉에서 왕경의 6부 감전에서는 부 예하의 리, 지방에서는 군 예하의 성·촌에서 재지세력과 역부가 동원되고 있었다. 축조 분량은 최소 6보에서 최대 21보 1촌이며 평균 수작거리는 약 11보 3척 4촌이었다. 남산성의 전체 둘레가 2,854보이므로 평균 축조 분량을 나누면 대략 259개 전후의 성·촌·리가 공역조직으로 축성에 참여했음을 알 수 있다.

신라시대에 지방민을 차출하여 성城으로 보내거나 일정기간 복역하게 한 내용을 담은 목간도 발견되고 있다. 함안 성산산성에서 출토된 〈가야 2645호〉 목간에 따르면, ㅁ풍성(ㅁ馮城)의 육간촌주六看村主가 모종의 이유에서 사람들(人丁)을 대성大城에 데려와 60일 동안 체류했다고 한다. 〈가야 5598호〉 목간에서는 진내멸촌주眞乃滅村主가 이모라급벌척伊毛羅及伐尺에게 사람들을 데리고 신라의 성에 60일 동안 복역하라고 보냈는데, 이모라급벌척이 30일 만에 귀환해서 왕경인 담당자(大舍)에게 사죄하는 내용이 있다. 두 목간의 사람들이 축성에 동원된 것인지는 알 수 없으나, 6~7세기 신라에서 촌주를 통해 지방의 재지세력과 백성들을 일정 기간 복무하도록 성에 보냈으며, 신라 중앙정부의 명령에 따라 재지세력과 백성을 징발해도 일정 기간 충실하게 복무하지 않고 이탈하거나 도망치는 일도 있었음을 알 수 있다.

축성에 동원된 재지세력과 역부가 어떠한 체계로 공사했는지에 대해 살펴보고자 한다. 선행 연구에서는 전국에서 동원된 역부가 일시에 도착해서 동시에 공사를 시작했다고 보기도 하지만, 그렇지 않고 공역조직이 순차적으로 도착하여 교대로 공사했다고 보기도 한다. 구체적으로 골짜기와 같은 낮은 지대부터 성벽을 쌓아 올리다가 일정 높이가 되었을 때 다른 공역조직과 함께 쌓아 올렸다거나, 군 또는 부 단위로 축조 분량을 받고 그 예하의 성·촌 또는 리에서 교대로 와서 수평으로 쌓아 올렸다는 견해가 있다.

그러나 명활성이나 남산성의 성벽을 보면, 가로선이 아니라 세로로 비스듬한 축조구분선이 확인된다. 이는 서로 다른 공역조직이 성벽을 수평으로 쌓아 올린 것이 아니라 두 공역조직이 각기 다른 구간에서 공사를 하다가 접촉면이 만나 조합된 흔적이다. 게다가 공역조직이 순차적으로 도착하여 공사할 경우, 각 공역조직이 현장 도착기간이 맞지 않아 축성술에 대한 정보를 공유하기 어렵고, 각 공역조직의 교대가 반복되면 공사가 지지부진해질 수도 있다. 일반 백성을 역역제도로 동원한 경우, 그들은 주로 농한기에 자신이 소비할 식량을 가지고 동원되는데, 공사가 지연되어 귀환이 늦어지면 가져온 식량이 소진되기 때문에, 축성 지휘부는 역부에게 식량을 제공해야 하고 역부들은 농사 시기를 놓칠 수밖에 없다. 그러므로 성벽의 전체 둘레를 대·중·소 단위별로 나누고 각 단위별로 공역조직을 구성하여 공사 구간별 축조 책임을 지워 효율적으로 공사하되, 실행과정에서 발생하는 일정상의 변수가 있겠지만 다수의 공역조직이 동시에 축조해서 계획한 시일 안에 완료하는 것을 지향했을 것이다.

진평왕 대 남산성 축조 때에 부·군이 B집단, 그 예하의 리·성·촌이 C집단으로 구성되어 있는데, 군의 상위 행정단위인 주州는 축조 분량과의 관계가 보이지 않는다. 이 점도 조선 전기 한양도성 축조 때의 사례와 비교해서 살펴볼 수 있다. 구체적으로 태조 5년(1396) 한양도성 축조 때에는 전체 축조구간을 천자문 자호(1자호당 600척)를 붙여 97구간으로 나누고 지형과 성문을 기준으로 5개의 대단위 구간을 도에 배정했다. 도에서는 천자문 2자호인 1,200척의 축조 분량을 예하 군현에 배정했다. 군현에서는 중단위 공역조직인 감역을 구성하여 1,200척을 맡겼고 그 안에서 다시 100척 또는 150척씩 세분하여 소단위 공역조직에게 할당시켰다. 태조 대의 각자 성석은 중단위도 보이지만 주로 소단위 공역조직을 단위로 새겼다. 세종 대의 도성수축 때에는 태조 대와 마찬가지로 중단위와 소구간로 나누었지만, 소단위의 축조 분량은 78척~130척 정도로 구간마다 달랐고, 각석은 군현인 중구간 단위로 간단하게 새겼다.

이로 미루어 보면 지역 행정단위별로 역역을 동원하고 공역조직을 구성하였음을 알 수 있다. 도단위는 지형이나 성문을 기준으로 축조 구간을 크게 대단위로 먼저 나누고 도 예하의 군현단위가 중구간, 그 내부에 다시 소구간으로 역부 동원의 행정단위와 축조 분량이 유기적인 관계로 구성되어 있었다. 특히 세종대의 경우 중단위 공역조직은 군현단위로 구성하였지만 역부를 많이 동원할 수 있는 군현은 다른 구간을 동시에 맡기도 했고, 소단위 공역조직의 축조분량도 반드시 100척이나 150척으로 일정하지 않고 중단위에서 재량껏 할당하고 있었다.

신라의 〈명활성비〉나 〈남산신성비〉에서도 위와 유사한 방식이 확인된다. 앞서 〈남산신성비〉에는 지방에서는 상주와 하주, 그리고 왕경 예하의 행정단위가 공역조직으로 참여한 점을 확인하였다. 〈남산신성비〉의 축조 분량도 중간 행정단위인 군·부를 기초로 한 B집단, 그 예하의 성·촌 및 리를 단위로 한 C집단으로 역역 동원 대상지역과 공역조직, 그 공역조직이 받은 축조 분량이 중·소단위별로 위계적으로 구성되었다. 그렇기 때문에 남산성도 지형이나 성문을 기준으로 나눠진 대구간을 군·부의 상위 행정단위인 상주와 하주, 왕경 등이 담당하였을 가능성이 높다. 이를 정리하면 아래의 〈표 4〉와 같다.

<표 4〉 진평왕 대 남산성 축조와 조선 한양도성 축조 단위

구분	진평왕 대 남산성 축조	조선 태조 대	조선 세종 대
대단위	왕경, 주州	5도	8도
중단위	부, 군	군현(1200척)	군현
소단위	리, 성·촌(축조분량: 평균 약 11보 3척 4촌)	100척 또는 150척 가량	78~130척 가량
축성 금석문	소단위 공역조직 기준	중단위, 소단위 모두 발견	중단위 공역조직(군현)

이상으로 〈남산신성비〉를 통해 신라 진평왕 대에 왕경 방어체제의 핵심 성인 남산성의 축조는 주작형 공역방식으로 기획되었고, 당대 왕경과 지방의 행정체제, 그에 기반한 역역동원체제가 유기적으로 운용되어 공사가 진행되었음을 살펴보았다.

전근대사회에서 성은 외적에 대비한 방어시설이자 국가의 통치를 상징하는 조영물이다. 성을 축조하려면 당대의 여러 통치제도를 최대한 활용하여 상당한 기술과 시간, 인간의 노동이 투입되어야 했다. 6세기 중후반 신라는 왕경에 명활성과 남산성과 같은 대규모의 산성을 축조하면서, 전체 축성 규모에 필요한 역부를 왕경과 지방의 지배체제를 기반으로 공역조직을 구성하여 축성을 이루어냈다. 전국 각지의 지방민들이 왕경으로 모여 대규모 축성을 추진한 것은, 신라 중앙정부의 입장에서 신라국가의 운영능력과 조직력을 교련해 볼 기회가 되었다.

축성에 동원되었던 사람들의 입장에서 진평왕 대에 전국적인 역역 동원을 통해 남산성을 축조했던 경험은 고통스러운 기억이었을 것이다. 갑작스럽게 생업을 내려놓고 낯설고 거친 환경에 끌려와서 힘겨운 노역을 져야 했다. 추위와 붕괴 위험 등에 노출되어 목숨을 걸어야 했고 실제로는 적지 않은 사람들이 집으로 돌아오지 못했거나 부상당했을 것이다. 그러나 할당받은 축조 분량을 완수하고 무사히 살아 돌아가기만 한다면 한편으로는 자신이 평생 나고 자랐던 공동체를 벗어난 삶의 또 다른 영역이 있음을 알게 되었을 것이다.

대형 산성의 축조 현장은 신라의 축성 기술과 행정체계, 운영방식을 여러 형태로 시험해 보고 경험적으로 공유할 수 있는 장이 되었다. 신라 최고의 축성 기술과 역역 편제의 경험은 신라국가의 저력을 끌어올릴 시험대였던 동시에 신라의 왕경과 지방 내에서 공동체 재편의 계기가 되었다. 축성에 참여했다가 재지사회로 돌아간 역부들은 국가의 과제를 강제로 실행해야 했던 피지배민인 점은 변함없지만, 한편으로는 신라 왕경 건설에 참여한 명실상부의 지방민으로서 7세기 삼국항쟁의 한 켠에 자리할 수 있게 된 것이다.

참고문헌

경주시, 2010, 《경주 남산신성》, 경주시 문화재과.

민덕식, 2022, 《한국 축성관련 금석문 연구》, 백산자료원.

朱甫暾, 2002, 《금석문과 신라사》, 지식산업사.

강나리, 2023, 〈신라 중고기 역역동원체계의 확립과 〈경주남산신성비〉, 《선사와 고대》 73, 한국고대학회.

朴方龍, 1988, 〈明活山城作成碑의 檢討〉, 《美術資料》 3, 국립중앙박물관, 1988.

신영문, 2017, 〈漢陽都城의 개축과 지방 동원 체계의 변화〉, 《한국학논총》 47, 국민대학교 한국학연구소.

유환성, 2014, 〈경주 명활성의 발굴성과와 향후과제〉, 《한국성곽학회 초대감사 심정보 교수 퇴임기념논총》, 한국성곽학회.

李文基, 1996, 〈신라 남산신성 築城役의 '徒上人'분단-제9비로 본 작업분단 역할 구분에 대한 일시론〉, 《석오윤용진교수정년퇴임기념논총》.

이미란, 2024, 〈전근대 石城 축성자료의 축조 분담과 명활산성작성비〉, 〈역사와 경계〉 129.

이미란, 2025, 〈전근대 축성자료로 본 신라 築城에서의 役夫와 石工〉, 《북악사론》 22.

이수훈, 1996, 〈남산신성비의 역역편성과 군(중)상인-최근에 발견된 제9비를 중심으로〉, 《역사와 경계》 30, 부산경남사학회.

하시모토 시게루(橋本 繁), 2013, 〈중고기 신라 축성비 연구〉, 《동국사학》 55, 동국사학회.

하일식, 1993, 〈6세기 말 신라의 역역 동원체계-남산신성비의 기재양식에 대한 재검토〉, 《역사와 현실》 10, 한국역사연구회.

제7장 1,500년 전 두 청년의 맹세
: 〈임신서기석〉과 청소년 교육

1. 공부와 출세

2. 임신서기석의 단락 구성과 내용

3. 임신서기석의 건립 시기

4. 신라의 유학 교육과 인재 양성

5. 인재 양성을 위한 부단한 노력

이준성(경북대 사학과 교수)

1. 공부와 출세

대한민국에서 가장 중요한 시험은 무엇인지를 질문하면, 아마도 대부분의 사람들은 대학수학능력시험이라고 답할 것이다. 매년 11월 중순이 되면 그 해의 대학수학능력시험 문제가 얼마나 어려웠는지가 온 국민의 관심사가 될 뿐 아니라, 시험 당일 듣기평가 시간에는 비행기의 이착륙이 통제된다니 그 중요성을 실감할 수 있다.

해방 이후 대한민국은 인적 자원 중심으로 경제 구조를 만들어갈 수밖에 없었기 때문에, 그 과정에서 교육과 인재 양성은 국가 경쟁력 향상과 직결되는 매우 중요한 국가적 과제였다. 그중에서도 대학 입시제도는 그때그때마다 급격하게 변화하던 한국사회의 시대적 요구를 반영하면서 여러 차례 개편되었다. 다만 그 과정은 결코 순탄하지 않았고 매번 커다란 사회적 갈등을 수반해 온 것 또한 사실이다.

개인적인 측면에서도 교육은 가장 강력한 계층 이동의 수단이었다. 특히 중학교와 고등학교 교육을 받는 청소년 시기를 어떻게 보내는가에 따라 달라지는 대학 입시 결과가 이후 인생을 좌우한다는 생각에서 자유롭지 못하였다. 대학 입시 결과가 취업 기회나 소득수준, 나아가 사회적 지위에 직접적인 영향을 준다고 여겨져 왔던 것이다. 많은 수험생들이 책상 앞에 붙여 놓았던 "4시간 자면 합격이고, 5시간 자면 탈락"이라는 뜻의 "사당오락"이라는 단어는 이제 옛말이 되어 버렸지만, "공부는 나를 위한 최고의 투자"라는 동기부여나 "지금 이 순간이 내 미래를 만든다"는 다짐은 지금도 전국의 청소년들 사이에서 계속되고 있다.

그런데 교육에 대한 열망, 출세를 위한 노력은 비단 오늘날만의 특징은 아니다. 지금으로부터 약 1,500년 전, 신라 왕경에 살고 있던 두 청년은 "열심히 공부하겠다"는 내용을 담아 하늘에 맹세하였다. 그날 그들의 마음은 나라에 충성하고자 하는 간절함이었을까? 아니면 친구 사이에 서로 의지를 과시하기 위한 호기로움이었을까? 지금에 와서 그 마음을 정확하게 되새길 수는 없겠지만, 두 청년이 맹세한 내용을 그들 스스로 자그마한 돌에 새겨 남겨 놓았기에 지금도 그들의 다짐은 우리에게 전해진다. 그 비석이 바로 임신서기석壬申誓記石이다.

임신서기석은 경주시 현곡면 금장리에 위치한 석장사터 부근 언덕에서 발견되었다. 지금의 동국대학교 WISE캠퍼스 정각원에서 북쪽으로 그리 멀지 않은 곳이다. 1934년 5월, 당시 조선총독부박물관 경주분관 관장이자 경주 고적보존회 회장을 지낸 오사카 긴타로大坂 金次郎가 이 비석을 박물관에 가져다 두었고, 이듬해인 1935년 12월 경성제국대학에 재직 중이던 역사학자 스에마쓰 야스카즈末松保和가 경주분관을 둘러보는 와중에 비석의 내용을 확인하였다. 스에마쓰는 이때 조사한 내용을 바탕으로 이듬해인 1936년 〈경주 출토 임신서기석에 관하여〉라는 제목의 논문을 발표한다. 이후 비석의 내용이 본격적으로 알려지게 되었다. 1945년 해방이 될 때까지 임신서기석은 다행히 일본으로 반출되지 않았고, 덕분에 두 청년이 새겨놓은 맹세는 현재 국립경주박물관에 가면 볼 수 있다.

2. 임신서기석의 단락 구성과 내용

이 비석은 높이 34.0㎝, 너비 12.5㎝ 두께 2.0㎝의 작고 길쭉한 형태이다. 반질반질한 점판암에 송곳같은 뾰족한 쇠끝으로 가늘게 글씨를 새겨 놓았는데, 다섯 행에 걸쳐 총 74자가 확인된다. 앞면에서만 글씨가 확인되며, 글씨를 새긴 앞면조차도 평평하게 다듬거나 글자를 새기기 위해 테두리를 둘러 구획을 정한 흔적은 보이지 않는다.

임신서기석은 글씨가 선명하게 남아 있는 상태로 출토되었기에 판독에는 크게 이견이 없다. 그런데 이 작은 비석은 한자로 작성되었지만 그 표기 방식은 전형적인 한문의 문법이 아니다. 한자의 실사實辭, 즉 명사나 용언用言의 어간語幹처럼 실질적인 뜻을 지닌 부분만을 우리말 순서대로 배열하는 '이두'의 초기 모습이 확인된다. 즉 이 비석에 쓰인 한자들은 모두 우리말에서 의미를 가진 단어들이며, 조사나 어미 등은 표현되지 않고 있다. 국문학계에서는 이러한 문체를 "서기체誓記體 이두吏讀"로 명명하였는데, 그만큼 임신서기석의 문장 구조가 지니는 특징을 인정하고 있는 것이다.

〔01〕 壬申年六月十六日二人并誓記天前誓今自
〔02〕 三年以後忠道執持過失无誓若此事失
〔03〕 天大罪得誓若國不安大亂世可客
〔04〕 行誓之又別先辛未年七月廿二日大誓
〔05〕 詩尙書礼傳倫得誓三年

〈도판 1〉 임신서기석과 탁본 및 비문

　　총 74자로 이뤄진 짧은 문장 속에서 '서誓'자가 총 7번이나 반복적으로 사용된 것도 이색적이다. 이 비문이 공적인 영역에서 생산된 것이 아니라 개인이 사적인 내용을 새겨 놓은 비석이라는 점 또한 초기 민간의 한자 수용 방식을 보여 주는 자료로 많은 주목을 받는 이유가 되었다.

　　이러한 점에 유념하면서 임신서기석이 전하는 내용을 몇 개의 단락으로 나눠 살펴보도록 하자. 비문의 맹세는 크게 임신년의 내용과 그 바로 전해인 신미년의 내용으로 나눠볼 수 있다.

壬申年六月十六日, 二人并誓記天前.

임신년 6월 16일, 두 사람이 함께 하늘 앞에 맹세하여 기록한다.

비문의 도입부에는 임신년 6월 16일에 두 사람이 함께 맹세하고, 그 내용을 기록한다는 내용을 전한다. 두 사람의 이름을 밝히고 있지 않아 무척 아쉽지만, '함께[幷]'라는 점을 강조하는 것을 보면 이 둘은 아마도 비슷한 나이대의 친구로 서로 경쟁하는 동시에 의지하는 사이였을 것으로 보인다.

誓. 今自三年以後, 忠道執持, 過失无.

誓. 若此事失, 天大罪得.

誓. 若國不安大亂世, 可客行.

誓之.

맹세한다. 지금으로부터 3년 이후 충도忠道를 지켜 유지하고 과실이 없도록 한다.

맹세한다. 만약 이 맹세를 잃으면 하늘에게 큰 죄를 얻는다.

맹세한다. 만약 나라가 편안하지 않고 크게 어지러운 세상이 되면, 객행客行할 수 있다.

이를 맹세한다.

임신년에 두 청년이 맹세한 내용은 세 가지로 나눠볼 수 있다. 먼저 ① 지금으로부터 3년 이후 충도를 지키고 과실이 없도록 한다는 것이다. 충도를 지키는 시점을 3년 이후부터로 설정해 놓은 것을 보면, 3년의 기간 동안 이들이 무엇인가 이루기 위해 목표한 비기 있고 그것이 국기를 향한 충도와 연관된 것임을 짐작게 한다.

② 다음으로 만약 위에서 언급한 바를 지키지 못할 경우 하늘에게 큰 죄를 얻을 것이라는 점을 맹세하였다. 3년 내에 목표한 바를 이루어 충도집지忠道執持하고 과실무過失无할 수 있는 상황에 이르겠다는 점을 다시 강조하며, 그렇지 않을 경우 하늘에 죄를 얻는다는 것이다. 여기서 '하늘[天]'은 인간보다 더 높은 존재나 질서를 상징하는 것일 텐데, 특히 동아시아 문화권에서 하늘은 우주의 질서나 신의 의지로 여겨지는 초월적인 존재라

할 수 있다. 이들의 맹세가 하늘 앞에서〔天前〕 이뤄진 것이기 때문에, 그것을 어겼을 때 죄를 줄 수 있는 존재 역시 하늘이라는 점은 어찌 보면 당연하다.

〈도판 2〉 임신서기석 비문의 '容'자

③ 그리고 마지막으로 만약 나라가 불안하거나 어지러워진다면 '객행客行'할 수 있다는 점을 맹세하였다. 객客자는 그동안 용容으로 판독하는 경우도 많았는데, 그럴 경우 해석은 "가히 행하는 것을 용납한다(可容行)" 정도가 된다. 이렇게 해석하는 것도 의미가 통하기는 하지만, 무엇을 행하는 것인지 등이 분명하지 않은 측면이 있다. 이를 "객客"이라고 판독한다면, 나라에 큰일이 생길 경우 "집을 멀리 떠나 이동〔客行〕"한다는 의미를 담을 수 있어 조금 더 자연스럽다.

즉, 3년 동안 목표를 이루기 위해 어떠한 행동을 일단 보류해 두지만, 상황이 바뀌어 나라가 어려워진다면 그 보류해 두었던 행동을 위해 떠나는 것이 가능하다는 점을 다짐하는 것이 아닐까 생각해 본다.

又別先辛未年七月廿二日,
大誓, 詩尙書礼傳倫得.
誓. 三年.
또한 따로 이전 신미년 7월 22일
크게 맹세하였다. 《시(경)》, 《상서》, 《예(기)》, 《(춘추)전》 등을 차례로 얻는다.
맹세한다. 3년 (동안으로 한다.)

임신서기석에는 임신년의 맹세 이외에, 그 전년도인 신미년 7월 22일의 맹세가 '또한 따로(又別)' 전한다. 맹세의 내용은 《시경》, 《상서》, 《예기》, 《춘추전》 등을 차례로 3년 안에 습득하겠다는 것이다. 다만 비문에 나오는 '예전礼傳'이라는 표현을 《예기》와 《춘추전》으로 나눠보지 않고 "《예기》는 예禮의 전傳"이라는 장회태자章懷太子의 《후한서》 주석을 근거로 '예전'이 곧 《예기》를 지칭한다고 파악하는 경우도 있다. 이럴 경우 《춘추전》이 빠지게 된다. 그럴 가능성을 배제하지는 못하겠지만, 여기에서는 더 보편적인 해석에 따라 《예기》와 《춘추전》으로 나눠 해석한다.

먼저 《시경》은 고대 중국의 시가를 모아 엮은 유교 경전으로 종묘에서 쓰던 악가樂歌와 민요 등을 포함한다. 《상서》는 요임금과 순임금 이래 주나라에 이르기까지 중국 상고시대의 정치에 대해 기록한 것이고, 《예기》는 삼대三代의 문물과 예법을 집대성하고 체계화시킬 목적으로 관련 기록과 주석 등을 집대성한 책이다. 마지막으로 《춘추전》은 춘추시대 노나라 군주들의 사적事跡을 편년체로 기록한 것으로, 역사서인 《춘추》의 문장을 쉽게 이해할 수 있도록 한 주석서이다. 즉 나열된 저서들은 대체로 유교의 기본적이면서 주요한 경전이다. 유교의 여러 경전들 가운데 특정한 경전만 제시되어 있는 것은 신라의 교육 변천 과정을 추적해 볼 수 있는 좋은 소재이기도 하다.

마지막에 기록되어 있는 '삼년三年'이라는 시간 표현은 앞쪽의 맹세와 연결하여 해석하는 것이 적절해 보인다. 앞서 언급한 경전들을 3년 동안 학습하겠다는 내용을 쓰려는 의도였을 가능성이 큰데, 공간의 부족 등의 이유로 인해 문장이 마무리되지 못한 것 아닌가 생각한다. 특히 신미년이 시기상 임신년보다 빠름에도 불구하고 그때의 맹세가 임신년 맹세의 뒤쪽에 배치되고 있다는 점을 상기해 보면, 임신년의 맹세를 기록하는 것이 이 비석을 제작한 더 중요한 목적이었고 신미년의 맹세는 원래 의도한 것이 아니었으나 남은 여백을 활용하여 추가해 넣었을 가능성도 생각해 볼 수 있겠다.

3. 임신서기석의 건립 시기

임신서기석을 신라의 비석이라고 파악하는 데에는 이견이 없다. 우선 비석이 발견된 곳이 신라의 옛 수도인 지금의 경주라는 점에서 그렇다. 하지만 보다 결정적인 증거는 '입(卄)'자의 사용 여부와 관련된다. 즉 고려시대 이후 제작된 금석문에서는 '20'이라는 숫자를 표현할 때 이십二十이라고 쓰는 경우가 대부분인 반면, 그 이전에는 임신서기석에 보이는 바와 같이 '입(卄)'자를 사용하는 경향이 강하기 때문이다.

다만, 임신서기석이 통일 이전의 신라인지 아니면 통일 이후의 신라인지에 대해서는 여러 의견이 분분하다. '임신년'이라는 단서가 명확하게 있지만, 60년마다 돌아오는 '임신년'이 언제인지에 대해 통일 이전인 552년(진흥왕 13년) 혹은 612년(진평왕 34년)이라는 견해로부터 통일 이후인 672년(문무왕 12년) 혹은 732년(성덕왕 31년)이라는 주장에 이르기까지 다양한 설이 제시되어 왔다.

앞서 언급한 바 있는 스에마쓰 야스카즈末松保和는 1936년 임신서기석에 대한 최초의 논문을 발표하면서 성덕왕 31년에 해당하는 732년에 제작된 것으로 추정하였다. 그는 신미년의 맹세에 나오는 유교 경전들을 신라 국학國學의 교육 내용과 연결시켰는데, 신라에서 당의 국자감을 본받아 국학을 설치한 것이 신문왕 2년인 682년이기 때문에 그 이후의 임신년인 732년을 제작 연대로 제시한 것이다.

한편, 이병도는 해방 이후인 1957년 〈임신서기석에 대하여〉라는 논문을 발표하며 이 비석의 제작년대를 진흥왕 13년(552년)이나 진평왕 34년(612

년)으로 보아야 한다고 주장하였다. 《시경》, 《상서》, 《예기》, 《춘추전》이 신라 국학의 주요 교과목이기는 하지만 그것을 학습하는 것은 국학 설치 이전부터도 충분히 가능한 일이라는 것이다. 뿐만 아니라 진흥왕 대에 순수비를 건립한 것이나, 문사文士를 모아 국사國史라는 이름의 역사서를 찬수纂修하고 있다는 점 등을 감안해 보면 통일 이전 신라 시기에 이 비석을 제작했을 것으로 볼 수 있다고 설명한다. 그리고 임신서기석에 글씨를 새긴 시점을 삼국통일 이전으로 볼 수 있다면, 이 청년들의 활동을 화랑도와 연결해 보는 것에 더욱 큰 의미를 부여할 수 있다. 특히 '충도집지忠道執持'라는 문구를 화랑도의 근본정신이라 할 수 있는 세속오계의 '사군이충事君以忠'과 연결해 볼 수 있기 때문이다.

이 견해가 제시된 이후 한동안 여러 논리들을 보충하며 이를 지지하는 주장들이 이어졌다. '단양 신라적성비'를 비롯하여 '포항 중성리신라비(501)', '포항 냉수리신라비(503)', '대구 무술명 오작비(578)' 등 6세기경에 제작된 것으로 추정할 수 있는 비석들의 출토 사례가 늘어남에 따라 양자의 서체를 비롯하여 새김 방식, 문장 형식 등을 비교할 수 있게 되었다. 그 결과 현재는 임신서기석의 제작 연대를 552년이나 612년으로 보는 경우가 우세하며, 필자도 이에 동의한다.

그렇다고 이 논쟁이 마무리되었다고 볼 수는 없다. 먼저 최근에는 임신서기석의 작성자를 꼭 화랑으로 봐야 하는지에 대한 근본적인 의문이 제기되었다. 실제로 임신서기석을 남긴 두 청년이 화랑이라는 근거는 찾기 어려우며, '충忠'이라는 가치는 화랑이 아니더라도 충분히 설명할 수 있다는 것이다. 또한 임신서기석에는 작성자의 이름을 남기지 않았는데, 이는 신라의 화랑들이 울진의 성류굴이나 제천의 점말동굴, 울산 천전리 등 경치가 좋은 소위 '유오지游娛地'를 찾아 명문을 남겨 놓은 경우와 대비되는 것이다.

다른 한편으로 동아시아의 한자문화 전파와 경학의 도입 시기 등을 검토하면서 732년에 제작되었다는 주장이 재차 등장하기도 하였고, 788년 신라에서 실시한 독서삼품과讀書三品科와의 관련성을 논증하며 이 비석이 792년 혹은 852년 만들어졌을 것으로 추정하기도 한다. 또한 임신서기석의 내용 중 나라가 불안해지고 어려워지는 상황을 '만약'이라는 가정 하에 이야기하고 있다는 점에 주목한다면, 삼국통일 이전의 혼란한 시기보다는 통일 이후 만들어졌을 것으로 보아야 한다는 것이다. 하지만 뒤에서 논의하는 바와 같이 통일 이후 국학의 교육 과목에는 《논어》와 《효경》 등이 필수 과목으로 들어 있는데, 본 비에는 이에 대한 언급이 없다. 이러한 점은 이 비가 통일 이전에 만들어진 것임을 시사해 주는 요소가 된다.

4. 신라의 유학 교육과 인재 양성

앞서 살펴본 바와 같이 임신서기석의 건립 연도는 현재로서는 확정하기 어렵지만, 통일 이전에 제작되었을 가능성이 더 크다고 본다. 이를 바탕으로 비문의 내용을 다시 살펴가면서 신라사회에서 유학의 도입은 어떻게 이뤄졌는지, 그리고 인재 양성을 위한 교육에는 어떻게 힘썼는지를 추적해 보도록 하겠다.

이때 임신서기석을 작성한 신라의 두 청년은 신미년에 《시경》, 《서경》, 《예기》, 《춘추전》 등 유교 경전을 학습할 것을 맹세하였기에, 이들이 유교 경전을 공부하고자 했던 이유는 무엇이었을까 하는 부분이 관건이 될 것이다. 그것은 아마도 국가가 유교 경전의 내용을 학습한 인재들을 관리로 임용하고, 그를 통해 유교적 이념을 정치 사회적으로 활용하고자 했기 때문일 것이다. 다시 말해 이들이 유교 경전을 열심히 공부하겠다고 맹세한 것은 결국 출사를 위한 것이었을 가능성이 크다. 이듬해인 임신년에 재차 맹세한 '충도집지忠道執持' 역시 관인이 됨으로써 구현할 수 있는 것이었다.

6세기를 전후한 시기 신라는 비약적으로 발전하였다. 문자의 사용에서도 그러하다. 6세기 전반의 상황을 말해 주는 《양서》 신라전에서는 "신라에는 문자가 없다"라고 기록되어 있던 것이, 100년 후 상황을 말해 주는 《수서》 신라전에서는 "신라의 한자와 무기는 중국과 같다"는 평가로 바뀌고 있다. 특히 신라는 한문과 신라말 사이의 표기 방식에 대해서도 많은 고민을 하였던 것으로 보인다. 이 과정에서 신라의 말을 한자를 통해 표현하는 '이두'의 표기 체계가 만들어졌다.

신라사회에서 한자의 사용이 점차 증가하면서, 자연스럽게 유학에 대한 이해도 조금씩 깊어졌을 것이다. 실제 진흥왕 대에 들어서면서는 유교의 윤리를 백성들에게 권장하고 임금 스스로도 자신의 통치 이념과 본분을 유교사상을 통해 설명하고자 하였다. 〈황초령신라진흥왕순수비〉에 보이는 '수기이안백성修己以安百姓'이라는 표현은 《논어》에 나오는 말이고, 〈마운령신라진흥왕순수비〉에서는 '충신정성忠信精誠'한 인물에게 벼슬과 재물로 포상한다는 원칙이 확인된다.

또한 《삼국유사》 탑상편에 나오는 미륵선화弥勒仙花·미시랑未尸郎·진자사眞慈師 조를 보면, 진흥왕이 민가의 낭자 중에서 아름답고 예쁜 자를 택하여 받들어 원화原花로 삼으면서 "그들에게 효도와 우애, 그리고 충성과 신의를 가르치려(教之以孝悌忠信)"하였다고 한다. 그러면서 '효제충신孝悌忠信'이 바로 국가를 다스리는 대요大要라는 설명을 첨언하고 있다. 유교의 기본적인 덕목을 국가 통치의 이념으로 강조한 것이다. 이에 더하여 원광법사가 귀산과 추항에게 내려준 세속오계의 계율 중 하나인 '사군이충'까지 떠올려 본다면, 삼국통일 이전 신라사회에서 특히 '충'이라는 윤리를 매우 중시하고 있었음을 알 수 있다.

그렇다면 실제 유교 경전의 학습과 관련하여 화랑도와의 관련성을 생각해볼 수 있을까?

> 다시 미모의 남자를 취하여 장식하고 화랑花郎이라 이름하며 받들었다. 무리가 운집하니 혹은 도의道義로 서로 격려하며 혹은 가악歌樂으로 서로 즐기면서 산수山水를 돌아다니며 노는데 멀어도 이르지 않는 곳이 없었다. 이로 인해 그 사람의 사정邪正을 알고 그중 좋은 사람을 택하여 조정에 천거하였다.(《삼국사기》 권4, 신라본기4 진흥왕 37년)

화랑도는 6세기 이후 신라의 지배층이 지향하는 사회를 만드는 데 필요한 인재를 양성하기 위해 설치되었다. 도의道義로 서로 갈고 닦으며, 혹은 가악歌樂으로 서로 즐기면서, '오유산수'하고 '무원불지'하는 가운데 시대가 요청하는 교육을 진행하고 그 과정에서 유능한 인재를 관찰하여 국가에 천거하였던 것이다. 이중 '도의'의 구체적 의미는 분명하지 않은데, 《삼국유사》 탑상편의 기록을 참고하는 것이 도움을 준다. 이에 따르면 진흥왕이 화랑제도를 시행함으로써 5상五常, 6예六藝, 3사三師, 6정六正이 널리 행해졌다고 한다. 5상은 인·의·예·지·신, 즉 사람이 마땅히 지켜야 할 다섯 가지 도리를 말하며, 6예는 예禮·악樂·사射·어御·서書·수數로서 사士가 되기 위해 배워야 할 교육 과목이다. 또한 왕을 보좌하는 최고 관직이라 할 수 있는 태사太師, 태부太傅, 태보太保 및 신하로서 지켜야 할 올바른 도리를 갖추고 임금을 옳게 인도할 만한 덕망을 갖춘 6정신六正臣, 곧 성신聖臣·양신良臣·충신忠臣·지신智臣·정신貞臣·직신直臣이 화랑을 통해 나올 수 있었다는 것이다.

그렇다면 앞서 살펴본 《삼국사기》의 '도의', 즉 서로 지켜야 할 도리와 의리의 본질은 유학적 내용이 그 중심에 있었을 것으로 보는 것이 자연스럽다. 그렇다면 한자 사용 능력에 더하여 유학의 경전에 대한 이해를 통해 행정적 관료로서의 능력도 평가에 포함되었을 가능성은 일단 상정해 볼 수 있겠다.

다만 실제 《삼국사기》 열전에서 확인할 수 있는 이 시기 화랑의 출사와 천거에 대한 몇몇 사례를 살펴보면 당시 화랑에게 필요한 요건은 일단 군사적인 능력이라 할 수 있다. 예를 들어 660년 황산 전투에 참여하여 전사한 관창은 어려서 화랑이 되었는데, 16세가 되어 말을 타고 활을 쏘니 대감大監 모某가 태종대왕에게 추천하였다는 내용이 보인다. 즉 활쏘기로 대표되는 군사적인 면모가 천거 과정에서 매우 강조되고 있는 것이다.

그렇다고 천거 과정에서 무예만 강조되었던 것은 아니다. 유교 경전을 학습한 사례로는 김인문金仁問과 강수强首를 언급해 볼 수 있다. 김인문은 유년시절에 유가儒家의 책을 많이 읽었을 뿐 아니라 장자莊子·노자老子·불교의 설說도 널리 읽었다고 한다. 또한 활쏘기·말타기에도 능하였고, 음악〔鄕樂〕도 잘하였기 때문에 많은 사람들의 추앙을 받았다. 이를 통해 당시 최고 지배자 계층에서는 무예와 유교 경전의 학습이 겸하여 행해진 것을 확인할 수 있다.

다음으로 강수의 아버지는 그가 국사國士가 되기를 바라며 유학 교육을 시켰다. 아버지가 강수에게 유학과 불교 중 어느 것을 배울 것인가를 묻자 강수가 "불도는 세상 밖의 가르침(世外敎)"이라면서 유자儒者의 도를 선택하였다는 일화는 잘 알려져 있다. 《삼국사기》에 따르면 강수는 이후 스승을 찾아가 《효경孝經》, 《곡례曲禮》, 《이아爾雅》, 《문선文選》 등을 배워 마침내 관직에 오르고 당시 널리 알려진 사람이 되었다. 강수의 사례는 유교 경전의 학습이 관리 선발이라는 측면과 직결되는 것임을 말해 준다. 다만 이때까지의 유교 경전 학습은 국가적 차원에서 진행된 것은 아니었다.

660년 백제, 668년 고구려를 멸망시키고 나당전쟁을 통해 당군을 몰아낸 신라는 제도를 정비하는 과정에서 국립 대학이라 할 수 있는 '국학'을 설치하였다(신문왕 2년, 682년). 기존에 인재 양성을 목적으로 설치되고 운영되었던 화랑도의 경우 국가의 정식 기구는 아니었기 때문에, 국학의 설치는 비로소 신라가 본격적으로 국가적 차원에서 인재 양성과 관리 임용을 위한 교육을 실시한 것이라는 점을 평가할 수 있다. 당시 국학의 교육 체계를 살펴보면 다음과 같다.

    (가) 《예기》, 《주역》, 《논어》, 《효경》
    (나) 《춘추좌씨전》, 《모시》, 《논어》, 《효경》
    (다) 《상서》, 《논어》, 《효경》, 《문선》

국학에서는 전공을 3과로 나눠 학생들을 교육하였다. 국학에 입학한 학생들은 원칙적으로 졸업 때까지 9년 동안 수학할 수 있었다. 《논어》와 《효경》을 공통과목으로 편성한 것은 교과 편성상의 특징이라 할 수 있는데, 이는 '인仁'과 '효孝'라는 가치가 바람직한 인간으로서, 또한 관리로 성장하는 데에 필수적인 덕목이라고 판단했기 때문이다.

신라의 국학은 당나라의 국자감을 모델로 만든 것이다. 당나라를 방문한 김춘추金春秋가 국자감의 석전釋奠과 강론講論을 참관한 것이 계기가 되었다. 신라에서는 이미 유교적 통치질서에 대해 깊은 관심을 갖고 있었던 것인데, 이를 실현하는 과정에서 당시 국제적인 표준이라 할 수 있는 당나라의 제도를 참고하는 것은 매우 자연스러운 일이었다. 그렇기에 국자감의 교육과정을 살펴보는 것은 당시 상황을 이해하는 데에 도움을 준다.

    대경 : 《예기》, 《춘추좌씨전》
    중경 : 《모시》, 《주례》, 《의례》
    소경 : 《주역》, 《상서》, 《춘추공양전》, 《춘추곡양전》, 《효경》, 《논어》, 《노자》

당나라 국자감은 대경, 중경, 소경으로 과목들을 분류하였다. 국학과 비교해 보면 약간의 출입이 있기는 하지만 대체로 유사한 과목이 교육되었음이 확인된다. 국자감에는 각 과목의 수학 기간도 규정되어 있었는데, 《효경》, 《논어》의 경우 1년, 《상서》, 《춘추공양전》, 《춘추곡양전》의 경우는 1년 반의 기간이 주어졌다. 《주역》, 《모시》, 《주례》, 《의례》의 수학기간은 2년이었고, 《예기》, 《춘추좌씨전》은 3년이었다. 이와 같은 국자감의 수학 기간은 임신서기석에서 두 청년이 《시경》, 《상서》, 《예기》, 《춘추전》 등의 경전을 공부하기로 맹서한 3년이라는 기한을 이해하는 데에도 비교 자료로서 도움을 준다.

4년 봄에 처음으로 독서삼품으로 관리를 선발하였다. 《춘추좌씨전》 또는 《예기》 또는 《문선》을 읽고 그 뜻에 능통하면서 아울러 《논어》와 《효경》에 밝은 자를 상품으로, 《곡례》와 《논어》, 《효경》을 읽은 자를 중품으로, 《곡례》와 《효경》을 읽은 자를 하품으로 하였다. 만약 오경五經과 삼사三史, 제자백가諸子百家의 저서에 널리 통달한 사람이라면 등급을 뛰어넘어 선발하여 등용하였다. 이전에는 단지 활쏘기로 관리를 선발하였는데, 이때에 이르러 고쳤다.(《삼국사기》 권10, 신라본기10 원성왕 4년)

신라는 당나라의 국자감을 참고하여 국학이라는 고등교육기관을 설립하였으나, 이때 관리의 등용 방식까지 일괄적으로 바꾼 것은 아니었다. 천거와 무예 중심의 인재 선발에서 시험을 통해 관리를 선발하는 방식의 '독서삼품과'가 추가된 것은 약 100여 년의 시간이 지난 원성왕 4년인 788년에 이르러서였다. 독서삼품과는 학생들이 유교 경전을 이해하는 정도에 따라 상품上品, 중품中品, 하품下品으로 나누어 관리를 채용하는 제도였다. 임신서기석의 신미년 맹세에 등장하는 《예기》와 《춘추전》은 상품에 들어 있으며,

오경五經과 삼사三史, 제자백가諸子百家에 통달할 경우 등급을 넘어 발탁한 다는 규정도 존재하였다.

이상과 같이 신라와 당나라의 교육 체계 및 관리 임용 방식의 변화를 간단하게 살펴보았다. 그 흐름을 따라가 보면, 두 청년이 열심히 공부하겠다고 맹세하였던 《시경》, 《예기》, 《춘추전》 등 유교 경전은 통일 이전부터 신라 하대에 이르기까지 관리로 임용되기 위한 기본적인 학습 내용임을 확인할 수 있다.

5. 인재 양성을 위한 부단한 노력

고대사회에서도 인재 양성을 위한 노력은 국가의 정치적 안정과 문화적 발전을 도모하는 핵심 요소였다. 동아시아에 속해 있던 여러 나라들 사이에 교류와 소통이 증가하면서 당시 지식인들에게 필요한 능력은 한자의 기본적인 사용뿐 아니라 유학을 비롯한 선진 사상에 대한 이해가 필수적이었다.

동아시아 세계의 보편적 추세에 뒤처지지 않으면서도 신라사회가 지켜오던 고유한 질서를 지켜 가는 방향에서 교육 체계와 관리 임용 방식이 마련되고 또 변화되었을 것인데, 신라의 경우 그 과정에서 주목되어 온 것이 화랑도와 국학 그리고 독서삼품과의 시행이라 할 수 있다. 이처럼 시대적 과제에 대응하기 위해 국가는 늘 제도 마련과 변화를 모색하였고, 그 사회에 속해 있던 개인 역시 그 변화에 적응하기 위해 기민하게 반응하고 노력하였다. 임신서기석에 보이는 두 청년 역시 자신의 꿈과 가문의 바람을 실현하기 위해 열심히 공부하고 국가에 충성하겠다고 하늘에 맹세하였던 것이다.

참고문헌

곽명준, 2025, 〈新羅 下代 讀書三品科의 시행과 변화〉,《사학연구》 157, 한국사학회.

노중국, 2008, 〈신라 中古期 儒學 사상의 수용과 확산〉,《大丘史學》 93.

윤경진, 2019,《壬申誓記石〉의 제작 시기와 신라 중고기의 儒學 이해에 대한 재검
　　　토〉,《목간과문자》 22, 한국목간학회.

이기동, 1976, 〈新羅 花郎徒의 起源에 대한 一考察〉,《역사학보》 69, 역사학회.

이병도, 1957, 〈壬申誓記石에 대하여〉,《서울대학교논문집(인문사회과학)》 5.

李泳鎬, 2024, 〈月池 출토 "策事" 木簡과 신라의 人材選拔〉,《동서인문》 25, 성북내
　　　학교 인문학술원.

주보돈, 1997, 〈新羅 花郎徒 研究의 現況과 課題〉,《계명사학》 8, 계명사학회.

高爭爭, 2024, 〈'壬申誓記石' 재연구—트랜스 동아시아의 시각으로〉,《아시아연구》27−1,
　　　한국아시아학회.

末松保和, 1936, 〈慶州出土の壬申誓記石について〉,《京城帝大史學會誌》 10.

제2부 통일신라시대:

불교의 나라, 신라

제1장 사천왕사 창건과 문무왕릉비

1. 문무왕의 능비

2. 호국사찰 사천왕사

3. 사천왕사와 문무왕릉비의 관계

이청규(영남대 문화인류학과 명예교수)

1. 문무왕의 능비

1) 왕릉비문의 내용

문무왕(文武王, 재위 661-681년)은 신라 제30대 왕으로, 본명은 김법민 金法敏이며, 아버지는 태종 무열왕 김춘추이다. 태종 무열왕은 당나라와 연합하여 660년 백제를 멸망시키고, 이 토대 위에서 문무왕은 당나라군과 함께 668년 고구려를 멸망시켰다. 이후 문무왕은 당나라가 한반도 전역을 지배하려고 하자 대당전쟁을 전개하여 당나라 군대를 한반도에서 몰아내고 마침내 통일국가를 수립하여 한반도 최초로 일통삼한一統三韓의 왕이 되었다.

문무왕이 돌아가자 신라는 왕릉비를 만들었다. 이 왕릉비가 실물로 알려지게 된 것은 조선시대 후기에 들어와서이다. 경주 부윤을 지냈던 홍양호洪

良浩가 퇴임 후 30여 년 지나 1796년(정조 20년) 주민이 찾았다는 소식을 듣고 실물 비편 2점의 탁본을 확인하였다. 그 후 1817년 추사 김정희가 경주 낭산 남쪽 기슭에서 비석 실물을 직접 조사 확인하였다. 이러한 사실은 그가 지은 《해동비고海東碑攷》가 참고가 된다. 탁본 네 장을 입수하게 된 청나라 유희해柳喜海가 《해동금석원海東金石苑》에 실으면서 이 비는 널리 알려지게 되었다. 그 후 이 비는 경주부 관아에 옮겨진 것으로 추정되지만 한동안 행방이 묘연하다가 1961년에 비석 편 1점이, 2009년 9월에 다른 1점이 경주시 동부동의 각기 다른 주택에서 발견되었다. 이 비석 편들은 현재 경주국립박물관이 소장하고 있다.

〈도판 1〉 국립경주박물관에 전시된 문무왕릉비(김세기 교수 제공)

비석편 하나는 하단부에 속하는 것으로 가로 94cm, 높이 55cm, 두께 28cm이고, 다른 하나는 그 바로 상단에 있는 비편으로 가로 66cm, 높이 40cm, 두께 28cm이다. 각각 앞뒷면에 비문이 새겨져 있는데, 앞서 소개된 탁본은 두 비편의 양면을 찍은 것이다. 비석의 크기는 폭 94cm, 높이 166.4cm, 두께 28cm로 추정되며, 비문의 각 행은 52자로 총 50행으로 구성되어 있는데, 전체 글자수는 대략 2600자 내외이다.(도판 1)

비문은 한당漢唐시대의 명문을 인용하고 고사성어나 경전에서 따온 미사여구가 많다. 더욱이 문장의 전후 맥락을 알 수 있는 부분이 멸실되어 제대로 뜻을 이해하기 어려워 대체적인 내용을 추정하는 데 그치고 있다. 그러한 한계를 염두에 두고 비문 구성을 살펴 그 내용을 요약하면 다음과 같다.

앞면에는 1행에서 문무왕릉비라는 것을 명시하고, 찬술자를 밝히는 것으로부터 시작한다. 2-3행은 신라를 찬미하고, 4-6행은 신라 김씨의 내력과 관련하여 15대조 성한왕星漢王, 그 이전 투후秺侯까지 소급하여 설명하고 있다. 7-16행은 태종 무열왕 혹은 문무왕의 사적, 그리고 17-20행은 당과 연합하여 백제를 평정한 내용을 기록하고 있다. 21행은 문무왕 즉위, 22-28행과 뒷면 1-2행은 문무왕의 업적을 찬양하고, 3-6행은 문무왕의 장례사를 소개하고 있다. 7-11행은 문무왕 후계의 계승에 대해 기록하고, 12-21행은 재차 문무왕의 업적을 기리는 내용이, 그리고 마지막 22행은 비의 건립 연도와 글을 새긴 사람이 기록되고 있다.

앞면 1행에서는 문무왕릉비라는 것을 명시함으로써 왕릉 구역에서 발견되지 않았더라도 이 비석의 성격을 알 수 있게 하고 있다. 글을 지은 이는 급찬(제9관등)으로서 국학國學 소경少卿을 맡은 김△△임을 밝히고 있다.

2-3행에서는 신라의 개국이 천지 신령의 명을 받들어 이루어졌음을 밝히고, 경진씨鯨津氏라고 하는 신인이 나력奈歷, 골화骨火, 혈례六禮 세 곳 산신의 궁궐을 비추고 일정한 경역을 확보하였다고 전한다. 동서남북 사방에

인접한 나라를 소개하고 있는데 동쪽으로 〈개오開梧〉, 남쪽으로 〈口계桂〉, 북으로 〈황룡黃龍〉, 서쪽으로 〈백무白武〉가 있다고 하였다. 이 네 나라에 대해 〈口계〉는 왜, 〈황룡〉은 고구려 혹은 황룡국, 〈백무〉는 백제로 추정하는 견해가 있다.

4-6행에서는 신라를 세운 선조의 내력을 적고 있는데, 덕과 지위가 높은 선조가 투후와 15대조 성한왕을 거쳐 김씨 성으로 왕위가 전승되었음을 밝히고 있다. 투후는 중국 한나라 무제 때 활동한 흉노 출신 장수 김일제金日磾가 받은 작호이다. 이를 근거로 신라 김씨 왕실이 흉노계라는 주장이 나오기도 했다. 왕조의 위엄을 확립하였다고 전하는 성한왕에 대해서는 문무왕 15대 선대왕으로서 미추왕이거나 그의 조상으로 나오는 '세한(勢漢: 熱漢)'으로 추정하는 등 견해가 다양하다.

7-11행에서는 〈口口대왕〉의 인품과 업적을 기리는 것을 내용으로 하는데, 12행에 당나라 태종에 관한 내용이 나오는 것으로 보아, 그와 동맹을 맺었던 태종 무열왕을 가리키는 것으로 이해되지만, 문무왕이라는 의견도 있다. 대왕은 풍모가 뛰어나고 도량이 넓으며, 전쟁을 끝내고 안팎으로 평안과 번성을 도모하여 후손들에게 풍요로움을 주고, 성인聖人과 철인哲人의 모습으로 나라 바깥에서도 존경을 받았다고 기록하였다. 아울러 신라 500여 년의 역사 이래 왕실의 권위를 강고히 하고, 포용력과 신중한 언행과 깊은 학문적 소양을 갖춘 것을 찬양하고 있다.

12-16행은 무열왕과 동맹을 맺은 중국 당나라 태종을 기리는 내용으로 신화상의 성군인 요순堯舜 임금의 덕을 갖추고 높은 권력과 위엄으로 나라를 다스려, 돌아가실 때 온 세상이 애도하였음을 전한다.

17-20행은 문무왕이 왕위에 오르기 전인 660년에 신라군을 이끌고 백제군을 황산벌에서 격퇴한 후 소정방蘇定方이 이끌었던 당나라 군대와 합세하여 백제 의자왕을 무릎 꿇린 정황을 전하고 있다. 백제에 대해서는 이웃

국가를 무시하였다고 비난하는 대목이 있다.

21-28행은 661년에 문무왕이 왕위에 오르고 나서 어진 사람을 존중하고, 선善을 행하면서 조정과 백성을 기쁘게 하였다는 내용을 전한다. 아울러 나라를 부흥시켜 그 영향이 북쪽 나라 읍루에까지 퍼졌다고 기록하였다. 당 황제가 문무왕을 〈사지절使持節〉로 봉하는 내용과 군대 운용의 능력을 찬양하는 내용을 아울러 전한다.

뒷면 1-2행에는 문무왕의 군사 능력의 탁월함과 여러 세력을 하나로 통일하고 동서로 영토를 확장한 업적을 찬양하는 내용이 담겨 있다. 3-5행은 문무왕이 681년 56세에 돌아가고, 화장을 명하여 그해 그달 열흘에 화장하였다는 내용을 소개하고 있다. 6행은 문무왕과 관계가 깊은 당나라 고종을 언급하고, 7-10행에서는 문무왕이 예법과 도량度量을 갖추었음을 말하면서, 선비와 같이 맑고 국가 경영에 힘쓰는 백 대에 걸쳐 드문 현명한 왕이라고 찬양하고 있다.

11-12행에서는 왕의 명성을 듣고 월지月池로 상징되는 궁정에 인재들이 모여들어 조정이 번성하게 되었음을 말하고 있다. 13-14행에서는 어려운 일을 닥쳐도 의연하게 대처하면서, 공신들을 아끼고, 학문과 기록을 숭상하였음을 중국 춘추시대 초楚나라 장왕莊王의 사례와 비유해서 표현하였다.

15행에서는 이하 왕을 기리는 비냉碑銘을 쓴나고 냉시하고, 16-18행은 왕의 용기, 덕, 재능, 관용을 치하하면서, 그의 영향이 성스런 삼산三山으로 상징되는 영역에 널리 퍼졌음을 말하였다. 아울러 군사적 활동과 정복에 큰 업적을 이루어 옥저, 예에서도 군역을 청하였음을 전한다. 19-20행은 어려운 역경을 당했을 때 의연하게 대처한 왕께서 갑자기 돌아가셨음을 전하고, 장사는 불교식을 따라 화장하고 고래포구라고 전하는 위치에 산골散骨하였음을 밝히고 있다.

끝으로 21-22행에서는 왕의 명복을 빌고, 687년에 대사(大舍: 제12관등)

한눌유韓訥儒가 비문을 썼다고 적고 있다.

2) 왕릉비의 형식과 전개

　김정희가 경주 낭산 현지에서 왕릉비를 찾은 곳은 문무왕 때에 창건된 사천왕사의 터로, 그 남쪽 사역에 거북 모양의 비석 받침인 귀부 2기가 있다. 그 가운데 1기의 비신 자리가 그 하단부 비편과 맞추어지는 사실을 통해서 문무왕릉비가 귀부를 갖춘 비석임이 확인되었다.(도판 2)

〈도판 2〉 사천왕사의 서귀부(국립경주문화유산연구소 제공)

　신라 왕릉비로서 귀부를 갖춘 사례는 문무왕릉비 이외에 무열왕릉비와 성덕왕릉비, 흥덕왕릉비가 있지만, 이들 경우는 극히 작은 비석 파편만 전할 뿐이다. 무열왕릉비의 경우 용 모양의 비석머리인 이수螭首가 함께 발견되어 다른 왕릉비도 이수와 귀부를 갖춘 형식임을 미루어 짐작할 수 있다.

따라서 신라 왕릉비는 기본적으로 비수碑首, 비신碑身, 비좌碑座 세 부분으로 구성된 중국 고대 비석 양식에 속한다고 할 수 있다.

이수와 함께 귀부를 갖춘 중국 고대 비석은 삼국과 위진남북조 시대에 원형이 형성되어 수대를 거쳐 당왕조 때에 완성되었다고 알려져 있다. 귀부의 원형에 대해서는 다양한 해석이 있는데, 그중 하나가 중국 전설상에 용의 아들로 전하는 비희贔屭라는 동물이라는 설이다. 비희는 거북의 형상을 닮고, 무거운 것을 짊어지기 좋아한다고 한다. 귀부는 거북 형상으로 머리를 치켜들고, 네 발로 온 힘을 다해 버티는 자세를 취하고 있는데, 등과 머리 그리고 발과 꼬리가 사실적으로 표현되어 있는 것이 일반적이다.

중국의 경우 귀부와 이수를 갖춘 묘비는 5품 이상의 관료에 한정하고, 비석의 높이도 9척을 넘지 못하도록 하였다. 이는 귀부와 이수를 갖춘 묘비가 최고위층에게만 수용되었음을 보여 준다. 그러나 정작 당 황제릉에서 귀부를 갖춘 능비가 전하는 바가 없다. 당 고종과 측천무후則天武后가 모셔져 있는 서안 건릉乾陵의 앞에 세워진 황제릉비는 귀부를 갖춘 형식이 아니다. 그 대신에 당 고조, 태종, 고종 3대에 걸쳐 황제를 보필하면서 주변 나라에 대적하여 군사 활동을 전개하였던 장수 이적李勣의 묘비는 귀부와 이수를 갖추었다. 그는 669년에 사망하여 670년에 당 태종 소릉昭陵 구역에 배장陪葬되었는데, 묘비의 비문은 677년에 당황제 고종이 직접 글을 지었다.

이적 묘비를 포함한 중국의 사례와 비교할 때 신라의 경우 귀부와 이수의 세부적인 표현과 조형성이 더욱 뛰어나다. 비신은 전하지 않지만 이수와 함께 귀부 전체가 전하는 무열왕릉비가 대표적 사례이다. 입체적으로 생동감 있게 표현된 조각 기법을 볼 때 고도로 숙련된 공인이 당의 묘비를 충분히 숙지하고서 이 비를 제작하였다고 할 수 있다. 귀부의 등 전체에 육각형문, 가장자리에는 당초문대가 장식되고, 비석이 세워질 자리는 등 한가운데에 세장방형으로 깊게 파서 조성하고 연꽃무늬 장식이 둘러져 있다. 이

수에는 6마리의 용이 좌우 3마리씩 뒤엉켜서 여의주를 받들고 있는 형상이 생동감 있게 표현되고 있다. 이수 한가운데에 새겨진 "태종무열대왕지비太宗武烈大王之碑"는 제액題額은 무열왕에게 당태종과 같은 묘호가 올려졌음을 보여주는데 이는 아들 문무왕 대의 신라 위세를 잘 보여 준다 하겠다.

왕족이자 고위관료를 지낸 인물의 묘비로서 경주 서악동 전 김인문金仁問 묘비의 귀부가 있다. 김인문은 무열왕의 아들로서 당태종, 고종 때에 당에 수차례 왕래하면서 나당외교를 주도하였다. 그는 694년에 세상을 떠났는데 당의 이적李勣만큼 신라 왕실로부터 인정을 받은 인물이다. 동 귀부는 서악 동 무열왕릉 남쪽 가까이에 있으며, 비신과 이수는 전하지 않는다. 그 양식이 무열왕릉비와 큰 차이가 나지 않는데, 귀부 머리가 거북인 것은 무열왕릉비를 그대로 따르고 있다.

무열왕에 이어서 문무왕, 성덕왕, 흥덕왕은 물론 왕족의 묘비가 귀부를 갖춘 형식으로 만들어진 것은 당의 제도와 문물을 적극 받아들여 이전과는 다른 국가체제를 갖추고 왕권 혹은 왕실의 권위를 과시하기 위한 것으로 설명할 수 있다. 그러나 8세기 이후에 조성된 이수와 귀부를 갖춘 통일신라 비석의 상당수는 사찰의 승탑비僧塔碑 혹은 사찰 사적비史蹟碑이다. 이수, 귀부는 물론 비신이 함께 발견된 사례로 보령 성주사 낭혜화상탑비朗慧和尙塔碑, 문경 봉암사 지증대사탑비智證大師塔碑, 제천 월광사지 원랑선사탑비圓朗禪師塔碑 등이 있다. 이들 비석은 귀부 머리가 왕릉비와 달리 거북이 아닌 용의 형상을 갖춘 것이 특징으로 전국의 사찰에 조성된 것은 선종 불교의 확산과 궤를 같이 한다. 더 나아가 머리가 둘로서 쌍을 이룬 사례는 숭복사, 무장사, 법광사, 창림사등 경주권 내의 사찰에서 확인되는 특징을 보여 주고 있다.

이처럼 신라 하대下代로 가면서 왕릉에 비석이 세워지는 대신에 스님들의 탑비가 사찰에 조성된 사례가 많아지는 사실은 어떻게 이해하여야 할까.

그것은 왕의 경우 왕릉으로써 그 권위를 표방하지만, 스님인 경우 돌아가신 후 화장하고 분묘를 조성하지 않으므로 탑비를 통해 그의 업적을 기릴 수밖에 없기 때문인 것으로 이해된다. 불교식으로 화장하고 왕릉을 별도로 조성하지 않은 문무왕의 경우 원찰인 사천왕사에 능비陵碑를 세운 것도 같은 맥락으로 이해될 수 있겠다. 바꾸어 말하면 사찰 입구에 세운 문무왕릉비는 불교 국가로서의 명분을 내세우는 하나의 방식으로 중시될 필요가 있다.

불교 왕조인 고려의 경우 귀부 이수를 갖춘 비석이 왕릉에서 확인되지 않지만 상대적으로 승려비에서는 다수 확인되고 있다. 유교 왕조인 조선에 들어서도 이수와 귀부를 갖춘 왕릉 신도비는 왕조 초기인 15세기에 태조 건원릉健元陵, 태종 헌릉獻陵, 세종 영릉英陵 등 3기가 전할 뿐이다. 문종 이후로는 국법으로 금하게 되면서 왕릉비의 사례가 전하지 않는다. 결론적으로 통일신라 무열왕릉비와 문무왕릉비는 고려, 조선왕조에 왕릉비는 물론이거니와 승탑비로 이어지는 비 형식의 조형이라는 점에서 의의가 있다고 하겠다.

2. 호국사찰 사천왕사

1) 사천왕사의 건립 배경

문무왕릉비가 세워진 사천왕사는 경주 낭산狼山 아래에 위치한다. 낭산은 경주 분지의 동쪽에 치우친 곳에 있는 해발 99.5m의 야산으로, 그 정상부는 경주 월성에서 동남쪽으로 직선거리는 1.5km 정도 떨어져 있다. 사천왕사의 건립 과정은 《삼국유사》 권2 기이 문무왕 법민文武王法敏조에 나온다.

그 내용을 요약하면 다음과 같다.

신라와 동맹을 맺었던 당나라 고종이 백제와 고구려를 멸망시킨 이후, 669년에 군사를 보내어 신라를 공격하겠다고 공언한다. 그러한 사실을 당에 가 있던 김인문이 의상에게 알려 문무왕에게 보고하게 된다. 이에 대한 대책을 요구받은 명랑법사는 문무왕에게, 사천왕사를 지을 것을 건의하였다. 그러나 예상보다 일찍이 당 군대의 침입 계획 소식을 접하게 되자 임시방편으로 사찰을 짓고 오방신을 모시고 문두루라는 밀교 비법으로 예배를 지냈다는 것이다.

오방신은 원래 도교나 샤머니즘 신앙에서 유래한 것으로 동서남북과 중앙을 지키는 방위신이다. 당시 명랑이 세웠던 오방신상은 가늠하기 어려운데, 고구려 고분 벽화에서 보듯이 상징 동물인 천장 중앙의 황룡을 비롯하여 좌청룡, 우백호, 남주작, 북현무와 색깔로서는 금색과 청색, 백색, 적색, 흑색으로 표현되는 것이 참고가 되겠다. 그러한 오방신은 불법을 수호하는 사천왕과 통하는 방위신의 성격을 갖추고 있으면서 짧은 시간에 세우기 용이함으로 명랑법사는 사천왕사의 가람을 제대로 갖춘 정식 사찰이 조영되기 전에 급한 상황에 맞추어 조성한 것으로 이해된다. 따라서 최초의 사천왕사는 당나라의 침입에 대비하여 국방을 기원하는 오방신에 제사를 지내던 밀교의 사원으로 급하게 세워졌음이 확인된다. 그 연대는 《삼국유사》의 상전교조義湘傳敎條에 당 고종의 연호 함형咸亨 원년(670)에 같은 내용의 기사가 전하는 것으로 미루어 670년의 일로 추정된다. 그러나 제대로 갖춘 모습으로 완성된 것은 그로부터 10년 가까이 지난 679년의 일임이 《삼국사기》 문무왕조에 전한다.

2) 사천왕사와 선덕여왕릉

이 사천왕사와 인연이 있는 것이 낭산의 정상부에 조성된 선덕여왕릉이다. 그 남쪽으로 350m 정도 떨어진 기슭에 사천왕사가 자리잡고 있다. 선덕여왕릉이 낭산 정상부에 조성된 연유는《삼국유사》권1 선덕왕 지기삼사 知幾三事 조에 나온다.

선덕왕이 아무런 병이 없는 때에 신하들에게 자신이 죽을 날을 예견하고 '죽으면 도리천忉利天에 장사를 지내도록 하여라'라고 분부하였다. 군신들이 그곳의 위치를 몰라 "어느 곳입니까?" 하니 왕이 말하기를 "낭산狼山 남쪽이다."라고 하였다. 모월 모일에 이르러 과연 왕이 승하하시므로 신하들이 낭산의 양지바른 곳에 장사지냈다. 그 후 10여 년이 지나 문무대왕이 왕의 무덤 아래에 사천왕사四天王寺를 창건했다.

선덕여왕이 말한 도리천忉利天은 수미산須彌山 정상에 위치한다. 불교에서는 중생들이 윤회하는 세계가 셋이 있다고 한다. 감각적인 욕망에 얽매인 욕계欲界, 미세한 물질적인 색계色界, 순수한 정신적인 무색계無色界가 그것이다. 욕계에서는 다시 신들이 사는 천상세계, 인간이 사는 세계, 아수라阿修羅, 아귀餓鬼, 축생畜生 그리고 지옥의 세계가 있는데, 그중에서 수미산은 천상天上 세계에 속한다. 천상 세계는 다시 여섯 천天이 있고, 그 중 밑에서 첫 번째가 수미산 중턱에 인간과 가장 가까운 사천왕이 있는 사천왕천, 그 위 수미산 정상에 도리천이 있는 것이다.

도리천을 다스리는 왕인 제석천帝釋天은 힌두교에서 신들의 왕이라고 하는 인드라(Indra)에서 유래한 신으로, 아수라와 싸웠으며 수행자를 보호하고, 불법을 수호한다고 여겨진다. 따라서 도리천에 모셔진 선덕여왕은 제석천에 비유될 수 있고, 불법 또는 불국토를 수호하는 신인 셈이다.

낭산의 정상부가 도리천으로 여겨짐으로 아래는 사천왕천이 된다. 주지하다시피 이곳에는 지국천持國天, 광목천廣目天, 증장천增長天, 다문천多聞天의 네 신이 있고, 각각 동서남북을 지키고, 백색, 적색, 청색, 황금색으로 표현되고 있다. 사천왕은 제석천을 도와서 불법과 세상을 지키는 수호신인 것이다. 따라서 사천왕사가 창건됨으로써 선덕여왕릉이 있는 낭산은 불교에서 말하는 도리천이 완성되었다. 이리하여 자신이 죽으면 도리천에 묻어달라는 선덕여왕의 말이 실현된 셈이다.

이와 같이 선덕여왕이 낭산을 도리천이라 하였다는 설에 대해서는 사실이기보다는 설화의 성격을 띠는 것이라고 이해되기도 한다. 무열왕이 삼국을 통일하는 대업을 이룰 수 있도록 기틀을 마련했다는 점을 부각하여 선덕여왕의 치적을 기리기 위해 후대에 만들어진 이야기라는 것이다. 그렇다고 하더라도 위의 설화는 신라 중대 불교의 관점에서 사천왕사 입지의 논거를 제시하는 틀로서는 받아들일 수 있겠다. 거듭해서 말하자면 낭산 기슭을 불국토를 지키는 공간으로 규정하고 호국 사찰인 사천왕사의 성격을 부각시킨 것으로 이해된다.

3) 사천왕사의 가람배치

김정희가 1817년 낭산 기슭의 사천왕사터 현지를 확인하였지만, 사찰의 가람 전체를 조사한 것은 아니다. 왕릉비를 현지에서 찾고, 귀부의 비좌와 맞추어 봄으로써 사천왕사에 딸린 비석터를 확인하였을 뿐이다. 그럼에도 불구하고 사찰터에 대하여 최초로 현지조사를 실시한 것은 그가 수행한 경주의 다른 왕릉과 사찰의 조사 연구와 함께 한국 근대고고학의 문을 열었다는 점에서 의의가 있다.

절터에 대해 본격적으로 확인 조사해서 정식보고서로 남기기 시작한 이

는 1906년 일본인 이마니시 류今西龍였고 그 이후 1918년과 1936년 동해
남부선 철로가 절터 북쪽 구역을 관통하게 되면서 여러 차례의 현지조사가
다른 일본 연구자에 의해 시행되었다. 그 조사를 통하여 제단 기초인 단석
壇石 추정지와 금당과 목탑터가 확인되고, 사천왕사 명문 기와와 녹유신장
전綠釉神將塼 등의 유물들을 수습하는 성과를 얻게 된다.

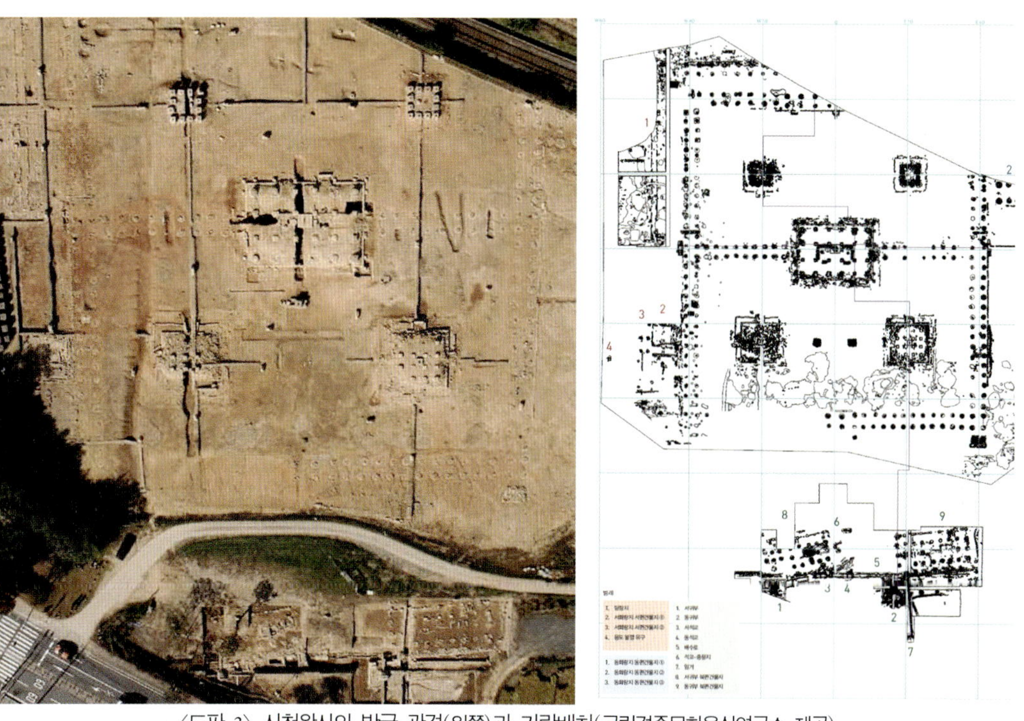

〈도판 3〉 사천왕사의 발굴 광경(왼쪽)과 가람배치(국립경주문화유산연구소 제공)

그 후 1961년 홍사준洪思俊에 의해 귀부 조사가 이루어지고, 1982-5년
동국대에서 사역에 대한 측량과 지표조사가 시행되긴 했지만, 가람배치伽藍
配置와 각 시설에 대한 구체적인 확인은 국립경주문화재연구소에서 2006년
부터 12년까지 7회에 걸쳐 시행된 발굴조사를 통해서 이루어졌다. 그 조사

내용을 요약하면 다음과 같다(도판 3).

우선 사찰 경계 회랑回廊을 살펴보면 철로개설에 의해서 북쪽 회랑은 멸실되었지만, 남쪽 회랑은 중문을 포함하여 총 길이 84m가 확인되었다. 동과 서쪽 회랑의 대략 추정되는 전체 길이는 81m이다. 이를 근거하여 동서 폭 84m, 남북 길이 81m의 넓이로 그 한 가운데에 동서 익랑翼廊이 딸린 금당이 들어서고 그 남쪽 동서에 각각 1기의 목탑지, 북쪽 동서에 각각 1기의 제단 추정 건물, 단석지가 들어서 있는 사역이 확인되었다.

중문지는 훼손되어 알 수 없으나 남쪽 회랑 중앙에 있는 것으로 추정된다. 그 남쪽으로 대략 40여 m 떨어져 배수로 시설이 회랑을 따라 조성되고, 석제 다리 2기가 좌우 대칭으로 놓여 있었다. 다시 그 배수로에서 남쪽으로 인접하여 2기의 비각터가 그 안에 귀부를 두고 좌우 대칭으로 시설되었음이 확인되었다.

위의 조사성과를 통해서 볼 때 단석 추정지와 목탑이 금당을 중심으로 그 남쪽과 북쪽에 좌우 대칭을 이루어 위치하고, 남쪽 회랑의 석교와 비각 또한 좌우 대칭으로 시설되어 있어서, 사찰 설계의 기획이 엄정하게 이루어졌음을 확인할 수 있다. 금당지의 경우 선대와 후대의 것이 있어, 그 가운데 크기가 작은 시대가 앞선 금당을 중심으로 탑지와 단석지가 정확하게 균형을 이루어 배치된 것으로 파악하고 있다.

각각의 시설을 살펴보면 금당지는 초석의 배치로 볼 때 정면 5칸, 측면 3칸으로 지대석地臺石 기준으로 동서 20.9m, 남북 14.6m의 면적을 갖고 있다. 기단은 지대석, 면석面石, 갑석甲石을 갖추었으며, 지대석 외곽에는 차양칸 시설을 위한 원주형 초석이 둘러져 있고, 계단은 금당 전면과 후면에 2개소, 좌우 측면에 각 1개소가 시설되어 있다. 주목되는 것 중의 하나는, 동 금당지 내 하층에서 선대 금당지로 추정되는 기단 시설이 동서 19m, 남북 12m의 규모로 확인되었다는 사실이다. 이로써 제대로 갖춘 후대 금당시설은 679년에 완성된 시점의 것으로 추정되며, 선대 금당시설은 오방신을 모신 670년에 해당되는 것으로 이해되지만, 한편으로 선대 금당을 679년, 후대 금당을 그 이후로 보는 견해도 있다.

불탑은 동서 각각 1기씩 배치된 목조 쌍탑식으로 조성되었는데 신라 최초의 사례이다. 3년 뒤 682년에 개창한 감은사가 같은 쌍탑이지만 석조탑인 것과 구별된다. 두 탑 모두 기단석 기준으로 동서 12.5m, 남북 12.5m의 정방형으로 방형 초석이 정면 3칸, 측면 3칸 구조로 배치되어 있다. 한가운데에 방형 심초석心礎石이 자리하고, 동서남북 기단에 각 1기의 계단이 설치되어 있다.

무엇보다 주목되는 것은, 기단 지대석 위의 면석 부위에 녹유소조상이 설치되었다는 사실이다. 소조상은 탑지 기단 측면의 동서남북 각면에 6기씩 총 24기가 조성되어 있는데, 그 조상彫像은 3종에 한정되므로 동일한 예가 8기가 있는 셈이다. 새 날개 모양의 관이나 투구를 쓰고 갑옷을 입고 있으며, 괴수 모양의 악귀좌에 앉아 있는 형상을 하고 있다.(도판 4)

〈도판 4〉 사천왕사 목탑 소조상 모식도(국립경주문화유산연구소 도면 제공)

소조상이 누구인가에 대해서는 《삼국유사》의 양지良志 관련 기록에 근거하여 신장상神將像으로 보는 설이 일반적이지만, 그 속성을 따져 사천왕상 등

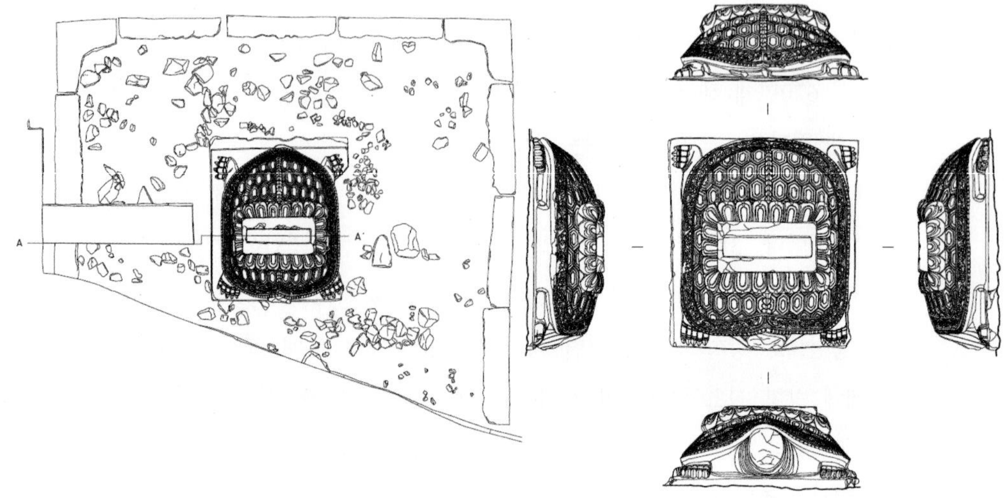

〈도판 5〉 사천왕사 서귀부터(왼쪽)와 동귀부(오른쪽)(국립경주문화유산연구소 도면)

으로 보는 의견도 있다. 이 신장상은 675년에 조성된 중국 용문석굴龍門石窟의 봉선사奉先寺 불상 대좌의 사례와 유사하다는 점에서 당나라 양식을 적극 받아들인 대표적인 사례로 이해되고 있다.

2기의 단석 추정지는 동서 양편에 각 1기가 기단시설 기준으로 원형구멍이 있는 방형 대좌가 'ㅁ'자 모양으로 총 12기가 배치되어 있다. 12기의 방형 대좌가 일반적인 기둥 초석과 달리 구멍 사이 간격이 150cm밖에 되지 않으며, 그 가운데에는 소형의 네모 받침돌이 각 2기, 1기가 놓여 있다. 이 단석 추정지에 대해 명랑스님이 5방신을 모시는 것과 같은 의식을 행하였던 시설로 보는 의견이 제시되고 있으나 종루와 경루로 보는 견해도 있다.

귀부가 있는 2기의 비각터는 기단석의 배치상태로 보아 동서, 남북 공히 630cm 길이의 평면 방형인 것으로 추정된다.(도판 5) 그 주변에서 여러 점의 비석편이 발굴조사를 통해서 수습되었다. 그중 가장 큰 1점의 비편은 가로 55cm, 세로 11cm에 30자 정도가 확인되지만, 전체 15행에 1행당 1~

3자뿐이어서 그 내용 파악이 어렵다. 서체와 암질이 서쪽 귀부에 세워진 문무왕릉비와 달라서 동쪽 귀부에 세워져 있었던 것으로 추정된다. 사적비라는 의견이 제시되고 있는데, 왕릉비로서 신문왕의 것이라는 주장도 있다.

3. 사천왕사와 문무왕릉비의 관계

신라에서 왕릉비는 앞서 보듯이 무열왕릉 앞에 처음 세워졌으며, 그 왕릉 위치는 경주 서쪽 선도산 기슭이다. 이곳은 무열왕의 부친 김용춘金龍春, 조부 진지왕, 증조부 진흥왕 등으로 추정되는 왕릉급 무덤이 이미 조성되어 있는 곳이다. 그러한 왕의 직계존속이 모셔져 있는 선산 능역에 왕릉을 조성하고, 왕릉비를 세운 것은 앞선 상대上代 내물계와 구분되는 중대 무열계 김씨 왕의 혈연계보를 과시하기 위한 것으로 이해된다. 더 나아가 무열왕을 계승한 문무왕 때 5대 왕실 제사 체제인 종묘宗廟의 기반이 갖추어졌음이 당나라 황제와 동일한 태종 묘호를 올린 사실을 통해서 확인된다.

그러나 정작 문무왕의 경우 선도산 선조 능역은 물론 다른 곳에도 봉분을 만들고 그 내부 석실에 시신을 안치한 일반적인 형식의 왕릉을 조성하지 않았다. 그것은 화장산골하였다는 왕릉비문의 기록이 있고, 《삼국사기》와 《삼국유사》 문무왕조에 죽은 후 호국대룡護國大龍이 되어 불법을 받들어 나라를 수호하고자 하는 유언을 따라 동해 입구의 큰 바위에서 장례를 치렀다는 기록으로 뒷받침된다.

주지하다시피 문무왕의 화장 산골처는 동해안 동해천(대종천) 하구 근처 감포에 위치한 대왕암이다. 그러나 2001년 경주문화재연구소의 수중 조사를 통해서 대왕암은 왕릉의 형식을 갖추지 못하였음이 확인된 바 있다. 그 주변에서 비석 또한 찾지 못한 것으로 전한다.

사천왕사터에서 불과 북쪽으로 700여m 떨어진 같은 낭산 기슭에 불교식 능묘, 묘탑이라고 주장되는 능지탑이 있다. 이 탑이 위치한 곳이 문무왕 임종 후 열흘 지나 화장하였다고 《삼국사기》에 전하는 고문외정庫門外廷의 화장터라는 주장이 1970년대에 발굴조사를 실시한 신라오악五岳조사단에 의해 제시된 바 있다. 그러나 중국 왕경 관련 기록의 용례로 보아 고문은 신라 왕궁 5문의 하나로 추정되므로 능지탑 위치와는 차이가 난다는 지적이 있다. 다른 한편으로 뒷받침할 만한 기록이나 고고학적 증거는 없지만, 사천왕사 사역 내에서 화장을 하거나 장례 치르기 전 시신을 잠시 모신 빈전殯殿이 설치되었을 가능성을 주장하는 의견도 있다.

앞서 살펴보았듯이 사천왕사는 당나라의 군사적 외압이라는 대외적인 국난을 극복하기 위해 세운 절로서, 불교의 힘에 의지하여 신라 중대의 국가체제를 강고히 하려는 의지의 발로에서 문무왕에 의해 세워진 호국사찰이다. 사천왕사가 문무왕 자신이 건립을 명한 원찰願刹이라는 사실에 주목하면, 왕을 기리는 비석은 그의 아들 신문왕이 설치하였을 가능성이 충분하다. 그렇다면 사천왕사는 '왕'의 비석이 아닌 '왕릉' 비석이 세워짐으로써 돌아가신 왕을 모신 종묘 사찰로서의 일면도 가지고 있다고 하겠다.

사천왕사의 중문 앞에 문무왕릉비 말고도 또다른 비석이 세워졌음은 앞서 확인한 바와 같다. 마찬가지로 사찰 중문 가까이에 두 곳의 비석터가 확인된 또 다른 사례로 같은 낭산 북단 동쪽 기슭에 위치한 전 황복사지가 있다.

이곳 사지에서는 1920년대 이후 삼층석탑, 십이지신상 면석 부재와 함께 귀부 2기와 다수의 비석 파편이 수습된 바 있다. 가람의 시설과 배치가 확인된 것은 2017-2021년에 성림문화유산연구원이 실시한 발굴조사를 통해

〈도판 6〉 전황복사지 발굴광경(성림문화유산연구원 제공)

서이다. 가람 배치는 고신라 초창기에 남북 방향으로 조성되었지만, 통일신라 중건기에 동서 방향으로 변경되었으며, 고려초에 들어서 금당의 기단부에 십이지신상 면석이 보강된 사실이 확인되었다.(도판 6)

사역에서 작은 비석편이 12점이 수습되었는데 서체와 석질로 보아 두 종류로 구분된다. 이와 연계되는 2기의 귀부는 심하게 훼손된 상태로 초창기 가람의 중문터 남쪽 가까이에 놓여 있었지만, 원래의 위치에서 이동된 것으로 추정하고 있다. 조사기관은 사역 내 동시 묵립지에 근집하여 확인된 두 곳의 비석터에 원래 귀부가 있었다고 해석하고 있다.

중건기에 세워진 3층석탑은 가람배치상 동쪽 끝 중문터의 정반대에 위치한 서쪽끝 최상단에 조성된 것으로 파악되었다. 그 사리공에서 순금 불상과 함께 발견된 사리함의 뚜껑에는 신문왕이 사거한 692년 이전에 조성된 종묘성령선원가람宗廟聖靈禪院伽藍에 석탑을 세운다는 명문이 있다. 종묘를 빈전을 의미하는 종조宗厝로 보는 의견도 있지만, 이를 통해서 이 사찰이 왕실 선조 5대 신위를 모시는 종묘사찰로 추정할 수 있다 하겠다.

그렇다고 한다면 전 황복사지 구역에서 발견된 귀부에 세워진 비석 2기
는 왕릉비인지 사적비인지 무엇이라고 단정하기 어려우나, 왕실 종묘 사찰
과 관련된 내용을 포함한 것으로 추정된다. 이와 마찬가지로 2기의 귀부
비석이 조성된 사천왕사 또한 종묘사찰의 성격을 갖고 있음을 간접적으로
보여 준다고 하겠다. 바꾸어 말하면 문무왕릉비가 문무왕의 호국원찰이면서
종묘사찰의 성격을 지닌 사천왕사에 세워진 것이라면, 전 황복사지 귀부 비
석은 그다음 왕위를 승계한 신문왕이 조성한 명실상부한 종묘사찰에 세워
졌다는 것이다.

참고문헌

강종훈, 1994, 〈신궁의 설치를 통해 본 마립간 시기의 신라〉, 《한국고대사논총》 6.

국가유산진흥원, 2024, 〈신라 낭산의 시간, 미래로 잇다〉, 《경주 낭산 일원 보존 정비와 활용을 위한 학술대회 발표집》.

국립경주문화재연구소, 2014, 《사천왕사(III)》.

김동하, 2016, 〈신라 사천왕사 창건가람과 창건기 유물 검토-발굴조사성과를 중심으로〉, 《한국고대사탐구》 23, 한국고대사탐구학회.

김복순, 2022, 〈경주 황복사지의 역사적 가치 및 특성-신라 중대왕실의 종묘가람과 선원가람으로서의 특성을 중심으로〉, 《신라문화》 60, 신라문화연구소.

문화재청 경상북도 경주시, 2022, 《"경주 황복사지" 역사적 의미 및 발굴성과 조명을 위한 학술대회 발표집》.

성림문화재연구원, 2023, 《경주 전황복사지(III)》.

심수연, 2019, 〈경주지역 통일신라 귀부 연구〉, 동국대 대학원 석사학위논문.

이영호, 1986, 〈신라 분부왕릉비의 재검토〉, 《역사교육논집》 제8집, 경북대 역사교육과.

정현숙, 2019, 〈신라 사천왕사비의 새로운 이해-다섯 비편은 '신문왕릉비'이다〉, 《목간과 문자》 22호, 한국목간학회.

주보돈, 2012, 〈통일신라 (능)묘비에 대한 몇가지 논의〉, 《목간과 문자》 9호, 한국목간학회.

최장미, 2011, 〈사천왕사지 발굴 성과와 추정사적지편〉, 《목간과 문자》 8호, 한국목간학회.

제2장 성덕왕이 탑 속에 남긴 345자 명문
-〈황복사지 삼층석탑 금동사리함〉[1]

> 1. 신문왕 일가와 낭산 〈황복사지 삼층석탑〉
> 2. 〈황복사지 삼층석탑 금동사리함〉 명문 345자
> 3. 345자 명문에 나타난 신라 중대 불교의 위상

박광연(동국대 WISE캠퍼스 국사학과 교수)

1. 신문왕 일가와 낭산 〈황복사지 삼층석탑〉

신문왕神文王(재위 681~692)이 692년(천수 3) 7월 2일 승천하자 신목왕후神穆王后와 효소왕孝昭王(재위 692~702)이 삼층석탑을 건립하였다. 이어 699년(성력 3) 6월 1일 신목왕후가, 702년(대족 2) 7월 27일 효소왕이 사망하였다. 이에 성덕왕聖德王(재위 702~737)이 706년(신룡 2) 5월 30일에 불사리 4과, 6촌 크기의 순금 아미타상 1구, 《무구정광대다라니경無垢淨光大

---

1 제2장은 다음 원고를 이 책의 성격에 맞게 수정한 글이다.
　박광연, 2023, 〈〈황복사지 삼층석탑 금동사리함〉 명문을 통해 본 신라 중대의 불교〉, 《한국고대사연구》 111.

〈도판 1〉〈경주 황복사지 삼층석탑〉(국가유산청)

陀羅尼經》 1권 등을 이 탑 제2층에 안치하였다.

신문왕과 신목왕후 사이에서 태어난 장남은 효소왕 이홍理洪(687~702) 이고, 차남은 성덕왕 융기隆基(이름이 당 현종과 같아 712년경 흥광興光으로 고쳤다)이다. 신목왕후와 효소왕이 세운 삼층석탑은 경주 낭산의 황복사지皇福寺址에 남아 있는 〈황복사지 삼층석탑〉이다(도판 1). 사명寺名에 대한 논란이 있어 '전傳황복사지 삼층석탑' '구황동 삼층석탑'이라 부르기도 하나, 현재로서는 의상(義相, 625~702)이 출가한 황복사로 보는 견해가 일반적이다. 이 글에서는 국가유산청 명칭에 따라 〈황복사지 삼층석탑〉이라 칭한다.

탑 내부에는 성덕왕이 불사리를 비롯한 여러 물목을 봉안한 상자가 남아 있었는데, 이것이 〈황복사지 삼층석탑 금동사리함〉(도판 3)이다. 성덕왕은 아버지 신문왕, 어머니 신목왕후, 그리고 형 효소왕의 해탈과 득도를 기원하며 사리함을 조성하고 여기에 345자의 명문銘文을 새기게 하였다.

《우바새계경優婆塞戒經》 등의 불경佛經에서는 망자亡者가 보이지 않는 힘의 도움을 받기 위해서는 산 사람이 거친 밥 한 그릇이라도 승려에게 보시할 것을 권한다. 이와 같이 산 사람이 망자를 위해 공덕을 쌓는 행위를 추복追福이라 하는데, 〈황복사지 삼층석탑 금동사리함〉 명문은 신라 왕족이 이러한 불교식 추복 공덕행을 실천하였음을 잘 보여 준다.

그렇다면 성덕왕이 어머니와 형이 건립한 〈황복사지 삼층석탑〉을 해체하여 사리함을 봉안한 이유는 무엇일까. 그 배경으로 우선 《무구정광대다라니경》(이하 《무구정경》으로 약칭)에 의거한 불사였다는 점을 들 수 있다. 이 경에서 공덕행의 하나로 옛 탑을 수리할 것을 제시하고 있다.

(대바라문이) 부처님께 아뢰었다. "여래께서는 모든 중생들을 구제하시는 분이십니다. 제가 지금 잘못을 뉘우치며 세존께 귀의하오니, 부디 저를 대지옥의 고통에서 구해 주십시오."

부처께서 말씀하셨다. "대바라문이여. 여기 가필라성에는 세 갈래 길에 옛 불탑이 있어 그곳에서 여래의 사리가 출현하였다. 그 탑이 붕괴되었으니, 너가 응당 그곳으로 가서 다시 수리하고 상륜탱을 만들고 다라니를 베껴 써서 그 속에 넣으라. 크게 공양을 일으켜 법대로 일곱 번 돌면서 신주를 염송하면 너의 목숨이 다시 늘어날 것이고, 오랜 뒤에 수명이 다하였을 때 극락계에 태어나 백천 겁 동안 매우 뛰어난 즐거움을 받을 것이니라. 후에 다시 묘희세계에서 또한 백천 겁 동안 전과 같은 즐거움을 받을 것이다. 후에 다시 여러 도솔천궁에서 또한 백천 겁을 상속하여 즐거움을 받을 것이다. …… 바라문이여. 만약 비구, 비구니, 우바새, 우바이, 선남, 선녀 가운데 단명한 이가 있거나 병이 많은 이가 있다면 반드시 옛 탑을 수리하거나 작은 진흙탑을 만들어라."

《무구정경》은 인간의 생사生死와 관련된 공덕을 중심으로 설하는 경전이다. 이 경에서는 공덕을 쌓으면 수명이 연장되고, 극락계나 묘희세계나 도솔천궁에 태어나 즐거움을 누린다고 한다. 또한 병이 깊어 죽음에 이르렀던 사람도 꿈에서 깨어나듯 다시 살아나고, 죽은 이는 삼악도에 떨어지지 않고 하늘에 태어나며, 축생과 악취를 벗어나고 오무간죄를 지었더라도 그 죄가 모두 소멸한다고 한다.

《무구정경》은 704년(장안 4) 낙양에서 미타산彌陀山에 의해 한역된 직후 신라에 전래되었다. 이는 당시 신라와 당 사이의 문물 교류가 긴밀하게 이루어졌음을 보여 준다. 일각에서는 감산사를 창건한 김지성이 사행길에 이 경을 가져온 것이 아닐까 추정하기도 한다. 706년 성덕왕이 주도한 왕실 불사佛事에서 이 경이 채택된 이후, 신라에서는 《무구정경》 자체나 이 경에 의거하여 제작한 소탑을 탑 안에 봉안하는 의식이 널리 유행하였다. 세계 최고最古의 인쇄물로 알려진 《무구정경》 두루마리도 불국사 삼층석탑에서 발견되었다.

또한 성덕왕이 〈황복사지 삼층석탑〉을 중수한 배경으로, 이 탑이 위치한 '낭산狼山'이 지니는 장소성에도 주목할 필요가 있다. 〈황복사지 삼층석탑〉은 현재 경상북도 경주시 구황동 100에 위치하며, 낭산의 동북쪽이자 황룡사지의 동남쪽에 자리한다. 보문동과 구황동 사이에 놓인 낭산은 세 개의 큰 구릉으로 이루어져 있다. 제일 높은 곳이 115m에 불과한 나즈막한 산이지만, 신라 왕경인들은 낭산을 덮은 자욱한 구름을 멀리서 바라보며 신선 세계를 떠올리곤 했다. 실성니사금(재위 402~417)은 낭산을 '신선이 내려와 노는 복된 땅'이라고 하였고, 낭산 남쪽의 방수림은 그 명칭이 신유림神遊林이다.

낭산은 구릉 지대라는 자연적 조건과 인공적으로 조성된 방수림의 보호 속에서 사람이 살 수 있고 무덤을 조성할 수 있는 공간으로 형성되었다.

특히 647년 낭산 정상에 선덕왕릉을 조성하면서부터, 낭산은 점차 도성의 내부로 인식되기 시작하였다. 이곳에는 문무왕이 창건한 사천왕사를 비롯하여 7세기 후반~8세기 전반 왕실 관련 유적이 즐비하여, 이 시기의 불교미술 작품도 다수 남아 있다.

이러한 맥락에서, 신라의 사전祀典 체계(국가 제사의 대상과 그 등급·의례를 규정한 체계)를 정비한 신문왕이 대사大祀의 장소로 지정한 삼산三山 가운데 첫 번째인 나력산奈歷山이 낭산이라고 보기도 하고, 오악五嶽 가운데 중악中嶽을 낭산으로 비정하기도 한다. 《삼국사기》에서는 이곳 낭산의 동쪽에 신문왕을 장사지냈다고 한다.

황복사지로 비정되는 구황동 일대가 신문왕 일가를 상징하는 공간이었기 때문에, 성덕왕은 아버지, 어머니, 그리고 형을 위해 〈황복사지 삼층석탑〉 중수 불사를 거행한 것으로 이해할 수 있다. 현재 이곳은 삼층석탑만 우뚝 솟아 있는 폐사지이지만, 신라 시기에는 십이지신을 새긴 기단을 갖춘 왕실 사찰이었음에 틀림없다(도판 2).

〈도판 2〉 황복사지 십이지상 기단 건물지(국가유산청)

2. 〈황복사지 삼층석탑 금동사리함〉 명문 345자

1942년 6월 25일 〈황복사지 삼층석탑〉 해체 과정에, 석탑 제2층 옥개석 상면 중앙의 방형석개(6×30㎝) 내부에서 금동사리외함이 발견되었다. 그 안에서 순금불상 2구와 금동고배 2점, 은제고배 2점, 은제사리함, 금제사리함, 사리, 팔찌, 깨진 유리병 파편, 각종 구슬, 대나무편, 금실 등이 수습되었다(도판 3 참조).

〈도판 3〉 〈황복사지 삼층석탑 금동사리함〉과 〈황복사지 삼층석탑〉 출토 불상(국립경주박물관)

이와 관련하여 〈황복사지 삼층석탑〉, 〈구황동 금제여래입상〉, 〈구황동 금제여래좌상〉, 사리장엄구, 십이지신상 등을 대상으로 한 미술사학 분야의 연구가 축적되어 왔으며, 2016년부터 2021년까지 총 다섯 차례의 발굴 결과를 토대로 한 고고학 분야의 연구도 활발히 진행되었다. 이처럼 다양한 논의가 가능했던 것은 사리외함 덮개의 안쪽 면에 18행 345자의 명문銘文이 남아 있기 때문이다(도판 4).

〈도판 4〉 〈황복사지 삼층석탑 금동사리함〉 덮개(국립경주박물관)

이 사리함의 국가유산청 공식 명칭은 〈경주 황복사지 삼층석탑 금동사리함〉이지만, 사리함 명문을 이 글에서는 서술의 편의상 '황복사지 명문'이라 칭한다. 황복사지 명문에서는 신문대왕神文大王, 신목대후神睦大后, 효조대왕孝照大王(효소왕), 종조성령宗厝聖靈, 금주대왕今主大王(성덕왕), 융기대왕隆基大王(성덕왕), 왕후王后, 사주寺主, 소판蘇判 앞에 한 칸을 띄었고, 왕의 명령을 의미하는 교敎 앞에도 한 칸의 공격을 두고 새겼다. 황복사지 명문의 주인공이 바로 이들로, 신문왕, 신문왕의 비인 신목왕후, 신문왕의 아들인 효소왕과 성덕왕, 성덕왕의 비 그리고 불사를 책임졌던 사주 선륜과 소판 김순원, 김흥종이다. 사주와 소판 앞에도 한 칸의 공격을 둔 것이 특이하다.

황복사지 명문은 (1) 도입, (2) 황복사지 명문을 쓰게 된 배경, (3) 입탑 물목, (4) 성덕왕의 기원, (5) 706년 불사 참가자, 이렇게 다섯 부분으로 구성되어 있다(〈표 1〉 참조).

<표 1> <황복사지 삼층석탑 금동사리함> 명문의 구조와 내용

구조		내용
(1) 도입		붓다가 인간세상(濁世, 閻浮)에 머물며 높은 덕으로 중생을 구제함 신문대왕이 불법(五戒, 十善)으로 통치함
(2) 배경	ⓐ 692년 탑 조성	692년 7월 2일 신문대왕이 승천하여 신목대후와 효조대왕이 삼층석탑을 건립함
	ⓑ 706년 명문 작성	699년 6월 1일 신목대후가 정국淨國에 올라감 702년 7월 27일 효조대왕이 신선세계로 올라감
(3) 물목		706년 5월 30일 성덕왕이 불사리 4, 6촌 크기 순금미타상〔全金彌陀像〕 1구, 무구 정광다라니경 1권을 석탑 두 번째 층에 안치함
(4) 기원		ⓐ 신문대왕, 신목대후, 효조대왕이 해탈하고〔涅盤〕 득도하기를〔菩提〕 기원함
		ⓑ 성덕왕〔隆基大王〕의 수명이 산하와 같이 길고 지위가 알천과 같이 커서 천자 가 구족하고 칠보가 드리우기를 기원함
		ⓒ 왕후〔성덕대왕비〕의 건강과 장수, ⓓ 내외 친속의 번영과 자손의 번성을 기원함
		ⓔ 범천, 제석천, 사천왕의 위덕과 기력으로 천하가 태평하고, 삼악도에서 난難 을 피하고, 육도에서 락樂을 받고, 법계 중생이 모두 불도를 성취하기를 기원함
(5) 참기자		(출가자)		(재가자)

(5) 참기자	(출가자)		(재가자)
	사주 사문선륜		소판 김순원 김흥종
	특봉교지	승 영준 승 영태	한나마 아모 한사 계력
	탑전	승 혜안 승 심상 승 원각 승 현방	한사 일인 한사 전극 사지 조양 사지 순절
	장	계생 알온	

먼저 '(1) 도입'에서는 이 땅이 붓다가 중생 교화를 위해 머물고 계신 변화토이며, 신문왕이 붓다의 말씀을 받들어 통치하여 안정을 이루었다고 서술한다. 이는 신문왕이 정법치국正法治國을 실천하였다는 의미로, 국왕 주도의 불사에 상투적으로 등장하는 표현이다. 그런데 "신문대왕이 오계五戒

로 세상에 응하고 십선十善으로 백성에게 다가가 통치가 안정되고 공적이 성취되었다"는 구절을 '(4) 기원' 부분의 "융기대왕께서는 …… 천 명의 아들을 갖추고 일곱 보배가 상서를 드리우소서." 문장과 연결해 보면, 신문왕에서 성덕왕에 이르는 시기에 국왕을 정법으로 나라를 다스리는 전륜성왕轉輪聖王으로 인식하고 있었음을 확인할 수 있다.

이는 중고기의 신라 왕실이 통치 이념으로 불교를 적극 허용한 반면, 문무왕(재위 661~681) 대를 지나면서 불교의 위상이 약화되고 전륜성왕 인식도 더 이상 나타나지 않는다고 보는 기존 해석과는 다른 양상을 보여준다. '천자千子', '칠보七寶'는 불교 경전에서 전륜성왕을 형용하는 상투어이다.

일반적으로는 7세기 중반 중고기에서 중대로 이행하는 과정에서 국가에서 주력하는 이념이 변화하여 불교계 및 출가자의 정치적 역할이 축소된 것으로 이해해 왔다. 즉 7세기 한반도 전쟁에서 승리를 쟁취한 신라 왕실은 이후 당 문화를 적극 수용하며 국가체제를 정비하는 과정에서 유교를 새로운 정치 이념으로 채택하였고, 국왕의 권위도 불교가 아닌 유교 이념으로 정당화되었다고 설명한다. 이러한 해석의 논거로는 불교식 왕호 대신에 유교적 성격의 한식漢式 시호諡號를 사용한 점, 중고기처럼 국왕을 전륜성왕으로 표방한 사례가 없는 점, 664년(문무왕 4) 문무왕이 재화와 전지를 함부로 사원에 바치는 것을 금지함으로써 불교 세력의 팽창을 억제하고, 불교 교단의 자율성을 배제하고 국가 권력에 예속시켰다는 점 등이 제시되어 왔다.

중고기에서 중대로의 이행 과정에서 유교로 대표되는 한적漢籍 지식의 활용이 늘어난 것은 분명하다. 진덕왕(재위 647~657) 이후 관료 조직을 확대하면서 그 역할을 담당할 관원의 양성이 체계화되었고, 신문왕 때 국학이라는 공식적인 인력 양성 기관이 운영되었다. 그렇다고 이러한 변화만으로 통치

이념이 불교에서 유교로 바뀌었다고 볼 수 있을까.

520년(법흥왕 7) 봄 정월에 법흥왕은 율령을 반포하고, 처음으로 백관의 공복에 위계를 정하였다. 이어 8년 뒤인 528년(법흥왕 15)에 불법佛法이 비로소 유행하였다고 《삼국사기》는 전한다. 율령의 반포를 유교 질서의 수용이라고 해석한다면, 신라에서 국가의 통치와 운영을 위해 대륙으로부터 유교와 불교를 본격적으로 수용·활용하기 시작한 것은 6세기 전반이며, 이후 유교와 불교의 관계는 상호 대립적이라기보다 병존적이었다. 신라 중고기의 문화를 불교만으로 설명할 수 없는 것처럼, 신라 중대 역시 유교만으로는 설명할 수 없다. 이러한 점을 황복사지 명문은 분명하게 보여 준다.

〈표 1〉 '(2) 배경'에 제시된 내용을 통해 신목왕후가 삼층석탑의 조성을 주도하였음을 알 수 있다. 692년 효소왕이 즉위하였을 때 그의 나이가 6세였으므로, 그의 어머니 신목왕후가 섭정을 맡았다. 699년(효소왕 8) 5월 이찬 경영의 난 직후 신목왕후가 사망하고, 이후 병환을 앓던 효소왕마저

〈도판 5〉 감은사지 동탑 사리장엄구(국가유산청)

702년에 사망하자, 국인國人의 추대로 효소왕의 동생인 성덕왕이 즉위하였다. 이때 국인이 효소왕권에 반대하던 세력이었다는 해석이 있지만, 성덕왕은 어머니와 형을 위한 불사를 거행하였다. 〈황복사지 삼층석탑〉을 처음 건립할 당시에도, 〈감은사지 삼층석탑〉 사리장엄구(도판 5)와 마찬가지로, 사리장엄구를 봉안하였을 가능성이 높기 때문에, 현재 발견된 유물 일체를 성덕왕이 봉안한 것이라 단정하기는 어렵다. 다만 '(3) 입탑 물목'에 적힌 불사리 4개, 순금 미타상 1구, 《무구정광대다라니경》 1권은 성덕왕이 새로 봉안한 것으로 보아야 할 것이다.

성덕왕이 삼층석탑에 추가로 봉안 불사를 시행한 의도를 파악하기 위해서는 '(4) 기원' 부분에 주목할 필요가 있다.

ⓐ 돌아가신 신문왕, 신목왕후, 효소왕의 해탈과 득도
ⓑ 성덕왕의 장수와 권위
ⓒ 왕후(성덕왕비)의 건강과 장수
ⓓ 친속의 번영과 자손의 번성
ⓔ 천하 태평과 중생의 불도 성취

ⓐ~ⓔ 가운데 성덕왕이 가장 중요하게 생각한 것은 무엇이었을까. 7세기 한반도 전쟁 이후 왕실 불사의 주된 목적이 추복追福이었다는 견해에 따르면 ⓐ를 중시했다고 볼 수 있다. 다른 한편으로 성덕왕이 일반적이지 않은 절차로 왕위에 올랐기에 1년 동안 조세를 면제하는 등의 은사와 적극적인 외교를 통해 정권의 타당성을 보완하려 하였다는 견해에 입각하면 ⓑ와 ⓒ를 핵심으로 이해할 수도 있다. 한편 ⓒ에 나오는 왕후는 704년(성덕왕 3) 5월 성덕왕과 혼인한 아간 김원태의 딸 배소왕후(＝엄정왕후＝성정왕후)이다.

황복사지 명문의 함의를 보다 분명히 이해하기 위해, 국왕 주도의 불사였고 유사한 문장 구조를 지닌 846년(문성왕 8)의 〈법광사석탑지〉 명문과 비교해 보자(도판 6).

〈법광사석탑지〉 명문은 앞뒤, 좌우 총 네 면에 새겨져 있다. 네 면의 판독 순서를 둘러싸고 일부 이견이 있지만, 앞뒤 면의 문장을 시간순으로 정리하면 다음 〈표 2〉와 같다.

〈표 2〉 〈법광사석탑지〉 명문 일부

〔앞면〕	대화大和 2년(828, 흥덕왕2) 무신 7월에 향조사香照師와 원적니圓寂尼가 재물을 희사하여 탑과 절을 세웠다.
	단월은 성덕대왕(김균정)이고, (탑사 건립의) 담당자는 향순香純이다.
〔뒷면〕	회창會昌 6년(846, 문성왕 8) 병인 9월에 옮겨 세우고 다듬었다.
	ⓐ대대 단월이 정토淨土에 태어나고, ⓑ지금 임금〔今上〕의 복과 수명이 길고 원대하기를 바란다.

법광사지는 경북 포항시 북구 신광면 상읍리에 위치한다. 828년(흥덕왕 2) 법광사를 건립할 당시 김균정(金均貞, ?~836)이 대단월로 참여하였고, 비구 향조와 비구니 원적도 자신의 재물을 희사하였다. 김균정은 원성왕(재위 785~798)의 둘째 아들인 예영禮英의 장남이다. 그는 822년(헌덕왕 14) 김헌창의 반란을 진압하는 데 공을 세웠고, 흥덕왕 사후 왕위를 노려보긴 했으나 실패하였다. 그러나 839년 그의 아들 우징(신무왕, 재위 839년 4월~7월)이 왕위에 오른 뒤 성덕대왕成德大王으로 추봉되었다. 그는 헌안왕(재위 857~861)의 아버지이기도 하다.

법광사가 김균정 일가에 의해 건립되었음을 전하는 〈법광사석탑지〉의 작성을 명한 이는 문성왕(재위 839~857)일 것이다. 이 명문에는 ⓐ 대대 단

〈도판 6〉 법광사석탑지

월, 즉 김균정과 신무왕의 정토 왕생을 기원하는 내용과 ⓑ 문성왕의 장수와 복을 비는 내용이 담겨 있다. 이를 황복사지 명문과 비교해 보면, 황복사지 명문의 (4)-ⓐ는 〈법광사석탑지〉 명문의 ⓐ에, 황복사지 명문의 (4)-ⓑ는 〈법광사석탑지〉 명문의 ⓑ에 각각 대응한다. ⓐ를 조상에 대한 추복, ⓑ를 현 국왕을 위한 기원이라 요약할 수 있다. ⓐ와 ⓑ의 관계에서 ⓐ가 ⓑ보다 중요하다거나, ⓑ가 ⓐ보다 중요한 것이 아니다. ⓑ가 궁극적 목적, ⓐ는 명분이라고도 말할 수 없다. 이러한 관계는 불교 용어로 말하면 '상즉(相卽: mutual identification)'이라 할 수 있다.

신라 중고기에 행해진 불사佛事에서도 조상이나 전쟁에서 죽은 이들에 대한 추복이 없지 않았고, 중대 이후의 불사에서도 국왕이나 국가를 위한 기원이 없지 않았다. 성덕왕은 〈황복사지 삼층석탑〉에 금동사리함을 봉안함으로써 아버지, 어머니, 형의 해탈과 득도를 기원하는 한편, 동시에 전륜성왕으로서의 자신의 권위와 왕실 전체의 위상을 강화하고자 한 것이다.

3. 345자 명문에 나타난 신라 중대 불교의 위상

황복사지 명문의 '(5) 참가자'는 중대 초반 불교계의 정치적 위상을 파악하는 데 중요한 단서를 제공한다. 이 구절은 다음과 같이 두 가지로 번역되고 있다.

A. 사주는 사문 선륜이다. 소판 김순원과 김흥종이 특별히 왕명을 받든다. 승 영전, 승 영태, 대나마 아모, 대사 계력. 탑전은 승 혜안, 승 심상, 승 원각, 승 현방, 대사 일인, 대사 전극, 사지 조양, 사지 순절이다. 만든 이는 계생과 알온이다.(정병삼, 1992)

B. 사주는 사문 선륜과 소판 김순원 김흥종이다. 특봉교지는 승령 휴와 승령 대한과 내모 아모와 한사 계력이다. 탑전은 승 혜안과 승 심상과 승 원각과 승 현방과 한사 일인과 한사 전극와 사지 조양과 사지 순절이다. 장은 계생 알온이다.(심우준, 2014)

위의 A 번역과 B 번역의 가장 큰 차이는 사주寺主를 누구까지로 볼 것인가와 교지를 특별히 받든 이가 누구인가에 있다. A는 사문 선륜만 사주라 보았고, B는 소판 김순원과 김흥종도 포함시키고 있다. "국통國統 1인〔혹은 사주寺主라고 한다〕"는 《삼국사기》 권40, 무관武官조 기록을 고려하면, A의 해석이 타당하다. 사주가 곧 국통이라는 것은 출가자에만 해당하기 때문이다. 그래서 그동안 '소판 김순원과 김흥종'을 아래 나오는 '특봉교지'에 붙여서 해석하였다. 학계에서는 대체로 A 번역을 채택하고 있다.

그런데 A 번역에서는, 이어서 나오는 승 영전, 승 영태, 한나마 아모, 한사 계력이 어떤 역할을 하였는지 알 수가 없다. 이 문제를 풀기 위해서는 황복사지 명문과 함께, 719년(성덕왕 18) 김지성이 불상을 조성하게 한 뒤 나마奈麻 총聰이 찬술한 〈감산사석조아미타여래입상조상기〉(이하 '조상기'라 약칭)의 다음 구절을 검토할 필요가 있다.

C. 나마 총이 교를 받들어 지었고, 사문 석경융 대사 김취원이 ▨▨▨.

위의 C는 조상기의 '奈麻聰撰奉教, 沙門釋京融·大舍金驤源▨▨▨' 구절

에 대한, 널리 인용되어 온 번역이다. 이 구절의 마지막 ▨▨▨은 결락된 부분으로, 그동안 해당 글자를 '서봉교書奉教'로 추정해 왔다. 그러나 이 부분을 정밀 조사한 결과, 김취원金驟源 아래는 원래부터 글자가 없었던 것으로 판독되었다. 이러한 판독 결과를 바탕으로 다음과 같은 새로운 번역이 제시되었다.

    D. 나마 총이 찬하다. 왕명을 받든 이는 사문 석경융과 대사 김취원이다.(남동신, 2000)

원문을 '奈麻聰撰. 奉教沙門釋京融·大舍金驟源.'와 같이 끊어 읽은 것이다. 여기서 '왕명을 받든 이가 사문 석경융과 대사 김취원이다'라는 해석은, 황복사지 명문의 인명 구조를 이해하는 데 중요한 힌트를 제공한다. 특히 승려도 교서를 받았다는 사실, 그리고 교서를 받은 인명을 출가자–재가자 순으로 나열하였다는 사실에 주목할 필요가 있다. 이러한 해석을 황복사지 명문에 적용하면 '(5) 참가자' 부분은 다음 〈표 3〉과 같이 정리할 수 있다.

〈표 3〉 〈황복사지 삼층석탑 금동사리함〉 명문에 나오는 인명

역할	출가자	재가자	
		관등	이름
(총책임자)	사주 선윤	소판	김순원
			김흥종
특봉교지 (특별히 교서를 받은 자)	영준, 영태	한나마	아모
		한사	계력
탑전(탑 당당자)	혜안, 심상, 원각, 현방	한사	일인
			전극
		사지	조양
			순절
장(만든 자)	계생, 알온		

〈표 3〉은 A, B의 번역 가운데 B와 유사하다. 다만 B에서는 사문 선윤과 김순원, 김흥종을 모두 사주로 보았는데, 재가자를 사주로 칭하는 것이 적절한지 확언하기 어려우므로 해석의 여지를 남겨 두겠다. 여기서는 황복사지 명문에서 인명을 출가자−재가자 순으로 배열한 방식이 갖는 의미에 주목한다. 이를 위해 국왕의 교서를 받아〔봉교奉教〕 찬술된 다른 금석문들에서 인명을 기록한 방식과 황복사지 명문을 비교하여 그 의미를 해석해 보고자 한다. 비교 대상은 진흥왕(재위 540~576)의 명으로 작성된 〈마운령신라진흥왕순수비磨雲嶺新羅眞興王巡狩碑〉·〈황초령신라진흥왕순수비黃草嶺新羅眞興王巡狩碑〉, 그리고 혜공왕(재위 765~780)의 명으로 제작된 〈성덕대왕신종명聖德大王神鍾銘〉이다.

E. ① 이때 수레를 따른 이들이다. 사문도인 법장, 혜인, 태등 탁부 거질부지 이간, 내부지 이간, 사탁부 령역지 잡간, 탁부 복동지 대아간 …… (〈마운령신라진흥왕순수비〉)

② 이때 수레를 따른 이들이다. 사문도인 법장, 혜인, 태등 탁부 ▨▨▨부 …… ▨지 잡간, 탁부 복동지 대아간 ……(〈황초령신라진흥왕순수비〉)

F. 한림랑 급찬 김필오가 조서를 받들어 찬하다
대조 대나마 요단이 쓰다.
검교사 병부령 겸 전중령 사노부령 수성부령 감사천왕사부령 병 검교진지대왕사사 상상 대각간 신 김옹
검교사 숙정대령 겸 수성부령 검교감은사 각간 신 김양상
부사 집사부시랑 아찬 김체신
판관 우사록관사 급찬 김충득
판관 급찬 김충봉

판관 대나마 김여잉유

녹사 나마 김일진

녹사 나마 김장간

녹사 대사 김▨▨

대력 6년 세차 신해 12월 14일

주종대박사 대나마 박종일 차박사 나마 박빈나 나마 박한미 대사 박부

부(〈성덕대왕신종〉)

E. 인용문은 568년(진흥왕 29)에 찬한 〈마운령신라진흥왕순수비〉·〈황초령신라진흥왕순수비〉에서 왕을 수행한 인물들의 이름을 적은 부분이다. 수종 인원의 명단 첫머리에 사문도인 법장法藏·혜인慧忍이 확인되며, 이어지는 인물들은 정치적 위상이 높은 순서대로 배열한 것으로 이해된다. 특히 두 비문의 어순이 동일한 점에서, 의도적으로 승려 이름을 맨 앞에 배치한 것으로 보고 있다. 비문 전체에는 뚜렷한 불교적 수식이 드러나지 않음에도 불구하고, 사문도인, 즉 승려를 명단 제일 앞에 두었다는 것은, 당시 승려의 위상이 일반 관료보다 높게 인식되었음을 의미한다. 다만 승려에 대한 우대는 정치적인 성격이라기보다는 종교적인 성격이 강했을 것이다. 동아시아 고대 왕실에서 불교 수용 초창기에, 출가자들이 그들의 신통력이나 치유력을 드러냄으로써 통치자의 호감을 얻었던 점을 고려하면 진흥왕을 따르던 승려들의 성격도 이와 크게 다르지 않았을 것이다.

F. 인용문은 771년(혜공왕 7)에 작성된 〈성덕대왕신종〉 명문의 마지막 부분으로, 불사 참여자들을 정리한 대목이다. 도입부의 찬자와 앞의 서자를 제외하면, 이 명문에서 인명이 나타나는 곳은 여기에 한정된다. 주목할 점은 〈성덕대왕신종〉 명문에는 승려의 이름이 전혀 등장하지 않는다는 사실이다. 또한 사원의 성전成典도 고위 관직자가 겸직하고 있다. 대각간 김옹金邕이 사천왕사의 감부령監府令과 진지대왕사의 검교사를 겸하였는데, 김옹은

경덕왕의 차비이자 혜공왕의 모후인 만월부인과 남매 사이로, 혜공왕 당시 최고권력자였다.

〈성덕대왕신종〉의 제작은 사원 성전에서 주관하였다. 성전이 설치된 사원의 성격에 대해 왕실 원당이다, 관사官寺다, 국가 의례 장소이다 등의 다양한 해석이 제기되었다. 최근 제도사 관점을 따르면 성전은 공부工部 관계 관청이며, 특히 사원에 설치한 성전은 일반 관청에 비해 업무량이 적고 중요도가 낮은 구성을 지니고 있다고 한다. 경덕왕부터 혜공왕에 걸쳐 성덕대왕신종을 제작하는 과정에 승려들이 참여한 기록이 없고, 제작을 주관한 사원 성전의 정치적 위상이 상대적으로 높지 않았다는 점이 주목된다.

이는 경덕왕이 753년(경덕왕 12) 유식학승의 대표로 태현太賢을 내전으로 불러 《금광명경》을 강의하게 한 것, 754년(경덕왕 13) 화엄학승의 대표로 법해를 황룡사에 초청하여 《화엄경》을 강의하게 한 것, 월명, 충담, 진표 등을 불러 우대한 모습과 대조적이다. 이러한 차이를 두고, 경덕왕이 한화 개혁의 일환으로 불교 세력을 유입한 것이라는 해석에 근거하여 혜공왕 대 들어 경덕왕의 정책에 대한 반동으로 의도적으로 승려들을 배제한 것으로 봐야 할지, 중대 들어서며 승려나 불교계의 정치적 위상이 지속적으로 약화되었기 때문으로 봐야 할지, 〈성덕대왕신종〉 명문에 반영된 불교계의 상황에 대한 분석이 필요하다.

분명한 것은 황복사지 명문이 〔1〕〈진흥왕순수비문〉과 〔2〕〈성덕대왕신종명〉 사이에 위치하는 과도기적 성격을 지닌다는 점이다. 황복사지 명문에서는 〈진흥왕순수비문〉과 마찬가지로 출가자 이름을 재가자 앞에 적었다. 불사 책임자, 교지를 받은 자, 탑 담당자 명단이 출가자 ― 재가자의 순서를 지키고 있다. 이러한 배열은 8세기 초까지는 승려들이 지닌 종교적 권위가 국가적으로 인정되고 있었음을 보여 준다.

참고문헌

김복순, 2022, 〈경주 皇福寺址의 역사적 가치 및 특성−신라 중대왕실의 宗廟가람과 禪院가람으로서의 특성을 중심으로〉, 《신라문화》 60.

남동신, 2000, 〈감산사 아미타불상과 미륵보살상 조상기의 연구〉, 《미술자료》 98.

박광연, 2023, 〈〈황복사지 삼층석탑 금동사리함〉 명문을 통해 본 신라 중대의 불교〉, 《한국고대사연구》 111.

심우준, 2004, 〈경주 구황리 황복사 석탑장 무구정광대다라니경 명문과 실물〉, 《서지학연구》 29.

윤선태, 2023, 〈神文王과 狼山〉, 《신라문화》 62.

임영애, 2025, 〈새로운 불교 도상이 모인 곳, 신라 낭산〉, 《미술사학》 49.

장호진, 2019, 〈新羅 皇福寺의 창건과 변천〉, 《역사교육논집》 71.

정덕기, 2019, 〈《삼국사기》 직관 상으로 본 신라 중대 성전의 구성 원리와 운영방식〉, 《신라사학보》 49.

정병삼, 1992, 〈황복사 금동사리함기〉, 《역주한국고대금석문 3》, 가락국사적개발연구원.

황수영, 1968, 〈경주 전황복사지의 제문제〉, 《미술사학연구》 97.

제3장 김지성의 효심, 감산사의 두 불상 이야기

1. 감산사의 두 불상과 이방인의 기록

2. 감산사 두 불상의 조상기 검토

3. 감산사 두 불상의 양식과 도상적 특징

4. 감산사 두 불상, 기록과 조형 사이의 균형

서남영(경북대 인문학술원 학술연구교수)

1. 감산사의 두 불상[1]과 이방인의 기록

국립중앙박물관 3층 불교조각실에는 경주의 감산사甘山寺에서 출토된 미륵보살상과 아미타불상이 나란히 전시되어 있다(도판 1). 두 불상은 총 높이가 2미터에 달하는 입상으로, 단단한 화강암을 사용하여 불신은 물론 대좌와 광배까지 섬세하게 조각하였다. 그리고 광배 뒷면에는 각 300자가 넘는 조상기를 새겨 누가, 언제, 어떤 사연으로 불상을 만들게 되었는지 전하고 있다. 이처럼 완성도 높은 조각 솜씨와 더불어 우리나라 불교 조각상에

---

1 이 글에서는 불상을 불교에서 예배대상으로 삼는 여래상, 보살상, 명왕상, 천부상 등 존상 전반을 가리키는 넓은 의미로 사용한다.

〈도판 1〉 국립중앙박물관 3층 불교조각실의 전시 모습

(2025년 7월 필자 촬영)

서는 좀처럼 보기 힘든 장문의 조상기가 새겨진 두 상은 1962년에 국보로 지정되었으며, 우리나라를 대표하는 불상으로 손꼽히고 있다.

두 불상이 세워져 있었던 감산사는 고려 말 일연스님(一然, 1206~1289년)이 지은 《삼국유사三國遺事》에 따르면, "서울(京城)의 동남쪽 20리가량 되는 곳에 있다"고 전하는데, 이는 경주시 외동읍에 자리한 현재 감산사의 위치와도 일치하는 기록이다. 따라서 고려 말까지 감산사는 현재의 위치에 있었으며, 또한 "금당주미륵존상金堂主弥勒尊像"에서 미륵보살상이 금당에 봉안되었던 것으로 추정된다.

그런데 감산사의 두 불상은 무슨 이유에서인지 지금은 서울의 국립중앙박물관에 진열되어 있다. 두 불상은 남산의 마애불처럼 이동이 불가능한 것은 아니지만, 두 불상이 감산사를 떠나게 된 석연치 않은 사연은 100여 년 전 이방인의 기록에서 찾을 수 있다.

국립중앙박물관에는 일제강점기 때 촬영된 다수의 흑백 사진과 필사본 기록이 보관되어 있다. 그중에는 감산사의 미륵보살상과 아미타불상(도판 2), 그리고 감산사에서 촬영된 기단부의 사진(건판 400143)도 확인할 수 있다. 이들 사진이 언제 촬영되었는지 확실하지는 않지만, 미륵보살상을 촬영한 다른 사진(건판 15792)에는 1922년으로 기록하고 있다.

〈도판 2〉 미륵보살상(건판 25375), 아미타불상(건판 22549)(국립중앙박물관 소장자료)

또한 박물관에는 두 불상에 대한 간략한 기록도 남아 있다(도판 3). 즉 각 불상에 관해 "대정大正 4년 3월에 경상북도 경주군 내동면 신계리 감산사터에서 옮겨온 것으로, 신라 중아찬 김지성金志誠이 개원開元 7년에 돌아가신 부모의 명복을 빌기 위해 미륵상과 아미타상을 만든 것이 광배에 새겨져 있다. 개원 7년은 신라 성덕왕 18년(719)으로, 대정大正 12년으로부터 1204년 전에 해당하며, 조선의 현존하는 불상 중 가장 오래된 것이다"라고 거의 같은 내용이 적혀 있다. 우리는 이 기록에서 두 불상을 1915

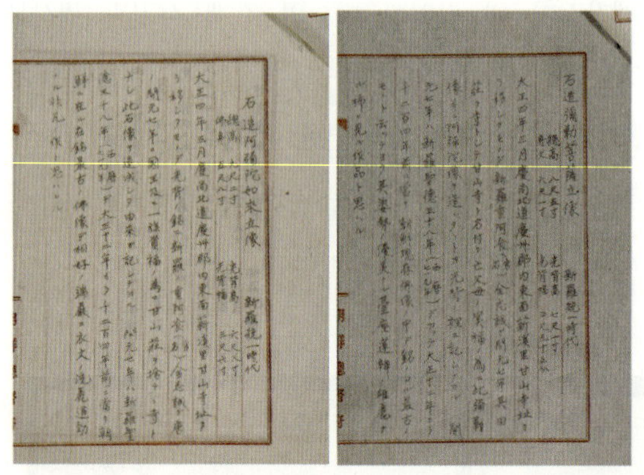

〈도판 3〉 감산사 불상에 관한 기록(국립중앙박물관 소장자료)

년(대정 4년) 3월에 경주 감산사터에서 서울로 옮긴 것과, 이 기록이 1923년(대정 12년)에 작성된 것을 확인할 수 있다.

한편 기록의 마지막에는 미륵보살상에 관해, "자세가 우아하고 대좌 연화문이 웅장하면서도 아름다워 귀한 작품으로 여겨진다", 그리고 아미타불상에 관해서는 "모습(相好)이 단엄(端嚴, 단정하고 위엄있는)하며, 옷 주름이 유려하면서도 강해 비범한 작품으로 생각한다"라며 두 불상에 대한 감상을 남기고 있다. 이중 아미타불상의 기록에서는 이 글을 쓴 사람이 어느 정도 불교 조각에 지식이 있는 인물이 아닐까 하는 생각이 들었다. 왜냐하면 《일본서기日本書紀》(권제19) 긴메이천왕(欽明天皇) 13년(552) 10월의 기사 중, "서쪽 지역에서 불상을 공양하였는데, 그 용모가 단엄하여 지금까지 한 번도 본 적이 없는 것이었다(西蕃獻佛, 相貌端嚴. 全未曾有)"고 서쪽 지역, 즉 백제 전래의 불상을 바로 '단엄端嚴'하다고 묘사하고 있기 때문이다.

동일한 필체로 작성된 이 기록은 누가 쓴 것일까? 1915년 감산사터에서 두 불상을 발굴하고 이동에 관여한 인물은 총독부 참사관실 소속의 일본인들로 알려져 있다. 그렇다면 박물관에 소장된 감산사의 불상을 촬영한 인물과, 위의 자료를 작성한 인물도 동일인으로 보아도 좋을까?

당시의 기록과 관련된 인물을 추정하는 것이 새삼 중요한 이유는, 아직까지도 두 불상이 감산사의 어디에, 어떠한 상태로 안치되어 있었는지 구체

적으로 확인할 수 있는 자
료가 없기 때문이다. 특히
아미타불상의 경우에는 일연
의 글에서도 봉안된 장소를
밝히고 있지 않았다.

그렇다면 1915년에 두 불
상을 왜 감산사터에서 옮긴
것일까? 관련 자료에 따르
면 조선총독부는 1915년에 한
일합방 5주년을 기념하기 위
해 일명 '공진회(始政五年紀念朝
鮮物産共進會, 일시: 1915.9.11.~
10.31)'를 개최하였다. 이때 전
시를 위해 두 불상을 경주
감산사에서 1915년 3월 경

〈도판 4〉 공진회 전시 모습(건판 29513)
(국립중앙박물관 소장자료)

복궁의 새로 지은 미술관으로 옮긴 것으로 추정된다. 당시 전시에서는 경주
남산 삼릉계 출토의 여래좌상을 중심에 두고, 그 오른쪽에는 미륵보살상을
그리고 왼쪽에는 아미타불상을 배치하였다(도판 4). 그러나 전시가 끝난 이
후에도 두 불상은 감산사로 다시 돌려보내지 않았고 그대로 조선총독부 박
물관에 진열하였다. 따라서 박물관 소장의 사진은 1915년 공진회가 끝난
이후 1922년 사이에 누군가에 의해 촬영된 것으로 추정할 수 있다.

이쯤에서 당시 우리 문화재를 조사하고 경주도 몇 차례 방문했던 세키노
타다시(關野貞, 1868~1935년)를 떠올릴 수 있다. 세키노는 일찍이 1902년
1차를 시작으로 1909년부터는 연례화 된 조선고적조사朝鮮古蹟調査를 통해
조선 각지를 순회하고 기록한 것으로 알려져 있다. 그리고 그는 조사의 성

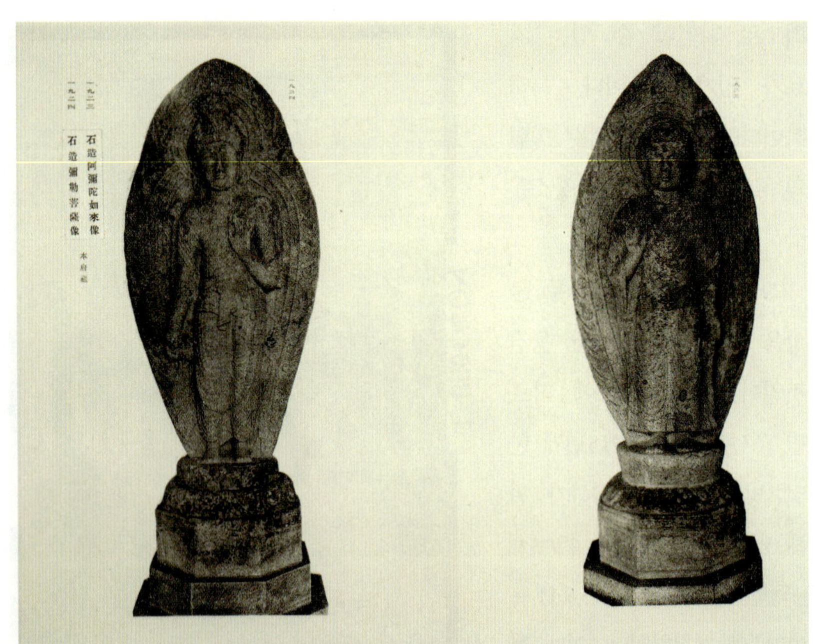

〈도판 5〉《조선고적도보》 5권, 감산사 불상 사진(圖1923, 圖1924)

과를 정리하여 《조선고적도보朝鮮古蹟圖譜》(1915~1920년)의 초판을 발행했다. 그중 제5권 신라통일시대(2)에는 경주 일대 왕릉과 석굴암 사진에 뒤이어 감산사의 두 불상 사진(도판 5)이 실려 있다. 경주 일대에서 촬영된 다른 불상이나 유물과는 달리 감산사의 두 불상은 배경이 삭제된 채, 소장처도 본부장本府藏, 즉 조선총독부로 기록하면서 원래 상이 봉안되었던 감산사의 이름은 책의 어디에도 남기지 않았다.

세키노가 1902년부터 1926년까지 실시한 조선고적조사는 총 15회로 알려져 있다. 이중 경주를 방문한 것은 1회(1902년), 2회(1909년), 7회(1915년)이다. 1회 때는 고건축 조사가 중심이었고, 2회 때는 경주의 능묘, 그리고 7회 때는 경주 황남동의 검총을 발굴한 것으로 알려져 있다. 방문 연도에 따르면, 세키노는 1915년 3월 두 불상이 서울로 옮겨지기 훨씬 이전에 이미 경주를 방문한 바가 있었으며, 감산사의 두 불상에 관해서도 어느 정도 정보를 접했을 가능성이 크다.

　필자는 이러한 가능성을 염두해 두고 세키노의 자료를 추적하였고, 그중 도쿄대학 박물관의 홈페이지에서 감산사의 불상과 관련된 목록을 찾을 수 있었다(도판 6). 다만 기대했던 감산사터에서 이동하기 이전에 촬영된 현지 사진이 아니라, 이번에 찾은 자료는 자필로 쓴 두 불상의 조상기에 관한 것이었다.

小石川分館 > 関野貞コレクション > フィールドカード > **All List** > Seach Result List

関野貞コレクション
フィールドカード

Search Result List [2 / 5826]

検索 →

ソート → 項目クリック（昇順／降順）　　　　　　画像拡大 → 画像クリック　　　　　　first ｜ prev. ｜ 1 - 2 of 2 ｜ next ｜ last

箱番号	グループ番号	紙番号	資料名	年月日	グループ名	箱表書き	国名	種別	備考	画像
025	01	044	甘山寺石造弥陀背光銘	大正7.3.2	慶州 佛寺	[なし]	韓国	カード	裏面あり	
025	01	045	甘山寺石造弥勒像背光銘	大正7.3.2	慶州 佛寺	[なし]	韓国	カード		

first ｜ prev. ｜ 1 - 2 of 2 ｜ next ｜ last

東京大学総合研究博物館｜小石川分館｜関野貞コレクション｜フィールドカード｜

〈도판 6〉 도쿄대학 박물관의 세키노 타다시 컬렉션 자료 홈페이지(2025년 7월)

　세키노의 인장이 찍힌 사적 노트에는 빨간 펜으로 수정한 흔적과 대정 7(1918)년 3월 2일이라는 작성한 날짜까지 선명하게 남기고 있다. 노트의 날짜대로라면 세키노는 감산사의 두 불상을 경주의 감산사터가 아니라 아마도 서울에서 직접 본 후 조상기를 이록移錄한 것이 된다. 이 자료를 1919년 조선총독부에서 발간한 《조선금석총람朝鮮金石總覽》(上)과 대조해 보니, 조상기의 원문이 세키노의 조상기 노트와 거의 동일하다는 것을 알수 있었다. 따라서 조상기가 처음으로 활자화되는 과정에는 1918년 작성된세키노의 자료가 어느 정도 참고가 되었을 것이다.

지금까지의 내용을 정리해 보면, 세키노는 감산사의 두 불상이 서울로옮겨지기 이전에 이미 경주를 방문하였다. 그런데 조선고적조사의 행적을따라가 보면, 가장 가능성이 높았던 7회(1915년) 때는 6월 하순에 경주에이어 부여를 방문한 것으로 확인된다. 하지만 두 불상은 3월에 이미 감산사터에서 서울로 이동한 상태였기 때문에, 결과적으로 세키노는 9월부터열린 공진회에서 두 불상을 관람했을 가능성이 높다. 그렇기 때문에 1917년 출간된 《조선고적도보朝鮮古蹟圖譜》 제5권(2)에 실린 감산사의 두 불상사진은 감산사의 현지에서 촬영된 것이 아니라 공진회 때 누군가가 촬영한것을 그대로 실었고, 소장처도 감산사를 의도적으로 누락한 것으로 보인다.

〈도판 7·8〉 감산사 입구 누각과 대적광전(2025년 7월 필자 촬영)

과거 김지성이 자신의 사유지를 바쳐 창건했던 감산사 경역에는 현재 '남월산南月山 감산사'라는 현판을 단 새로 지은 누각(도판 7)과 중앙에는 대적광전이 웅장하게 자리하고 있다(도판 8). 신라시대에 조성된 것으로는 대

〈도판 9·10〉 감산사 삼층석탑과 대적광전 내부(2025년 7월 필자 촬영)

적광전 뒤에 복원된 삼층석탑(도판 9)과 경내에 흩어져 있는 일부 석재 정도이다. 1300여 년 전, 김지성이 부모를 추모하기 위해 조영한 감산사와 두 불상이 봉안되었던 정확한 위치, 나아가 20세기 초 일본인에 의해 불상이 발굴되었다는 지점도 현재로서는 확인하기 어렵다.

그럼에도 불구하고, 감산사가 자리한 터는 탁 트인 조망과 수려한 자연경관으로 당시 사찰 입지의 미적, 신앙적 안목을 가늠케 한다. 이러한 명당에 감산사를 창건할 수 있었던 김지성의 재력과 조형미가 뛰어난 불상을 발원한 심미안, 그리고 상을 제작한 당시 장인의 숙련된 솜씨에 새삼 감탄하게 된다. 대적광전에 들어서자, 비로자나불상이 주존으로 봉안되어 있고 좌우 벽면에는 낯익은 미륵보살상과 아미타불상의 사진이 걸려 있다(도판 10).

만일 두 불상이 감산사에 여전히 남아 있었더라면 어떠했을까? 이들 불상이 감산사를 떠난 지 이미 100여 년의 시간이 흘렀다. 그사이 우리는 박물관 조명 아래에서 두 불상을 조우하는 것에 익숙해졌고, 이로 인해 감산사와 두 불상이 본래 하나의 종교적·공간적 맥락 속에 있었다는 것을 떠올리기가 점차 어려워졌다.

김지성이 의도한 전체적인 불사佛事는 분명 감산사라는 사찰과 그 안에 봉안된 두 존상의 일체적 구성에 있었을 것이다. 그러나 20세기 초 일제는 감산사의 두 불상을 비롯하여 많은 문화재를 원래 자리에서 분리하여 박물관으로 옮겼다. 그 결과 유물들이 지니고 있던 종교적, 역사적 상징성과 의미는 점차 퇴색되었으며, 두 불상도 더 이상 감산사의 공간 안에서 체험할 수 있는 대상이 아니라, 낯선 전시실에서 '객관적인 감상의 대상'으로 남게 되었다.

2. 감산사 두 불상의 조상기 검토

1) 김지성의 생애

조상기는 광배 뒷면의 편평한 면에 음각으로 새겨져 있다. 조상기의 구성은 두 불상 모두 오른쪽 상단에서 시작해 왼쪽으로 이어지며, 가로와 세로의 간격에 맞추어 행서체로 새겨져 있다(도판 11). 최근 국립중앙박물관에서 실시한 과학적 촬영기법(RTI)을 통해, 미륵보살상에는 총 381자(22행×18자), 아미타불상에는 기존 추정보다 3자가 적은 389자(21행×21자)가 새겨진 것으로 확인되었다. 두 조상기에는 연도 및 발원자의 이름, 그리고 발원의 배경과 목적이 거의 동일하게 새겨져 있다. 다만 한자 표기의 방식, 간략자와 이체자의 사용, 그리고 발원자 김지성과 그 가족의 인명 표기 등에서는 일부 차이가 있다.

두 불상에는 '개원開元 7년 기미己未 2월 15일'이라는 날짜가 명시되어 있다. 서력으로 719년에 해당하는 연도가 두 불상을 제작하기 시작한 시점

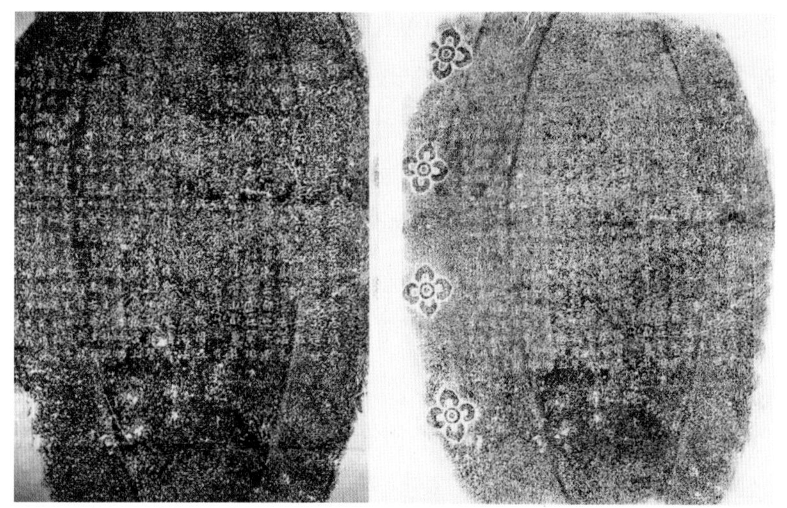

〈도판 11〉 아미타불상(왼쪽)과 미륵보살상(오른쪽) 조상기 탁본(국사편찬위원회 DB
https://db.history.go.kr/common/imageViewer.do?levelId=gskh_005_0050_0010)

인지, 혹은 완성된 시점인지는 단정하기 어렵다. 다만 광배 뒷면에 조상기를 새길 경우, 일반적으로 불상을 모두 완성한 뒤에 작업이 이루어지므로, 정면의 불신은 적어도 719년 이전에 완성되었을 가능성이 높다.

그렇다면 감산사의 두 불상은 동시에 제작된 것일까? 아미타불상의 경우, 조상기 후반부에서 "김산 장전莊田을 바쳐서 이 사람을 세우고, 아미타상 한 구를 제작한다"는 내용이 확인된다. 반면 미륵보살상에서는 "감산사 한 곳과 함께 석아미타상 한 구, 석미륵상 한 구를 제작한다"는 문구가 확인된다. 따라서 조상기의 내용상 아미타불상을 먼저 만들고, 이어서 미륵보살상을 제작한 것으로 추정할 수 있다. 그리고 아미타불상 조상기의 맨 마지막에 김지전(金志全, 즉 김지성)이 생전에 이 선업善業을 완수하였다는 문구와 사망한 날짜를 밝히고 있으므로, 두 불상은 성덕왕 19(720)년 4월 22일 이전에 완성된 것으로 볼 수 있다.

감산사의 두 불상이 제작되던 719년은 신라 제33대 왕인 성덕왕(聖德王, 재위 702~737년)의 재위 18년에 해당한다. 따라서 조상기에 등장하는 '국주대왕國主大王'은 바로 성덕왕을 가리킨다. 조상기에서는 '성세聖世'를 비롯하여 '국주대왕', '성주聖主', '왕사王事'의 앞에는 칸을 비워 표기하였다. 이는 아미타불상의 조상기 후반에서도 확인되는 바와 같이, 사적인 불사라 할지라도 국가의 허락하에 감산사를 창건하고 왕명으로 조성된 점을 감안하면, 성덕왕에 대한 존칭적 예우를 문장의 구조 안에서 구현한 것으로 볼 수 있다.

미륵보살상의 조상기에서는 "제자 지성이 성세에 태어났다"고 하여 당시의 신라를 태평성대에 비유하고 있다. 그렇지만 김지성이 청년기를 보냈던 7세기 중반은 삼국 간의 패권 경쟁이 치열하던 시기였으며, 그가 25세가 되던 해에 드디어 전쟁은 막을 내리고 통일신라로 접어들었다. 그리고 김지성이 50~60대를 보낸 성덕왕의 치세 동안 신라에서는 수재와 가뭄이 되풀이되어 고난이 끊이지 않던 시기로 역사서는 전하고 있다.

김지성의 구체적인 생애와 경력은 조상기를 통해 알 수 있다(※김지성의 일생 참조). 그는 진덕왕 6년(652)에 태어나 성덕왕 19년(720)에 69세로 생을 마감하였다. 김지성은 신라의 골품제사회에서 중아찬中阿飡 관등을 지닌 6두품 출신의 고위 관료로서 미륵보살상의 조상기에서는 간단히 "영반榮班"이라 하여 높은 관직을 지냈다고만 전하지만, 아미타불상의 조상기에서는 그의 공적이 구체적으로 확인된다. 즉 조상기 6~7행에 따르면, 김지성은 지략이 뛰어나 국정을 보좌하였고, 당나라의 황제로부터 궁중에서 음식이나 의복 등을 관장하는 직책인 '상사봉어尙舍奉御'라는 벼슬을 받았다. 그 경위는 중국 역사서인 《책부원귀册府元龜》(권970)에 김지성이 54세였던 성덕왕 3년(705) 3월에 신라의 외교 사절단인 입당사의 일원으로 당나라의 수도인 장안長安을 방문하였다는 기록에서도 확인할 수 있다.

<표 1> 김지성의 일생

나이	생애	연대	주요사건		조상기의 가족관계 표기(관직)		
			신라 사회상			미륵보살상	아미타불상
1세	출생	652년, 진덕왕 6년			本人		
9세		660년, 태종무열왕 7년		백제 멸망		金志誠	金志全
17세		668년, 문무왕 8년		고구려 멸망		(重阿湌)	(重阿湌) (尙舍奉御) (執事侍郎)
25세		676년, 문무왕 16년		676년 나당전쟁 종식	父	亡考仁章 (一吉湌)	亡考仁章 (一吉湌)
54세	3월 입당사 상사봉어	705년, 성덕왕 4년		가뭄, 흉년, 기근(705~706년)	母	亡妣觀肖里(2행) 亡妣官肖里(21행)	亡妣
57세	집사시랑, 은퇴	718년, 성덕왕 17년	신라 사회상	가뭄(714년~), 전염병, 지진(3월)	妻	前妻 古老里	亡妻 古路里
68세	감산사, 불상 조성	719년, 성덕왕 18년				後妻 阿好里	妻 阿好里
69세	4월 22일 사망	720년, 성덕왕 19년		수재(4월)	弟	良誠(小舍) 玄度(師)	亡弟 梁誠(小舍) 玄度(沙門)
					姉	古巴里	
					庶兄	及漢(一吉湌) 一憧(薩湌) 聰敬(大舍)	
					妹	首肹買里	亡妹 古寶里

또한 아미타불상의 조상기 7행에는 김지성이 67세가 되던 해(성덕왕 17년), 신라에서도 기밀사무를 담당하던 집사부의 차관인 '집사시랑執事侍郎'을 맡은 것으로 전하고 있다.

그리고 조상기에는 김지성 개인의 행적뿐 아니라 가족관계도 비교적 상세히 전하고 있어 신라사회를 이해하는 데 귀중한 자료가 된다. 그 가운데 양성(良誠, 혹은 梁誠)을 비롯한 동복·이복 형제들의 관직과 이름이 남아 있으며, 여자 형제들의 이름에는 공통적으로 '리里'자가 확인된다. 또한 처의 이름도 고노리古老里, 아호리阿好里로 전하고 있어, 이를 통해 당시 신라사회에서 여성 이름에 '리'를 사용하는 관행이 있었음을 짐작할 수 있다.

두 조상기를 통해 김지성은 비록 6두품의 신분이었지만, 왕실과의 긴밀한 관계 속에서 정치적인 실권을 행사한 인물이었음을 알 수 있다. 그 예로 아미타불상 조상기의 11행에 발원의 대상을 성덕왕인 국주대왕과 함께 무열왕의 막내아들로서 당시까지 상당한 정치적 영향력을 행사했던 것으로 보이는 이찬 개원공愷元公을 가족보다 앞서 언급하고 있다.

그런데 김지성은 말년에 이르러서 정치적 이상을 끝내 이루지 못한 채 인생의 전환점을 맞이하게 된다. 바로 감산사의 두 불상을 조성하기 불과 1년 전인 67세(718년)에 돌연 조정에서 물러나게 된 것이다. 이에 관한 구체적인 전후 사정은 알 수 없지만, 미륵보살상의 조상기 7행에서는 "지략이 없어 세상을 바로잡으려다 겨우 형벌을 면하였다"고 전하고 있으며, 아미타불상의 조상기 8행에서는 "벼슬을 내놓고 세상을 피하였다"는 구절로 볼 때, 김지성이 어떤 정치적 좌절이나 모종의 사건을 계기로 관직에서 물러난 것으로 추정된다.

이러한 예기치 못한 고난은 김지성으로 하여금 세속을 떠나 불사의 길로 들어갈 결정적 계기로 작용했을 것이다. 이에 이듬해인 719년 김지성은 자신의 사유지를 바쳐 감산사를 창건하고, 조상기에 밝힌 것처럼 47세에 고인이 된 아버지와 66세에 세상을 떠난 어머니의 명복을 기리기 위해 아미타불상과 미륵보살상을 조성하는 결과로 이어졌다. 그렇지만 당시 김지성 자신도 이미 68세였으며, 발원 다음 해인 69세에 생을 마감하였다는 점을 고려하면, 이 불사는 단순히 고인이 된 부모를 추모하려는 차원을 넘어, 파란만장했던 자신의 삶을 되돌아보며 마무리하려는 깊은 성찰의 산물이라고 할 수 있다. 따라서 그는 생애 마지막 불사를 통해 부모와 형제자매, 그리고 살아생전 인연을 맺었던 모든 이들에게까지 공덕을 회향하고자 염원한 것이다.

조상기에는 김지성이 부모를 화장한 뒤, 그 유골을 동해 바닷가 흔지欣支에 뿌렸다고 전한다. 흔지는 현재 영일만 일대로 추정되는데, 이처럼 유골을 바다에 산골하면 후대가 의례를 행하거나 기억을 이어갈 수 있는 특정한 장소가 존재하지 않게 된다. 이는 조상 숭배와 추모 의례에서 상당한 제약으로 작용했을 것이다. 이러한 한계가 노년의 김지성으로 하여금 부모의 공덕을 기리고 기억을 지속할 수 있는 대안적 장치를 모색하게 했으며, 그 결과 감산사와 두 불상을 조성하는 발원으로 구체화된 것이다.

이러한 결심은 아미타불상 조상기 10행에 "부모의 은혜에 보답하는데 부처님〔十號〕의 가르침만 한 것이 없다"는 구절에서 확인되는 것처럼, 결국 돌아가신 부모님을 기리는 김지성의 깊은 '효심'이 불교적 신행信行으로 귀결되었음을 암시한다. 그리하여 그는 아버지를 위해 먼저 아미타불상을 만들고, 어머니를 위해 뒤이어 미륵보살상을 조성하여 감산사에 봉안하는 것으로서, 부모의 은혜에 보답하면서 부처님의 가르침도 실천하고자 한 것이다.

결론적으로 감산사의 창건과 두 불상의 조성은 단순한 개인적인 추모를 넘어, 김지성이 고인이 된 부모를 추모하는 '효심'을 어떻게 불교적 방식으로 구현했는지, 그리고 신라사회에서 한 개인이 신행을 통해 신앙과 삶의 의미를 어떻게 조화시켰는지를 보여 주는 좋은 사례라고 할 수 있다.

2) 김지성의 사상

아미타불상의 조상기 서두에서는 인도에서 탄생한 불교가 서역에서 중국으로, 그리고 마침내 신라에 전해지는 과정이 극적으로 서술되어 있다. 이어 신라를, 사찰이 우뚝 서 있고 탑들이 잇달아 늘어서 있으며 부처님이 설법하신 인도의 사위국(舍衛國, Śravasti)에 비유하며, 극락세계가 바로 곁에 있는 듯하다고 찬탄하였다. 이러한 조상기의 비유는 당시 신라사회가 불교를 얼마나 깊이 신봉했는지를 잘 보여 준다. 따라서 김지성의 깊은 신앙심과 감산사와 두 불상을 발원한 것은 이러한 신라 불교의 융성한 분위기 속에서 자연스럽게 싹튼 것이다.

두 불상의 조상기에는 앞서 언급한 김지성의 경력이나 가족관계 외에도, 그의 사상적 배경에 대해 비교적 상세히 전하고 있다. 특히 조상기에는 김지성이 도교와 불교에 심취했던 신라의 지식인이었음을 보여 준다. 즉 장자莊子와 노자老子의 유유자적한 삶을 흠모하였고, 《도덕경道德經》뿐 아니라 인도 불교 유식학의 핵심 경전인 《유가사지론瑜伽師地論》도 즐겨 읽었다. 이러한 사상적 기반은 물욕에 집착하지 않고 자신의 장전을 바쳐 감산사를 창건하고, 두 불상을 조성하는 실천으로 이어졌다고 볼 수 있다.

두 불상이 제작되던 당시 중국을 비롯하여 신라에서는 미륵신앙과 아미타신앙이 널리 퍼져 있었다. 그 가운데서도 김지성은 특히 미륵사상에 대해 심오한 탐구와 사유를 이어간 것으로 보인다. 예를 들어, 미륵보살상의 조상기 8행에는 "무착의 그윽하고 고요한 경지를 희구하였다"고 전하고 있으며, 10~11행에서는 "유가론의 17지 법문을 깊이 연구하여 색色과 공空이 함께 소멸되는 이치를 깨달았다"는 구절이 나온다. 또한 아미타불상의 조상기 9행에서도 "무착의 진종眞宗을 우러러 사모하여 때때로 유가론을 읽었다"고 할 만큼 미륵신앙과 유가행파의 사상에 깊이 공감하고 있었다.

특히 두 조상기에 모두 등장하는 무착(無著, Asaṅga)은 5세기경 인도 유가행파의 대표 논사로, 유식불교를 체계화한 인물로 알려져 있다. 그의 대표 저작인 《유가사지론》은 도솔천의 미륵보살이 그에게 전수해 준 것으로 전해지며, 이후 유식사상과 미륵신앙은 긴밀하게 연결되었다. 중국에서도 고승 현장(玄奘, 602~664년)을 비롯한 유식 계열의 수행자들은 모두 미륵신앙을 깊이 따랐으며, 신라에서도 왕실 차원에서 유식사상에 강한 관심을 보였다. 일례로 진덕여왕은 현장이 《유가사지론》을 번역한 지 불과 3년 뒤인 648년에 당나라에 이 경전을 요청하였고, 이듬해인 649년 신라에도 전래되었다. 이처럼 7세기 후반 신라 왕실은 적극적으로 유식사상을 수용하였으며, 705년에 장안에 사신으로 다녀온 김지성 역시 이러한 분위기에 깊이 공감하고 있었을 것이다. 이와 같이 두 조상기의 무착과 유가론에 대한 언급을 통해 알 수 있는 것은, 김지성이 단순히 행정적인 관료에 그치는 인물이 아니라 도교는 물론 불교사상에 정통했던 지식인이라는 사실이다.

그런데 한편으로 흥미로운 점은, 미륵보살상의 조상기에는 미륵보살이 머무는 도솔천兜率天에 상생上生하여 법문을 듣기를 기원하는 《상생경上生經》의 내용이 전혀 언급되지 않는다는 것이다. 아미타불상의 조상기에서도 마찬가지로, 서방극락정토西方極樂淨土에 왕생하기를 기원하는 아미타 신앙의 핵심 구절은 찾아볼 수 없다. 그러나 이러한 경향은 감산사의 조상기에서만 보이는 특수한 상황이 아니다. 고대 동아시아 불교 조상기 전반을 살펴보면, 불상의 존격과 관련 경전을 직접적으로 언급하지 않는 사례가 적지 않기 때문에, 감산사의 두 조상기도 바로 그런 시대적 경향이 반영된 예라 할 수 있다.

3. 감산사 두 불상의 양식과 도상적 특징

감산사 출토의 두 불상은 화강암을 사용하여 주형광배舟形光背 앞에 고부조로 제작하였으며 따로 만든 연화대좌 위에 서 있다. 보통 불보살상을 동시에 제작할 때는 여래상을 크게 만들고 보살상을 작게 만들지만, 감산사의 두 불상은 거의 동일한 규모로 불신만 보면 미륵보살상이 아미타불상보다 5cm가량 크게 제작되었다.

〈도판12〉 미륵보살상(왼쪽)과 상반신 및 하반신(국립중앙박물관 홈페이지)

두 불상 중 먼저 미륵보살상(도판 12)에 관해 살펴보자. 미륵보살상은 마치 두 눈은 반쯤 감고 살짝 미소지은 듯한 온화한 표정이다. 머리에는 화려한 보관을 쓰고 있는데 앞에는 좌불의 화불化佛이 놓여 있다. 상반신에는 가슴과 팔에 여러 개의 장신구로 화려하게 꾸미고 있으며, 옷은 걸치지 않았지만 왼쪽 어깨에서 사선으로 내려오는 낙액絡腋이라는 이국풍의 장식을 걸치고 있다.

그리고 오른쪽 다리에 무게를 싣고 왼쪽 무릎을 살짝 굽힌 이른바 삼곡三曲 자세를 취한 하반신에는 미묘한 움직임이 표현되었다. 허리 밑으로 걸친 긴 치마는 옷주름이 몸에 밀착되어 여러 겹 곡선을 그리면서 늘어져 있다. 광배에 얕은 부조로 표현된 천의는 팔을 휘감아 내려오면서 끝단은 불신 좌우로 펼쳐져 있다. 그리고 미륵보살상의 왼쪽 다리를 지나 오른쪽으로 가로지르는 사괘斜掛를 비대칭으로 표현하여 하반신의 움직임을 한층 돋보이게 한다.

감산사 출토의 두 불상 중 미륵보살상은 아미타불상에 비해 일찍이 학계의 주목을 받아왔다. 그 이유는 낙액이나 사괘 등의 장신구와 치마의 옷주름이 이전 시대에서는 볼 수 없는 새로운 표현법과 미륵보살임에도 화불을 표현한 도상적인 특징 때문이다. 당시 신라에서 이처럼 이국적인 미륵보살상이 제작된 배경으로는 인도에서 서역을 거쳐 당나라 장안에 들어온 국제적인 양식이 통일 직후 신라로 유입된 결과로 추정하고 있다.

그렇다면 아미타불상(도판 13)은 어떤 모습일까? 표정에서는 눈을 반쯤 감은 듯 명상적이면서도 꽉 다문 입술에서는 엄숙함이 느껴진다. 이마에는 백호의 흔적이 남아 있으며 육계에는 나발이 새겨져 있어 부처로서의 위엄을 갖추고 있다. 오른손은 손바닥을 바깥으로 향한 채 들고 엄지와 검지를 서로 붙이고 약지도 살짝 굽히고 있다. 그리고 왼손은 손바닥이 보인 채 밑으로 내리고 있다. 이러한 수인의 정확한 명칭과 의미는 알 수 없지만, 신라의 경우 9세기에 제작된 아미타불상에서 확인되고 있다.

아미타불상은 넓은 어깨와 잘록한 허리, 당당한 두 다리 등 신체 전반에

<도판 13> 아미타불상(왼쪽)과 상반신 및 하반신(국립중앙박물관 홈페이지)

걸쳐 양감이 풍부하게 표현되었다. 법의는 양쪽 어깨를 감싼 통견으로 옷주름이 가슴을 중심으로 해서 상반신 전체에 걸쳐 좌우대칭의 U자형으로 늘어져 있으며, 하반신에도 다리의 굴곡에 따라 옷주름이 강조되어 있다. 특히 다리 사이의 옷주름은 Y자형을 이루고 있는데, 이를 학계에서는 우전왕식(優塡王式, Udayana Type) 불상의 특징으로 간주하며, 이와 유사한 예는 주로 서역 출토의 불상에서 확인된다. 아미타불상의 이러한 옷주름은 중국 당나라를 비롯하여 8세기경 신라에서 새롭게 유행했던 것으로 추정하고 있다.

이와 같이 감산사의 두 불상에서 확인되는 새로운 양식은 7세기 말 신라의 사회상과도 깊은 관련이 있다. 당시 신라는 당나라 군대를 축출하고 삼국 통일의 위업을 달성하면서, 8세기 초에는 이국적인 새로운 조형 양식을 불상에 적극적으로 수용하기 시작하였다. 당시 중국의 경우, 7세기 중엽 현장이 인도로부터 구법 여행을 마친 이후, 인도적 조형미를 반영한 불상 양식이 본격적으로 유행하기 시작했다. 특히 8세기 초 당대唐代의 불상(도판 14)은 굽타 양식을 적극적으로 수용하여, 옷주름을 몸에 밀착시켜 신체의 양감을 강조하는 등 남북조시대의 수골청상秀骨淸像, 즉 양감과 움직임을 배제하여 신체를 마르고 고결한 느낌으로 표현하던 것과는 전혀 다른 양상으로 전개되고 있었다.

따라서 705년경 입당사入唐使의 일원으로 이러한 흐름을 직접 목격했던 김지성의 입장에서 이국적 요소가 반영된 미륵보살상과 아미타불상을 조성한 것은, 당시의 문화적 배경과 그의 경험을 고려할 때 매우 자연스러운 결과라 할 수 있다. 게다가 신라 중대는 정치적 안정과 문화적 융성이 절정을 이루던 시기로, 특히 성덕왕 재위기에는 신라 역사상 가장 활발한 대당 외교가 전개된 시기로도 알려져 있다. 이러한 국제적 교류 속에서 신라는 당나라의 선진 문화를 적극적으로 수용하며 국제화를 실현하였고, 그 영향은 감산사의 두 불상에도 반영된 것이다.

그렇지만 당나라를 중심으로 유행하던 국제적인 불상 양식이 신라에 그대로 옮겨져 단순히 모방된 것은 아니었다. 즉 신라에서는 외래 양식을 수용하되, 이를 신라 고유의 미감과 신앙적 해석에 맞게 적절히 조화시키고 변형하였다. 이러한 점에서 감산사의 두 불상은 단순히 당나라 양식을 답습한 것에 그치지 않

〈도판 14〉 중국 서안 보경사宝慶寺 출토 삼존불, 당, 8세기(도쿄박물관 홈페이지, https://webarchives.tnm.jp/imgsearch/show/E0128077)

고, 신라만의 새로운 조형으로 태어난 결과물이라고 할 수 있다. 이처럼 외래문화를 받아들이면서도 자율적인 변화를 시도했다는 점은, 당시 신라 불교미술의 성숙한 문화적 역량을 보여 주는 중요한 대목이다.

그러므로 감산사의 두 불상은 단지 개별 조형물로서의 가치를 넘어서, 8세기 신라 불교 조각이 국제적 흐름과 어떻게 교섭하였는지를 보여 주는 실증적 사례이며, 동시에 당시 신라의 상류 지식인이 개인적 신앙과 예술을 통해 시대적 문화를 구현한 사례로도 주목할 수 있다.

4. 감산사 두 불상, 기록과 조형 사이의 균형

우리나라에서 조상기를 동반한 불상은 매우 드물다. 중국이나 일본에서도 조상기에 제작 연도 외에 발원자의 가족과 발원 목적까지 구체적으로 적힌 사례는 흔치 않다. 특히 감산사의 두 불상은 719년이라는 정확한 제작 시기가 남아 있어 연대가 불분명한 다른 조각상의 제작 시기를 가늠하게 하는 기준작으로서 중요한 의미를 지닌다. 게다가 두 불상은 1915년 서울로 옮겨지기 전까지 경주 감산사터에 있었기 때문에, 제작지와 출토지가 일치하며 조형도 거의 온전히 남아 있어서 조각사적인 가치도 매우 크다.

두 불상의 조상기를 따라가다 보면 우리는 8세기 신라사회로 들어가게 된다. 발원자 개인의 신앙과 정서, 사회적 배경이 고스란히 담긴 조상기는 지금도 시공을 초월해 신라인 김지성의 삶을 생생하게 들려주고 있다. 그러나 다시 정면의 조각상과 마주하는 순간, 우리는 조상기의 기록을 잠시 잊고 조각 그 자체의 생동감에 압도된다. 미륵보살상과 아미타불상에서 전해지는 온기 어린 조형은 마치 지금 막 장인의 손끝에서 태어난 듯 너무나 생생하다. 감산사의 두 불상은 이처럼 조상기와 조각이 하나의 유기체처럼 엮여 있는 보기 드문 사례이며, 양자의 긴장과 조화를 통해 진정한 가치를 드러내고 있다.

감산사의 두 불상은 부모를 기리고자 한 김지성의 '효심'에서 출발하였지만, 화강암에 새겨진 그 형상은 한 개인의 감정을 넘어 공동체의 신앙과 예술적 완성으로 승화되기에 이르렀다. 1300여 년의 세월이 무색할 만큼 온전히 남아 있는 두 불상은 조상기를 전부 읽어 내려가도 김지성에 대한 궁금증이 쉽게 가시지 않는다. 문득 감산사와 멀지 않은 토함산吐含山 중턱에 석굴암을 창건한 김대성金大城과 연관지어 보게 된다.

김지성과 김대성은 약 반세기의 시간차를 두고 활동했다. 두 인물을 직접 연결할 수 있는 기록은 현재로서는 없지만, 이름도 닮고 경주에서 부모를 위해 대형 불사를 발원했다는 공통점을 생각하면, 두 인물 사이에 아무런 관련이 없다고 단정할 수 있을까? 어쩌면 갑작스러운 이 의문 자체가 감산사의 두 불상을 단순히 박물관에 전시된 조각이 아니라, 본래 있었던 감산사라는 공간에서 다시 바라보아야 할 중요한 이유인지도 모른다.

오늘날 도쿄 우에노의 국립박물관 동양관에는 100여 년 전 일본으로 반출된 중국 불상들이 전시되어 있다. 다행히 감산사의 두 불상은 그곳에 있지 않고 우리 곁에 있지만, 본래의 자리를 떠나야 했던 역사적 사정은 여전히 뚜렷한 상처로 남아 있다. 그것은 식민지 지배 속에서 문화재가 전리품처럼 다루어진 아픈 기억이며, 두 불상에 관련된 자료 중 일부가 아직도 '비공개'라는 사실은 오늘날까지도 깊은 아쉬움과 과제를 남기고 있다.

참고문헌

《삼국유사三國遺事》, 《책부원귀冊府元龜》

김영미, 2015, 〈《삼국유사》 〈남월산〉조와 감산사 미륵·아미타상 조상기의 재검토〉, 《신라문화제 학술발표회논문집》 36.

김영미, 2015, 〈감산사(甘山寺) 아미타불상과 미륵보살상 조상(造像)의 경전적 배경〉, 《한국사상사학》 50.

남동신, 2020, 〈甘山寺 阿彌陀佛像과 彌勒菩薩像 造像記의 연구〉, 《미술자료》 98.

문명대, 1974, 〈신라법상종의 성립문제와 그 미술: 감산사미륵보살 및 아미타불상과 그 명문을 중심으로〉 상·하, 《역사학보》 62·63.

서영교, 2024, 〈金志誠家의 嫡庶문제-甘山寺 조상기 분석을 중심으로-〉, 《지역과 역사》 55.

소현숙, 2014, 〈統一新羅 佛敎彫刻과 唐代 畵風: 甘山寺 阿彌陀佛立像과 彌勒菩薩立像을 中心으로〉, 《미술사논단》 6.

신소연 김영민, 2013, 〈RTI 촬영을 통한 감산사 미륵보살상과 아미타불상 명문 검토〉, 《미술자료》 84.

이순자, 2021, 《일제강점기 문화재 조사와 고적조사》, 동북아역사재단.

이주형, 2010, 〈미륵을 만나다: 감산사 미륵보살상의 형식과 의미에 대한 해명〉, 《미술사와 시각문화》 9.

정송이, 2019, 《甘山寺 石造彌勒菩薩立像과 金志誠의 佛敎信仰》, 《美術史學》 38.

關野貞 著, 關野貞研究會 編, 2009, 《關野貞日記》, 東京: 中央公論美術出版.

金理那, 1976, 〈新羅甘山寺如來式佛像の衣紋と日本佛像との關係〉, 《佛敎藝術》 110, 東京每日新聞社.

제4장 성덕대왕신종, 그 신기가 뿜어내는 소리

1. 아름답고 신비한 종
2. 선대 왕의 치적과 8세 혜공왕의 즉위
3. 신기神器 성덕대왕신종이 탄생하다
4. 봉덕사성전의 모습과 신종 제작을 주도한 인물들
5. 고독한 울림은 여운이 되고

이영호(경북대 사학과 명예교수)

1. 아름답고 신비한 종

국립경주박물관 마당의 종각에는 거대한 종 하나가 매달려 있다. 이른바 성덕대왕신종聖德大王神鍾이다. 이는 신라 성덕대왕을 기리기 위해 만들어진 것이다. 이름도 그냥 '종鍾'이 아닌 "신종神鍾"으로 되어 있어 신비감을 더한다. '신령스런 기운을 뿜어내는 종'이란 특별한 기원을 담고 제작되었던 것이다. 신라 왕경인 오늘날의 경주시, 북천 가에 있던 봉덕사奉德寺에 걸어 두었다고 해서 흔히 '봉덕사종'이라고 불렀다. 또한 종을 주조할 때 어린아이를 끓는 쇳물 속에 던져 넣었다는 설화가 전한다. 타종 때에 아이가 그 어미를 원망하는 '에미~'라는 소리가 들린다고 하여 '에밀레종'으로도 널리 알려졌다. '에미~'는 '엄마 때문에'라는 죽은 아이의 슬픈 외침이었다.

<도판 1> 성덕대왕신종 전경(필자 촬영)

성덕대왕신종은 1962년 문화재보호법(현재의 국가유산기본법)이 제정됨에 따라 '국보 제29호'로 지정되었다. 그러나 2011년 11월 22일부터 지정번호제를 사용하지 않아 현재는 '국보'로만 되어 있다. 이 종 또한 여느 종처럼 청동으로 만들어졌다. 12만 근의 구리가 주된 재료였던 것이다. 신종의 높이는 몸체 2.83m, 종걸이(음관) 0.83m으로, 전체 약 3.7m에 이르는 대종이다. 경덕왕이 한 길 되는 종 1구를 만들려 했으나 이루지 못했다는 종명의 기록과 일치한다. 입지름(口徑)은 2.2m, 종신鍾身의 두께는 아래쪽 20㎝, 위쪽 10㎝ 정도로 당좌撞座에서 아래·위로 갈수록 약간씩 얇아진다. 전체 부피 1.97㎥, 무게 18.9톤이다. 경덕왕 13년(754)에 만들어진 황룡사종이 길이 1장 3치, 두께 9치, 들어간 금속의 무게 497,581근인 사실과 비교된다. 그러나 이는 귀족의 시주였고, 장인도 금입택金入宅(부유한 큰집)의 하나인 이상택里上宅 하전下典이었다.

성덕대왕신종은 거대한 항아리를 엎어 놓은 모습이다. 가운데 종을 치는 당좌 부분이 가장 불룩하고 아래로 갈수록 약간 오므라드는데, 종신鍾身의 비례가 절묘하다. 천판天板에는 신라 종에만 있는 음관音管이 우뚝 솟아 있다. 연화좌 위에 무릎을 꿇고 손에 향로를 든 두 쌍의 비천상飛天像이 양각되고, 두 개의 연화문 당좌, 상대上帶·하대下帶의 넝쿨무늬, 연곽蓮廓과 연뢰蓮蕾가 빼어나게 아름답다. 땅바닥에는 소리의 울림을 위한 명동鳴洞이 있었을 것이다.

명나라의 문장가 호시(胡侍, 字는 承之)가 지은 《진주선眞珠船》에는 용에게 아홉 자식이 있다고 하였다. 곧 비희贔屭, 치문鴟吻, 포뢰蒲牢, 폐안狴犴, 도철饕餮, 이수螭首, 애자睚眦, 산예狻猊, 초도椒圖가 그것이다. 용이 상상의 동물인 만큼 이들도 가상의 존재임은 물론이다. 성덕대왕신종의 천판 위에는 포뢰의 형상이 만들어져 있다. 포뢰는 고래를 무서워하여 소리를 잘 지른다고 한다. 그래서 종을 치는 당목은 고래의 뼈로 만들거나 고래 모

양으로 만들었다. 범종梵鐘을 '고래 경鯨'자를 써서 경종鯨鐘이라고도 하는
이유다.

　성덕대왕신종은 우리나라뿐만 아니라 세계에서도 최고의 종으로 이름 높
다. 독일의 유명한 고고학자 켄멜은 "에밀레종 하나만 갖고도 훌륭한 박물
관이 될 수 있다."고 하면서, "이 종은 한국만이 아니라 세계 제일의 종이
다."고 격찬하였다. 또한 국립경주박물관장을 지낸 정양모는 "사람은 한평생
수많은 희로애락을 경험하지만, 저토록 아름다운 소리를 듣는 이가 몇이나
될까? 깨달을 수 있는 경지에 있는 이가 들으면 문득 법열의 경지에 이르
러 득도할 것이며, 보통 사람이나 나무꾼이 들어도 누구나 희열의 경지에
이르러 그 마음이 청정해질 것이다."라고 찬미하였다.

〈도판 2〉 성덕대왕신종이 걸려 있던 종각. 경주문화원 향토사료관 경내(필자 촬영)

신종이 제작된 지 1200년이 훌쩍 지나면서 타종 지속을 둘러싸고 논란이 일었다. 종도 쉬어야 한다는 것이 이유였다. 그래서 1992년 말 제야의 종을 마지막으로 타종을 멈추었다. 비록 종각 안에 있지만 야외가 아닌 실내에 두어야 한다거나 지진에 대비하여야 한다는 의견도 제기되었다. 그러다가 1997년에 신종에 대한 종합 검사를 위해 일시 타종하였다. 그 후에도 2001년부터 3년 동안 개천절에 종을 쳤고, 올해인 2025년 9월 24일 밤 음향 조사를 위해 다시 쳤다. 현재 연구용이 아니면 종을 칠 수 없다.

중국에서 가장 큰 범종은 중국 북경 대종사大鐘寺에 있는 영락대종永樂大鐘이다. 이 종은 명나라 영락제 때인 1420년에 주조되었으며, 입지름이 3.3m이고 높이가 6.75m이며, 무게는 46.5톤이다. 성덕대왕신종보다 크지만 훨씬 뒤에 만들어져 같이 논할 바 아니다. 세계에서 가장 큰 종은 러시아 모스크바 크렘린 궁전 안에 있는 1735년에 주조된 입지름 7.64m, 높이 7.2m, 무게 약 200톤의 짜르 대종이다. 이는 서양식 종으로, 주조 직후 발생한 화재로 땅 위에 놓여 있는, 칠 수 없는 파종이다. 타종할 수 있는 종 가운데 세계에서 가장 오래되었으면서도, 가장 크고 무거우며, 가장 아름다우면서도, 가장 소리가 좋은 신비한 종이 성덕대왕신종인 것이다.

성덕대왕신종은 위에서 살핀 외형적 특징과 함께 두 군데 모두 1천여 자의 돋을새김 명문이 있어 빛을 발한다. 한 쌍씩의 비천상이 천의를 휘날리며 좌우에서 두 명문을 감싸는 가운데, 각각 신종을 주조하게 된 내력과 그 제작자들을 드러낸 것이다. 이 명문으로 문헌에서 알 수 없었던 귀중한 사실들이 많이 밝혀졌고, 역사학, 한문학, 금석학, 미술사, 과학기술사 등 신라사의 여러 방면에 대한 연구가 활기를 띠게 되었다.

2. 선대 왕의 치적과 8세 혜공왕의 즉위

성덕대왕신종은 혜공왕이 할아버지 성덕대왕을 위해 만든 것이다. 종명에 특정 왕의 이름을 새긴 것은 사례가 매우 드물다. 성덕왕은 중대 왕실을 개창한 제29대 태종무열왕 김춘추의 증손자였다. 태종무열왕은 진골 출신의 첫 왕으로서 백제를 멸하고, 자신의 직계 왕통을 수립하였다. 이를 흔히 태종무열왕계라고 일컫는다.

문무왕은 아버지 태종무열왕의 업적을 계승하여 고구려를 멸하고 삼국통일의 위업을 달성하였다. 그 여세를 몰아 신문왕은 귀족세력을 억압하고 강력한 왕권을 확립하였다. 신문왕이 죽자 태자 이홍理洪이 즉위하니 제32대 효소왕이다. 그는 5세에 태자에 책봉되고 6세의 어린 나이로 즉위하였다. 그래서 어머니 신목태후(신문왕의 비)가 섭정하였다고 추측한다. 소년 왕 효소왕은 미혼으로 살다가 이렇다 할 업적을 남기지 못한 채 재위 11년째 되던 702년 7월 27일에 16세로 병사했다. 이에 친동생인 융기(隆基. 뒤에 흥광興光으로 바꿈)가 즉위하니 이가 바로 제33대 성덕왕이었다.

성덕왕은 중대의 왕들 가운데 유일하게 태자에 책봉되지 않고 귀족들의 추대로 왕위에 올랐다. 이때 그는 12세였으므로, 즉위에는 종조부인 김개원金愷元의 역할이 컸을 것으로 추측한다. 이처럼 효소왕, 성덕왕이 연이어 어려서 즉위하자 왕권은 귀족세력에게 좌우되는 일이 많았다. 특히 왕의 외가 또는 왕의 장인이나 처남을 중심으로 한 외척外戚이 권력의 전면에 등장하였다.

성덕왕은 즉위 후에 두 명의 여성과 혼인하였다. 첫째 왕비는 성정왕후

(배소왕후 또는 엄정왕후로도 불림)였고, 둘째 왕비는 소덕왕후(점물왕후로도 불림)였다. 첫째 왕비는 김원태의 딸로, 재위 3년째 되던 704년 5월에 맞이하였다. 김원태는 신문왕 5년(685) 처음 서원소경이 설치될 때 아찬(6등)으로 장관인 사신(仕臣)에 취임하였다. 그러다가 19년이 지나 딸을 성덕왕의 왕비로 들였던 것이다. 이때 그는 소판(3등)으로 승진, 수레와 말을 관장하는 관부인 승부의 장관(乘府令)에 재임하고 있었다. 김원태가 왕의 장인이 된 데는 그가 가진 직위가 중요한 배경이 되었을 것이다.

성덕왕은 혼인 후 10년이 지난 715년 12월에 왕자 중경重慶을 태자에 책봉하였다. 그러나 불과 석 달 뒤 성정왕후가 궁궐에서 쫓겨났다. 그녀에게 대가로 채색비단 500필과 밭 200결, 벼 1만 섬과 집 한 채를 내렸는데, 집은 강신공康申公의 옛 집을 사서 주었다. 더욱이 이듬해 6월에는 태자 중경이 사망하였다. 일련의 일들이 1년 반 사이의 짧은 기간에 일어났다. 태자 책봉을 둘러싼 귀족 간의 갈등 때문이었을 것이다.

720년 성덕왕은 새 장가를 들었다. 3월에 이찬 김순원金順元의 딸과 혼인하고, 6월에는 소덕왕후로 책봉하였다. 김순원은 효소왕 7년인 698년 2월에 대아찬(5등)으로 집사부 중시에 취임하였으나, 700년 5월에 경영慶永의 난에 연좌되어 파면되었다. 그러나 성덕왕 5년인 706년에 만들어진 전황복사 금동사리함기에는 소판(3등)으로 승진, 3층 석탑 안에 신문왕과 신목태후, 효소왕 등을 위해 부처 사리 등을 봉안하는 불사의 공동 책임자로 나타났다. 그 후 14년이 지나서 자신의 딸을 성덕왕의 둘째 왕비로 들였던 것이다. 이로 보아 그는 성덕왕의 지지 세력이며, 첫째 왕비 출궁에 간여한 인물이었을 것이다. 비록 경영의 난에 연좌되어 일시 파면되었지만, 계속 효소왕의 측근 세력으로 활동하였고, 성덕왕이 즉위하자 왕명을 받들고, 왕의 장인이 되어 권력을 행사했다고 하겠다.

724년 봄, 성덕왕은 왕자 승경承慶을 태자에 책봉하였다. 그러나 그해

12월, 어린 태자를 남겨둔 채 소덕왕후가 사망하였다. 성덕왕은 혼인한 지 4년 만에 둘째 왕비를 잃었던 것이다. 그는 세상을 떠날 때까지 13년 가까운 세월을 왕비 없는 고독한 삶을 살았다. 이렇게 함으로써 새로운 외척세력의 등장을 막을 수 있었다.

성덕왕은 신라에서 극성기를 구가한 군주였다. 후대 왕들이 선망한 가장 이상적인 시기였다. 그는 무엇보다 민생의 안정에 힘을 쏟았다. 특히 즉위 초반에 가뭄, 흉년, 기근, 지진 등 재난이 연이었다. 이에 창고를 열고, 사자를 보내 진휼하는 한편, 거듭 사면령을 내렸다. 늙은이와 홀아비, 홀어미, 고아, 독거노인들을 찾아 직접 위로하고 물건을 나누어 주었다. 신하들이 지켜야 할 교훈서인 백관잠百官箴을 지어 이들을 타일렀고, 백성들에게 처음으로 정전丁田을 지급하여 생활을 안정시켰다. 그런 한편으로 봉덕사를 창건하여 태종무열왕을 내세움으로써 자신의 정통성을 인식시키려 하였다.

그는 국방에 힘써 전국의 요충지에 성을 쌓았다. 721년 7월에 하슬라 지역의 장정〔丁夫〕 2천 명을 징발하여 북쪽 국경에 장성長城을 쌓았다. 이듬해 10월에는 왕경 동남쪽 모벌군(毛伐郡. 毛火郡이라고도 씀)에 성을 쌓아 일본 도적들이 노략질하는 길을 막았다. 또한 축성을 전담한 중앙 관부로 경성주작전京城周作典을 설치하였다.

무엇보다 왕의 큰 업적은 외교적 성과였다. 나당전쟁으로 소원하던 관계를 개선하여 재위 36년 동안 46회의 견당사절遣唐使節을 파견하였다. 이는 역대 왕들 가운데 빈도수에서 단연 최고였다. 그런 가운데 발해의 군대가 바다를 건너 산동반도 등주를 공격하자 당의 요청을 받아들여 발해의 남쪽 지역을 공격하였다. 큰 눈이 내리고 얼어 죽은 병사가 반이나 되어 회군하고 말았지만, 이를 계기로 735년에 패강 이남 지역에 대한 신라의 영유권을 당으로부터 인정받게 되었다. 대당 관계가 개선되자 성덕왕은 일본에 대해 왕성국王城國임을 과시하였다.

성덕왕이 재위 36년인 737년 2월에 사망하고 태자 승경이 즉위하니 곧 효성왕이었다. 그는 재위 3년째 되던 해에 이모인 이찬 김순원의 딸 혜명을 왕비로 맞이하였다. 장인인 김순원은 거의 20년의 거리를 두고 성덕왕·효성왕 2대에 걸쳐 왕실과 결합한 것이다. 이는 그가 왕실의 외척으로 당대 최고의 세력가였음을 말해 준다고 하겠다.

효성왕은 별다른 업적을 남기지 못한 채 재위 6년째 되던 742년 5월에 아들 없이 사망하였다. 이에 친동생인 태자 헌영憲英이 즉위하니 제35대 경덕왕이었다. 즉위 시에 이찬 김순정金順貞의 딸이 왕비로 있었는데, 재임 중 새 여성과 재혼하였다. 이는 《삼국유사》 권2, 기이, 경덕왕·충담사·표훈대덕 조에서 "왕은 옥경玉莖의 길이가 8치나 되었다. 아들이 없으므로 왕비를 폐하여 사량부인沙梁夫人으로 봉하였다. 후비 만월부인滿月夫人의 시호는 경수태후景垂太后이며 의충 각간의 딸이었다."라고 한 기사에서 확인된다. 곧 즉위 직후 첫째 왕비 삼모부인을 내보내고, 이듬해 4월에 서불한(각간) 김의충金義忠의 딸 만월부인을 새 왕비로 맞이한 것이다.

김순정은 관등이 이찬(2등)에 이르렀고, 재상의 우두머리인 상재上宰까지 역임하였으나, 성덕왕 재위 24년인 725년 6월 30일 사망하였다. 경덕왕이 첫째 왕비 삼모부인과 혼인한 것은, 형인 효성왕의 혼인 시기로 보아, 김순정 사망 10여 년 뒤의 일이었다. 둘째 왕비의 아버지 김의충은 성덕왕 대 하정사賀正使로 당에 갔다가 패강 이남의 땅에 대한 신라의 영유권을 인정하는 칙서를 가져온 장본인이었다. 효성왕이 즉위하자 곧바로 집사부 중시가 되었으나 재임 중 사망하였다. 따라서 경덕왕이 만월부인을 새 왕비로 맞이할 때 김의충 또한 죽은 뒤였다고 하겠다.

이처럼 경덕왕이 삼모부인이나 만월부인을 왕비로 맞이할 때 장인들인 김순정이나 김의충은 모두 고인이었다. 성덕대왕신종 명문을 참고하면, 김순정─김의충─김옹으로 가계가 이어지고, 김의충은 삼모부인과, 김옹은 만월부인과 남매 관계였다고 한다. 그렇다면 삼모부인의 출궁과 만월부인의 입궁은 같은 세력 내에서의 왕비 교체였고, 삼모부인은 원래 자식을 낳지 못했을 가능성도 배제할 수 없다. 장인이 사망하였음에도 불구하고 국왕의 혼인이 이루어진 것은, 성덕왕과 효성왕의 장인이었고 효성왕과 경덕왕의 외조부였던 김순원 일족의 힘에 의한 것이 아닐까 생각된다. 김옹은 병부령이었고, 김원태, 김순원마저 본직이 병부령일 가능성이 크고 보면, 왕비의 출궁과 입궁은 귀족들의 무력적·경제적 배경과 관련되었다고 해석할 수 있겠다.

경덕왕이 삼모부인을 궁궐에서 내보낸 것은 대를 이을 아들이 없었기 때문이었다. 그래서 경덕왕은 둘째 왕비를 통해 반드시 아들을 낳아 자신의 뒤를 잇게 하려고 하였다. 그는 만월부인을 맞이하자 태자궁인 동궁東宮을 수리하고, 관부로서 동궁아東宮衙를 설치하고 관원을 두었다. 이런 간절한 노력에도 불구하고 기다리던 아들은 태어나지 않았다. 경덕왕이 아들 얻기를 얼마나 학수고대하였는지는 다음 이야기에서 살필 수 있다.

왕이 하루는 표훈表訓 대덕大德을 불러 말하기를, "짐이 복이 없어 뒤를 이을 아들을 두지 못했으니, 원컨대 대덕께서 상제上帝께 청하여 아들을 두게 해주시오."라고 하였다. 표훈이 천제天帝에게 올라가 고하고 돌아와서 아뢰기를, "상제께서 말씀하시기를, 딸을 구한다면 가능하나 아들은 합당하지 못하다고 하셨습니다."라고 하였다. 왕이 말하길, "원컨대 딸을 바꿔 아들로 해주시오."라고 하였다. 표훈이 다시 하늘에 올라가 청하니, 상제가 말하기를, "될 수는 있지만, 아들이 되면 나라가 위태로울 것이다."라고 하였다. 표훈이 내려오려 할 때 상제가 다시 불러 말하기를, "하늘과 사람 사이를 어지럽게 할 수는 없는데, 지금 스님은 마치 이웃 마을처럼 왕래하면서 천기를 누설했으니, 이후로는 다시 다니지 말라."라고 하였다. 표훈이 돌아와 천제의 말로써 왕을 깨우쳤으나, 왕은 말하기를,

"나라는 비록 위태로울지라도 아들을 얻어서 뒤를 잇는다면 족하겠소."라
고 하였다. 이리하여 만월왕후가 태자를 낳으니 왕이 매우 기뻐하였다.
(《삼국유사》 권2, 기이, 경덕왕·충담사·표훈대덕)

설화적인 내용이어서 역사적 사실이라고 하기는 힘들다. 그러나 대체적인
분위기는 파악할 수 있겠다. 경덕왕이 불국사의 표훈 대덕을 시켜 천제天帝
에게 자신의 뒤를 이을 아들을 낳게 해달라고 간청하였다. 천제는 딸이라면
가능하나 아들을 얻으면 나라가 위태로워질 것이라고 경고하였다. 그러나
경덕왕은 하늘의 뜻을 거스르고, 나라가 위태로워지더라도 아들을 얻으려고
했던 것이다.

경덕왕은 재혼한 지 무려 15년이 지난 758년 7월 23일, 그토록 갈망하
던 원자元子 건운乾運를 얻었다. 신라 56명의 왕 가운데 《삼국사기》 신라본
기에서 출생 날짜가 적힌 것은 혜공왕뿐이다. 아들이 태어나자 경덕왕은 크
게 기뻐하였다. 이제 자신의 뒤를 잇게 할 수 있었기 때문이다. 경덕왕은
왕자 건운이 두 돌을 맞자 기다렸다는 듯 태자에 책봉하였다. 3살의 태자,
이는 세계사에서도 유례가 드문 일이었다. 그런데 그런 일이 신라 궁중에서
벌어졌으니, 760년 7월이었다.

경덕왕 대의 사정도 어느 시대처럼 복잡다단했다. 귀족세력이 득세하면서
왕권을 유지하기 위해 친왕적 귀족과 손잡고 비판적 세력들에 대항하여야
했다. 재위 16년인 757년 3월에는 신문왕 대에 폐지되었던 녹읍祿邑을 부
활시켰다. 그해 12월에는 지명을, 759년 1월과 2월에는 관부와 관직의 명
칭을 중국식으로 고치는 한화정책漢化政策을 실시하였다. 그러나 급격한 개
혁정치는 많은 파장을 일으켰고, 정국은 안정되지 못하였다. 763년 8월, 상
대등 신충과 집사부 시중 김옹이 동시에 관직에서 물러났다. 왕이 총애하던
신하 대나마 이순은 하루아침에 세상을 피해 지리산으로 들어가 단속사斷俗

寺를 세우고 왕에게 간언하였다. 이 시기 경덕왕은 정사보다는 술과 향락에 관심을 두었다. 상대등과 시중 자리는 비어 있다가 이듬해 정월이 되어서야 각각 만종과 김양상으로 채워졌다.

재위 마지막 해인 765년, 3월 3일의 길일을 맞아 충담사는 경덕왕에게 안민가安民歌를 지어 바쳤다. 임금답게, 신하답게, 백성답게 할지면 나라가 태평할 것이라고 진언하였다. 경덕왕은 충담사를 왕사에 책봉하였으나 그는 사양하고 받지 않았다. 이런 분위기 속에서 6월에 왕이 죽고, 이어 태자 건 운이 즉위하니 곧 제36대 혜공왕이었다.

이때 혜공왕은 8세에 불과하였으므로 어머니 만월부인이 태후太后로서 섭정하였다. 진흥왕의 경우나 기타 왕들의 사례로 보면, 혜공왕은 18세 되 던 775년에 친정을 시작했을 것이다. 그렇다면 이듬해(776) 정월의 지명과 관호의 복고는 친정한 혜공왕이 단행했다고 하겠다. 혜공왕은 즉위 후 2명 의 여성을 왕비로 맞이하였다.

만월태후 섭정기 반란이 연이었다. 768년 7월 일길찬 대공大恭의 난, 770년 8월 대아찬 김융의 난, 775년 6월 이찬 김은거의 난과 8월 이찬 염 상과 전 시중 정문의 난이 일어났다. 이 가운데 첫 반란인 대공의 난에 관 해서는 《삼국유사》 권2, 기이, 혜공왕 조의 기록이 자세하다. "7월 3일에 대공 각간의 도적떼가 일어나 왕도王都 및 5도 주군州郡의 모두 96각간이 서로 싸워서 나라가 크게 어지러웠다. 대공 각간 가家가 멸망하니 그 집의 재산과 보물과 비단을 왕궁으로 옮겼다. 남산신성의 장창長倉이 불에 타므 로 사량·모량 등의 리里에 있던 역당逆黨들의 보물과 곡식을 왕궁으로 실 어 들였다. 병란은 삼삭三朔만에 그쳤다. 상을 받은 사람도 많고 죽임을 당 한 사람도 헤아릴 수가 없었다." 최근 발견된 신라 아찬 김공순 신도비편은 대공의 난 진압에 참여했다가 희생된 인물에 대한 현창일 것이다.

만월태후 섭정에서 혜공왕 친정으로 전환하였지만 정국은 요동쳤다. 귀족

사회가 분열되고 그 후유증이 이어졌다. 마침내 혜공왕이 반란의 소용돌이 속에서 살해되었다. 그의 재위 16년째 되던 780년 4월의 일이다. 이로써 120여 년 동안 지속되던 태종무열왕 직계인 중대의 왕통이 단절되었다.

3. 신기神器 성덕대왕신종이 탄생하다

성덕대왕신종에는 두 군데로 나뉘어 기다란 명문이 새겨져 있다. 앞쪽의 것은 제목과 신종을 주조하게 된 내력을 적은 서문序文이고, 뒤쪽의 것은 신종의 탄생을 예찬하는 사문詞文과 종 제작 관련자들을 적은 인명이다. 먼저 서문에서는, "지극한 도는 보아도 그 근원을 볼 수 없고, 큰 소리는 들어도 그 울림을 들을 수 없다."라고 전제한 뒤, 신종 제작이 "일승一乘의 원음圓音을 깨닫게 하고, 왕의 위대한 공적을 새겨 중생들이 고통에서 벗어나게 하는 데 있음"을 선언하였다. 이어 주인공인 성덕대왕의 위업을 다음과 같이 칭송하였다.

덕은 산하山河와 같이 드높았고, 명성은 일월日月과 같이 높이 걸렸다. 충직하고 어진 이를 등용하여 속세를 어루만지고, 예악을 숭상하여 풍속을 살피셨다. 들에서는 근본이 되는 농업에 힘썼고, 시장에는 낭비되는 물건이 없었다. 그 시절에는 금옥金玉을 싫어하였고, 세상에서는 문재文才를 숭상하였다. 뜻하지 않게 아들을 잃어 마음에 새겨 늙도록 삼가고 조심하였다. 40여 년 나라에 임하여 정사에 힘쓰니, 전쟁으로 백성을 놀라게 하거나 어지럽게 한 적이 한 번도 없었다. 그러나 돌아가실 날은 예측하기 어렵고, 세월은 쉽게 흘러가니, 승하하신 지도 지금에 34년이 되었다.

〈도판 3〉 성덕대왕신종 명문과 비천상(필자 촬영)

성덕왕은 702년 왕위에 올라 36년 동안 재위하다 737년에 세상을 떠났다. 서문에서는 성덕왕이 다스리던 시대가 태평성대였음을 밝히고, 첫째 왕비 성정왕후와의 사이에서 태어난 태자 중경의 갑작스런 죽음을 애도하였다. 성덕왕은 12세에 즉위하여 승하할 때에는 47세가 됨으로써 40여 년 정사에 임하였음이 확인된다. 또한 신종을 주조한 771년은 사망 후 34년이 됨으로써 종명의 정확성이 거듭 밝혀진다고 하겠다.

이어 신종을 주조하게 된 배경이 부모에 대한 추모의 정에 있음을 서술하였다. "지난날 효성스러운 후계자〔孝嗣〕이신 경덕대왕께서 세상에 계실 적에 왕업을 계승하여 여러 일을 감무하셨다. 일찍이 어머니를 여의어 세월을 대할수록 그리움이 일었고, 거듭 아버지를 떠나보내어 텅빈 대궐에 나아갈수록 슬픔은 더해졌다. 그리워하는 마음은 고조되고, 영혼을 이롭게 하려는 마음은 더욱 간절해졌다. 삼가 구리 12만 근을 희사하여 한 길〔一丈〕 되는 종 1구를 주조하고자 하였으나, 그 뜻을 이루지 못한 채 갑자기 세상을 떠나셨다."

성덕대왕신종 제작의 발원자는 아들인 경덕왕이었고, 부모인 성덕대왕과 소덕왕후를 추모함에 목적이 있었다. 이는 왕실의 일일뿐만 아니라 국가적인 대사업이었다. 그러나 경덕왕은 주종사업을 완수하지 못한 채 갑자기 세상을 떠났다. 아마 귀족들의 권력투쟁 와중에서, 특히 신종 제작을 둘러싼 대립 속에서 사망한 것이 아닐까 생각된다.

이제 신종 주조 사업은 아들 혜공왕에게 넘겨졌다. 모후인 만월태후 섭정기 신종이 완성되었다. 종명에는 혜공왕과 만월태후에 대한 찬사가 이어졌다. 혜공왕을 성군聖君으로 묘사하면서 "행실이 조종祖宗에 합치되고, 뜻이 지극한 이치에 부합하니, 빼어난 상서로움은 천고에 기이하며, 아름다운 덕은 이 시대의 으뜸이었다. 거리〔六街〕의 용구름이 궁궐의 계단에 음덕의 비를 뿌리고, 온 하늘〔九天〕의 우레가 궁궐〔金闕〕에 울려 퍼졌다. 과일과 쌀의 숲이 변경까지 주렁주렁 늘어지고, 연기인지 구름인지 아련한 채색이 왕경〔京師〕에 환히 빛났다. 이러한 (상서로움은) 곧 탄생하신 날에 하늘이 알려준 것이요, 정사에 임한 때에 하늘이 응답한 것이다."라고 예찬하였다.

또한 만월태후에 대해서는 다음과 같이 칭송하였다. "은혜로움이 땅처럼 공평하여, 백성을 인교仁敎로 교화하시고, 마음은 하늘처럼 맑아, 부자의 효성을 장려하셨다. 이로써 아침에는 '왕의 외숙의 어짊'〔元舅之賢〕과, 저녁에는 '충신의 보필'〔忠臣之輔〕을 받아, 말을 가리지 않음이 없었으니, 어찌 행동에 허물이 있겠는가? 이에 선왕의 유언을 돌아보고, 마침내 숙원을 이루고자 하셨다."

혜공왕의 탄생과 즉위에 따른 상서로움을 설명하고, 이어 섭정인 만월태후가 경덕왕·혜공왕 부자의 효성을 기리고, 왕의 외숙의 어짐과 충신의 보필에 힘입어, 경덕왕의 유언을 받들어 숙원인 주종사업에 착수하였음을 밝혔다. 혜공왕 재위 시기였으나 만월태후 섭정 아래에서 실제적인 작업이 이루어졌다는 것이다.

세차 대연歲次大淵 월유 대려月惟大呂 곧 771년 12월, 드디어 신기神器 성덕대왕신종이 모습을 드러내었다. 이의 보다 정확한 제작 시기는 명문 말미에 새겨진 "대력大曆 6년 세차 신해辛亥 12월 14일"이다. 대력은 당나라 대종의 연호이고, 그 6년인 신해는 771년으로 신라 혜공왕 7년이다. 12월은 한 해의 마지막인 동짓달로 추운 겨울이지만, 14일은 보름 직전이어서 달은 만월에 가까웠다. 이를 태양력으로 환산하면 772년 1월 23일(율리우스력)이고, 현재 우리가 사용하는 그레고리력으로는 이와 약간 차이를 보인다.

유사有司에서 일을 준비하고, 공장工匠은 모형을 만들고 주물을 시작하였다. 일월이 교대로 빛을 내고, 음양이 기를 조화롭게 하였다. 바람이 온화하고 하늘이 고요한 가운데, 신비한 악기로서 거대한 성덕대왕신종이 탄생한 것이다. 이어지는 글에서는 이를 찬미하여 다음과 같이 묘사하고 서원하였다.

형상은 산악이 우뚝 선 듯하고, 소리는 용이 소리를 길게 빼는 것 같아, 위로 유정천(有頂天; 33천 중 맨 위의 非想非非想天)의 꼭대기까지 뚫고, 아래로는 밑 없는 곳의 밑바닥까지 잠길 정도였다. 이를 본 자는 기묘함을 칭송할 것이요, 소리를 들은 자는 복을 받을 것이다. 원컨대 이 오묘한 인연으로, 존귀한 영령英靈을 받들어 도와, 넓게 들리는 맑은 소리를 듣고, 무설無說의 법연法筵에 오르게 하소서. 삼명三明의 수승한 마음에 계합하고, 일승一乘의 참된 경지에 머물게 하옵소서. 나아가 왕손들이 황금 가지와 같이 영원히 무성하게 하고, 나라의 왕업이 철위산鐵圍山처럼 창성하게 하옵소서. 모든 중생들이 지혜의 바다에서 함께 파도치다가, 모두 세속에서 벗어나 깨달음의 길에 오르게 하소서.

신종의 형상과 울려 퍼지는 종소리에 대해 "이를 본 자는 기묘함을 칭송할 것이요, 소리를 들은 자는 복을 받을 것이다."라고 극찬하였다. 위대한 종의 탄생을 그들 스스로도 이렇게 염원하고 표현한 것이다. 나아가 세 가지 서원으로, 존귀한 영령인 성덕왕과 소덕왕후가 무설의 법연에 오르는 것, 일승의 참된 경지에 머무는 것, 그리고 왕손의 번창과 나라의 창성함을 담았다. 완성된 신종은 봉덕사에 안치되었다. 이로 보면 신종의 제작도 봉덕사 경내나 인근의 북천 가에서 이루어졌을 것이다. 봉덕사는 처음 태종무열왕을 위해 창건되었으나, 효성왕 2년(738)에 완성되면서 성덕왕의 원찰로 기능하였다.

일을 준비한 유사란 중앙 관부인 봉덕사성전이었으며, 모형을 만들고 주물을 시작한 공장은 주종을 담당한 대박사와 차박사들이었다. 뒤쪽의 인명에서는 신종 제작에 참여한 검교사, 부사, 판관, 녹사 등의 관원들을 먼저 열거하였다. 이는 다음과 같이 《삼국사기》 직관지에 수록된 봉덕사성전의 관원명과 정확히 일치한다. 다만 명문에 사史의 고친 이름인 전典이 없는 것은 가장 낮은 관원이었기 때문일 것이다.

봉덕사성전, 경덕왕 18년(759)에 이름을 수영봉덕사사원으로 바꾸었지만, 후에 옛 이름으로 되돌렸다.

금하신, 1명이다. 경덕왕이 이름을 검교사로 바꾸었지만, 혜공왕이 다시 금하신으로 부르게 하였으며, 애장왕이 또다시 이름을 경으로 바꾸었다.

상당, 1명이다. 경덕왕이 이름을 부사로 바꾸었지만, 혜공왕이 다시 상당으로 부르게 하였으며, 애장왕이 또다시 이름을 경으로 바꾸었다.

적위, 1명이다. 경덕왕이 이름을 판관으로 바꾸었지만, 혜공왕이 다시 적위로 부르게 하였다.

청위, 2명이다. 경덕왕이 이름을 녹사로 바꾸었지만, 혜공왕이 다시 청위로 부르게 하였다.

사, 6명이다. 후에 4명을 줄였다. 경덕왕이 이름을 전으로 바꾸었지만, 혜공왕이 다시 사로 부르게 하였다.

奉德寺成典, 景德王十八年改爲修營奉德寺使院, 後復故.

衿荷臣一人, 景德王改爲檢校使, 惠恭王復稱衿荷臣, 哀莊王又改爲卿.

上堂一人, 景德王改爲副使, 惠恭王復稱上堂, 哀莊王又改爲卿.

赤位一人, 景德王改爲判官, 惠恭王復稱赤位.

青位二人, 景德王改爲錄事, 惠恭王復稱青位.

史六人, 後省四人. 景德王改爲典, 惠恭王復稱史.

봉덕사성전奉德寺成典은 경덕왕 18년(759)에 수영봉덕사사원修營奉德寺使院으로 관부 이름이 바뀌었다가, 혜공왕 대에 환원되었다. 금하신, 상당, 적위, 청위, 사 등의 관원은 경덕왕 대에 검교사, 부사, 판관, 녹사, 전으로 이름이 바뀌었으나, 혜공왕 대에 원래대로 복구되었다. 여기서 혜공왕 대란 혜공왕 12년인 776년이고 애장왕 대란 애장왕 6년인 805년임은 이미 다른 관부의 예에서 잘 밝혀진 사실이다. 이로써 봉덕사성전, 곧 당시의 개정 명칭인 수영봉덕사사원에서 신종 제작을 주관하였음을 알게 되었다.

한편, 인명의 말미에서 종 제작을 담당한 기술자 4인을 열거하였다. 종을 설계하고 주물한 책임자들이란 점에서 이들에 대한 정보는 매우 소중하다.

주종대박사 대나마 박종일 （鑄鍾大博士　大奈麻　朴從鎰）
차박사　　나마 박빈나 （次博士　奈麻　朴賓奈）
　　　　　　나마 박한미 （奈麻　朴韓味）
　　　　　　대사 박부부 （大舍　朴負缶）

　이들은 대나마(10등)의 관등을 가진 대박사 1인과 나마(11등)와 대사(12등) 관등을 가진 차박사 3인이었다. 여기서 박사란 특정 분야에 정통한 전문 기술자를 뜻한다. 이들 모두 관등을 가졌고, 직명에 구별이 있는 것으로 보아, 국가에서 대박사—차박사—박사의 순으로 직명을 부여하였음을 상정할 수 있다. 이들은 모두 박씨 성을 가졌고, 대박사인 박종일이 가진 대나마는 5두품이 오를 수 있는 최고 관등이란 점에서 신분제와 관련해서도 주목된다.

〈도판 4〉 주종대박사 박대나마 기념비. 1987년 경주시에서 세웠다. (필자 촬영)

아쉽게도 우리는 신종의 구체적 제작 방법을 알 수 없다. 신라의 주종 기술에 관한 자료가 전하지 않기 때문이다. 어디서 어떻게 광석을 채취했고, 어떤 방식으로 주형을 만들고 주조했는지 거의 알려져 있지 않은 것이다. 종을 제작하는 방법은 회전형법과 납형법 등이 있었다고 한다. 초기의 회전형법에서 최고의 주조 방법인 납형법으로 발전하였는데, 신종은 후자의 방법으로 제작되었다는 것이 여러 학자들의 견해다. 쇳물은 신종의 상부 천판부에서 주입한 것으로 추정한다.

성덕대왕신종의 주요 재료는 경덕왕이 희사한 구리 12만 근이었다. 1997년에 신종의 무게를 측정한 결과 18.9톤임이 밝혀져 당시 대근과 소근 가운데 후자를 단위로 사용하였음이 밝혀졌다. 또한 금속 성분을 확인하기 위해 종 내면의 돌출부에서 시료를 채취, 분석하였다. 전체 100% 가운데 구리와 주석이 상부(천정) 84.4%와 11.2%, 중부(벽체) 78.6%와 15.5%, 하부(벽체) 83.1%와 13%로 각각 다르게 나타났다. 이는 1000℃ 이상의 끓는 쇳물(용탕)을 커다란 용기에 받아서 한꺼번에 주형에 주입한 것이 아니라, 용해로에서 녹아 연속적으로 흘러내리는 것을 홈통을 통하여 그대로 주형에 주입하였음을 시사한다. 다시 말해 사용한 재료(광물)의 성분에 따라 구리와 주석의 함량이 달랐던 것이다. 더욱이 신종은 어느 부위에서나 0.22% 정도의 유황이 검출되었다. 이는 청동과 달리 입자 상태로 존재하기 때문에 전체 조직 내에서 충격을 완화하는 기능을 했다고 한다.

오늘날에도 20톤 가까운 주물을 제작하려면 많은 준비가 필요하다. 다수의 인원과 장비, 엄청난 노력과 시간이 소요된다. 그런데 약 1300년 전 물자와 인력이 부족한 상황에서 소박한 도구와 기술을 이용하여 이 아름답고 웅장한 신종을 주조하였다는 것은 놀랄 만한 일이다. 신종의 탄생은 중대 왕실의 간절한 염원, 신라인들의 돈독한 불교 신앙, 그리고 훌륭한 작품을 주조하겠다는 장인들의 열정과 노력의 결정체였다.

4. 봉덕사성전의 모습과 신종 제작을 주도한 인물들

　성덕대왕신종은 혜공왕 대에 완성되었지만, 이의 주조를 처음 시도한 이는 경덕왕이었다. 24년의 그의 재위 기간 중 정확한 시점을 알 수 없음이 유감이다. 경덕왕은 재위 13년인 754년에 아버지 성덕왕을 기리는 비석을 세웠다. 이듬해에는 가난하여 어버이를 봉양할 수 없어 자기 다리 살을 베어 아버지에게 먹인 웅천주의 향덕을 포상하였다. 또한 죄인을 사면하고 어려움에 처한 여러 사람들을 위문하고 곡식을 내렸다. 이러한 일련의 일들을 상기하면, 신종 주조를 시도한 것은 이 이후일 것이다. 그렇다면 신종 주조는 그의 재위 말년이었다고 하겠다.

　이 무렵 동아시아 국제정세는 큰 변화의 소용돌이에 있었다. 755년 11월에 당에서 안사의 난이 일어난 것이다. 혼란은 763년까지 8년 동안 지속되었다. 당 현종은 일시 수도 서안의 서남쪽 촉蜀 지방으로 피신하였다. 경덕왕은 사신을 보내 양쯔 강을 거슬러 올라가 성도成都에까지 가서 예를 표하였다. 현종은 이에 감동하여 오언십운시五言十韻詩를 몸소 짓고 써서 경덕왕에게 보냈다. 당나라가 위기에 처하자 일본은 그 틈을 타 발해를 끌어들여 신라 협공을 준비하였다. 그러나 미처 실천에 옮기지는 못했다.

　765년 6월에 경덕왕이 죽고, 태자 건운이 8세로 즉위하니 혜공왕이었다. 어렸으므로 태후인 만월부인이 섭정하였다. 771년 12월 14일에 성덕대왕신종이 웅장한 모습을 나타내었다. 신종 명문에는 이의 제작을 이끈 봉덕사성전 관원들을 다음과 같이 열거하였다.

검교사, 병부령으로 전중령·사어부령·수성부령·감사천왕사부령과 검교 진지대왕사사·상상을 겸한 대각간 신 김옹

검교사, 숙정대령으로 수성부령·검교감은사사를 겸한 각간 신 김양상

부사, 집사부시랑인 아찬 김체신

판관, 우사록관사인 급찬 김△득

판관, 급찬 김충봉

판관, 대나마 김여잉유

녹사, 나마 김일진

녹사, 나마 김장간

녹사, 대사 김△△

대력 6년 세차 신해 12월 14일

檢校使兵部令兼殿中令司馭部令修城部令監四天王寺府令并檢校眞智大王寺使 上相大角干臣金邕

檢校使肅政臺令兼修城府令檢校感恩寺使角干臣金良相

副使執事部侍郎阿湌金體信

判官右司祿館使級湌金△得

判官　　　　　　　級湌金忠封

判官　　　　　　　大奈麻金如芿庾

錄事　　　　　　　奈麻金一珎

錄事　　　　　　　奈麻金張幹

錄事　　　　　　　大舍金△△

大曆六年歲次辛亥　十二月十四日

주종사업에는 검교사 2인, 부사 1인, 판관 3인, 녹사 3인이 참여하였다. 주종 대박사와 차박사가 박씨였던 데 비해 이들은 모두 김씨로 나타났다. 《삼국사기》 권 38, 직관지 봉덕사성전 조에서는 관원수가 검교사 1인, 부사 1인, 판관 1인, 녹사 2인, 사(전) 6인(뒤에 4명을 줄임)으로 되어 있다. 그

러나 이는 평시의 규정이며, 771년 당시 봉덕사성전의 모습은 이와 같았던 것이다. 주종 등의 주요 사업 때에는 일시적인 변화가 있었다고 하겠다.

성덕대왕신종 제작에 참여한 관원 가운데 사서에서 이력을 확인할 수 있는 이는 검교사들인 김옹과 김양상, 부사인 김체신 등 세 명에 불과하다. 판관과 녹사는 하위 관원이어서 사서에 이름을 잘 남기지 못했을 것이다.

검교사 김옹은 일찍이 이찬으로 집사부 시중을 역임하였다. 그는 경덕왕 19년(760) 4월 염상을 대신하여 시중에 취임, 22년(763) 8월까지 재임하였다. 성덕대왕신종이 완성된 771년 12월 14일에는, 병부령으로서 전중령(내성 사신), 사어부령(승부 령), 수성부령(경성주작전 령), 감사천왕사부령(사천왕사성전 감령)과 검교진지대왕사사(진지대왕사성전 검교사), 상상(上相 ; 上宰相)을 겸했으며, 관등은 1등인 각간보다도 높은 대각간이었다. 병부령은 오직 '기인其人'만이 임명되며, 재상宰相과 사신私臣을 겸할 수 있었다는 《삼국사기》 직관지의 규정을 상기하면, 그는 혜공왕의 열렬한 지지자이며, 당시 최고의 실권자였다고 할 만하다.

또 다른 검교사인 김양상은 숙정대령(사정부 령)으로 수성부령(경성주작전 령), 검교감은사사(감은사성전 검교사)를 겸했으며, 관등은 1등인 각간이었다. 그는 관리들의 감찰을 담당하는 숙정대의 장관으로 수성부령 등의 관직을 겸하였다. 이로 보아 그 또한 국왕의 측근자였으며, 김옹에는 미치지 못하지만, 당대의 실력자였다고 하겠다. 더구나 김옹은 혜공왕의 외숙으로 만월태후의 오빠였고, 김양상은 성덕왕의 외손이었다. 신종 명문에서 각각 원구元舅와 충신으로 불린 이는 바로 김옹과 김양상이었던 것이다. 김옹, 김양상은 혜공왕과 불가분의 관계였고, 신종 제작을 건의하고 주도한 것도 이들이었다고 하겠다. 나아가 혜공왕 대 일어난 여러 반란은 정권을 장악하고 있던 이들 세력에 대한 도전이었고, 이 반란들은 당시의 실권자 병부령 김옹에게 진압되었다고 추측된다.

부사인 김체신은 경덕왕 22년(763) 2월에 견일사절의 정사로 일본에 파견되었다. 9등인 급찬으로 211명의 관원을 거느렸고, 김옹이 집사부 시중에 재임할 때였다. 일본 측의 질문에 "국왕의 교지를 받아 실천할 뿐, 그 밖의 일에 대해서는 전혀 알지 못한다."고 할 정도로 충직한 인물이었다. 그 뒤 성덕대왕신종이 만들어졌을 때는 6등인 아찬으로 승진, 집사부의 차관인 시랑으로 봉덕사성전의 부사를 겸하였다. 혜공왕 사후 김양상이 제37대 선덕왕이 되자 그는 초대 대곡진 군주에 임명되었다. 이들 여러 경력으로 보아 그는 김옹, 김양상과 정치적 성격이 같았다고 해석된다.

성전사원은 성전 자체도 중요하지만, 사원이 국왕의 원당으로서 기능하였다. 신라 중대 성전사원은 사천왕사·봉성사·감은사·봉덕사·봉은사·영묘사·영흥사 등 7곳이었다. 이 가운데 771년 성전이 폐지되었거나 폐지 직전이었을 영묘사·영흥사를 제외한다면, 김옹이 5곳 중 사천왕사·봉덕사·봉은사(진지대왕사) 등 3곳 사원의 성전 장관이었다. 또한 김양상은 봉덕사성전의 제2인자로서 감은사성전의 장관이었다. 5곳 중 4곳 사원의 성전이 김옹·김양상에 의해 관리되고 있었다. 그렇다면 김옹이 반왕파의 인물로 간주될 여지는 없지 않을까 생각한다. 오히려 그는 혜공왕 체제를 유지시키려한 친혜공왕파로서 왕당파의 거목이었다고 하겠다. 또한 김옹과 같이 봉덕사성전의 공동 책임자인 김양상의 정치적 성격도 명백해진다. 적어도 이 무렵까지는 김옹과 함께 친혜공왕파의 인물임이 확실하다는 것이다.

성전사원은 중대 국왕의 원당으로서의 기능이 중시되었으므로 결코 반왕파의 인물이 책임자로 임명되지는 않았다고 생각된다. 김옹과 김양상이 봉덕사성전의 공동 책임자로서 신라의 전성을 구가한 성덕왕을 기리기 위해 신종을 주조한 것은, 이들이 중대 왕실의 최후 보루였기 때문일 것이다. 그렇다면 신종을 제작한 목적은, 힘겹게 중대 왕실을 유지하고 있는 혜공왕이 성덕왕을 기리는 신종을 제작해 타종함으로써, 국왕에 도전하는 귀족세력을 물리치고자 하는 간절한 염원 때문임이 밝혀진다고 하겠다. 거대한 신기가 내뿜는, 태산을 무너뜨릴 것 같은 장중한 종소리는, 천제가 표훈 대덕에게 교시한 천상天上의 울림인 동시에 반왕적인 귀족세력을 향한 친왕파들의 처절한 아우성이었던 것이다.

혜공왕 10년 3월 4일, 신라 사신 예부경禮部卿 사찬 김삼현 이하 235인이 일본 대재부大宰府에 도착하였다. 일본 측에서 도일한 이유를 묻자 김삼현은 신라 국왕의 교를 받들어 옛날의 우호를 닦고 서로의 사신 방문을 청하기 위해서라고 밝힌 뒤, "본국의 상재上宰 김순정金順貞 때에, 배와 노를 서로 이어서 항상 조공을 바쳐왔다. 지금 그 손자인 (김)웅이 (상재의) 지위를 이어서 집정執政하고 있다."라고 하였다. 신라가 일본에 조공을 바쳐왔다고 한 것은 외교적인 과장이겠지만, 상재였던 김순정의 뒤를 이어 그 손자인 김웅이 집정하고 있다고 한 것은 주목된다. 그가 당시까지 상상上相의 위치를 계속 유지하면서 위세를 떨치고 있었음을 말하기 때문이다. 따라서 774년 무렵까지 중대 왕실을 지탱한 것은 김웅과 김양상이었다고 단언해도 좋다고 생각한다.

경덕왕 22년(753) 8월에 김웅이 시중에서 물러나자 이듬해 1월부터 김양상이 이에 취임하였다. 그는 김은거가 시중에 임명되는 혜공왕 4년(768) 10월까지 이에 재임한 듯하다. 그 뒤 성덕대왕신종에 나타난 여러 관직을 거쳐, 왕 10년인 774년 9월에 상대등에 취임하였다. 이어 777년 4월에는 왕에게 글을 올려 시국의 정치를 극론하였다.

혜공왕 대에는 반란이 연이었고, 말기에는 지진 등의 천재지변까지 있었다. 거대한 신종이 장중한 소리를 연거푸 토해냈으나 정국은 안정되지 않았다. 거듭된 반란의 와중에서 오히려 혜공왕이 피살되고 말았다. 그런데 사료에 따라 시해자를 다르게 기록하고 있어 주목된다.

(1) 2월, 왕은 어려서 즉위하였는데, 장성하자 음악과 여자에 빠져 나돌아 다니며 노는 데 절도가 없고 기강이 문란해졌으며, 재이災異가 거듭 나타나고 인심이 이반하여 사직이 불안해졌다. 이에 이찬 김지정金志貞이 반란하여 무리를 모아 궁궐을 에워싸고 침범하였다.
　여름 4월, 상대등 김양상이 이찬 김경신과 더불어 거병하여 김지정 등을 목 베었으나, 왕과 후비后妃는 반란병에게 살해되었다. (《삼국사기》 권9, 혜공왕 16년)

(2) 태자가 8세 때에 (경덕)왕이 돌아가므로 즉위하니 이가 혜공대왕이다. 왕이 어린 까닭에 태후가 섭정하였는데 정사가 다스려지지 못하고, 도적이 벌떼처럼 일어나 이루 막을 수 없었으니 표훈의 말이 맞았다. 왕이 여자로서 남자가 되었으므로, 돌날부터 왕위에 오를 때까지 항상 부녀자의 유희를 하여 비단주머니 차기를 좋아하였고, 도사와 함께 희롱하므로 나라가 크게 어지러웠다. 마침내 왕은 선덕宣德과 김양상金良相의 시해하는 바가 되었고(終爲宣德與金良相所弑), 표훈 이후에는 신라에 성인聖人이 나지 아니하였다 한다. (《삼국유사》 권2, 기이, 경덕왕·충담사·표훈대덕)

　《삼국사기》에서는 국가 기강 문란을 틈타 김지정이 반란을 꾀했고, 이에 상대등 김양상과 이찬 김경신이 이를 진압하지만, 왕과 후비는 반란병에게 피살되었다는 것이다. 여기서 반란병은 김지정의 병사로 해석된다. 그러나 《삼국유사》에서는 정반대의 서술을 남겼다. 혜공왕 대의 정세를 설명한 말미에, 선덕宣德과 김양상金良相이 혜공왕을 시해했다고 단언한 것이다. ‘선덕’은 곧 김양상이므로, 이어지는 ‘김양상’은 선덕왕에 이어 원성왕이 되는 김경신金敬信의 잘못이라는 것이다. 따라서 김양상과 김경신이 혜공왕을 시해했다고 파악하였다.

학계에서는 전자보다는 후자를 따르는 경향이 우세하다. 두 사서를 엄밀히 비교하기보다 혜공왕 시해자를 분명하게 언급한 기록을 따랐던 것이다. 여기서 출발해 김양상을 반왕파의 거두로 인식하고, 그가 상대등에 취임하는 혜공왕 10년(774)이 정권이 탈취된 해이며, 반왕파로의 정권교체가 이루어진 시기로 파악하였다. 그래서 중대가 막을 내리고 하대가 도래하였다고 하고, 이를 바탕으로 신라사의 전개과정을 상대는 귀족연합기, 중대는 전제왕권기, 하대는 귀족연립기로 정리하였다.

그러나 핵심은, 김양상이 혜공왕의 시해자였다는 사실에 있는 것이 아니다. 이를 단서로 하여 그 이전 김양상의 성격을 줄곧 반왕파였다고 해석하는 경직된 시각에 문제가 있다고 생각한다. 더욱이 이 주장은 당시 정세 파악에 긴요한 성덕대왕신종 명문을 간과하였다. 필자는 혜공왕이 김지정에 의해 피살되었다고 이해하지만, 친왕적이었던 김양상이 마지막 순간에 변절했을 가능성도 배제하지 않고 있다. 《삼국사기》의 상대·중대·하대의 구분은 왕통에 따른 것으로, 연구자 임의로 시기를 끌어올리거나 내릴 수 없다.

김양상을 반왕파로 보는 설이 퍼지자 김옹이 시중에 취임하는 경덕왕 19년(760)을 하대의 기점으로 파악한 견해가 나왔다. 성덕대왕신종 명문에서 김양상보다 상위의 인물인 김옹의 존재에 주목한 것이다. 그리하여 김옹과 김양상은 반왕파로서 동일한 정치적 성격을 띠었으며, 이들이 혜공왕 대 정치의 주도권을 잡아갔다고 해석하였다. 이와 같은 주장은 일찌감치 김양상을 반왕파로 단정하고, 그가 상대등에 취임하는 혜공왕 10년(774)을 중·하대의 정권 교체기로 파악한 것과 유사한 논리였다. 만약 이를 따른다면 혜공왕의 즉위도 설명하기 어렵고, 반왕파들이 모여 성덕왕·경덕왕·혜공왕·만월태후 등을 칭송하며 신종을 제작한 셈이 된다고 하겠다.

경덕왕 19년 4월에 김옹이 시중에 취임하고, 7월에는 왕자 건운이 태자에 책봉되었다. 건운의 태자 책봉은 막 두 돌을 맞이한 시점에 이루어졌거니와, 이는 시중인 김옹의 주요한 업적의 하나였다. 이로 보면 경덕왕은 물론 김옹 등 외척세력들도 건운의 왕위계승을 간절히 바랐음을 짐작할 수 있다. 따라서 김옹을 귀족세력인 반왕파로 보아 시중에 취임하던 해 중대 전제왕권이 무너졌다거나, 경덕왕의 정책에 반발하여 외척세력이 전면에 등장한 것이라고 할 수 없다. 김옹과 김양상은 중대왕실을 타도하려 한 것이 아니라, 왕비를 매개로 권력에 더욱 접근하고, 국왕과 왕자를 담보로 자신들의 세력을 계속 유지하려는 공동운명체였던 것이다.

5. 고독한 울림은 여운이 되고

성덕왕은 36년 동안 재위하면서 신라 최고의 전성기를 연출한 군주로 일컬어졌다. 그러나 아들 경덕왕이 즉위하여 독단적이고 급진적인 정책을 추진하였다. 신라 고유의 지명이나 관명을 한꺼번에 당나라풍으로 고쳐 버린 한화정치가 그 예이다. 이에 진골귀족이 반발하고 왕정이 불안하였다. 재위 13년인 754년 5월에 성덕왕비를 세웠다. 태평성대로 알려진 아버지 성덕왕의 생애와 업적을 정리해 보임으로써 왕실의 위엄과 권위를 과시하려 한 것이다. 현재 남아 있는 귀부로 보아 비석의 규모가 엄청났음을 짐작할 수 있다.

그러나 왕권에 도전하는 귀족세력의 저항은 계속되었다. 그래서 말년에는 성덕왕의 공적을 기린 대종을 제작하여 성덕왕의 원찰인 봉덕사에 안치하고 타종함으로써 왕권의 신성성, 후계 왕의 군건함, 집권세력의 충성심 등을 널리 알리려 하였다. 반드시 아들을 낳아 자신의 뒤를 잇게 하려는 것도 이 같은 분위기 속에서 이해가 가능하다. 그러나 경덕왕은 이를 이루지 못한 채 세상을 떠나고, 다음 왕인 혜공왕 대에 태후 섭정 아래에서 성덕대왕신종이 완성되었다. 혜공왕과 만월태후, 김옹과 김양상 등이 힘을 합쳐 제작에 성공할 수 있었던 것이다. 막 완성된 신종이 장중한 소리를 뿜어냈으나 정국은 여전히 불안했다. 반란이 이어졌고, 혜공왕은 통일신라기 피살된 최초의 왕으로 기록되었다.

경덕왕은 성덕왕비를 건립한 뒤 하필이면 대종을 만들려고 하였을까? 신종을 안치한 봉덕사에는 금당과 불상이 있고, 탑이 있었을 것이다. 삼국통일 후임을 고려하면 탑은 쌍탑이 있었을 가능성이 크다. 또한 성전사원이었으므로 종도 있었을 듯하다. 그러나 새로 대종을 만들고자 한 것을 보면 종은 규모나 내용 면에서 성덕대왕신종에 비교할 형편은 아니었다고 하겠다. 더욱이 왕권에 도전해 오는 귀족세력으로부터 왕실과 정권을 보호하기 위해서는 정적인 비석보다 크고 멋진 신종을 제작해 타종함으로써 왕실의

〈도판 5〉 성덕왕비가 꽂혀 있던 귀부. 가로 290cm, 세로 268cm(필자 촬영)

〈도판 6〉 성덕왕릉 전경. 십이지상이 새겨진 둘레돌이 에워싸고 있다.(필자 촬영)

권위를 더욱 높이고 싶었을 것이다.

종을 만드는 일은 숙련된 기술을 요하는 매우 어려운 작업이다. 종의 모양, 종신의 문양, 타종 시의 소리, 이 세 가지 가운데 어느 하나라도 부족하면 제대로 된 종이라 할 수 없다. 종을 만들면서 실패를 거듭하는 이유다. 신종은 모양과 문양이 훌륭하지만, 종소리 또한 세계 제일이었다. 음향 분석 결과 맥놀이 현상의 비밀이 밝혀졌다. 64Hz의 기본 주파수에 다른 주파수가 가미되어 여운이 끝없이 이어진다는 것이다. 조선 세종대에 편찬된 《고려사》에서는 종소리가 100여 리까지 들렸다고 한다.

성덕대왕신종에 대한 기록은 고려 후기에 편찬된 《삼국유사》에 처음 나타난다. 일연은 성덕대왕신종을 만들게 된 내력을 설명한 뒤 봉덕사에 봉안하였음을 밝혔다. 종명의 찬자만 겨우 판독하였을 뿐 글이 번거로워 내용을 적지 않았다고 한다.

조선시대에 들어오면 중기 이후 편찬된 여러 기록에서 관련 기사를 찾을 수 있다. 《신증동국여지승람》에서는 종명의 서문과 사문을 처음 수록하였고, 봉덕사가 북천의 범람으로 유실되자 세조 6년(1460)에 영묘사靈妙寺로 옮겨 달았다고 하였다. 약 700년 동안 봉덕사를 지키던 신종이 신라 선덕여왕 대에 창건된 사원으로 옮겨진 것이다. 당시의 경주부윤은 김담으로 천문역법에 뛰어난 인물이었다. 신종은 이곳에서 40여 년을 지냈다. 신라가 망하고, 고려를 거쳐 조선이 되었지만, 여전히 사찰의 법구法具로서 세인의 심금을 울렸던 것이다.

그러나 중종 원년(1506)에 신종은 사찰을 떠나게 되었다. 경주부윤 예춘년(예충년이라고도 함)이 남문 밖에 옮겨 종각을 지어 종을 매달고 군사들을 징집하거나 읍성의 성문을 여닫을 때 쳤던 것이다. 김수흥의 《퇴우당집退憂堂集》에 수록된 〈남정록南征錄〉에는 1660년 경주를 방문하였을 때 봉황대 아래의 신종에 대해 언급하였다. 또한 18세기에 만들어진 경주부 지도에는 신종이 걸려 있는 종각이 그려져 있다. 본래의 의미를 상실하고 실용적인 목적으로 사용되기 시작한 신종은 전과 다름없이 울렸지만, 외로이 과거의 여운만 남길 뿐이었다. 이렇게 해서 다시 400여 년의 세월을 보냈다.

일제 강점기인 1913년, 경주에서 첫 박물관이 탄생하였다. 경주고적보존회에서 흩어진 유물들을 옛 경주부 관아에 모아 온고각溫故閣이란 진열관을 설치했는데, 이 무렵 성덕대왕신종도 종각과 함께 이곳 마당으로 옮겨져 전시되었다. 이제 신종은 하나의 전시물로서 일반인들의 관람의 대상이 된 것이다. 이 시설이 1926년 6월에 조선총독부박물관 경주분관이 되고, 1945년 10월에는 개편된 국립박물관 경주분관이 되었다. 경주분관이 국립경주박물관으로 승격하면서 같은 장소에서 계속 전시되던 신종도 1975년 5월에 동부동을 떠나 인왕동에 신축된 현재의 국립경주박물관으로 옮겨졌다. 이후 박물관 서편의 콘크리트 종각에 매달려 반세기를 지내며 오늘에 이른 것이다.

성덕대왕신종은 약 1300년 동안 이곳저곳을 유전하였음에도 큰 상처가 없다고 한다. 1997년 조사에서도 거의 완벽한 상태였고, 300여 개의 작은 구멍 가운데 단 10개 정도가 부식되었다. 매우 다행스런 일이 아닐 수 없다. 그러나 너무 오랜 세월 야외에서 추위와 더위를 참고 울렸으므로 안전 문제가 심각한 현안으로 대두하였다. 그래서 영구보존하는 방법을 강구하기로 하고, 크기·모양·소리·무게 등을 거의 그대로 살린 새 종을 만들어 타종하게 되었으니 경주 노동동 신라대종이 그것이다. 이는 21세기 성덕대왕 신종의 새로운 탄생이었다.

참고문헌

국립경주박물관, 1999, 《성덕대왕신종(종합논고집)》, 국립경주박물관.

국립경주박물관, 1999, 《성덕대왕신종(종합조사보고서)》, 국립경주박물관.

김수태, 1983, 〈통일신라기 전제왕권의 붕괴와 김옹〉, 《역사학보》 99·100합집.

김수태, 1996, 《신라중대정치사연구》, 일조각.

성낙주, 2008, 《에밀레종의 비밀-소리로 세상을 다스려라-》, 푸른역사.

이기동, 1998, 〈성덕왕대의 정치와 사회 - 군자국의 내부 사정-〉, 《역사학보》 160.

이기백, 1958, 〈신라 혜공왕대의 정치적 변혁〉, 《사회과학》 2.

이기백, 1974, 《신라정치사회사연구》, 일조각, 1974.

이영호, 1990, 〈신라 혜공왕대 정변의 새로운 해석〉, 《역사교육론집》 13·14합집.

이영호, 2003, 〈신라의 왕권과 귀족사회-중대 국왕의 혼인 문제를 중심으로-〉,
　　　《신라문화》 22.

이영호, 2011, 〈통일신라시대의 왕과 왕비〉, 《신라사학보》 22.

이영호, 2014, 《신라 중대의 정치와 권력구조》, 지식산업사.

이호영, 1974, 〈신라 중대왕실과 봉덕사〉, 《사학지》 8.

이호영, 1975, 〈성덕대왕신종명 해석에 관한 몇 가지 문제〉, 《고고미술》 125.

이호영, 1997, 《신라 삼국통합과 여·제 패망원인연구》, 서경문화사.

최영성, 2018, 〈신라 성덕대왕신종의 명문 연구-'사상성' 탐색을 겸하여-〉, 《한국철
　　　학논집》 56.

浜田耕策, 1981, 〈新羅の聖德大王神鍾と中代の王室〉, 《呴沫集》 3, 學習院大學史學會.

1. 갈항사 석탑과 갈항사
2. 갈항사 석탑기의 내용
3. 갈항사 석탑기의 작성 시점과 배경
4. 갈항사 석탑의 건립 주체인 세 남매의 가문
5. 갈항사 석탑기를 통해 본 8세기 후반의 신라사회

강종훈(대구가톨릭대 역사교육과 교수)

1. 갈항사 석탑과 갈항사

서울 용산구에 위치한 국립중앙박물관의 야외 전시장인 석조물정원에 가면, '갈항사葛項寺 동서 삼층석탑'이라는 이름의 탑 두 개가 나란히 서 있다(도판 1). 애초에는 갈항사지라는 절터에 있던 탑들인데, 일제강점기인 1916년에 일본인 도굴꾼들에 의해 훼손된 사건을 계기로 경복궁의 조선총독부박물관 정원으로 이전되었다가, 이후 90년 가까이 지난 2005년에 지금의 장소로 다시 옮겨져 전시 중이다.

이 탑들이 본래 세워졌던 갈항사는 경북 김천시 남면 오봉리의 금오산

〈도판 1〉 갈항사 동서 삼층석탑. 왼쪽 탑이 동탑이며 박스 친 부분에 명문이 새겨져 있다.
(서남영 교수 제공)

金烏山 서쪽 기슭에 있던 절이다. 창건 연대는 분명하지 않지만, 신라 승려로서 중국 화엄종의 제3조 법장(法藏: 643~712)의 제자였던 승전勝詮이 귀국하여 해동 화엄종의 개조인 의상(義相: 625~702)에게 법장의 저술과 서신을 전달하고는 이곳에 절을 짓고 화엄경을 강의했다는 기록이 고려시대 승려 일연이 쓴 《삼국유사》에 전한다(권4 의해편 〈승전축루〉조). 이를 통해 통일신라 초기인 7세기 말에서 8세기 초 정도에 갈항사가 처음 만들어졌을 것으로 짐작해 볼 수 있다.

갈항사는 16세기 전반에 완성된 지리서인 《신증동국여지승람》에 개령현(開寧縣: 지금의 김천)의 불우佛宇 가운데 하나로 소개되어 있어서, 적어도 조선 전기까지는 존속했던 것으로 여겨진다. 그렇지만, 정조 연간에 편찬된 《범우고梵宇攷》에서 갈항사를 폐사로 기술한 것을 보면, 18세기 말에는 이미 석탑을 비롯한 석조물만 남은 황량한 절터로 변해 있었던 듯하다.

승전이 왜 하필 이곳에 절을 창건했는지는 확실히 알기 어렵다. 다만 갈항사가 신라 왕경王京에서 꽤 떨어진 지역의 깊은 산중에 자리 잡은 것은 당시 승전이 왕실이나 진골 귀족들로부터 큰 관심과 적극적인 지원을 받지 못했음을 암시한다. 《삼국유사》에 따르면, 그가 절을 짓고는 '석촉루石髑髏'를 '관속(官屬: 따르는 자)'으로 삼아 화엄경 강의를 열었다고 한다. 석촉루는 해골 모양의 돌을 말하는데, 일연이 《삼국유사》를 저술할 당시에도 80여 개가 전해지면서 영험한 일들을 많이 일으켰다고 덧붙여져 있다.

석촉루 설화는 승전이 신라 불교계에서 흔쾌히 받아들여지지 못한 사실을 은근히 알려준다. 그를 따르는 자들이 오죽 없었으면, 돌들을 모아놓고 강의를 해야 했을까. 아마도 신라 화엄종의 주류를 형성한 의상 문하가 아니고 그와 동문수학한 당나라 고승 법장을 스승으로 둔 승려이다 보니, 의상의 직계 제자들로부터 심한 견제와 따돌림을 받았는지도 모르겠다.

그렇지만 그에게 제자가 전혀 없었던 것은 아니다. 일연은 《삼국유사》에서 신라 사문沙門 가귀可歸가 자못 총명하고 도리를 잘 알아 그의 법맥을 이었다고 전하면서, '원융圓融의 가르침', 즉 화엄학華嚴學이 우리나라에 두루 퍼진 것은 참으로 승전의 공이라고 칭송하였다.

아무튼 갈항사는 승전 이후 가귀를 거치며 화엄종 사찰로 명맥을 유지해 갔는데, 창건되고 반 세기가량이 지난 8세기 중엽에 이르러 한 차례 큰 변화를 맞이하게 된다. 바로 경내에 삼층석탑 두 기가 새롭게 조성된 것이니, 이때는 공교롭게도 경주 불국사에 석가탑이라고 불리는 삼층석탑이 세워질 무렵이기도 하다.

2. 갈항사 석탑기의 내용

갈항사 석탑의 건립에 관련된 사실은 동서로 배치된 두 기의 탑 가운데 동쪽 탑의 기단부 한편에 새겨진 5행 54자의 명문에 고스란히 드러나 있다(도판 2). 흔히 〈갈항사 석탑기〉(이하 석탑기로 줄임)로 불리는 명문이 그것이다.

먼저 석탑기의 내용을 원문 그대로 인용하면, 다음과 같다.

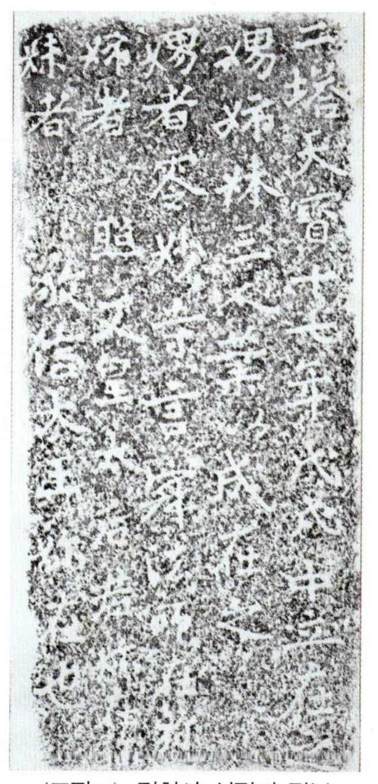

〈도판 2〉 갈항사 석탑기 탁본
(성균관대학교 박물관 제공)

二塔天寶十七年戊戌中立在之
娚姉妹三人業以成在之
娚者零妙寺言寂法師在旀
姉者　照文皇太后君妳在旀
妹者　　敬信大王妳在也

판독에 어려움이 거의 없고, 내용도 건립 연대와 건립에 관여한 인물들을 나열하여 비교적 단순하지만, 순수한 한문이 아니라 행마다 우리말을 한자로 표기한 이두문이 들어 있어 약간의 논의가 필요하다.

우선 모든 행의 끝에서 두 번째에 '在(재)' 자가 들어가 있는데, 이는 우리말에서 과거 시제를 뜻하는 '－었', '－였'을 한자로 표시한 이두이다. 제3

행과 제4행의 마지막 글자인 '旀(며)'도 문장과 문장을 이을 때 사용되는 우리말 '-(이)며', '-(하)며'를 한자의 음을 그대로 따와서 쓴 이두이다.

제1행과 제2행 말미의 '之(지)'나 제5행 말미의 '也(야)'는 꼭 이두는 아니고, 한문에서 흔히 문장의 종결사로 활용되는 것으로서, 우리말로 번역하자면 '-(하)다', '-(이)다'가 된다. 참고로 제2행의 '業以成在之'는 실제 한문으로는 '以業成之' 정도가 적절하지만, 우리말 어순을 따르고 이두를 넣다 보니 한문 어법상으로는 어색한 문장이 된 것이다.

제2행과 제3행의 첫 글자로 나온 '娚(남)'은 오라비를 뜻한다. 이 글자는 중국에서는 '재잘거리다', '떠들다'라는 다른 의미로 사용되었는데, 특이하게도 우리나라에서만 가족관계에서 여성의 손위 남자 형제, 즉 오빠를 지칭하는 용어로 쓰였다.

제4행의 끝에서 네 번째 글자인 '君(군)'은 군주, 임금 등의 뜻을 지닌 한자지만, 바로 앞에 등장한 '조문황태후照文皇太后'가 신라의 왕은 아니었기에 여기서는 그런 뜻으로 쓰인 것 같지는 않다. '君'은 '王' 또는 '主'와 의미가 통하는 글자인데, '王'과 '主'는 신라 금석문에서 우리말의 존칭 접미사인 '님'을 표기할 때 곧잘 이용되었던 글자들이다.

예를 들자면, 〈울주 천전리각석〉 을사명(乙巳銘〔525〕: 원명)과 기미명(己未銘〔539〕: 추명)에 보이는 '於史鄒女郞王(어사추여랑왕)'의 마지막 글자 '王'은 우리말 '님'을 한자로 표시한 대표적 사례이다. 그리고 9세기 말의 금석문인 〈담양 개선사 석등기〉(891)에 나오는 '文懿皇后主(문의황후님)'의 끝 글자 '主'나 《삼국유사》에 전하는 신라 향가 서동요薯童謠의 첫 구절 '善花公主主隱(선화공주님은)'의 두 번째 '主'도 '님'을 나타내는 이두 표현의 전형적인 사례라고 할 수 있다.

한편 '君'은 석탑기 외에도 804년에 작성된 〈양양 선림원지 종명〉에서 용례가 하나 더 발견되는데, 거기서는 시주자를 '夫人君'으로 표기하였다.

문맥상 '부인님'으로 이해할 수 있는바, 이런 점들을 두루 고려할 때 석탑기 제4행의 '照文皇太后君'에 들어간 '君'도 존칭 접미사 '님'을 한자로 표기한 것으로 판단된다.

그런데 이와 달리 제5행의 '敬信大王(경신대왕)' 다음에는 '君'이라든지 '王', '主' 등의 접미사가 보이지 않는다. 앞에서 잠깐 소개한 〈개선사 석등기〉의 경우, '景文大王主(경문대왕님)'라고 하여 '大王' 뒤에도 '님'의 의미를 지닌 '主'를 넣었다. 그렇지만 정작 석탑기에서는 '敬信大王' 다음에 '主'나 '君'이나 '王' 등의 표현을 찾을 수 없다. 명문을 새기는 과정에서 실수로 빠뜨렸을 가능성도 있겠으나, 혹시 대왕의 '왕' 자체에 우리말 '님'의 의미가 담겨 있다 보니 의도적으로 생략했을지도 모르겠다.

마지막으로 제4행의 '照文皇太后君'과 제5행의 '敬信大王' 뒤에는 '妳(니)'라는 글자가 공통적으로 붙어 있다. 이 글자가 무엇을 의미하는지가 중요할 텐데, 한자로는 젖, 유모乳母, 어머니 등의 뜻을 지니고 있다. 석탑기에 보이는 '니'가 만약 이 가운데 어머니를 지칭하는 표현이라면, 이는 곧 조문황태후의 어머니와 경신대왕의 어머니가 자매였다는 이야기가 될 것이다. 하지만, 뒤에서 언급하듯이 조문황태후 자신이 바로 경신대왕의 어머니여서, 이런 추정은 성립하기 힘들다. 왕의 외할머니와 어머니가 되는 여성들이 자매일 수는 없기 때문이다.

그래서 석탑기의 '니'는 조문황태후나 경신대왕과 어머니가 아닌 특수한 관계에 있던 여성을 가리키는 표현으로 보아야 합당한데, 자연스럽게 '니'의 다른 의미 가운데 하나인 '유모'에 눈이 쏠리게 된다. 이렇게 보면 어떤 자매가 조문황태후와 그 아들 경신대왕의 유모 역할을 제각기 맡았다는 말이 되는바, 이는 충분히 있을 수 있는 일이다. 언니와 여동생이 열 살 터울이었다고 가정하고, 언니가 20대 중반에 어떤 갓 태어난 여자아이(즉 조문황태후)의 유모가 되었다가 20년쯤 지나 그 아이가 성장해서 결혼 후 아들을

출산하자, 당시 30대 중반이 되었을 여동생이 새로 그 남자아이(즉 경신대
왕)의 유모가 되었을 것으로 추측해도 결코 무리한 일은 아닐 것이다.

사실 '니'는 우리말에서 자신보다 나이가 많으면서 보살핌을 베푸는 여성
에게 붙여지는 끝말이다. 어머'니'가 가장 대표적이지만, 그 밖에도 할머
'니', 아주머'니', 언'니' 등등 사례는 더 늘어난다. '니'를 공유하는 이런 친
족 용어들은 아마도 원초적 표현으로서의 '니'로부터 관계를 더욱 구체화하
는 과정에서 파생된 것이 아닐까 싶다.

여하튼 석탑기의 '니'는 가족관계상의 어머니나 할머니, 아주머니, 언니는
아니어도, 유모처럼 연배가 위이면서 누군가를 보살펴주는 가까운 여성을
뜻하는 용어로 쓰였다고 정리할 수 있겠다.

지금까지의 논의를 종합하여 석탑기의 해석문을 제시하면, 아래와 같다.

두 탑은 천보天寶 17년 무술년에 세웠다.
오라비〔娚〕와 윗누이〔姉〕와 아랫누이〔妹〕 세 사람이 업業으로써 이루었다.
오라비는 영묘사零妙寺의 언적言寂 법사였으며,
윗누이는 조문황태후照文皇太后님〔君〕의 유모〔妳〕였으며,
아랫누이는 경신대왕敬信大王의 유모였다.

3. 갈항사 석탑기의 작성 시점과 배경

위에서 살펴보았듯이, 석탑기는 과거 시점인 '천보 17년 무술년'에 갈항
사에 동서 삼층석탑이 세워졌음을 밝히고, 건립의 주체는 신라 왕경의 성전
사원(成典寺院: 국가의 지원과 관리를 받던 왕실 원찰〔願刹〕) 가운데 하나였던

'영묘사(零妙寺: 靈廟寺)'의 언적 법사를 비롯한 3남매였음을 전하기 위해 작성된 것이라 할 수 있다.

그런데 여기서 한 가지 짚고 넘어가야 할 점이 있는데, 그것은 바로 천보가 당 현종玄宗의 연호로서 742년을 첫해로 하여, 안록산安祿山의 난으로 인해 현종이 황제의 자리에서 물러난 756년까지 15년 동안 사용되었다는 사실이다. 따라서 천보 '17년'은 실제로는 존재하지 않은 해가 된다.

석탑기의 작성자가 왜 이런 오류를 범했는지는 확실히 알 수 없다. 석탑기를 지을 시점에 작성자 자신이 과거 당에서 이루어진 연호 변경에 관해 무지했던 탓일 수도 있겠고, 아니면 안록산의 난이 터진 후 당의 내정內情이 신라에 제대로 전달되지 않아 서기로는 758년인 '무술년'을 여전히 '천보 17년'으로 인식하던 때 만들어진 어떤 자료를 보고서 아무런 의심 없이 그대로 옮긴 결과일 수도 있겠다.

아무튼 석탑기의 첫머리에 나오는 '천보 17년 무술년'은 일종의 사실 왜곡 사례이기는 하지만, 서기 758년을 가리키는 것임은 의심의 여지가 없다. 그리고 이해는 신라로서는 '중대中代' 말기인 경덕왕景德王 즉위 17년째에 해당한다.

그러면 과연 이 석탑기는 언제 새겨진 것일까? 석탑기의 내용이 과거에 있었던 사실을 기록한 것인 만큼, 그것이 실제로 작성된 시점은 당연히 758년보다는 늦은 어느 때가 될 수밖에 없다. 이 질문에 대한 답은 다른 데서가 아니라 석탑기 제4행의 '조문황태후'와 제5행의 '경신대왕'이라는 표현에서 찾아진다.

먼저 전자, 즉 조문황태후는 신라 제38대 왕으로 '하대下代' 초인 785～798년 사이에 재위한 원성왕元聖王의 어머니 계오부인繼烏夫人을 다르게 일컫는 말이다. 지오부인知烏夫人으로도 전하는 그녀는 일길찬 김효양金孝讓과 혼인하여 원성왕을 낳았으며, 생전에 왕비나 '왕후王后'였던 적이 없지만 아

들이 왕으로 즉위하면서 '소문태후昭文太后'로 추봉追封되었다(《삼국사기》 권
10 신라본기10 원성왕 원년 2월조). 석탑기에 보이는 조문황태후는 이 소문
태후를 달리 표기한 것으로, 석탑기의 작성 시점이 아무리 빨라도 원성왕
즉위 이후임을 추정케 해준다.

한편 후자인 경신대왕은 원성왕의 본명인 김경신金敬信을 왕명으로 사용
한 것이다. 그런데 원성왕이라는 호칭은 사후에 붙여진 '시호諡號'이기에,
원성왕 재위 기간에는 '원성대왕'이라는 표현이 나올 수 없다. 반대로 원성
왕이 죽은 뒤에는 굳이 '경신대왕'이라고 하지 않고 시호를 써서 '원성대왕'
으로 표기하는 것이 사리에 맞다. 실제로 원성왕 사후에 작성된 금석문들에
서는 '원성대왕'은 보여도 '경신대왕'으로 그가 지칭된 사례는 발견되지 않
는다.

결국 석탑기에 등장하는 '조문황태후'와 '경신대왕'이라는 표현은, 이 석
탑기가 원성왕이 재위할 당시에 작성되었음을 고스란히 드러내는 것이다.
이 시점은 석탑이 건립된 758년으로부터 이르면 27년, 아무리 늦게 잡아도
40년이 지난 때이다.

그렇다면 도대체 왜 석탑기는 탑이 세워지고 수십 년이 지나서야 새겨진
것일까?

앞서 살펴본 바와 같이, 갈항사 동서 삼층석탑의 건립 주체인 세 남매는
오라비인 영묘사 승려 언적 법사와 두 여동생인 원성왕의 어머니 '조문황태
후'의 유모, 그리고 '경신대왕', 즉 원성왕의 유모였다.

그런데 그동안 학계에서는 이두가 들어간 표현인 '君妳'를 한자 의미 그
대로 '왕의 어머니'라고 해석하여, '照文皇太后君妳'가 곧 원성왕의 어머니
소문태후인 것으로 파악하는 설이 우세하였다. 이렇게 보면, 자연히 그녀의
여동생으로 나온 '敬信大王妳'는 원성왕의 '이모'였고, 오빠인 언적 법사는
원성왕의 외삼촌이었던 셈이 된다. 몇몇 연구자는 이런 이해를 바탕으로 갈

항사 석탑의 건립을 주도한 것은 원성왕의 '외가'였다고 단언하면서, 한 걸음 더 나아가 김천 지역은 원성왕 외가와 특별한 연고가 있었으며, 원성왕의 즉위도 그 가문이 갈항사 및 김천 지역에 갖고 있던 세력 기반에 힘입은 것이라고 주장하기도 하였다.

그렇지만 위에서 자세히 언급했듯이, 그렇게 보기는 어렵다. 무엇보다도 '照文皇太后君娣'를 소문태후로 볼 수 없는 이유는, 그녀가 3남매 가운데 두 번째로 언급되었다는 데서 확연히 드러난다. 만약 원성왕의 어머니인 소문태후였다면, 오라비와 여동생이라는 연령순에 상관없이 그녀가 언적 법사보다 앞에 나와야 상식에 부합할 것이다. 언적 법사가 아무리 비중 있는 승려였다고 한들, 국왕의 어머니보다 위상이 높을 수는 없기 때문이다.

결국 갈항사를 원성왕의 외가와 '직접적'으로 관련이 있는 사찰로 보고, 마치 갈항사가 원성왕 일가의 지속적인 지원을 받은 것인 양 설명하는 것은 설득력이 없다. 갈항사는 원성왕의 외가와 자녀 양육의 측면에서 밀접한 관계를 가졌던 어떤 집안이 재물 희사 등의 방법으로 후원한 사찰이었을 뿐이다. 3남매의 첫째로 나오는 영묘사 승려 언적 법사가 석탑 건립 당시 갈항사와 특별한 인연을 맺고 있었을 가능성, 예컨대 그때 갈항사에 주석하고 있었을 가능성 등은 충분히 고려해 볼 만하지만, 어찌 되었든 그를 매개로 두 여동생이 자신들의 재물을 기부함으로써 석탑이 세워졌을 것으로 추측된다.

그러나 이때만 하더라도 갈항사라는 시골 사찰이 신라 귀족사회에서 특별한 관심을 끌지는 않았을 것 같다. 50여 년 전 승전이 처음 창건할 때부터 신라 불교계에서조차 따돌림을 당했던 사찰이 갑자기 진골 귀족들의 대대적인 후원을 받으며 주목의 대상이 되었을 가능성은 높지 않다.

아울러 그곳에 두 기의 탑을 세운 3남매의 행적이 널리 알려지지도 않았을 듯하다. 설사 원성왕이 왕이 되기 전에 그 가문, 특히 그 외가 쪽과 친

분이 있고 꽤 오랜 기간 긴밀한 교류를 유지해 왔다고 해도, 3남매의 집안 자체가 특출난 것이 아니었다면, 그들의 집안 차원에서 이루어진 불사佛事가 온 나라를 들썩일 만큼 요란스럽게 치러지거나 홍보되기는 어려웠을 것이다. 석탑기가 탑의 건립과 함께 새겨지지 않은 이유는 바로 여기에 있다고 판단된다.

하지만 785년에 원성왕이 신라의 왕위에 오르면서 사정은 크게 달라졌다. 3남매 집안의 자손들에게는 당연히 그랬을 테지만, 갈항사의 입장에서도 이는 마찬가지였을 것이다.

우선 수십 년 전에 갈항사에 석탑 두 기를 세운 장본인이 바로 원성왕과 그 어머니의 유모들이었다는 사실은 그들의 후손에게 가문의 명예를 높이는 데 매우 중요한 소재가 되었을 수밖에 없다. 새로 국왕이 된 원성왕 일가와 그들 사이의 인연이 그 후손들에게 호가호위狐假虎威의 기반으로 작용했을 것은 두말할 나위가 없다.

갈항사의 승려나 신도들에게도 원성왕의 즉위는 반갑기 그지없었을 것이다. 창건 이래 별로 주목받지 못했던 사찰이 지금의 왕인 원성왕과 그 어머니를 키우고 돌본 유모들로부터 과거 어느 땐가 '중창重創'이나 다름없는 큰 후원을 입었다는 사실은 그냥 묵혀두기 아까운 화젯거리가 되었기 마련이다. 간접적이기는 하지만 현 왕실과 연결되는 끈이 조금이라도 있음을 알게 된 갈항사 관계자들이 사격寺格의 상승을 위해 침소봉대針小棒大의 유혹을 느꼈을 것은 충분히 상상할 수 있는 일이다.

이처럼 양자의 이해관계가 맞물리면서, 처음 석탑이 건립되고 한참 지난 시점에 비로소 석탑기가 작성되어 탑의 한쪽에 새겨넣어진 것이라 하겠다. 다만 이때에도 왕실은 직접 관여하지 않았을 것으로 보이는데, 이는 석탑기가 단순히 건립 연대와 건립 주체를 밝히는 데 머문 점이나 그나마도 이두가 섞인 문장으로 구성되어 글의 수준이 높지 않다는 점 등에서 어느 정도

방증이 되리라 생각한다. 어쩌면 한자를 조금 익힌 지방 아전衙前이 갈항사 측의 의뢰를 받아 석탑기의 내용을 썼을 가능성도 전혀 없지는 않다.

4. 갈항사 석탑의 건립 주체인 세 남매의 가문

갈항사에 석탑을 건립한 세 남매는 원성왕과 가족관계를 이루는 신라 왕실의 구성원이 아님을 위에서 설명하였다. 그러나 그것이 곧 이들의 신분이 절대적인 기준에서 낮았음을 의미하지는 않는다. 진골 귀족 가문의 유모를 거듭 배출한 집안이라면, 최고 신분은 아니더라도 상당히 높은 신분의 소유자였을 가능성을 염두에 두지 않을 수 없다.

참고삼아 신라 말의 사례를 하나 들어볼 수 있다. 《삼국유사》에 진성여왕眞聖女王의 '유모'로 부호부인鳧好夫人이라는 여성이 나오는데, 그녀의 남편은 경문왕景文王의 아우로서 진성여왕에게 숙부가 되는 각간角干 위홍魏弘이었다(권2 기이편 〈진성여대왕 거타지〉조). 부호부인은 석탑기의 표현으로는 진성여왕의 '니妳'에 해당하는바, 그녀 자신이 경문왕에서 헌강왕(경문왕의 맏아들), 정강왕(경문왕의 둘째 아들), 진성여왕(경문왕의 딸)으로 이어진 경문왕가景文王家와 매우 가까운 친족 구성원이었음에도 남편의 조카인 진성여왕의 유모가 되었던 것이다. 이런 점을 감안할 때, 석탑기에 나오는 자매도 원성왕의 외가 쪽과 혼인 등을 통해 연결된 인척이었을 가능성을 일단 배제하기 어렵다.

여기서 잠시 원성왕의 외가에 대해 살펴볼 필요가 있겠는데, 줄곧 언급한 바와 같이 원성왕의 어머니는 조문황태후, 즉 소문태후로, 생전에는 계오부인이라고 불렸다. 《삼국사기》와 《삼국유사》 등에 전하는 계보를 종합해 보면, 그녀는 성씨가 '박씨'였고 아버지는 창근昌近이라는 인물이었다고 한다. 즉 소문태후는 신라의 귀족인 박창근과 이름이 전해지지 않는 어떤 여성 사이에서 태어났으며, 앞서 소개했듯이 성장하여 김효양과 결혼해서 원성왕을 낳았던 것이다.

한편 신라 말에 최치원崔致遠이 찬술한 〈숭복사비〉에는 원성왕의 부인 숙정왕후肅貞王后의 외조부로 김원량金元良이라는 인물이 나온다. 그런데 그는 바로 '소문왕후'의 외삼촌(元舅)이었던 것으로 함께 전해진다. 이는 위에서 이름을 알 수 없다고 한 소문왕후 어머니의 성씨가 '김씨'였음을 의미하는 것이다. 정리하자면, 원성왕의 외가는 박씨 가문이었고, 그 어머니 소문태후의 외가는 김씨 가문이었다는 이야기가 된다.

석탑기의 자매가 소문태후와 원성왕 두 사람의 유모였다고 하니, 이 자매와 소문태후 모자의 인연은 필시 원성왕의 외가이면서 소문태후의 친가인 박씨 가문이거나 소문태후의 외가인 김씨 가문으로부터 비롯되었을 것으로 추정된다. 다만 석탑기에서 자매의 이름을 드러내지 않은 것을 볼 때, 이들은 박씨 가문의 인척이 되었든 김씨 가문의 인척이 되었든 두 가문보다는 지위가 조금 떨어지는 집안의 인물들이었을 가능성이 매우 높다.

물론 그렇다고 해도 신라사회 전체를 놓고 보면, 3남매가 속한 집안은 지배층 내에서 나름대로 위상을 지녔던 가문이었을 테니, 자매끼리 뜻을 모아 두 기의 석탑 건립을 후원할 정도로 큰 재력을 보유했다는 것에서 충분히 그 가능성을 짐작할 수 있다. 이들은 아무리 낮게 잡아도 6두품의 신분을 지닌 자들이었을 것으로 추측되는데, 8세기 초의 불상으로 유명한 〈감산사 석조 아미타여래 입상〉과 〈감산사 석조 미륵보살 입상〉이 6두품 신분인 김지성金志誠의 발원으로 조성되었다는 사실은 이와 관련하여 참고될 만하다.

5. 갈항사 석탑기를 통해 본 8세기 후반의 신라사회

지금까지는 갈항사 석탑기에 등장하는 인물들을 통해 석탑의 건립 경위와 석탑기의 작성 배경 등을 추적해 보았다. 이제부터는 석탑기에서 8세기 후반 신라사회의 실상을 엿볼 수 있는 다른 내용은 없는지 살펴보도록 하자.

가장 눈에 띄는 것은 원성왕의 어머니 소문태후를 '조문황태후'라고 표기했다는 점이다. 고려시대에 편찬된 《삼국사기》와 《삼국유사》에는 단지 '태후'로만 나오는 그를 석탑기에서는 '황태후'라고 표현하였다. 사실 '태후'라는 말 자체에 이미 황제의 어머니라는 의미가 담겨 있는데도, 여기서는 '皇' 자까지 앞에 붙여 그 의미를 더욱 부각한 것이다.

참고로 앞서 잠깐 언급했듯이 〈개선사 석등기〉에서도 경문왕의 부인을 '왕비王妃'나 '왕후王后'가 아닌 '황후皇后'로 표기하였다. 이런 사례들은 통일신라 시기에 '황후'나 '황태후'라는 표현이 적어도 국내에서는 널리 사용되고 있었음을 알려주는 것으로, 신라가 황제에 해당하는 존재에 의해 다스려지고 있음을 드러낸 것이라 할 수 있다.

신라에서 '皇' 자가 국왕 또는 왕실과 관련하여 사용된 것은 석탑기 작성 시점보다 200년가량 앞선 6세기 후반부터였다. 진흥왕眞興王의 명에 따라 서기 553년에 착공하여 566년에 완성한 신라의 국찰 '황룡사皇龍寺'의 이름에 '皇' 자가 쓰인 것을 시작으로, 7세기 전반 선덕여왕 3년(634)에 완공된 왕실 사찰 '분황사芬皇寺'와 그 무렵 어느 땐가 의상義相이 출가한 절로 알려진 '황복사皇福寺'에도 '皇' 자가 들어갔다. 선덕여왕은 아예 '성조황고聖祖皇姑'라는 이름으로 불렸음이 우리 측 기록인 《삼국사기》뿐만 아니라 중국 측 사서인 《신당서》에도 나올 정도이다.

이처럼 '皇'은 비교적 일찍부터 신라사회에서 통용된 글자였는바, 아마도 '왕'보다 위에 있는 존재임을 나타낼 목적으로 일부러 차용借用한 것이 아닐까 싶다. 통일신라 시기 금석문에 보이는 '황태후'나 '황후'라는 용어의 사용 역시 그 연장선상에서 이해할 수 있겠다.

다음으로 주목할 것은, 그럼에도 불구하고 원성왕은 '경신대왕'이라고 하여 '대왕'으로만 표기했다는 사실이다. 위에서 살펴본 것처럼 당시 신라에서 '皇'이라는 글자를 스스럼없이 썼다면, 원성왕도 대왕이 아닌 '황제皇帝'로 표기했을 법한데, 실상은 그렇지 않고 '대왕'이라고만 한 것이다. 이것은 대체 무엇을 의미하는 것일까?

통일신라 시기의 금석문들을 검색해 보면, 신라의 국왕을 '대왕'으로 표기한 사례는 석탑기말고도 무수히 많이 발견된다. 하지만 그 어디에서도 'ㅇㅇ大王'이라는 표현 대신 'ㅇㅇ皇帝' 또는 줄여서 'ㅇㅇ帝'라는 표현을 쓰지는 않았다.

이는 당시 신라에서 국왕을 '황제' 또는 '제'라고 지칭하는 것을 의도적으로 피한 결과라고 판단할 수밖에 없다. 실제로 '황제'나 '제'는 오로지 '천자天子'임을 내세운 당의 황제를 가리킬 때만 쓰였으니, 〈문무왕릉비〉에 등장하는 '대당태종문무성황제大唐太宗文武聖皇帝'나 '천황대제天皇大帝', 그리고 〈김인문비〉에 보이는 '고종대황대제高宗大皇大帝' 등이 그 대표적 예이다.

신라의 국왕이 '대왕'으로 불리기 시작한 것은 6세기 전반 법흥왕 때부터였다(〈울주 천전리각석〉의 을묘명[535]과 기미명[539]). 법흥왕 다음의 왕인 진흥왕 역시 〈북한산비〉를 비롯한 여러 순수비에 '진흥태왕眞興太王'으로 언급되어 있어, 대왕(또는 태왕)이라는 칭호가 중고기 이후 신라에서 일반화되었음을 짐작하게 한다.

이처럼 신라의 지배층이 군주의 칭호로서 '황제' 내지 '제'를 내세우지 않았던 것은 아마도 그것들을 중원의 한족漢族 왕조의 최고 지배자만이 사용하는 고유한 칭호로 받아들였기 때문일 것이다. 이런 인식은 중국의 경우에도 오호십육국 시대에 호족胡族 왕조들에서 이미 나타난 바 있는데, 전진前秦의 왕이었던 부견苻堅이 적절한 사례가 될 수 있다.

《진서晉書》에 따르면, 부견은 357년에 전진의 군주로 등극하면서 황제가 아닌 '천왕天王'을 칭하는 한편, 자신의 어머니를 '황태후'로, 부인을 '황후'로, 적자嫡子인 부굉苻宏을 '황태자'로 삼았다고 한다. 사실상 천왕이 황제나 마찬가지의 지위임을 알아차릴 수 있지만, 그가 굳이 '천왕'이라는 칭호를 내세운 것은 '황제'가 오랫동안 한족 왕조의 지배자를 일컫는 용어로 굳어져 있었기에 호족 출신인 자신이 구태여 따라야 할 필요가 없다고 판단했기 때문이다. 신라에서 국왕의 어머니를 황태후로, 부인을 황후로 부르면서도, 정작 국왕에 대해서는 '황제'나 '제'가 아닌 '대왕'이라고 칭한 것도 이와 비슷한 맥락에서 이해할 여지가 있다.

일단 신라 지배층 사이에서는 '황제' 또는 그 줄임말로서 '제'가 당, 즉 중국 왕조의 최고 지배자에게 독점적으로 적용되는 호칭임을 인정하고, 대내외적으로 신라의 군주를 '황제' 또는 '제'로 부르는 것은 피하기로 원칙을 정했을 가능성이 크다고 여겨진다. 대신 신라의 군주는 그냥 '왕'보다는 위상이 높으므로 황제에 준하거나 버금가는 존재라는 의미를 담아 '대왕'으로 존대하면서, 황제에서 '제'를 뺀 '황'과 이 '대왕'을 등치시켜 그 부인과 어머니를 지칭할 때는 '황' 자를 쓰는 것을 관행화했던 것이 아닐까 싶다. 물론 당과 교류하는 데 걸림돌이 되어서는 안 된다는 외교적 고려가 신라 국왕의 노골적인 '황제' 칭호 사용을 억제하는 가장 중요한 요인이 되었을 것은 자명하다.

이와 관련하여 거론할 것이 하나 더 있다. 신라가 7세기 중엽 진덕여왕 때에 자체 연호의 사용을 중지하고, 이후 줄곧 당의 연호를 빌려 썼다는 사실이다. 석탑기의 첫 행에 당 현종의 연호인 천보가 들어간 것은 바로 그런 상황을 반영한 것이다.

흔히 동아시아에서는 황제를 칭하는 '칭제稱帝'와 연호를 세우는 '건원建元'이 맞물려 일어나면서 한 나라 지배자의 독보적인 권위를 상징적으로 드러냈다. 그렇지만, 반드시 '황제'를 칭하지 않더라도 스스로 연호를 만들어 사용한 나라들이 꽤 많이 있었다. 신라도 그 가운데 하나로, 중고기인 법흥왕 때 '건원建元'이라는 연호를 쓰기 시작하여, 진흥왕 때 개국開國, 태창太昌, 홍제鴻濟, 진평왕 때 건복建福, 선덕여왕 때 인평仁平, 진덕여왕 때 태화太和 등의 독자 연호를 사용하기도 했다.

그러나 진덕여왕 4년(650)에 자체 연호 태화를 포기하고 당 고종의 연호인 영휘永徽를 받아들인 이후, 통일신라 시기 내내 칭제는 물론이고 건원도 없었다. 예외적으로 9세기 초인 헌덕왕憲德王 때 김헌창金憲昌이 반란을 일으키면서 '경운慶雲'이라는 연호를 잠시 내걸기도 했지만, 반란이 곧바로 진압되어 연호의 사용은 한순간에 끝나고 말았다.

이런 측면에서 보자면, 신라는 그간 학계 내외의 많은 사람들이 상정한 것처럼 '외왕내제外王內帝'의 나라, 즉 바깥에는 '왕'을 표방하면서 안으로는 '황제'를 자임하던 나라가 아니었다고 할 수 있다. 물론 백제 유민遺民의 묘지 가운데 하나인 〈예군묘지禰軍墓誌〉에 신라 문무왕을 지칭하는 듯한 표현으로 '참제(僭帝: 분수 넘게 황제를 칭한 자)'가 나오고, 실제로 문무왕이 안승安勝을 '고구려왕' 또는 '보덕왕報德王'으로 책봉함으로써 자신의 황제적 위상을 과시한 사례도 있음을 감안하면, 나당 전쟁이 벌어지던 문무왕 대에 '일시적'으로 신라 내에서 '황제' 내지 '제'가 군주의 칭호로 쓰였을 가능성을 완전히 닫을 수는 없겠다. 그러나 전쟁이 종식되고 당과의 관계가 점차 회복되면서부터 '황제'나 '제'라는 호칭의 사용은 자체적으로도 억제될 수밖에 없었을 것이다.

결국, 신라는 아예 중국의 제후국임을 자처하며 모든 체제를 제후국에 맞추었던 후대의 조선에 비하면 훨씬 자주적인 면모를 지녔으나, 국내에서 왕보다 높은 '대왕〔皇〕'을 표방하는 '외왕내황外王內皇' 단계에 머물렀을 뿐 '외왕내제' 단계까지도 제대로 나아가지 못한 나라였던 셈이다. 갈항사 석탑기는 신라의 국가 위상 측면에서의 이와 같은 한계를 가감 없이 보여 준다는 점에서, 비록 얼마 안 되는 짧은 기록이기는 하지만, 통일기 신라사회를 이해하는 데 매우 소중한 문자 자료라고 할 수 있다.

참고문헌

강종훈, 2025, 〈중국사에서의 '大王', '天王', '天皇' 칭호의 사용과 그 배경〉, 《영남학》 94, 경북대 영남문화연구원.

김경진, 2017, 〈신라 중대 말 갈항사와 진골 귀족〉, 서강대학교 교육대학원 석사학위 논문.

김창겸, 2022, 〈김천 葛項寺石塔記와 신라 元聖王家의 위상〉, 《신라문화》 60, 동국대 신라문화연구소.

김혜민, 2020, 〈葛項寺 石塔記를 통해 본 元聖王의 세력기반〉, 《한국고대사탐구》 35, 한국고대사탐구학회.

주보돈, 2013, 〈三國遺事 勝詮髑髏條의 吟味〉, 《신라문화제학술논문집》 34, 동국대 신라문화연구소.

최범훈, 1987, 〈金石文에 나타난 吏讀研究〉, 《경기대학교논문집》 21, 경기대학교.

---

1. 무장사 창건과 아미타불 조성
2. 비편의 발견 경위와 비문의 내용
3. 《삼국유사》 무장사 미타전조와 무장사비
4. 무장사비를 통해 본 계화왕후의 염원

조이옥(이화여대 인문사회학술연구교수)

1. 무장사 창건과 아미타불 조성

너른 분지 위에 발달한 도시가 천년 왕국 신라의 수도 경주이다. 신라를 대표하는 대규모 왕실 사찰인 황룡사 터에 서보면 사방으로 확트인 시야가 '바로 여기가 천년 왕국의 넉넉한 중심지였다'고 소리없이 외치는 듯하다. 그런 의미에서 무장사鍪藏寺는 경주에서 매우 특이하고 은밀한 장소에 위치한다.

경주 시내에서 꽤 떨어진 덕동호 상류를 지나 암곡동 가는 길을 따라 가면 왕산마을인데, 여기서 계곡으로 이어지는 골짜기를 따라 올라가다가 깍아 지른 산 중턱을 지나 개울 건너 위 깊숙한 곳에 무장사 옛터가 자리하고 있다. 현재는 이곳에 나무데크로 길을 만들어 놓아 접근이 쉽지만, 1990

년대만 해도 겨우 한 사람이 지나갈 수 있는 좁디좁은 산허리 길을 지나야 갈 수 있었던 곳이다. 교통이 불편하고 화려한 유적이 많이 남아 있는 것도 아니어서 좀처럼 찾아갈 기회를 마련하기 힘들지만, 찾아간 사람은 절대 실망시키지 않는다. 무장사지가 소재한 무장산은 최근 무장봉 정상의 억새를 보기 위해 이 골짜기를 찾는 등산객의 발걸음이 끊이지 않으며, 신라의 달밤, 선덕여왕 등 영화와 드라마 촬영지로 각광받은 곳이기도 하다.

무장사에 대한 기록은 고려 말 승려 일연(1206-1289)의 《삼국유사》에서 보인다. 승려 일연은 무장사 미타전조에서 "왕경에서 동북으로 20리쯤 되는 암곡촌의 북쪽에 무장사가 있다"라고 하고 "태종이 삼한을 통일한 다음 계곡 안에 무기와 투구를 이 골짜기 속에 묻었기 때문에 무장사라 이름했다 한다"라고 하여 이 절의 위치와 이름의 유래를 설명한다.

태종이 무기와 투구를 감추어 둘 만한 깊고 은밀한 골짜기에 정작 무장사를 지은 사람은 한참 뒤인 원성왕의 아버지인 대아간 김효양金孝讓이다. 그는 숙부 파진찬을 추숭하기 위하여 태종이 병기를 묻었다는 이 깊은 골짜기에 절을 창건하였다. 그곳의 깊은 골짜기는 마치 산을 깎아 세운 듯 몹시 가파르고, 절이 어둡고 깊숙한 곳에 있어 절로 텅비고 고결한 기운이 돌아 참으로 마음이 안심되고 도를 즐길 만한 신령스런 곳이었다고 한다.

신라 제38대 원성왕(재위 785-798)은 태종무열왕의 직계 후손으로 당시 상재上宰의 지위에 있던 김주원을 물리치고 왕위에 오른 인물이다. 아버지 김효양은 누구보다 자신의 아들이 왕으로 즉위하는 과정에서 태종무열왕계의 정통성을 확보하기 위한 여러 가지 시도를 도모한 것으로 보이는데, 대아간 김효양이 조종의 만파식적을 간직해 아들인 원성왕에게 전하였고, 원성왕은 이것을 얻었기 때문에 하늘의 은혜를 후히 입어 그 덕이 멀리 빛나게 되었다는 기사가 《삼국유사》에 전한다. 대아간 김효양이 아들 김경신에게 무열계 왕통의 상징물인 만파식적을 전한 이유는, 원성왕의 왕위계승이 하늘의 뜻에 의한 것이었으며, 태종무열왕계의 정통성까지 계승했음을 내세우려 했기 때문일 것이다.

이런 맥락에서 보면, 대아간 김효양이 태종과 밀접한 연관성이 있는 깊은 골짜기에 숙부 파진찬을 추모하는 명분으로 사찰을 창건한 배경에는, 만파식적 설화에서 보듯이 태종무열왕계의 정통성을 계승하여 즉위의 정당성을 확보하는 동시에 무열왕계의 진골 귀족을 달래고 그들을 포섭해 지지 세력을 구축하고자 하는 정치적 목적이 반영된 것으로 짐작해 볼 수 있다.

대아간 김효양이 무장사를 창건한 연대는 분명하지 않다. 김효양은 원성왕이 즉위할 당시 이미 사망한 것으로 보이는데,《삼국사기》에 보면 원성왕 원년(785) 봄 2월에 일갈찬 효양이 명덕대왕明德大王으로 추봉되고 있기 때문이다. 무장사는 원성왕이 즉위하기 이전인 8세기 중후반 무렵에는 창건한 것으로 유추해 볼 수 있다. 대아간 김효양과 파진찬 숙부 등은 원성왕의 선대에 해당하는 인물들이므로 무장사는 원성왕계와 관련이 있는 숭복사, 영묘사 등의 사찰과 더불어 원성왕계의 원찰願刹이라 할 수 있다.

원성왕의 아버지 김효양이 무장사를 창건한 이후 반 세기가량이 지난 9세기 초에 이르러 한 차례 불사가 이루어지는 큰 변화를 맞이하게 된다. 소성왕비인 계화왕후가 소성왕이 죽은 뒤 그의 명복을 빌기 위해 원성왕계의 원찰인 이곳 무장사에 아미타불 1구와 신중상을 조성하여 미타고전에 봉안하였기 때문이다. 아미타불과 신중상을 조성하면서 무장사비에 그 내용을 기록하였는데, 이 비가 무장사 아미타여래 조상비(이하 무장사비로 약칭)이다.

소성왕의 어머니인 성목왕태후가 애장왕 3년(802) 가야산 해인사를 창건한 것으로 볼 때, 소성왕비인 계화왕후가 무장사 미타고전에 아미타불을 조성한 것은 애장왕 즉위(800-801) 무렵으로 추정된다.

2. 비편의 발견 경위와 비문의 내용

무장사비는 《삼국유사》 제3권 탑상의 무장사 미타전에 소개되어 있다. 무장사비는 조선시대 지리서인 《신증동국여지승람》 권21, 경주부 무장사 부분에 "옛 비석이 있다"라는 구절로 보아 16세기 전반(1530)경까지는 온전하였음을 알 수 있다. 그런데 언젠가 무장사비는 파손되면서 경주 주위에 버려진 것으로 보이는데, 행방이 묘연했던 무장사비가 다시 빛을 보게 된 것은 조선 후기의 대학자인 이계 홍양호(1724-1802)에 의해서이다.

영조 38년(1760)에 홍양호가 경주 부윤으로 있을 때에 경주 내동면 암곡리에서 처음으로 비편 하나를 발견하였다. (1) 암곡마을 사람이 맷돌로 콩을 갈고 있는데, 유심히 살펴보니 그 맷돌은 예삿돌이 아닌 무장사 비석의 파편이었다. 홍양호는 이미 마멸이 심해 알아보기 어려웠으나 "지금 내가 탁본한 것은 전면의 절반뿐이고 후면은 콩을 가느라 마멸되어 버렸으니 더욱 안타깝다"라고 하였다.

경주 부윤 홍양호가 비편 하나를 수습한 이후 다시 그 소재를 잃은 것을 순조 17년(1817) 추사 김정희(1786-1856)가 경주 일대를 뒤져 깨진 비석 두 부분을 다시 찾아내었다. 이 두 편의 탁본은 1832년 청나라의 고증학자 유희해(1793-1852)가 우리나라 금석문을 모아 편집한 《해동금석원》 부록에 처음 소개되었다. (2) 추사는 홍양호가 발견한 비편의 탁본을 스승인 옹방강(翁方綱, 1733-1818)에게 보냈고, 1817년 비편을 발견한 뒤에는 그 감회를 비편에 새겼다. 셋째 비편은 일제 강점기인 1914년 5월 9일 조선총독부 출장원 김한목金漢睦과 나카자토 이쥬로中里伊十郎가 자료 조사 중 무장사지 부근에서 귀부, 이수 및 《해동금석원》에 소개되지 않았던 다른 한 부분을 발견하고 수습하였다. (3) 청대에 간행된 《해동금석원》·《당문습유》 등에 무장사비의 판독문이 수록되어 있다. 세 개의 비편들은 현재 국립중앙 박물관에 소장, 전시되어 있다.

최근 수습된 이 세 개의 비편을 가지고 복원작업이 시도되었다. 즉 이 세 개의 비편이 서로 맞물리면서 상하 문맥이 통한다고 보고, 비문 전체 행을 28행으로 추정하고, 이에 따른 비의 크기를 파악하였다. 현재 전하는 세 개의 비편 중 제3행과 5행에 아무 글자도 새겨져 있지 않은데 이것은 비편 (1)의 제5행과 7행의 아래 부분이 여백으로 남아 있는 것과 일치하 는 것이어서, 2-3글자 정도의 간격을 두고 (1)의 앞부분과 연결되어 있는 것으로 파악한 것이다. 현재 무장사지에 세워져 있는 무장사비는 이러한 복 원의 결과를 수용하여 새로이 새겨서 먼저 존재하던 귀부와 이수에 끼여

〈도판 1〉 복원된 무장사비(필자 촬영)

맞추어 놓은 것이다.(도판 1)

복원된 무장사비는 《해동금석원》과 《한국고대금석문》 권3, 무장사 아미타여래 조상비에 나오는 판독문을 토대로 여러 자료에서 수정·보완되었는데, 무장사비의 내용은 몇 개의 단락으로 구분해 보면 다음과 같다.

(1)은 애장왕의 명을 받들어 대나마 김육진金陸珍이 본 비를 찬한 것을 적고 있다. 《삼국사기》에 따르면 비문의 찬자인 김육진은 애장왕 10년(809) 대아찬으로서 당에 사은사 겸 진봉사로 갔다. 이는 그가 대나마에서 승진을 거듭하여 대아찬에 올랐으며 또 외교활동도 벌였음을 보여 준다.

(2)는 무장사가 위치한 곳에 대한 경치를 서술하고 있다. 그윽한 골짜기가 너무 험준하여 마치 깎아 세운 듯하며, 절이 자리 잡은 곳이 침침하고 깊숙하며 허허하여 순백한 기운이 자연히 생기니, 마음을 쉬고 도를 즐길만한 신령스러운 곳이라고 표현하였다.

(3)은 소성왕과 계화왕후에 관한 내용이다. 원성왕을 이어 왕위에 오른 소성왕이 즉위 이듬해 갑자기 죽자, 소성왕비인 계화왕후가 어짜할 바를 몰랐다. 지극히 슬퍼하여 피눈물을 흘리면서 애도하다가 아미타불을 모시면 그 영혼을 편안히 하고 서방정토에 갈 수 있다는 말을 듣고 6의六衣의 화려한 옷을 희사하고 9부九府의 저장해 둔 재물을 다 내어서 이름난 장인을 불러 미타상 1구를 만들게 하고 아울러 신중상도 만들어 봉안한 사연을 적고 있다. 특히 (3)의 제9행과 12행에 이르는 구절은 중궁, 즉 계화왕후가 소성왕 사후 상례를 포함해 어떤 일을 행했으며, 얼마나 정성을 기울였는지를 보여 주는 내용으로 구성되어 있다.

(4) 13행부터는 험하고 깊은 산속에 절을 세우게 된 이유와 그 경과가 설명되어 있다. 즉 진인의 꿈 이야기를 통해 (절을 지으려 하니 그 지형이) 암석은 험하고 시냇물은 매우 빠르므로 장인들이 돌아보지도 않고 모두 좋지 못하다고 하였지만, 터를 닦아 평탄한 땅을 얻게 되자 보는 이가 놀라

좋다고 칭찬하지 않은 이가 없었다고 내용을 소개하고 있다. 비에 나오는 '암암巖巖'이라는 표현은 《시경》〈소아〉 절남산 편의 "節彼南山 維石巖巖"에서 나온 말로, 산에 바위가 많음을 서술한 것이다.

그렇다면 계화왕후는 왜 이처럼 험준하고 깊은 산속, 평탄하지도 않은 땅을 불사의 장소로 선택했을까? 대아간 김효양으로부터 비롯된 무장사의 상징성은 원성왕의 손자이자 후계자인 소성왕을 위한 불사의 장소로 선택되기에 충분한 근거가 되었을 것이다. 소성왕의 추선을 위한 불사의 장소로 무장사를 택함으로써 계화왕후는 김효양(증조부)−원성왕(조부)−김인겸(부)−소성왕−애장왕(자, 청명)으로 이어지는 원성왕계 가계의 정통성과 상징성을 공고히 할 수 있었을 것이다.

3. 《삼국유사》 무장사 미타전조와 무장사비

일연이 쓴 《삼국유사》의 무장사 미타전은 현재 경주시 암곡동에 그 유적이 남아 있는 무장사지와 관련이 있는 기록이다. 일연은 《삼국유사》 무장사 미타전에서 무장사와 관련된 위치와 원성왕의 아버지인 대아간 김효양이 숙부 파진찬을 위해 무장사를 지었다는 창건 연기 그리고 계화왕후가 남편인 소성왕의 명복을 빌기 위해 아미타불과 신중상을 조성하게 된 슬픈 사연 등을 간략하게 소개하고 있다. 그리고 "근래에 불전(미타전)은 무너지고 절만 남았다."라고 하여 경주를 두루 답사하면서 무장산 깊은 골짜기에 위치한 무장사에까지 왔고, 이때에는 미타전은 이미 붕괴되는 등 절이 쇠락하였음을 보여 준다.

복원된 무장사비의 내용과 《삼국유사》 무장사 미타전의 내용이 겹치는 부분을 비교하여 정리하면 〈표 1〉과 같다.

〈표 1〉 복원된 무장사비와 《삼국유사》 무장사 미타전의 내용 비교

	무장사비	《삼국유사》 무장사 미타전
1	（幽谷）？絶　累以削成	（幽谷）？絶　類似削成
2	一朝晏駕　　　中宮	大王先逝　中宮
3	奉造阿彌陀像一軀	敎造彌陀像一軀
4	眞人　於石塔東南崗上之樹下 西面而坐　爲大衆說法	眞人　坐於石塔東南崗上 向西爲大衆說法
5	乃得平坦之地　可容堂宇, 宛似神基	乃得平坦之地　可容堂宇, 宛似神基
6	見者　愕然而驚　　莫不□□	見者　愕然而驚　稱善

일연은 이 비를 보고 무장사 미타전을 썼음은 분명하다. 그러나 〈표 1〉에서 보듯이 비문에 차이가 나는 것은 판독상의 차이 때문일 수도 있고 일연 스님의 명문을 그대로 전재하지 않고 윤문하였기 때문일 수도 있다. 전자의 사례로는 '累以'와 '類似'를 들 수 있고, 후자의 사례로는 '어느 날 아침에 돌아가셨다(一朝晏駕)'와 '대왕이 먼저 돌아가셨다(大王先逝)' 그리고 '莫不'과 '稱善'을 들 수 있다.

다만 그 내용이 대부분 1석에 해당되는 부분에만 국한되어 있고, 비에 대한 언급이 없어 이때 이미 파손된 것이 아닐까 하는 의문이 들기도 한다. 일연은 깨어진 상태라고 해도 분명히 이 비를 보았고 무장사 미타전은 그 내용을 반영하여 쓴 것이 틀림없다고 하겠다.

일연의 기록 이후 무장사는 16세기 전반에 완성된 지리서인 《신증동국여지승람》에 나온다. 이후 18세기 전반부터 홍양호의 《이계집》과 《일성록》 등에 무장암, 무장사 등으로 나오고 있어 조선시대 후반까지는 존속했던 것으로 여겨진다. 그렇지만 홍양호가 경주 부윤으로 있을 당시 이미 무장사는 폐사지로 3층 석탑(보물 제126호)을 비롯한 귀부와 이수(보물 제125호)만

남은 황량한 절터로 변해 있었던 듯하다.

〈도판 2〉 무장사 이수와 귀부
(고운기 지음, 《삼국유사 길 위에서 만나다》, 현암사, 2011, 191쪽에서 재인용)

특히 무장사비는 홍양호에 의해 비편이 발견되기 이전부터 금석학에 관심이 있는 이들에게는 널리 알려져 있었는데, 서체 때문이었다. 옹방강 등 청나라 학자들은 무장사비가 왕희지(307-365)의 〈난정서〉와 〈집왕서삼장교서비〉, 〈흥복사단비〉를 집자한 것으로 보았다. 그러나 김정희 등 일부 학자들은 왕희지체와 비슷하긴 하나 집자는 아니라고 보았다. 서체에 대한 논란은 현재까지 계속 이어지고 있다. 일찍이 이종문은 집자비라는 주장에 의문을 제기하고, 서자는 김육진으로 보아야 한다는 견해를 내었다. 2010년 최영성은 '신라무장사비 국제학술대회'에서 깨어진 비편을 연결해 보면 무장사비의 서자가 황룡사 승려라고 주장하면서, 당시 신라의 글씨가 우수하였음을 논하였다. 이는 〈단속사신행선사비〉가 왕희지체와 비슷하지만 동계사문 영업(東溪沙門 靈業)의 글씨인 것과 같은 맥락에서 이해할 수 있다.

현재 이곳에는 최근 복원된 무장사비가 있고 그 아래쪽에 신라시대 3층 석탑이 남아 있어 세인의 관심을 끌고 있다.(도판 3)

〈도판 3〉 경주 무장사지 삼층석탑(국가유산청 국가유산 포털)

조형적 특징과 관련 문헌을 종합해 볼 때, 절이 창건된 시기인 8세기 후반에 건립된 것으로 추정된다.

4. 무장사비를 통해 본 계화왕후의 염원

종래 무장사비에 대한 우리 학계의 관심은 소성왕비인 계화왕후를 중심으로 하는 신라 하대 왕실과 아미타신앙과 관련한 불교사상사적 측면에 초

점이 맞추어져 왔다. 그런데 비의 첫 행에 '守大奈麻 金陸珍奉 敎'라 하여 애장왕의 명을 받아 대나마 김육진이 비명을 찬술한 것을 밝히고 있다. 무장사비의 건립에는 소성왕비인 계화왕후의 불사에 아들인 애장왕이 적극적으로 개입하였음을 알려 준다. 이런 의미에서 무장사비는 애장왕 대 초기 원성왕계 왕실 세력의 동향과 함께 남편인 소성왕을 위해 불사를 주도한 계화왕후의 염원을 이해할 수 있는 단서를 제공한다.

신라는 혜공왕을 마지막으로 중대가 끝난 뒤 선덕왕을 거쳐 원성왕(재위 785-798)이 즉위하면서 하대가 시작되었다. 원성왕은 김씨이고 이름은 경신敬信이며, 내물왕의 12대손이다. 전왕인 선덕왕과는 모계에 의한 종형제의 관계에 있었다. 선덕왕이 후계자 없이 죽자 국인國人의 추대를 받아 왕위계승의 우선 순위에 있던 김주원보다 먼저 즉위하여 원성왕이 되었다. 원성왕의 자녀로는 인겸仁謙 의영義英 예영禮英 대룡부인大龍夫人 소룡부인小龍夫人이 있다. 원성왕이 즉위하면서 태종무열왕계 혈통이 단절되고 원성왕계 혈통이 왕위를 계승하였다.

원성왕을 이어서 즉위한 소성왕(재위 799-800)은 원성왕의 장손인 준옹俊邕이다. 원성왕은 즉위 직후 장자인 인겸(시호 惠忠太子)을 태자로 책봉했으나, 원성왕 7년(791) 정월에 인겸이 죽자, 장손인 준옹을 궁중에서 길렀다. 준옹은 원성왕 5년에 당에 사신으로 다녀온 후 대아찬이 되었고, 이듬해 파진찬으로 재상이 되고, 왕 7년에 시중, 8년에 병부령이 되었다. 794년 태자 의영이 죽자, 이듬해인 795년 인겸의 아들인 준옹은 태자가 되었다. 원성왕이 799년에 죽자 준옹이 왕위에 올랐다.

계화왕후는 소성왕의 비이며 애장왕의 어머니이다. 애장왕 6년(805) 정월에 대왕후로 봉해졌는데, 어머니 숙씨叔氏는 대비로 책봉되었다. 대비의 아버지 숙명叔明이 내물왕의 13대손인 김씨이다. 그러면 대비의 성도 김씨여야 한다. 그러나 당시 신라는 중국과의 외교상 혈족 혼인을 감추기 위하

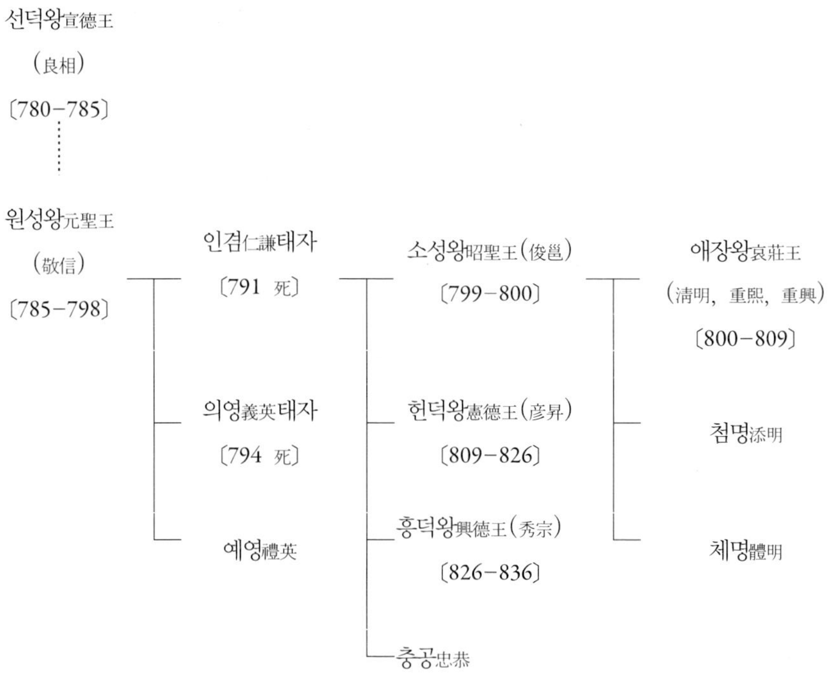

〈표 2〉 원성왕계 왕위계승표

여 아버지의 이름을 따서 숙씨叔氏라는 가성假姓을 부여하였던 것이다. 소성왕의 어머니는 김신술金神術의 딸인데, 신씨神氏라고 외교문서에 쓴 것도 같은 맥락으로 이해된다.

신라 제39대 소성왕은 실질적으로 신라 하대를 연 원성왕의 장손으로 장자 상속의 원칙에 따라 합법적으로 왕위를 계승하였다. 13년 동안이나 집권한 조부 원성왕의 뒤를 이어 정권을 물려받은 소성왕은 더 오랜 기간 신라를 안정적으로 이끌 수 있었을 것이다. 그러나 소성왕은 무슨 까닭인지 왕위에 올라 1년 남짓 만인 재위 2년(800) 6월 왕자 청명淸明을 태자로 책봉한 후 바로 그달에 세상을 뜬다. 왕이 죽기 전인 "여름 4월에 폭풍이

나무를 꺾고 기와를 날렸다. 서란전瑞蘭殿의 발簾은 날아간 곳을 알 수 없었다. 임해문臨海門과 인화문仁化門이 무너졌다.”라고 《삼국사기》에는 적고 있다. 이런 흉조는 소성왕 말기에 왕실 내부에 큰 변고가 있었음을 사시해 주지만 구체적인 내용은 알 수 없다. 소성왕이 죽자 왕위는 태자 청명으로 이어져 애장왕이 등극하였으나, 즉위하던 때 나이 13세이므로 숙부 아찬 병부령 김언승金彦昇이 섭정하였다.

신라에서는 어린 왕이 즉위한 경우 왕의 모후母后가 섭정을 맡는 것이 일반적 관례이다. 섭정은 왕조국가에서 군주가 어리거나 유고시에 그를 대신하여 정사를 처리하는 일 혹은 처리하는 사람을 가리킨다. 일종의 대리정치인 셈이다. 대체로 신라사에서 섭정 기록은 애장왕을 포함 모두 세 군데 보이는데, 진흥왕과 혜공왕은 각각 7세와 8세의 어린 나이로 즉위하여 모후의 섭정을 받았다.

현전하는 사료에 의거에 보면 애장왕은 태자나 국왕으로서의 자질이나 능력을 특별히 결여했던 인물로는 보이지 않는다. 13세가 크게 어리다(幼少)고는 할 수 없다. 애장왕은 태자로 책봉되자마자 부왕이 갑자기 죽는 바람에 정치적 경륜을 쌓을 겨를도 없이 곧바로 즉위하였다. 그러나 모후인 계화왕후가 생존해 있었음에도 불구하고 애장왕의 숙부인 병부령 김언승이 섭정을 맡고 정권을 장악하였다.

섭정을 맡은 김언승은 애장왕의 아버지인 소성왕의 동모제로 애장왕의 숙부이자 계화왕후의 시동생이다. 병부령 김언승이 섭정이 된 것에 대해 소성왕이 애장왕의 왕위계승을 보장하는 조건으로 동생 언승의 섭정을 허용하는 유조를 내린 결과로 보는 견해가 있고, 국왕의 숙부라는 혈연관계뿐만 아니고 김언승이 이미 확보하고 있었던 실질적인 권력자로서의 지위가 크게 작용했다는 견해도 있다. 무엇보다 애장왕의 숙부인 김언승이 섭정을 맡게 된 배경에는 소성왕과 김언승의 어머니였던 성목왕태후와 밀접한 관계가 있다고 생각된다.

성목왕태후는 김신술金神述의 딸로 원성왕의 장자인 인겸의 부인이자 소성왕의 어머니이다. 소성왕 원년 8월에 "왕이 성목왕태후를 추봉하였다"고 하여 당시 이미 사망한 것으로 《삼국사기》에 기록하고 있다. 그러나 소성왕 2년에 당 황제가 신라의 요청으로 소성왕을 신라왕으로 책봉하면서 그 어머니 성목태후 김씨를 대비로 책봉하였고, 다시 흥덕왕 2년(827)에 당에서 흥덕왕을 책봉하면서 그 어머니와 아내를 각각 대비와 왕비로 책봉하였다는 기사도 있다. 흥덕왕이 소성왕과 헌덕왕의 동모제였다는 점을 고려할 때, 여기에 보이는 흥덕왕의 어머니는 다름 아닌 성목왕태후이다. 특히 성목왕태후는 원성왕계 신왕통을 확립하고 왕실 세력을 결집시키려는 정치적 목적에서 애장왕 3년(802)에 해인사 창건을 주도하였다.

이렇게 볼 때, 애장왕 대 초기 왕실은 사실상 성목왕태후와 병부령 김언승 모자로 대표되는 섭정세력과 계화왕후와 애장왕 모자로 대표되는 친정세력이 상호 갈등·대립하고 있었던 것으로 보인다. 이 가운데 애장왕 즉위 초기에 정국 운용을 주도했던 이들은 당연히 섭정세력이었다.

무장사비는 계화왕후가 소성왕의 죽음을 슬퍼하다가 그의 명복을 빌기 위해 무장사에 아미타상 1구와 신중상을 만들어 미타고전에 봉안한 것으로 기록하고 있다. 애장왕 즉위 초기 계화왕후는 직접 정국을 주도하거나 영향력을 행사할 수 있는 형편이 아니었다. 그럼에도 불구하고 계화왕후가 무장사에 아미타상과 신중상을 조성한 것에는 남편인 소성왕의 추선을 명분으로 다른 정치적 목적이 반영된 것으로 볼 수 있다. 즉 소성왕의 동모제인 김언승을 중심으로 하는 섭정세력이 정권을 장악하고 있는 위협적인 현실 아래에서 애장왕의 모후인 계화왕후는 요절한 남편 소성왕을 위한 불사를 내세워 무장사와 밀접한 관련이 있는 무열왕계 진골귀족세력들과의 정치적 결속을 이끌어 내고 서로 긴밀히 밀착해 아들인 애장왕의 왕위 보전 및 친정체제를 강화하고자 하였을 것으로 짐작된다.

계화왕후가 무장사에 아미타불을 조성하는 불사를 통해 아들인 애장왕의 친정체제를 구축하고자 한 반면에 애장왕의 할머니인 성목왕태후는 가야산 해인사 창건을 주도해 자신의 아들이자 당시 섭정이었던 병부령 김언승의 섭정 체제를 공고히 하고자 하였던 것으로 여겨진다.

계화왕후는 중대 화엄사찰이 아미타불을 강조한 아미타신앙에 따라 무장사에 아미타불을 조성하여 중대 무열왕계 전통을 계승하였음을 강조하였다. 또 태종이 삼한을 통일한 다음 계곡 안에 무기와 투구를 묻은 깊은 골짜기 속에서 세워진 무장사에 아마타불을 조성한 것도 무열왕계와의 인연을 강조하려 한 것으로 여겨진다.

반면에 성목왕태후가 주도한 해인사는 기본적으로 화엄사찰이었지만 비로자나불을 봉안하는 비로자나불 중심의 화엄사찰을 지향하고 있었다. 따라서 성목왕태후와 김언승으로 대표되는 섭정세력의 해인사 창건은 애장왕의 친정을 대비하기 위한 대책이었다고 할 수 있다. 결국 계화왕후의 염원에도 불구하고 섭정 김언승은 809년에 조카 애장왕을 제거하고 왕위에 올라 헌덕왕(재위 809-826)이 되었다. 이는 신라 하대에 들어와 원성왕계 내에서 왕위쟁탈전이 일어나는 시발점이 되었다.

참고문헌

《삼국사기》《삼국유사》《이계집》《완당전집》《해동금석원》
한국고대사회연구소편, 1992,《역주 한국고대금석문》 3, 가락국사적개발연구원.

경주시 편, 2009,《무장사 아미타불 조성사적비 정비 연구보고서》.
경주시, 2010,《신라 무장사비 국제학술회의 논문집》.
곽승훈, 2002,《통일신라시대의 정치변동과 불교》 국학자료원.
김창겸, 2018,《신라하대 국왕과 정치사》, 온샘.
김복순, 2015, 〈무장사 미타전 조의 몇가지 검토〉,《신라문화제학술논문집 삼국유사
　　　　탑상편 신라왕경의 사찰1》.
김지현, 2014, 〈경주 무장사지 사적과 삼층석탑에 대한 재고〉,《신라문화》 43.
이종문, 2014, 〈복원된 무장사비의 몇가지 문제〉,《신라사학보》 31.
정성용, 2019, 〈신라 애장왕대 해인사 창건과 왕실세력의 동향〉,《한국고대사탐구》 32.
최영성, 2009, 〈무장사 아미타불 조성비 연구〉,《무장사 아미타불 조상사적비 정비
　　　　연구보고서》, 경주시.
최홍조, 2009, 〈신라 애장왕대의 정치개혁과 그 성격〉,《한국고대사연구》 54.

小田幹治郎, 1914, 〈鍪藏寺碑の發見〉,《朝鮮及滿洲》 84.
葛城末治, 1935(1979, 아세아문화사 영인본). 〈二三慶州鍪藏寺阿彌陀如來造像碑〉,
　　　　《朝鮮金石攷》.

제7장 〈안양 중초사지 당간지주 명문〉과 신라 한주의 사찰

1. 〈안양 중초사지 당간지주 명문〉
2. 신라의 '지방', 한주에 자리 잡은 사찰
3. 중초사와 안양사, 그리고 중초사지 당간지주의 의미

임동민(계명대 사학과 교수)

1. 〈안양 중초사지 당간지주 명문〉

1) 중초사지 당간지주의 현황

중초사지 당간지주(보물)는 경기도 안양시 만안구 예술공원로 103번길 4(석수동 214번지)에 있는 신라 하대의 문화유산이다. 중초사지中初寺址는 '중초사'의 옛터를 의미하는데, 사찰 이름은 당간지주 명문에서 확인된다. 당간지주幢竿支柱는 불교 의식에서 쓰는 일종의 깃발[幢]을 거는 기둥[竿]을 지탱하는 돌기둥[支柱]이다. 우리나라의 당간지주는 멀리서 당간의 당을 볼 수 있도록, 사찰의 초입이나 중요한 건물의 앞에 있는 경우가 많았다.

대개의 당간지주는 당이나 당간 없이 돌로 만든 지주만 남아 있는 사례가 많다. 과거 사찰이 폐허가 되고 나면, 철로 만든 당간, 직물로 만든 당

은 어디론가 사라지고, 옮기기 어려운 거대한 돌기둥 2개만 자리를 지키게 되기 때문이다. 중초사지 당간지주도 천년 넘는 세월이 흐르면서, 당과 당간은 사라지고, 지금처럼 거대한 돌기둥만 남게 되었다.

중초사지 당간지주의 동·서 지주는 높이 약 3.5m에 달하고, 아래에 지대석 등이 남아 있다. 서쪽 지주의 바깥면에는 6행 123자의 명문이 새겨져 있다. 지주의 겉모습은 자연스럽게 다듬었지만, 서쪽 지주의 명문을 새긴 부분은 편액 형태로 도드라지게 다듬었다.

〈도판 1〉 당간지주와 관련된 이미지. 안성 칠장사 철당간(필자 촬영)

중초사지 당간지주는 현재 안양박물관 정문으로 들어가서 왼편에 자리 잡고 있다. 당간지주 뒤에는 탑의 몸체 일부가 없어진 중초사지 삼층석탑(경기도 유형문화유산)이 있다. 이 석탑은 원위치였던 안양박물관 건물의 동쪽에서부터 1960년에 옮겨온 것이다. 일반적으로 한국의 사찰에 있는 석탑은 부처의 사리를 모신 중요한 신앙 대상이었으며, 당간지주와 함께 배치되기보다 금당 앞에 배치되었다. 원래 중초사지 삼층석탑은 당간지주와 떨어져서 신앙의 중심 공간에 있었을 텐데, 우여곡절을 겪으면서 현재 위치로 옮겨진 것으로 보인다.

중초사지 당간지주는 바로 뒤에 삼층석탑을 마주하고 있어서 어색한 배치를 보여 준다. 그리고 당간지주 주변에는 재건축 아파트, 오래된 주택, 옛 공장 건물을 리모델링한 박물관까지 빼곡하게 둘러싸고 있다. 이러한 현재

〈도판 2〉 중초사지 당간지주 전경(왼쪽)과 서쪽 지주 명문

의 모습에서는 당간지주의 본래 모습을 상상하기 쉽지 않다. 이 글에서는 당간지주 명문과 주변 지역의 고대 사찰을 검토하고, 현재까지 이어진 당간지주 주변 공간의 역사를 살펴보면서, 중초사지 당간지주가 갖는 역사적 의미를 되새겨 보고자 한다.[1]

2) 중초사지 당간지주 명문의 내용

중초사지 당간지주가 국가유산 보물로 지정된 가장 큰 이유는 서쪽 지주에 명문이 남아 있기 때문이다. 우리나라에는 신라~고려시대에 조성된 당간지주가 전국적으로 분포한다. 그중에서 언제, 누가 만들었는지 명확히 알

---

1 이하의 내용은 다음의 필자 논문을 대폭 수정, 요약한 것임을 밝힌다(임동민, 2023, 〈석수동 214번지의 비밀, 단일한 공간과 중첩된 시간-중초사지 당간지주, 안양사지를 중심으로-〉, 《사학연구》 149).

수 있는 사례는 고려시대 청주 용두사지 철당간 명문, 신라 하대 중초사지 당간지주 명문 등 극소수에 불과하다. 중초사지 당간지주 명문의 주요 내용은 아래 표와 같다.

<표 1> 중초사지 당간지주 명문의 주요 내용

	구분	내용
1	건립 과정	보력寶曆 2년(826) 8월 6일, 중초사中初寺 동쪽에서 돌 하나가 둘로 나뉨.
		8월 28일에 두 무리가 일을 시작, 9월 1일에 이곳에 이르렀고, 정미년(827) 2월 30일 완성.
2	참여 승려	절주통節州統 황룡사 항창화상, 상화상上和上 진행법사 …
		… 도상徒上 2명 지생법사, 진방법사, 작상作上 수남법사

중초사지 당간지주 명문에 따르면, 보력寶曆 2년(826) 8월, 중초사라는 절의 동쪽에서 돌 하나가 둘로 나뉘는 신기한 일이 벌어졌다. 보력寶曆은 당의 연호이다. 이에 두 무리가 돌을 옮기어 당간지주 건립을 시작하였고, 이듬해인 827년 2월에 완성하였다. 이러한 당간지주 건립에 참여한 승려는 절주통節州統 황룡사皇龍寺 항창화상恒昌和上을 비롯하여 모두 11명에 달하였다. 절주통의 주통州統은 신라 승직僧職의 하나이다. 불교를 국가의 중요한 종교로 삼았던 신라에서는 승려에게 일종의 관직(승직)을 주어 불교 관련 일에 종사하게 하였다. 주통은 9주에 한 명씩 두어 사찰 업무를 관할하도록 하였다. 중초사지 당간지주는 신라 한주에 속하였으므로, 명문의 주통은 한주에 두어진 주통이라 할 수 있다. 아울러, 절節은 '지휘', '때' 등으로 해석되는데, '임시'라는 의미로 풀어서 황룡사 승려가 한주의 주통에 임시

임명되어 당간지주 조성에 관여하였다고 보기도 한다.

명문의 한자 판독과 번역에 대한 논쟁은 다른 금석문에 비하여 적은 편이다. 그런데 최근에는 '중초사中初寺'를 절 이름으로 보지 않고, '(00일)에 처음 절 동쪽에서'라고 보는 새로운 견해도 제시되었다. 이것은 중中, 초初, 사寺를 각각 나누어 풀이하는 것으로 우리식의 이두 표현과 관련된다. 신라하대에도 이두 표현을 계속 활용하였고, '중초사'라는 사찰 이름에서 불교적 의미를 생각하기 어렵다는 점을 고려하면, 흥미로운 견해라고 할 수 있다. 하지만 '중초'를 풀어서 본다면 오히려 생략하는 편이 자연스럽게 느껴지기도 하고, 비슷한 시기의 금석문에서 사찰 이름을 명확히 표기하는 사례도 확인된다. 따라서 이 글에서는 잠정적으로 '중초사'를 사찰 이름으로 해석하도록 하겠다. 앞으로 이 일대의 발굴조사가 계획되어 있으므로, '중초사'의 해석에 관련한 새로운 자료가 출토되기를 기대한다.

중초사지 당간지주 조성은 826년 8월 28일에 시작하여 이듬해인 2월 30일에 완료하여, 약 6개월의 기간이 걸렸다. 조성 과정은 높이 3.5m의 돌기둥 2개를 채석하여 운반하고, 당간지주 기반을 닦고, 기둥을 세운 다음 철이나 돌로 당간을 제작하여 세우고 지주에 결합한 뒤, 지주에 명문을 새기는 공정이었을 것이다.

중초사지 당간지주 건립 사업에는 절주통 황룡사 항창화상을 비롯한 11명의 승려가 참여하였다. 이러한 승려들은 절주통에 이어 상화상上和上, 도상徒上, 작상作上 등의 명칭을 사용하였는데, 당간지주 건립을 위하여 다양한 승려들이 특정 직책과 업무 분장을 가진 일정한 조직 속에서 활동하였던 모습이 엿보인다.

명문의 내용에서 흥미로운 점은 당간지주를 만들기 위하여 신라 수도 경주의 대표 사찰인 황룡사의 항창화상이 참여하였다는 것이다. 중초사지 당간지주는 현재 경기도 안양시에 위치하며, 지금의 인식으로는 '수도권'에 해당한다. 하지만 신라 시기의 중심은 현재 경상북도 경주였고, 안양은 오히려 신라의 '지방'인 한주에 속하였다. 한주는 신라 경주에서 가장 먼 변방 중 하나였다. 신라 하대에 이러한 지방에까지 황룡사 승려가 참여하여 당간지주를 조성한 이유는 당시 한주의 사찰 현황과 특징을 살펴보면서 찾을 수 있을 것이다.

2. 신라의 '지방', 한주에 자리 잡은 사찰

1) 한주 사찰의 현황

신라 한주는 현재의 경기도, 충청북도, 황해도 등을 포함한 광역 행정단위이며, 지금의 하남시 일대에 치소를 두었다. 553년에 신라 진흥왕이 한강 유역을 차지하고 신주를 처음 설치하였고, 한산주 등으로 개칭되기도 하였다가, 757년에 경덕왕이 한주로 이름을 바꾸었다. 신라는 553년 이후 전투를 거듭하며 북쪽으로 올라갔고, 당과의 전쟁 끝에 황해도 일대를 포함하는 한주의 영역을 최종적으로 확보하였다. 한주는 신라가 가장 마지막까지 영역을 확장한 '지방'이자, 서북방의 '변방'에 해당하였다.

신라 중대와 하대의 불교 유산은 대체로 경상도, 충청도, 전라도 등에 집중되었고, 북쪽의 경기도, 강원도 등에는 상대적으로 적은 유산이 남았다. 물론 양양 진전사지, 강릉 굴산사지, 원주 거돈사지, 법천사지 등은 신라의 불교문화가 강원 지역까지 확산되었음을 보여 주는 중요한 유적이다. 경기와 서울 지역에도 안양 중초사지를 비롯하여 서울 장의사지, 하남 동사지, 천왕사지, 안성 봉업사지 등이 신라와 관련된 불교 유산으로 생각된다.

서울 장의사지는 한주의 신라 사찰 가운데 확실한 창건 기록이 남아 있는 희귀한 사례이다. 《삼국사기》에는 신라 무열왕 6년(659)에 백제와의 전투에 군공을 세웠던 장춘과 파랑을 기리기 위하여 한산주에 장의사莊義寺를 창건하였다고 전한다. 이와 유사한 기록은 《삼국유사》에도 있다. 장의사의 위치는 서울시 종로구 신영동, 세검정초등학교 부근으로 추정된다. 특히 세검정초등학교 초입에는 장의사지 당간지주가 남아 있다. 2019년 이후, 장의사지 당간지주 주변에서 소규모 발굴조사가 이루어졌는데, 나말여초 시기부터 고려, 조선시대까지의 건물지, 배수로 등이 확인되었다. 아직 장의사의 전체 모습이 밝혀지지 않았지만, 적어도 신라 말부터 이곳에 당간지주와 여러 건물이 있었을 가능성도 있다.

서울 장의사지는 홍제천 상류, 북한산 남쪽 계곡 내에 입지하고 있는데, 하천에 매우 인접한 북서쪽 대지에 조성되었던 것으로 생각된다. 이곳은 북한산 진흥왕 순수비, 승가사, 구기동 마애여래좌상 등이 있는 비봉에서 남쪽으로 약 2.5km 지점이고, 북한산성에서 서남쪽으로 약 5.7km 지점에 해당한다. 장의사지에서 남쪽으로는 부암동과 창의문을 지나 경복궁으로 연결되는 고갯길이 있고, 서쪽으로는 홍제천을 따라 형성된 육로가 홍제동, 연희동을 거쳐 마포 일대에서 한강과 만난다.

다음으로 신라 한주의 주요 사찰로는 하남 동사지와 천왕사지가 있다. 동사지는 일찍이 '동사桐寺'라는 명문 기와편이 발견되면서 알려졌고, 국가유산 사적으로 지정되었다. 이곳에 나란히 서 있는 삼층석탑 1기, 오층석탑 1기는 대체로 고려시대 석탑으로 생각되는데, 빠르면 신라 말에 조성되었거나, 혹은 신라 중·하대 석탑의 영향을 받은 것으로 추정된다. 최근까지 이어진 발굴조사 결과를 종합하면, 처음 사찰을 창건한 시점은 신라 중·하대 정도로 추정되며, 그 이후 고려시대까지 사찰 규모를 유지하였던 것으로 보인다. 동사지는 남한산에서 북쪽으로 한강까지 이어지는 덕풍천 유역, 그중에서도 이성산성 바로 남쪽의 대지에 자리 잡고 있다. 동사지는 이성산성의 남쪽 약 600m 정도 거리에 인접하여 위치한다.

하남 천왕사지는 최근 들어 활발히 발굴되고 있으나, 아직 전모를 밝히기는 어려운 상황이다. 최근까지의 성과를 종합해 보면, 천왕사지는 빠르면 신라 중·하대, 늦어도 나말여초에 창건되었고, 고려시대에 번창한 것으로 추정된다. 천왕사지는 동사지 동남쪽 약 1.4km 지점, 덕풍천 유역의 상류에 위치하며, 이성산성에서는 동남쪽으로 약 1.9km 정도 떨어져 있다. 동사지와 천왕사지는 덕풍천을 따라 북쪽으로 한강과 연계되며, 이성산성을 비롯한 신라 한주의 중심 치소에 포함되는 특징을 갖고 있다.

안성 봉업사지(화차사지)는 경기도 안성시 죽산면 죽산리 일대에 위치하며, 고려 태조와 관련한 중요한 사찰이었다. 1990년대 이후 본격적인 발굴조사가 이루어져, 고려시대 번창한 봉업사의 면모가 확인되었고, 그 아래에서 신라 하대의 사찰 흔적도 확인되었다. 특히 '화차사華次寺' 명문 기와가 신라 하대 유물과 함께 출토되었고, 태화太和 6년(832, 흥덕왕 7) 명문 기와도 확인되면서, 신라시대 화차사가 고려시대 봉업사로 변화된 역사가 밝혀졌다. 안성 봉업사지는 죽산천에 인접한 북쪽 대지에 만들어졌고, 사찰 북쪽으로 약 800m 떨어진 곳에 죽주산성이 위치한다. 죽주산성은 신라부터 고려, 조선시대에 이르기까지 활용된 산성이다. 또한 봉업사지와 죽주산성 사이에 매산리 석불입상, 죽산리 석불입상, 죽산리 삼층석탑 등이 위치하고, 봉업사지 인근에도 오층석탑, 당간지주 등의 불교 문화유산이 다수 있다.

한편, 강원도 철원군에도 안양 중초사지 당간지주와 비슷한 시기의 불교 금석문으로 〈철원 도피안사 철조비로자나불상 조상기〉가 있다. 이에 따르면, 신라 경문왕 5년(865), 신라 한주 북쪽의 철원군 도피안사에서 1,500여 명이 인연을 맺어 불상을 만들었다고 전한다. 도피안사 일대에 대한 본격적인 발굴조사는 이루어지지 않았으나, 이 조상기는 9세기 신라 한주의

‘지방’ 신도를 중심으로 이루어진 불상 조성 사업을 잘 보여 준다.

2) 한주 사찰 분포의 특징

신라 한주에서 문헌과 고고자료를 통하여 신라시대 사찰로 비교적 명확히 확인된 유적은 하남 동사지와 천왕사지, 안성 봉업사지(화차사지), 서울 장의사지 등이 있다. 이러한 사찰들이 어떠한 특징을 갖고 분포하는지 살펴본다면, 안양 중초사지의 의미를 이해하는 데 도움이 될 것이다.

먼저, 하남 동사지, 천왕사지는 하남 이성산성과 가까운 거리에 있으면서, 신라 한주의 행정 중심에 포함되는 덕풍천 유역의 대지에 조성되었다. 이곳에서 덕풍천을 따라 북쪽으로 나가면, 바로 한강 본류에 연결되었다. 안성 봉업사지(화차사지)도 바로 북쪽에 죽주산성을 바라보고 조성되었으며, 죽산천에 인접한 북쪽 대지에 조성되었다. 이곳은 현재 안성 시내인 안성천 유역과 구분되며, 남한강 수계에 포함되는 죽산천 유역에 해당하고, 진천 등지에서 이천, 광주로 연결되는 교통로와 가깝다. 또한 하남 이성산성과 안성 죽주산성 주변 지역에는 행정 중심인 산성과 지배층의 고분군이 함께 분포하는데, 그 공간 범위에 위의 사찰들도 포함된다.

서울 장의사지의 인근에는 신라 중대~하대 성곽이나 고분군을 찾아보기 힘들다. 주변에 북한산성, 탕춘대성, 한양도성이 있지만, 중심연대는 조선시대이다. 따라서 신라 시기의 장의사지 주변 모습은 학술적으로 밝히기 다소 어렵다. 다만 북쪽의 비봉 정상에 진흥왕 순수비가 있고, 장의사지 당간지주 주변 발굴조사에서 신라 말의 흔적이 확인되고 있으므로, 앞으로 조사를 통하여 발전된 성과가 나올 것으로 기대된다.

다음으로 신라 한주의 사찰들이 보여 주는 공통적인 특징은 고려시대에 크게 번창하였다는 점이다. 하남 동사지, 천왕사지는 고려시대에 번성하였고, 안성 봉업사지는 사찰 이름을 바꾸고, 태조의 진영을 모신 사찰로 위상을 더욱 높였다. 서울 장의사지 역시, 주변 발굴조사에서 고려시대를 중심으로 하는 유적들이 확인되었다. 장의사지 주변에서는 고려시대 남경과 관련한 유적이 꾸준히 확인되고 있기도 하다. 《삼국사기》 헌덕왕 17년(825) 기록에는 고려 태조가 지은 장의사 재문齋文을 인용하고 있는데, 고려시대까지 이어진 장의사의 위상을 엿볼 수 있다.

이상에서 살펴본 신라 한주의 사찰은 행정의 중심인 대규모 산성에 인접하면서, 주요 하천에 바로 연결되는 대지에 자리 잡았고, 한주의 여러 교통로와 연계하기 유리한 입지 조건을 갖고 있었다. 또한 대부분의 사찰이 고려시대까지 규모를 유지하거나 더욱 확대하였다는 공통점을 갖고 있다.

3. 중초사와 안양사, 그리고 중초사지 당간지주의 의미

1) 중초사의 입지 조건과 창건 배경

중초사는 중초사지 당간지주의 동북쪽, 현재 안양박물관 부지 내에 위치하였던 것으로 생각된다. 사찰의 바로 동남쪽으로는 삼성천이 인접하여 흘러가 안양천에 합류한다. 지금도 중초사 서쪽은 경수산업도로, 경부선이 지나는 교통의 요충지이며, 과거에도 안양천을 따라 형성된 남북 방향의 주요 교통로였다. 중초사의 북쪽에는 삼성산에서 내려오는 능선이 있고, 그 너머의 현재 경인교육대학교를 지나면 바로 서울 금천구의 호암산성과 연계된다. 호암산성은 여러 차례에 걸친 발굴조사를 통하여, 신라 중·하대의 중요한 산성으로 밝혀졌으며, 주변 지역을 관할하는 중심이었던 것으로 생각된다. 또한 인근에서 독산동 도로유적을 비롯한 신라 중·하대 유적이 확인되었다.

중초사는 현재의 금천구 일대에서 남쪽으로 수원 방면에 연결되는 안양천 유역의 교통 요충지에 조성되었다. 이러한 입지 조건은 서울 장의사지, 하남 동사지, 천왕사지, 안성 봉업사지에서 확인된 입지 조건과 매우 유사하다. 한주 지역의 신라 사찰은 큰 산을 낀 계곡부에, 하천 인접 대지에 조성되었고, 인근에 행정 중심 역할을 하였던 산성과 연계되며, 여러 교통로를 통하여 주변과 연결될 수 있는 특징을 갖고 있었다. 중초사지 역시, 삼성천에 바로 인접하였고, 북쪽으로 호암산성과 연계되었으며, 안양천을 따라 형성된 남북 방향 교통로에 자리 잡고 있었다.

이와 더불어, 중초사의 창건에는 신라 내부의 사정도 작용한 것 같다. 당간지주를 만들기 시작한 826년 직전에는 신라 내부에서 김헌창, 김범문의 반란이 일어나기도 하였으므로, 신라 '변방' 한주의 민심을 규합해야 하는 사정도 있었을 것이다. 특히 825년 김범문의 난은 한주를 무대로 일어났다. 따라서 중초사의 입지 조건과 당간지주 조성 전후의 시대 배경을 종합하여 보면, 신라는 중앙의 황룡사 승려까지 참여시켜서 한주 교통의 요충지에 중초사지 당간지주를 조성함으로써 한주의 민심을 규합하려고 노력하였던 것으로 보인다.

2) 중초사에서 안양사로의 변화

신라시대 중초사는 태조 왕건의 고려 건국을 전후로 하여 큰 변화를 맞이하였다. 2008년부터 2011년까지 중초사지 당간지주가 있는 유유산업 안양공장 부지에 대한 발굴조사가 이루어졌는데, 고려시대 '안양사' 명문 기와를 비롯하여 전탑-금당-강당으로 이어지는 가람배치가 확인되어, 고려 '안양사'의 면모가 드러났다. 이와 동시에, 강당지 등의 아래에서 신라 하대 층위가 확인되었고, 신라 하대의 유물도 확인되었다. 이에 따라, 중초사지 당간지주에서 확인되는 9세기 중초사가 고려시대 이후 '안양사'로 변화되었을 가능성이 크다. 현재 안양사지는 경기도 기념물로 신규 지정되어 보존되고 있다.

고려시대 안양사는 다양한 문헌에서 확인된다. 《도은집陶隱集》 권4, 〈금주안양사탑중신기衿州安養寺塔重新記〉에 따르면, 고려 태조가 승려 능정을 만나 안양사를 만들었으며, 《대각국사문집大覺國師文集》 권17에 따르면, 대각국사 의천도 안양사에서 능정 진영에 참배하였다고 전한다. 그 이후 안양사는 고려시대 주요 사찰로 언급되며, 고려 말 최영에 의하여 다시 중창되었다.

이어지는 조선 전기 기록에는 한양 남쪽에서 유람하는 공간, 혹은 남북 방향의 교통로에서 일정한 역할을 하는 안양사의 모습이 확인된다. 삼성천과 안양천이 합류하는 곳에는 조선 정조의 효심을 보여 주는 만안교(경기도 기념물)가 위치하는데, 역시 안양사 주변이 남북 방향 교통로의 요충지였음을 잘 보여 준다. 하지만 만안교를 세운 조선 후기에는 안양사가 이미 쇠락하여 터만 남았던 것으로 보인다. 최근 안양박물관에서 공개한 19세기 《삼성기유첩三聖記遊帖》에 따르면, 안양사의 모습은 찾기 어렵고, 당간지주 1기와 삼층석탑 2기만 남아 있다.

고려시대 들어와 중요한 사찰로 성장한 안양사는 인접한 대지는 물론이고, 주변의 산지까지 포함하여 사역을 넓혔던 것으로 보인다. 최근까지 지속된 인접 필지의 발굴조사에서도 신라 하대부터 고려시대까지의 사찰 유적이 확인되었다. 게다가 안양사 주변으로 다양한 불교 문화유산이 남아 있

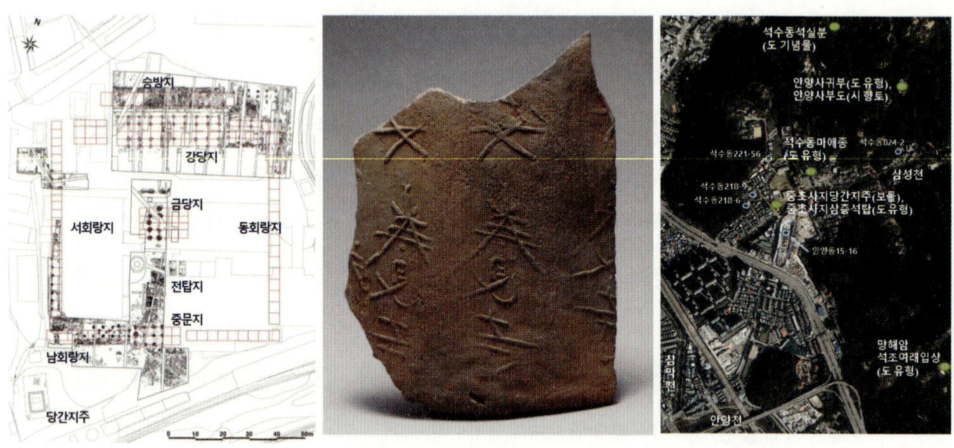

〈도판 3〉 안양사지 유적 유구배치도(보고서 수정)와 '안양사' 명문 기와 및 주변 유적 현황

다. 특히 안양사지 동쪽의 석수동 마애종(경기도 유형문화유산)은 자연 암반에 범종과 종 치는 모습을 새긴 고려시대 마애종으로서, 국내는 물론이고 세계적으로도 희귀한 문화유산으로 주목된다. 그 외에 마애종 동북쪽의 산속에는 안양사 귀부, 부도가 있고, 남쪽 산의 정상부에는 망해암 석조여래입상이 있는데, 모두 고려시대 불교 유산에 해당한다. 안양사에 관한 문헌 기록과 고고 자료, 불교 유산을 종합하면, 안양사는 상당히 넓은 사역을 갖추었던 것으로 추정된다.

3) 안양사의 쇠락과 오락, 건축, 주거, 예술의 시간

안양사는 조선 후기에 쇠락하여 터만 남았으며, 주변 지역은 삼성천의 수려한 경관을 즐기려는 유람과 오락의 공간으로 변화하였다. 19세기 말 《삼성기유첩三聖記遊帖》은 안양사지 주변의 경치를 유람하고 남긴 자료인데,

여기에 외롭게 그려진 중초사지 당간지주의 모습이 확인된다. 안양사 주변이 근대적인 '오락의 시간'에 본격적으로 접어든 것은 1932년에 '안양풀(安養プール)'이라는 수영장이 만들어지면서부터이다. 안양풀은 경부선 철도에 임시 정거장과 특별 열차를 둘 정도로 인기를 누렸다. 이러한 오락의 시간은 일본 제국의 식민지 침략을 위한 철도 교통 활용과 관련되었다는 한계도 있지만, 해방 이후 '안양유원지'라는 이름으로 그 인기가 이어졌고, 현재도 인근 주민의 피서지로 인기를 얻고 있다.

남북 방향 교통로의 요충지라는 입지 조건은 해방 이후 '건축의 시간'이 시작되는 배경이 되기도 하였다. ㈜유유산업은 중초사지 당간지주 주변 땅을 매입하고, 1959년에 한국 현대 건축의 1세대인 김중업의 설계로 현대식 안양공장을 만들어 대대적으로 홍보하였다. 또한 이 일대는 경수산업도로, 경부선 철도를 통하여 서울로 접근하기 편리하였으므로, 1970년대 무렵부터 급격한 도시화가 진행되었다. 이렇게 시작된 '주거의 시간'은 최근 들어 노후화 문제에 직면하였고, 안양사지 주변은 아파트, 신축 빌라로 재개발되었으며, 현재도 여러 개발 계획이 진행 중이다.

한편 1970~90년대에 걸쳐, 안양대홍수, 개발제한구역 지정, 대중교통 및 여가 문화의 변화 등으로 인하여 안양유원지가 지녔던 오락의 시간은 급속도로 쇠퇴하였다. 이에 안양시에서는 2005년부터 안양공공예술프로젝트(APAP)를 시작하여 이 공간을 '예술의 시간'으로 탈바꿈시키면서, 안양사지 주변에 다양한 예술작품을 설치하였다. 이 과정에서 ㈜유유산업 안양공장은 다른 곳으로 이전하였고, 안양시에서 공장 부지를 매입하여 안양사지 발굴조사를 진행하는 한편, 김중업의 건축유산을 박물관으로 리모델링하였다.

이상에서 살펴본 근현대의 변화로 인하여, 중초사지 당간지주는 주변에 오래된 주택부터 재개발된 신축 아파트, 그리고 박물관 등으로 둘러싸인 독특한 경관을 지니게 되었다.

4) 중초사지 당간지주의 역사적 의미

중초사지 당간지주 명문에는 826년에 신비하게 2개의 돌을 얻어 중초사로 옮겨와 당간지주 조성을 시작하고, 827년에 완성하였으며, 이 일에 황룡사 승려를 비롯한 11명이 참여하였음을 기록하였다. 현재 학계에 알려진 당간지주는 남북한을 합하여 100여 기 정도인데, 중초사지 당간지주는 거의 유일하게 누가, 언제, 어떻게 만들었는지 명문 기록을 통하여 정확히 밝혀 주고 있다. 따라서 중초사지 당간지주는 한국의 당간지주 연구에서 중요한 기준점이 될 수 있는 자료이다.

또한 중초사지 당간지주의 명문에는 '중초사'라는 표현이 남아 있다. 이것을 사찰 이름으로 파악한다면, 중초사는 신라 한주에 만들어진 사찰 가운데 문헌이나 금석문에서 사찰 이름을 명확히 확인할 수 있는 드문 사례에 해당된다. 서울 장의사지, 안성 화차사지(봉업사지), 철원 도피안사 등이 문헌과 금석문으로 신라 한주 사찰 이름을 알 수 있는 사례이다.

당간지주 명문에 따르면, 신라 수도 경주의 황룡사 항창화상이 사업을 주도하였으며 다수의 승려가 참여하였다. 지금은 안양이 '수도권'이지만, 신라 때에는 경주에서 멀리 떨어진 '지방'이었다. 특히 신라 서북방 한주는 영토를 새로 확장한 지역으로, 가장 먼 변방으로도 볼 수 있다. 이러한 지역에 황룡사 승려가 관여하여 당간지주를 조성한 배경으로는 민심 수습 등의 정치적 목적과 더불어, 교통로의 요충지에 만들어졌다는 조건을 고려하여야 한다.

중초사는 826~827년 당간지주를 만들 무렵 혹은 그 이전부터 안양천의 지천인 삼성천 유역에 자리 잡고 있던 사찰이었다. 과거부터 현대에 이르기까지 안양천은 한강 유역에서 수원, 화성 일대로 이어지는 남북 방향 교통로로 중요하게 활용되었다. 이곳에 황룡사 승려까지 참여하여 당간지주를 만든 것은 이러한 입지 조건을 고려한 결과이기도 하였다.

교통의 요충지, 서울 호암산성의 남쪽, 삼성천 계곡의 인접 대지에 위치한 중초사는 서울 장의사지, 하남 동사지, 천왕사지, 안성 봉업사지(화차사지) 등과 비슷한 조건을 갖춘 신라 한주의 사찰이었다. 일종의 '변방'이었던 한주에서도 사람들이 모여 살면서 행정과 교통의 중심이었던 곳에는 사찰이 들어섰다. 이러한 신라 한주의 사찰은 신라의 불교문화가 '지방'으로 확산하는 과정을 보여 준다.

중초사의 입지 조건은 고려시대 이후, 중초사가 '안양사'로 개창되면서, 번창하였던 것과도 연결된다. 고려 이후 조선 전기까지도 안양사는 한양 남쪽의 유희처이자 남북 방향의 교통로에서 일정한 역할을 하였다. 하지만 조선 후기 이후 중초사와 안양사로 이어졌던 사찰의 시간은 서서히 쇠퇴하여, 사람들의 기억에서 사라졌다.

근현대 이후, 이곳에서 사찰의 흔적을 보여 주는 것은 중초사지 당간지주 등의 석조 문화유산뿐이었다. 하지만 삼성천의 수려한 경관은 9세기나 20세기나 변함없이 지속되었을 것이다. 20세기 이후 이곳은 안양유원지로 개발되어, 여름철 피서객이 즐겨 찾는 대표적인 관광지로 성장하였다. 이러한 개발은 경부선 철도와 밀접한 관련을 맺고 있었으므로, 남북 방향 교통로의 요충지라는 입지 조건은 중조사부터 계속 이 공간을 규정하는 조건이 되었다. 교통의 편리함은 해방 이후 새롭게 건축의 시간, 주거의 시간이 시작되는 이유가 되기도 하였다. 그런데 1970~90년대의 변화 속에서 안양유원지가 점차 쇠퇴하자, 안양시에서는 21세기부터 이 공간을 안양예술공원으로 재편하여 새롭게 예술의 시간을 만들고 있다.

중초사지 당간지주와 주변 지역은 9세기 '사찰의 시간'에서 시작하여 '오락의 시간' '건축의 시간' '주거의 시간'을 거쳐, 최근에는 '예술의 시간'을 열어가고 있다.

이러한 복잡한 시간의 층위는 신라 한주에 있었던 다른 사찰 유적의 사례와 다른, 중초사(안양사)의 독특한 특징이다. 게다가 중초사가 고려시대 안양사로 개창된 이후, 주변 지명에 '안양'이 정착되었고, 현재의 안양시 명칭까지 이어졌다. 따라서 중초사지 당간지주는 신라 한주의 지방 사찰 모습을 보여 주는 동시에, 다양한 시간의 층위를 단일한 공간에서 느낄 수 있는 소중한 유산이며, 현재 안양 지역의 정체성을 되새겨 주는 역할도 하고 있다.

중초사지 당간지주는 9세기 신라 불교문화를 보여 주는 중요한 고대의 금석문이면서, 고려~조선시대 안양사의 번성과 근현대 오락, 건축, 주거, 예술의 시간을 묵묵히 지켜본 산 증인이기도 하다. 현재 당간지주 일대는 안양사지(경기도 기념물)로 지정, 관리되고 있으며, 근현대의 복잡한 시간성을 상징하는 박물관이 공존하고 있다. 중초사지 당간지주는 명문의 내용으로 고대 사회를 직시할 수 있게 해준다는 점, 그리고 현재의 우리가 단일한 공간의 복잡한 시간을 느낄 수 있도록 해준다는 점에서 현재적 의미를 지닌다.

참고문헌

안양문화예술재단 안양박물관, 2021, 《안양사의 흔적: 안양의 기틀을 다지다》(특별기
        획전 도록).

안양시·한강문화재연구원, 2020, 《안양 중초사지 당간지주 종합정비계획》.

안양시·한강문화재연구원, 2022, 《안양 중초사지 당간지주 유적(1구역) 문화재시굴조
        사 약식보고서》.

안양시·한울문화재연구원, 2013, 《安養寺址－안양 구 유유부지 발굴조사－》.

엄기표, 2019, 〈안양 中初寺址와 安養寺址의 유적 유물에 대한 고찰〉, 《동악미술사
        학》 26.

임동민, 2023, 〈석수동 214번지의 비밀, 단일한 공간과 중첩된 시간－중초사지 당간
        지주, 안양사지를 중심으로－〉, 《사학연구》 149.

최연식, 2021, 〈삼성산 안양사지 〈중초사지당간지주명문〉과 〈안양사탑비〉의 성격에
        대한 재검토〉, 《진단학보》 136.

시작에 앞서

1. 철원 도피안사
2. 철조비로자나불좌상
3. 철조비로자나불의 명문
4. 철조비로자나불 조성과 관련한 문제들
5. 철조비로자나불 조성의 의의

배현숙(계명문화대 명예교수)

시작에 앞서

필자는 서지학 전공이며, 거기다가 고려 말 이후의 유가 서적을 주로 탐색해 왔다. 정년퇴임한 후 얼마 지나지 않아 여진어와 만주어를 전공하신 대구가톨릭대학교의 김동소 교수님께서 고대사윤독회에 나오라고 연락을 주셨다. 그러나 전공도 다른데 어떻게 가겠냐면서 거절했는데도, 몇 번이나 강권해서 마지못해 나오기 시작하였다. 참여하다 보니 회원들의 진지한 분위기가 좋아서 계속 다니게 되었다. 전공이 아닌지라 그 후 10년이 넘게 가

방만 들고 왔다 갔다 하고 있는 중이다. 그런데 회원들이 윤독회 발족 후 40년이라고 일반인을 대상으로 하는 서적을 편찬하기로 결정하였다. 필자도 난데없이 신라시대의 금석문에 대해 집필하지 않을 수 없게 되었다. 고대사 전공자가 아니어서 신라시대 금석문에 대해 글을 쓰는 것은 어불성설이고, 필자로서는 큰 모험이라 하지 않을 수 없다. 다른 분들은 모두 각자의 주제를 찾아 목차까지 다 정한 상태였다. 그러나 필자는 주제조차 잡지 못하고 있었다. 속으로 "문제의식이 있어야 글을 쓰지, 문제의식이 없는데 무슨 글을 써?"라고 생각하면서, 결국 쓰지 못할 것이라 체념하고 있었다.

그런데 하루는 마루를 청소하다가 벽을 쳐다보았는데, 거기에 걸어놓은 탁본이 눈에 들어왔다. 바로 철원 도피안사 철조비로자나불좌상 명문이었다. 이 탁본은 1980년대 중반 대학원 박사과정에서 단국대학교의 정영호鄭永鎬 교수님의 금석학 강좌를 수강했는데, 종강하는 날 교수님께서 선물로 주신 것이었다. 귀한 것을 받았으므로 곧바로 액자로 만들어 벽에 걸어두고 있었다. 이 탁본이 후에 필자의 집필 주제가 될 거라고 생각한 바 전혀 없었다. 그런데 어느 날 갑자기 이 탁본이 눈에 들어오면서, 이 명문은 윤독회에서 편찬할 서적의 주제범위에 속한다는 생각이 들었다. 마침 아무도 이 명문을 주제로 집필하겠다고 신청하신 분이 없었다. 그러나 자료의 개요에 대한 것을 얽을 수 있겠지만, 주제에 대한 문제의식이 없는 것이 여전히 문제였다. 그러나 궁즉통窮卽通이라 하였으니, 어찌 되겠지 하고 시작하였다.

1. 철원 도피안사

철원은 고구려에서는 한자음으로 철원군鐵圓郡으로 표기하였는데, 신라 경덕왕 때에 철성군鐵城郡으로 개칭하였다. 후삼국시대에는 궁예가 태봉의 수도로 삼았다. 《고려사高麗史》〈지리지地理志〉에 따르면 고려 태조연간에 동주東州로 개칭하였고, 충선왕 2년(1310) 철원부鐵原府로 개칭하였다. 조선 태종 13년(1413)에는 철원도호부로 승격되었다. 《신증동국여지승람新增東國 輿地勝覽》 권47에 따르면 세종 16년(1434) 강원도 소속으로 이관되었다 하였고, 지금까지 강원도에 속해 있다. 명종연간에는 임꺽정이 고석정 맞은편 강에 석성을 쌓고 관군과 대치한 곳이기도 하다. 건양 1년(1896) 13도제를 시행하면서 철원군鐵原郡으로 개칭되었다.

일제강점기에 철원읍은 경원선과 금강산선이 분기되는 교통의 요지였다. 특히 봉래호蓬萊湖가 1923년 완공된 후는 강원도를 대표하는 곡창지대이자, 경원선 연도의 주요 대도시가 되었다. 철원은 1935년까지는 도내 최대의 도시였고, 1944년까지 춘천읍 다음으로 강원도에서 두 번째로 큰 도시였다. 남북이 분단되면서 철원은 김화군·평강군과 함께 포천·동두천·의정부·서울 로 이어지는 핵심 남침 통로 북쪽 끝에 위치한 평야지대였고, 그 지리적 특성상 북한의 전쟁 준비용 병력 및 물자 집적기지로 활용되어 인접한 김 화군·평강군과 합쳐 철의 삼각지대라는 별명으로 불리게 되었다.

1951년 6월 유엔군은 중공군 춘계공세를 격퇴한 후 전략적 요충지인 철 의 삼각지대를 장악하기 위한 대규모 공세를 펼쳐 철원과 김화를 수복했다. 이후 철의 삼각지대의 지배권을 놓고 양측은 백마고지 전투를 비롯한 수많 은 전투를 벌였다. 이로 인해 철원역과 당시의 시가지는 흔적만 남기고 모 두 파괴되었으며, 지금은 폐허가 된 철원 노동당사만 남아 있다. 휴전 직후 에 철원평야 대부분을 빼앗긴 김일성이 철원평야에 용수를 공급하는 봉래 호의 물길을 황해도 쪽으로 돌려 버려, 철원평야가 가뭄에 시달리게 되었 다. 1960대부터 용화, 동송, 산명호 하갈, 토교저수지 등을 만들고, 한탄강 물을 끌어 쓰면서 물 걱정을 덜게 되었다. 현재는 비무장지대와 인접한 관

〈도판 1〉 도피안사 앞 너른 들(필자 촬영 2016.08.06.)

계로 면적에 비해 주민이 많지 않아, 철새들의 천국이 되었다. 특히 겨울에는 엄청난 수의 철새들이 철원 평야를 찾아오면서, 두루미가 철원군의 마스코트가 될 정도이다. 이 때문에 농민들은 철새들을 위해 추수한 뒤 논밭의 낙곡은 내버려두고 있다고 한다.

도피안사到彼岸寺가 있는 철원군은 강원도에서는 드문 평야지대로, 강원도 최대의 쌀 생산지이다. 강원특별자치도에서 가장 서쪽에 있고 군의 북부를 통해 휴전선이 그어졌으므로, 남북분단의 상흔이 있는 곳이다. 안보 관광지로 노동당사와 제2땅굴 등이 손꼽히고 있다. 인접한 화개산에 위치한 동송읍 관우리에 도피안사가 있다.

6·25전쟁 후 철원은 민간인 출입통제구역이었으므로 민간인은 자유롭게 출입할 수 없었으나, 우리나라의 국력이 커짐으로써 우리가 갔을 당시는 출입통제가 해제되어 누구나 자유롭게 출입할 수 있었다. 2016년 8월 필자는 서울에 있는 친구와 함께 자동차를 몰고 철원 여행길에 나섰다. 철원의 도피안사를 보기 위해 출발해서 직탕폭포, 고석정, 노동당사를 아울러 돌아보

았다. 정영호 교수님께서 주신 탁본의 조상기가 있는 불상을 친견하고 싶기도 했고, 절의 명칭과 같이 '피안?'에도 가보고 싶기도 했다. 그러나 철원읍을 나와 도피안사 가는 연도의 길 좌우에는 적의 침입에 대비한 흔적이 여전히 남아 있었다. 절에 도착하니 피안이란 꿈의 지역이 아니라, 내 옆이 피안이구나란 생각이 들 정도로 아담한 절이었다. 그러나 신라시대에는 상당히 이름있는 사찰이었다.

2. 철조비로자나불좌상

도피안사는 휴전선 북쪽 민통선 안에 있어서 쉽게 갈 수 없는 곳이었지만, 지금은 출입에 전혀 제약이 없다. 철원 동송읍 관우리 화개산 기슭에 위치한 도피안사는 일제 때는 유점사의 말사였으나, 지금은 신흥사의 말사이다. 도피안사에는 대좌까지 철로 만든 불상으로 유일한 국보 〈철조비로자나불좌상〉이 봉안되어 있고, 높이 4.1m 화강암의 3층 석탑도 있다. 법당 앞에 있는 보물 3층 석탑은 2층 기단 위에 3층의 탑신을 올린 모습이다. 탑의 기단은 대개 4각의 석재로 조성한데 비해, 이 석탑은 8각의 돌을 높게 2단으로 쌓은 것이다. 기단의 꾸밈새는 석탑의 기법이라기보다는 불상의 기단 기법에 가깝다고 한다. 덮개돌 윗면의 높은 괴임 양식은 9세기 신라 통일기의 석탑에서 볼 수 있는 특이한 수법이다. 지붕돌의 밑면 받침이 1층은 4단이며 2층과 3층은 3단인데, 네 귀퉁이가 한껏 위로 들려 있어 아름다운 모습이다. 기단의 특이한 양식, 지붕돌받침이 4단 또는 3단으로 일정치 않은 점으로 미루어 신라 통일기에서 고려로 이행되는 과도기의 모습이라 한다. 이에 절을 건립할 당시 불상과 함께 조성했을 것으로 추정된다.

도피안사 대적광전에 봉안되어 있는 비로자나불은 태양처럼 일체법을 비추어 관조하는 광대무변한 지혜를 지닌 부처이다. 한자 번역어로는 지혜의 광명으로 모든 세계를 두루 관조한다는 뜻에서 광명변조光明遍照, 허공과 같이 드넓은 세계에 거처하며 그 공덕과 지혜가 조금도 오염되지 않고 청정하다는 뜻에서 광박엄정廣博嚴淨, 시공간적으로 한계가 없이 일체법과 모든 중생으로부터 떨어져 있지 않다는 뜻에서 변일체처遍一切處라고도 한다.

도피안사 〈철조비로자나불좌상〉은 신라 통일기에 유행하던 철조비로자나불의 양식을 대표하는 작품이며, 능숙한 조형수법과 알맞은 신체 비례를 보여 주는 뛰어난 작품이다. 전체 높이는 193㎝이며, 불상의 높이는 103㎝, 대좌는 90㎝ 정도인데, 철불 가운데 가장 작다. 상호는 약간 여윈 듯한데, 전반적으로 안정감을 느낄 수 있다. 단정한 자세로 지권인을 하고 있다. 등에 수록된 조상기의 명문은 40㎝ 가량의 길이인데, 글자는 8행이며, 2㎝ 내외의 해서로 수록되어 있다. 그러나 찬자撰者, 서자書者, 각자刻者는 알 수 없다.

세간에는 이 불상은 《유점사본말사지楡岾寺本末寺誌》에 수록된 광무 2년(1898) 이임재李霖宰가 쓴 〈화개산도피안사중건기花開山到彼岸寺重建記〉에 수록된 창건설화와 관련이 있다고 한다. 그 설화에 따르면 절은 신라 통일기인 경문왕 5(865)년경 도선국사(道詵國師, 827-898)가 조성하였다고 한다. 도선국사가 철조 불상을 철원 수정산의 안양사安養寺에 봉안하기 위해 승려들과 함께 이운하던 중이었다. 암소의 등에 불상을 싣고 지름길을 찾아 발걸음을 재촉해, 철원읍 화지리 화개산 부근 고갯마루에 이르렀다. 해는 벌써 서산에 걸려 있었지만 승려들과 암소가 지친 탓에 고갯마루에서 잠시 쉬고 있는데, 불상이 감쪽같이 사라지고 없었다. 일행은 몹시 당황하여 철불을 찾아 일대를 샅샅이 찾아보았으나 불상은 보이지 않았다. 낙담한 일행은 길을 재촉해 지금의 동송읍 관우리의 도피안사 터에 이르렀는데, 사라진 불상이 그곳에 있었다고 한다. 이에 도선국사는 그 자리에 조그마한 암자를 짓고 이 불상을 모셨고, 불상이 영원한 안식처인 피안에 이르렀다 하여 절의 이름을 도피안사로 지었다고 한다. 이는 절보다 불상이 먼저 조성되었다는 말이 된다.

그러나 이 기록은 물론 이어 수록된 1914년 황기연黃琦淵이 쓴 〈화개산도피안사중수기花蓋山到彼岸寺重修記〉에도 불상과 관련한 기록을 볼 수 없었다. 다만 이임재의 글에는 중략中略이라고 생략된 부분이 있어서, 인쇄본에서는 전문을 볼 수 없는 상태이다. 이 설화는 사건 발생 후 1,000여 년이 지난 기록이어서 얼마나 신빙성이 있는지는 의문이라 하겠다. 함께 수록된 도피안사 조성에 관한 문장인 〈철원군화개산도피안사사적鐵原郡花開山到彼岸寺事蹟〉에는 함통 6년 도선국사가 1,500여 명과 더불어 발심하여 금동불과 사원을 조성하였다고 하였다. 이 기록에서는 철불이 아닌 금동불로 표현되어 있다.

〈도판 2〉 도피안사 철불(2016.08.06. 필자 촬영)

도피안사는 광무 2년(1898)에 화재로 불탄 후 중건되었고, 1950년 6·25 전쟁 때 폭격을 받아 폐허가 되었다. 폐허가 된 도피안사에서 철불을 발견한 경위가 상당히 극적이다. 폭격되었을 때 대적광전에 모셔져 있던 불상도 폐허 속에 파묻혀 버렸다. 1959년 이명재李明載 당시 육군 15사단장의 꿈에 부처가 나타나 "내가 지금 땅속에 묻혀 있어서 너무 답답합니다. 나 좀 꺼내 주시오"라고 하였다. 이 꿈을 꾼 이튿날 이명재 장군이 전방 순찰을 나갔다가 갑자기 갈증을 느껴 민가에 들렀는데, 집주인의 모습이 꿈속에서 만난 불상과 너무나 흡사했다. 놀란 이명재 장군이 장병들을 인솔해서 집주인과 함께 꿈속에서 들은 대로 폐허가 된 절터로 찾아갔는데, 놀랍게도 절터 바닥에는 불상의 육계가 땅 위에 솟아 있었다. 이에 여러 장병들이 불상을 끌어 올리려고 했으나, 불상은 꿈적도 하지 않았다. 그런데 이명재 장군이 바깥에 드러난 불상의 얼굴을 정갈하게 씻은 뒤, 자신의 군복을 벗어 입히자 그제야 불상을 꺼낼 수 있었다고 한다. 이런 인연으로 이명재 장군이 절 재건을 지원했고, 철불을 다시 도피안사에 봉안하였다고 한다. 지금도 도피안사 대적광전에는 철불과 함께 이명재 장군과 철불을 처음 발견한 조주찬 대령의 사진이 걸려 있다.

신라말에서 고려초에는 철로 만든 불상이 크게 유행했는데, 이 불상이 그 대표적인 예이다. 또한 불상을 받치고 있는 대좌까지도 철로 만든 보기 드문 작품이다. 철은 구리보다 구하기는 쉬운 반면 대형으로 주조하기는 힘들어, 다루는 고도의 기술이 있어야 한다. 당시엔 지금과 같은 대형의 용광로가 없어 쇠를 여러 개의 도가니에 넣고 1,200도 이상 온도로 녹인 뒤 동시다발로 부어 주조했다. 중간에 멈췄다 다시 부으면 불상이 깨지기 때문이었다. 철불 조성에는 이런 어려움이 있는 관계로 중국에서도 남송 때인 12세기에 유행했고, 일본에서는 이보다도 늦은 가마쿠라시대인 13세기에 비로소 가능하였다.

철불은 이웃나라보다 적어도 200년 이상 앞선 것으로, 당시 한국의 철 주조 기술이 동양 최고였음을 증명해 주는 문화유산이다. 8-10세기 우리나라 철조 불상은 〈장흥 보림사 철조비로자나불좌상〉, 〈광주 증심사 철조비로자나불좌상〉, 〈남원 실상사 철조여래좌상〉, 〈서산 보원사지 출토 철제여래좌상〉, 〈청양 장곡사 철조약사여래좌상〉, 〈충주 백운암 철조여래좌상〉, 〈동해 삼화사 철조노사나불좌상〉, 〈예천 한천사 철조비로자나불좌상〉 등등이 전래되고 있다. 지역적으로 전국에 골고루 파급되었음을 볼 수 있다.

도피안사의 〈비로자나불좌상〉은 드물게 대좌까지도 철로 만들었음이 특이하다. 이처럼 대좌까지 철로 제작한 사례는 도피안사 철불을 제외하고는 알려진 것이 없다. 철은 구리에 비해 다루기 어렵고, 또 섬세한 표현이 쉽지 않기 때문에 대형의 물체를 조성하는 데는 사용하지 않던 금속이었다. 그뿐만 아니라 크기가 큰 철불은 주조할 때 생길 수밖에 없는 외형틀의 이음매를 없앨 수 없어 보기 흉한 주조흔이 남게 된다. 이러한 어려움이 있음에도 한국은 8세기 중엽부터 철을 사용하여 철불을 만들었다.

도피안사의 〈비로자나불좌상〉의 머리에는 작게 말아놓은 형태의 머리칼을 붙여 육계가 뚜렷하게 보이지 않으며, 갸름한 얼굴은 인자하고 온화한 인상이다. 신체에는 굴곡의 표현이 없고, 깊고 넓게 패인 통견을 입고 있으며, 양 어깨를 감싼 옷에는 옷주름이 형식적으로 표현되어 있다. 가냘픈 손은 가슴 앞에서 왼손 검지를 오른손으로 감싸고 있는 지권인智拳印이다. 외롭고 의지할 곳 없는 대중을 안아 주는 형상으로 오른손은 부처를, 왼손은 중생을 상징한다. 불상이 앉아 있는 대좌는 이 시기에 가장 유행한 형태인데, 중대는 8각형이며 상대와 하대에는 연꽃무늬가 있다. 8세기 전성기의 불상에 비해 도식화된 9세기 후반 불상의 특징이라 하겠다.

3. 철조비로자나불의 명문

불상의 등에는 신라 경문왕 5(865)년에 조성했다는 양문의 제기題記가 있다. 8행의 명문은 불상 조성의 배경, 발원 내용, 조성의 시기, 장소, 참여한 사람들에 대한 정보로 구성되어 있다. 이 제기를 "향도불명문 병서(香徒佛銘文 并序)"라 칭한 점이 특이하다. 이 제기를 가쓰라기 스에하루葛城末治, 김탄월, 《조선금석총람》, 황수영, 방선주, 정병삼, 조인성, 곽승훈, 최연식 등 여러 학자들이 판독하고 해독한 바 있다. 명문에는 판독하기 어려운 이지러진 글자가 있어서, 해석에 다양한 이견들이 제시되어 있다. 국왕에 대한 존경의 표현으로 해당 글자 앞을 한 글자 비우는 공격空隔이 없고, 글줄도 바꾸지 않았고, 행마다 글자 수도 동일한 것은 아니다. 지금까지의 판독을 종합하고, 내용에 따라 행을 구분하고 번역하였다.

夫釋迦佛晦影歸眞遷儀越世囗世掩色不鏡三〉

千光畈一千八百六載耳慨斯悕斯彫此金容囗〉

囗來哲因立願之唯願卑姓室逐〔棨／槃〕椎自擊囗〉

覺長昏煥庸鄙志契眞源恕以色莫朴囗見〉

唐天子咸通六年乙酉正月日新羅國漢州北界〉

鐵員郡到彼岸寺成佛之〔侍／信／伯〕士囗龍岳堅淸于時囗〉

覓居士結緣一千五百餘人堅金石志勤不覺勞困〉

무릇 석가불이 그림자를 감춰 진여眞如로 돌아가고 거동을 옮겨 세상을 떠나 모습을 감춰 삼천대천세계에 빛을 비추지 않은 지 무릇 1,806년이 되었다. 이를 슬퍼하고 안타깝게 여겨 이 불상을 조성하고, 후대의 현인을 기다리며, 이를 계기로 서원誓願을 세운다.

오직 바라나니 비천한 사람이 집에서 목탁을 맞이해

마침내 회초리로 저절로 두들기고 오랜 어리석음을 깨우쳐서

게으르고 추한 뜻을 바꾸어 진리의 근원에 부합하며

사물을 밝게 깨닫되 보는 것에 집착하지 말기를.

당나라 함통 6년 을유 정월 모일에 신라국 한주 북쪽의 철원군 도피안사에서 불상을 이루었다. 화사인 〔용악龍岳견청堅淸〕이 때가 되자 거사 1,500여 명과 인연을 맺고 금석같이 뜻을 굳게 해서 힘썼으므로 힘든 줄 몰랐다.

조상기의 첫 부분은 철불을 조성한 이유를 밝힌 것이다. 이는 현장玄奘의 역경 공덕을 칭송하기 위해 당 태종이 정관 20(646)년에 지은 〈대당삼장성교서大唐三藏聖教序〉의 "회영귀진晦影歸眞 천의월세遷儀越世 금용엄색金容掩色 불경삼천지광不鏡三千之光" 구절을 인용한 것이다. 즉 "무릇 석가불이 그림자를 감춰 진여眞如로 돌아가고 거동을 옮겨 세상을 떠나 모습을 감춰 삼천대천세계에 빛을 비추지 않은"에서 뒷부분의 "금용엄색金容掩色 불경삼천지광不鏡三千之光"은 "ㅁ세엄색(ㅁ世掩色)　불경삼천광(不鏡三千光)"으로 바뀌어 있다. 제4-5행 부분은 7언4구의 게송으로 구성되어 있다. 게송 뒤는 조성시기, 장소, 참여한 사람 등이 수록되어 있다.

향도들이 불상을 만든 사상적 배경에 대해 여러 각도로 조명할 수 있겠지만, 당시 향도들은 말세를 의식하고 있었던 것으로 보기도 한다. 이는 향도들이 석가가 입적 후 삼천광이 비치지 않은 지 1,806년이 되었다고 보는 것이다. 이를 통해 조성 배경은 부처님이 열반에 들어 우주를 의미하는 삼천대천세계에 빛을 비추지 않고 돌아가신 지 1,806년이 되어, 이를 슬퍼하

고 기이하게 여겨 불상을 조성하기 시작한 것이다. 슬픈 이유는 세간의 기록이 부처의 모습을 가려 비추지 못한 때문이다. 부처의 가르침이 대대로 기록되면서 본모습을 가리게 되었고, 올바른 법이 고루 비추지 못한 까닭이다. 발원 내용은 중생이 오랜 어리석음을 깨우치고, 변변치 못하고 비루한 뜻을 바꾸어 진리의 근원에 부합해 깨달음을 얻기 바라는 것이다. 즉 불상을 조성한 목적은 부처의 형상을 보고 감화를 받아 궁극적으로 피안의 세계에 이르기를 바란 것이다. 따라서 말세를 벗어나고자 하는 의도에서 불상을 조성한 것이다. 봉안 장소는 신라 한주 북계 철원군 도피안사이다. 한주는 본래 고구려의 한산군韓山郡이었는데, 신라 통일 후 9주의 하나가 되었다. 경덕왕 때 한주로 개칭되었다.

4. 철조비로자나불 조성과 관련한 문제들

1) 향도

철불을 조성하기 위해 철원 지역의 지방민이 발원하여 조성하였다. 철불 조성 조직의 대표는 〔용악 견청〕이고, 불상 조성에 참여한 거사는 모두 1,500여 명이었다. 이들 1,500명은 불상 제작을 위해 조직된 지방민이며 향도香徒라 칭한 것이다. 이 불상 조성은 당시의 지방민으로서는 일대 거사였을 것이다. 이는 9세기 중엽 불교가 왕경의 왕실과 귀족을 벗어나, 지방과 지방민에게까지 확산된 새로운 양상을 보여 준다고 할 수 있다.

향도는 우리나라에 불교가 들어온 이후 널리 퍼졌는데, 시대의 변화에 따라 성격이 동일하지는 않다. 본래는 신앙결사를 가리키는 일반적인 의미였다. 확인된 최초의 향도는 《삼국사기》〈김유신전金庾信傳〉에 수록된 신라 진평왕 31년(609)경 김유신을 중심으로 조직된 화랑도를 '용화향도龍華香徒'라고 지칭한 것이다. 삼국통일 직후에는 문무왕 13년(673) 백제에 속했던 연기燕岐에서 백제 유민들이 모여 향도를 결성하고, 신앙 활동을 하면서 〈계유명삼존천불비명癸酉銘三尊千佛碑銘〉을 조성한 사례도 있다.

불교의 신앙조직으로 출발한 향도는 향을 매개로 친족을 넘어 촌락 또는 군현을 단위로 조직된 불교 신앙공동체이자 지역공동체로 발전하였다. 이는 불교 신앙결사의 한 형태로서, 자발적으로 참여해 조직한 형태이다. 향도의 구성원들은 해탈·열반·깨달음을 소망하며, 이 소망을 실현하기 위하여 불상·종·불탑·사찰의 조성 또는 법회·보시·매향埋香 등 대규모의 노동력과 경제력을 제공하는 등의 신앙 활동을 하였다. 이들에게 중생은 사적 이해관계로 갈등하는 것이 아니라 함께 성불할 존재라고 인식하였다. 이에 불사를 수행하기 위한 재원을 공동으로 마련하고, 이를 실현하기 위한 역사役事에도 참여하였다.

도피안사에서 철불을 조성할 때 1,500여 명의 향도가 결연하였는데, 수도와 상당히 먼 지역인데도 토호층과 많은 백성들이 신앙조직으로 향도를 결성해 불사를 수행한 것이다. 김유신의 용화향도 단계에서 고려 중기까지 향도를 주도한 계층은 상층신분층과 토호층이었으며, 여기에 다수의 민인이 동참하였을 것이다. 고려 말에 이르면 불교적 결사의 범주에서 벗어나 변질되지만, 삼국시대의 향도는 불교의 신앙공동체로서의 결사였다고 보고 있다.

2) 철불 조성시의 사회상

신라 하대에 불교는 대규모의 사찰·불상·탑·종을 만들어 신라 왕실의 권위를 드러내고, 왕실과 귀족의 안녕과 복을 기원해 주었다. 그 대가로 엄청난 땅과 노비를 사찰에 희사했는데, 점차 정도가 심하게 되어 물의를 일으키기도 했다. 신라 불교가 봉건 지배계급과 밀착하여 사치와 타락의 길로 들어선 것과 때를 같이하여, 골품제의 모순으로 귀족 내부의 권력 다툼이 생기게 되었다. 한편 지방에서는 호족 세력이 세력을 키우고 있었다. 그리고 이들 지방 호족의 성장과 함께 문자에 의지하지 않고, 각자 스스로 깨달을 것을 주장하는 새로운 불교 종파로 선종이 성장하게 되었다.

9세기 이후의 신라에서는 신분체제의 모순을 드러낸 골품제가 흔들리고 있었고, 지방의 호족세력이 사회 모순을 극복할 주체로 떠오르면서 선종은 그 이념적 기반이 되었다. 또한 이 선종은 직설적이고 간명한 방법과 평등주의적인 입장을 취하고 있어, 민중의 호응을 받았다. 하지만 선종도 또 다른 착취자였던 호족의 이념적 기반이 되기에 이르렀다. 호족들에게 땅을 빼앗긴 농민들은 유랑하였고, 마침내 그 착취자들에게 맞서게 되었다. 결국 민중의 기대에 부응하지 못한 선종은 산간에 은둔하여 참선에 전념하는 산중불교로 자리 잡았다.

8세기 이후 불교가 대중화되면서 신앙공동체 활동도 증가하였다. 그리고 그 시기에 지방의 지배층과 지방민들이 결합한 향도를 비롯한 지방의 신앙공동체가 결성되기 시작하였다. 도피안사 철불 조성에 참여한 향도는 거사라고 불린 지방민들이었다. 당시 지방 유력층이 승려들의 권화를 받거나 또는 승려를 초빙하여 지역민들과 함께 신앙공동체 활동에 나서게 된 것이다. 중앙정부의 지배력이 약화되자 지방민들을 대상으로 그 지역의 유력층이 신앙단체를 결성하여 결속하고, 향도를 조직해 중심적인 역할을 했다고 보는 것이다.

또한 9세기 전반의 정치적 혼란기를 지나 경문왕 대에 이르면 안정기에 접어들게 된다. 원성왕의 직계가 아닌 경문왕의 입장에서는 강력한 왕권강

화책을 통해 왕실의 안정을 이루어야 했다. 경문왕이 선택한 것은 선사들과의 결연을 통해 지방통치력을 강화한 것이었다. 대부분의 선승들은 선종을 전파하는 좋은 때라고 믿어 거절하지 않았다. 왕실과 선사들의 긴밀한 관계는 선종의 확산에 크게 기여하였고, 선종 사찰은 대집단화하였다.

9세기 중기 이후 거대한 철불이 유행할 수 있었던 것은 궁극적으로 선종 사찰에서 노동력 확보가 가능했기 때문이었다. 당시 선사의 문하에는 수백 명에 달하는 선중, 즉 향도가 있었고, 이들이 제공하는 노동력이 원천이 되어 철불·원탑·석등·석비 등 각종 불사를 하는 일은 어렵지 않았을 것이다.

3) 불멸시기의 문제

불멸연도에 대해서는 여러 설이 있었다. 법림의 《주서이기周書異記》에 따른 서기전 949년설, 《역대삼보기歷代三寶紀》를 따른 서기전 485년 설이 있고, 남방불교에서 전해온 서기전 544년설도 있다. 《해동고승전海東高僧傳》 의연義淵에는 고구려에서 북제北齊의 법상法上에게 불멸연도를 질문하여 서기전 1027년 탄생, 949년 입멸의 답변을 얻었음이 기록되어 있다. 따라서 신라 시대부터 949년설을 주로 사용해 온 것으로 보인다. 불멸연도는 불교계 외에서는 쓰지 않는 기년법이지만, 불교계에서는 기준이 되는 연도 표기법이므로 중요한 의미가 있다.

도피안사 철불에서 고려해야 할 또 하나의 문제는 불멸佛滅 시기이다. 불상 조성 시기는 "□세엄색(□世掩色) 불경삼천광귀(不鏡三千光歸) 일천팔백 육재이(一千八百六載耳)"라고 기년이 표현되어 있다. 부처님이 열반에 들어 삼천대천세계에 빛을 비추지 않고 열반한 지 1,806년이라 한 것이다. 여기서 연도를 표기할 때 일반적으로 "년年"을 쓰는데, 여기에는 "재載"로 표기되어 있다. "재載"는 중국 역사상 최초이자 유일한 여황제인 당의 측천무후 (則天武后, 재위 690-705)가 변조한 글자로 무후 재위 시에만 사용한 18자의 무주제자武周制字 가운데 하나이다. 무후 사후 중국에서는 폐지되었는데, 통신이 원활하지 않은 원방에서는 늦게까지 사용되기도 하였다. 경덕왕 10 (751)년 불국사를 중창하면서 석가탑을 세울 때 봉안된 것으로 추정되는 《무구정광대다라니경無垢淨光大陀羅尼經》에서는 4종을 볼 수 있다. 따라서 이 글자가 포함된 것으로 미루어 8-9세기까지 무주제자가 신라에서 사용된 것으로 보인다.

아울러 제작연대는 "당의 함통 6년 을유"라고 명확하게 밝혀놓고 있다. 따라서 이 철불을 조성한 시기는 석가 열반한 지 1,806년인 당의 함통 6(865)년이란 것이다. 신라로는 경문왕 5년이다. 찬자는 불멸 1,806년과 함통 6년을 동일시 한 것이다. 이 기록을 통해 유추할 수 있는 것은 석가 열반은 서기전 941년으로 본 것이 된다.

신라는 주 소왕 24(서기전 1027)년 탄생, 목왕 53(서기전 949)년 열반으로 하는 불기를 사용하였다. 함통 6(865)년을 중심으로 따져 서기전 949년 열반설을 기준으로 한다면, 도피안사 불상의 조성은 석가 열반한 지 1,814 년이 되어야 한다. 여기에서 석가 열반연도에 대한 의문이 생기는 것이다. 따라서 도피안사 불상은 서기전 949년에서 1806년 되는 857년에 발원하여 계가 조직되었고, 함통 6(865)년에 완성된 것으로 해석한다면 의문이 해소 될 수 있다. 이는 자금 마련에 9년의 세월이 소요되었음을 의미한다.

이를 규명하기 위해 전후한 시기에 조성된 철불과 비교할 필요가 있는데, 자료가 매우 적다.〈장흥 보림사 철조 비로자나불좌상(長興寶林寺鐵造毘盧遮那佛坐像)〉은 헌안왕 3(859)년 제작된 것으로 알려지고 있다. 여기에 불멸 연도가 명기되어 있다. 보림사 철불 왼쪽 어깨 부분에 8행의 불상 조상기 가 음각되어 있다. 조성연도에 대해 "석가여래 열반한 후 1,808년이다. 이

때는 정왕(情王, 헌안왕) 즉위 3년이다"라 하였다. 서기전 949년을 석가모니 입멸 1년으로 삼아 1808년이 되는 해를 따지면, 서기 859년이고 헌안왕 3년이다. 또 당 선종 대중 12(858)년 무인 7월17일 무주(武州, 광주) 장사현(長沙縣, 장흥) 부관 김수종金遂宗이 불상을 만들고자 왕에게 아뢰자 ⋯ 완성하였다고 새겨져 있다. 이 불상은 왕실과 귀족이 조성한 것이다. 이 기록에서는 석가 열반을 서기전 949년으로 환산한 것이다.

신라의 기록 중 불멸 연도가 표기되어 있는 또 다른 자료는〈동제 염거화상탑지銅製廉巨和尚塔誌〉이다. 이도 신라 하대의 불멸기원 인식을 연구하는데 중요한 자료가 된다.〈염거화상탑지〉는 원주 흥법사터에서 출토되었다. 염거화상은 회창 4(844)년 갑자년에 입멸했다. 탑을 세운 연대는 석가 열반 후 1,804년이며, 경응대왕 시절(855)이다. 염거화상 열반연도로 환산하면 불멸연도가 1,804년이 될 수 없다. 그러나 화상 입멸 후 일정 기간 즉 11년 만에 완성된 것으로 해석하면 불멸연도가 1,804년이 될 수 있다. 경응대왕 즉 문성왕 17(855)년 탑이 완성된 것으로 보면, 불멸을 서기전 949년을 기준으로 삼은 일반적인 이해방식과 일치한다. 불멸연도 문제는 앞으로도 더 고구할 필요가 있을 것으로 보인다.

5. 철조비로자나불 조성의 의의

이 불상은 철로 제작되었다는 점에서 중요하고, 드물게 연화대좌까지도 전부 철로 만들었다는 점이 특이하다. 이처럼 대좌까지 철로 제작한 사례는 도피안사 철불을 제외하고는 알려진 것이 없다. 쇠는 구리에 비해 다루기 어렵고, 또 섬세한 표현이 쉽지 않기 때문에 조각품으로는 잘 사용되지 않

있다. 그뿐만 아니라 큰 철불은 주조할 때 생길 수밖에 없는 외형틀의 이음매를 없애기가 어려워 불상의 곳곳에 보기 흉한 주조의 흔적이 남는다. 이런 어려움에도 불구하고 8세기 중엽부터 철을 사용하여 불상을 만들었다. 이 시기에 철불을 조성하기 시작한 연유에 관해 여러 가지 설이 있지만 아직 정설은 없다.

신라 하대는 정치적으로 혼란하였으며, 신분제도로 인한 갈등이 촉발되었고, 지방 세력이 성장하여 등장하는 시기로, 반란과 민란이 빈번하였다. 사상적으로는 새로운 불교 사유 체제인 선종이 유입되어, 당시 사람들의 사상을 지배한 불교 역시 변화를 맞이하는 시기였다. 이러한 변동기에는 혼란이 따르지만, 동시에 변혁이나 혹은 새로운 변화가 나타나게 마련이다. 신라 하대에는 사회의 변혁에 수반하여 철불이 조성된 것이다. 철불은 신라말 고려초에 주로 구산선문에서 조성한 독특한 불상이다. 또한 이 시기 불상 특징의 하나는 지권인을 한 비로자나불이 주종이란 점이다. 이 시기에 왜 철불을 만들었는지에 관해서는 여러 가지 설이 있지만 아직 정설은 없다.

철불이 만들어지기 시작한 원인으로 제기된 주장은 4가지이다. 첫째, 신라 통일 이후 지방 호족들이 득세한 상태에서 선종이 유입되면서 사치스럽지 않고 쉽게 구할 수 있는 재료인 철로 불상을 만들었다고 보는 견해이다. 중국에 유학한 선승이 귀국 후 철불을 조성하기 시작하였다고 보았다. 선종이 철불을 조성한 이유는 "불립문자不立文字 교외별전敎外別傳", 즉 문자로 쓰지 않은 경전이나 언어문자 밖에 별도로 전해 준 진리를 지향하기 때문에 질박한 느낌의 철에 관심을 가졌다고 보며, 강철 같은 의지가 없으면 깨닫는 것이 불가능함을 상징하기 위한 것이라고도 한다. 당의 덕종 원(784)년 백장회해(百丈懷海, 720-814)가 제정한 선원 총림의 대원칙인 청규淸規에 불상을 모신 불전佛殿을 두지 않는다고 하여, 원칙상 선종은 불상 조성에 적극적인 종파가 아니었음을 추정할 수 있다. 따라서 선종의 교리와 철불이 관련 있다고 보기 어렵다.

둘째, 선문이 지방에 생기면서 지역 호족과 연계하였고, 호족은 철 보유량과 제철기술을 과시하기 위해 철불을 주조하였다는 견해이다. 그러나 처음 선종산문을 개창하고 철불을 조성한 발원자는 대부분 신라 왕실 관련 인물이란 점에서 의문이 있다. 실상산문을 개창한 홍척洪陟은 흥덕왕(재위 826-836)과 선강태자(宣康太子, ?-835)와 관계를 맺었으며, 보림사 철불은 헌안왕(재위 857-861)의 칙서로 조성하였다. 삼화사 철불은 명문에 국왕의 바람으로 조성했음이 명시되어 있고, 지증대사智證大師 도헌(道憲, 824-882)이 단의장옹주端儀長翁主의 후원으로 안락사安樂寺를 창건하고 철불을 조성한 바를 통해 선문 개창과 철불 조성 시작은 신라 왕실이 배경이었음을 알 수 있다. 그러므로 신라 하대 철불 조성에는 신라 왕실의 영향이 존재하므로, 호족의 성향이나 영향으로 한정하기 어렵다고 하겠다.

셋째, 금속공예품의 수요가 증대하여 8세기부터 구리가 부족하게 되어 국가에서 동銅의 사용을 제한하였기 때문에 철불을 만들기 시작했다고 보는 견해이다. 흥덕왕 9(834)년 사치를 금하는 법령을 명해, 철은 육두품 이하 평민이 사용하였다고 보는 것이다. 또한 장보고 선단이 중국과 교역하여 중국 동전으로 동을 확보하였는데, 문성왕 3(841)년 장보고 사망 이후 청해진이 폐지되고 회창 42년 중국의 폐불廢佛 사건으로 동 수급이 원활하지 않자, 철불을 조성하였다는 것이다. 그러나 8세기 신라는 당에서 물품을 동으로 구매하여 신라 제작의 동제품과 남해 무역품을 일본에 판매하고, 일본으로부터 목면을 들여왔다. 일본 정창원 수장의 병풍 배접지에서 발견된 〈매신라물해買新羅物解〉의 내역과 정창원 및 〈법륭사헌납보물法隆寺獻納寶物〉에 전하는 다수의 신라 청동 제품을 통해 신라가 동기를 일본에 판매했음을 알 수 있다. 신라의 중계무역이 가능했던 것은 풍부한 동 생산에 기인한 것이므로, 동이 부족하여 철불을 만든 것은 아니었다고 하겠다.

넷째, 청동제품을 만들 때 소량이지만 반드시 필요한 금속인 주석은 우리나라에서는 거의 산출되지 않아 그 수급문제와 관련이 있었을 것으로 추정한 견해이다. 신라는 동이 부족하지 않았는데도 동전을 수입하였다. 그것은 바로 "주석" 때문이었다고 보는 견해이다. 동전을 주조할 때 구리만 사용하지 않고, 동에 주석을 합금한 청동을 사용하여 주조한다. 동상 제작에 소량이라도 주석이 필요한 것이다. 주석은 우리나라에서는 거의 산출되지 않는 반면 중국에는 많다. 따라서 신라에서 동은 규제하지 않았고, 주석, 혹은 주석-동 합금의 유통은 국가에서 제한하고 있었다. 이것은 주석이 귀한 재료였기 때문이다. 왕경 외의 지방에 사찰이 증가하면서 청동제품의 수요 역시 급증하였을 것이다. 따라서 대형의 금속제 불상을 조성할 때, "주석"을 함유한 동합금을 이용한다면 주석의 수급, 혹은 주석 비용을 감당하기 어려웠기 때문에 청동불상의 대체품으로 "철"을 사용한 금속제 불상을 조성하였을 것으로 보는 것이다. 철은 동과 주석이 섞인 청동에 비해 상대적으로 저렴하므로, 철불은 금속 불상의 대중화에도 영향을 끼쳐 많이 조성하기에 이르렀다는 것이다.

도피안사의 〈비로자나불좌상〉은 신라 하대 철불 가운데 제일 작다. 등에 양각된 100여 자에 달하는 명문을 통해 이 불상을 누가, 언제, 왜 만들었는지 중요한 정보를 알 수 있다. 이는 신라 통일 후기 불상의 조성이 왕족이나 중앙 귀족 가문이 아닌 순수한 지방의 신도로 조직된 단체가 조성했으며, 지방 향도 조직 또한 1,500명이나 될 만큼 대규모가 되었음도 알 수 있다. 그리고 고대사는 물론 불교미술사에서 편년을 추적할 수 있는 중요한 자료이다. 또한 이 불상은 당의 함통 6년이란 명확한 제작연대까지 밝혀져 있다. 이는 신라 통일 후기인 경문왕 5(865)년에 1,500여 명에 달하는 신도들의 신앙심으로 만들어진 것임을 명문을 통해 알 수 있다. 함통 6년은 잘못 수록하지 않았을 것이다. 이 기록을 통해 유추할 수 있는 것은 일반론과 달리 석가 열반을 서기전 941년으로 본 것이다. 이는 철불이 완성된 연도로 환산하면 서기전 949년이 될 수 있으므로 이 점은 앞으로 더 연구해야 할 과제로 보인다.

〈철원 도피안사 비로자나불상〉은 철원 지역의 지방민 1,500명이 발원하여 조성하였다. 특히 이들 1,500명은 불상 제작을 위해 '향도'를 조직하였는데, 이는 9세기 중엽 불교가 왕경의 왕실·귀족을 벗어나 지방과 지방민에게 확산되는 새로운 양상을 보여 준다고 할 수 있다. 신라 통일 후기 왕족이나 중앙 귀족 가문이 아닌 궁벽한 지방의 신도들이 조직을 만들어 불상을 조성한 것을 보아 불상 조성이 지방에까지 깊숙하게 파급되었음을 보여 주는 증거라 할 수 있다. 지방 향도 조직 또한 1,500명이나 될 만큼 대규모가 되었음도 알 수 있다. 9세기 중반의 향도 조직과 신앙 사례를 알 수 있는 중요한 자료이다.

신라 하대는 중대와는 다른 역사적 전환기로서 중앙집권적 시대에서 지방화 시대로 전환되는 시점이었으므로, 새로운 질서의 수립과 시대정신이 필요하였다. 이에 정신적인 지도이념으로 비로자나불이 근본적인 부처로 등장하면서 광범한 지역에서 다양한 방식으로 조성되었다. 또한 중국에서 성립된 선종이 신라 하대의 정치적 상황에서 활발히 전파되고 보급되면서 화엄종에서는 선종으로 인한 새로운 변화가 일어났고, 이에 따라 호족세력과 농민을 동시에 수용할 수 있는 사회적 가치와 이를 구현할 실천적 자세가 반영되어 있었다. 선종은 화엄의 사상적 바탕을 수용하여 비로자나불을 본존으로 수용한 것이다.

시대가 흐르면서 선승의 인식이 변화하면서 선승도 적극적으로 불상, 즉 철불을 조성하기에 이르렀다. 이 철불은 신라 하대의 사회·문화·사상의 변화를 상징하는 것이다. 신라 하대 철불의 제작 배경과 제작 의도 등에 대한 가장 구체적이고, 직접적인 자료는 철불 자체에 새겨져 있는 명문인데, 오랜 세월을 거치는 동안 명문에 적지 않은 마멸과 훼손이 발생하였다. 이로서 명문을 온전하게 판독하지 못하고 있다. 그러나 이 불상은 9세기 철조비로자나불상의 연구뿐 아니라 조상기를 통해 신라 하대 불교신앙, 향도에 관한 연구에 중요한 자료가 되고 있다.

필자의 능력이 부족하여 완전한 이해에는 많은 한계가 있었지만, 이 글이 신라 하대의 사회 변동과 불교, 그리고 철불의 출현과 확산 등의 문제에 대하여 새로운 관심을 환기하는 데 기여할 수 있기를 기대해 본다.

참고문헌

《高麗史》, 《大唐三藏聖敎序》, 《新增東國輿地勝覽》

姜友邦, 1998, 〈統一新羅 鐵佛과 高麗 鐵佛의 編年試論〉, 《美術資料》 41.

권보경, 2023, 〈신라 하대 철불의 연원과 의미〉, 《美術史學研究》 318.

金剛大本山楡岾寺宗務所, 1942, 《楡岾寺本末寺誌》 第18編 到彼岸寺誌.

金昌鎬, 2002, 〈東海市 三和寺 鐵佛 조상의 역사적 의미〉, 《慶州文化研究》 5.

方善柱, 1987, 〈韓·中 古代紀年의 諸問題〉, 《아시아문화》(한림대) 2.

申東河, 1999, 〈한국 고대의 佛紀 사용에 대하여〉, 《韓國史論》 42.

李銀喜, 2019, 〈韓國의 智拳印 毗盧遮那佛 圖像 研究〉, 위덕대 박사학위논문.

李仁英, 1989, 〈高麗時代 鐵佛像의 考察〉, 《美術史學報》 2.

鄭炳三, 1992, 〈到彼岸寺 毘盧遮那佛 造像記〉, 《譯註韓國古代金石文》 3.

鄭善宗, 1995, 〈佛滅年紀로 본 9세기 미술품의 조성시기〉, 《史學志》(단국대) 28.

趙仁成, 1993, 〈弓裔의 勢力形成과 建國〉, 《震檀學報》 75.

채상식, 2012, 〈한국 중세시기 香徒의 존재양상과 성격〉, 《한국민족문화》(부산대) 45.

최연식, 2022, 〈신라 하대 철불 명문의 재검토〉, 《목간과 문자》 28.

최완수, 2007, 《한국불상의 원류를 찾아서 3》, 대원사.

黃壽永, 1982, 〈統一新羅時代의 鐵佛〉, 《美術史學研究》 154·155.

제9장 누더기 입은 고승, 혜소의 일상:
〈하동 쌍계사 진감선사탑비〉

1. 〈하동 쌍계사 진감선사탑비〉의 소개
2. 탑비가 알려 주는 진감선사 혜소의 생애
3. 혜소와 신라 하대 선사들의 일상생활
   질박검소한 남종선/ 선사의 일상〔平常心是道〕/노동의 실천
   차나 마시고 가게〔喫茶去〕/범패의 운용/간소한 장례
4. 혜소-도헌의 법계와 희양산파

김복순(동국대 국사학과 명예교수)

1. 〈하동 쌍계사 진감선사탑비〉의 소개

쌍계사는 화개장터와 벚꽃 길을 지나 화개천을 건너면 최치원이 쓴 '雙磎'쌍계와 '石門'석문의 두 바위 글씨가 나타나는데, 일주문으로 올라가는 입구에 표시한 편액과 같다. 이어 '三神山雙磎寺'삼신산쌍계사라고 쓴 해강海岡 김규진(金圭鎭; 1868-1933)의 예서체 현판이 걸린 일주문을 지나 금강문, 천왕문, 팔영루 너머 대웅전 앞 중앙에 진감국사 혜소(774-850)의 〈진

〈도판 1〉 진감선사대공영탑비(필자 촬영)

감선사대공영탑비眞鑑禪師大空靈塔碑〉가 세워져 있다. 887년(진성여왕 1)에 건립된 이 비는 비의 높이 3.63m, 비신 높이 2.13m, 너비 1.035m, 두께 22.5cm로 귀부와 이수, 탑신을 갖춘 국보 47호의 신라 탑비이다.

885년 당에서 귀국한 최치원(崔致遠, 857~?)은 헌강왕에 이어 정강왕의 명을 받아 4·6 변려체를 구사하여 2,423자의 〈진감선사탑비〉를 서序에 이어 명銘의 형식으로 찬술하였다. 그는 신라말의 대표적 문장가로, 진감선사를 기리는 이 비에서 자신을 전 당나라 도통순관 승무랑 시어사 내공봉을 지내고 자금어대를 하사받은〔前西國都統巡官承務郎侍御史內供奉賜紫金魚袋〕 것으로 소개하였다. 또한 그는 이 비를 포함한 3선사 1사비寺碑로 통칭되는

〈도판 2〉 쌍계사 진감선사비 탁본

사산비명四山碑銘을 모두 왕명으로 찬술하였는데, 신라는 물론 중국에까지 알려져 《전당문全唐文》에도 실려 있다.

이 비는 혜소가 입적하고 36년이 지나 세워졌는데 최치원이 비문의 글씨를 쓴 것으로 유명하다. 특히 이수螭首의 전액篆額은 신묘한 필치로 알려져 있다. 《계원필경집》에는 최치원이 재당 시절에 이미 고병高騈이 소장한 법운사 천왕원의 비기碑記를 빌려 본 것과 연화각 기문의 비본碑本 한 축을 받아 진적眞跡을 펼쳐보고 큰 기쁨을 누린 사실을 전하고 있다. 이러한 노력이 그를 명필로 만들어 주었고 직접 이 비문의 글씨도 썼을 것이다.

이 비문의 서체는 구양순, 우세남, 안진경, 배휴 등의 영향이 있었던 것으로 연구되었다. 하지만 근래 이들의 서체와 이 비문의 글씨를 그래픽으로 비교한 연구에 따르면, 오히려 최치원이 비문을 통해 자신의 서체를 뽐낸 것으로 보기도 한다. 승 환영이 비석 글씨를 새겼다. 시대가 내려오면서 비의 일부가 훼손되었으나, 1725년(영조 1)에 목판으로 새겨 간행한 완본의 내용이 전해지며, 정조 대에는 혜소의 진영을 그려 명부전 벽에 모시게 하였다.

최치원은 이 비를 〈유당 신라국 고 지리산 쌍계사 교시 진감선사비명 병

〈도판 3〉 쌍계사 일주문

서有唐新羅國故知異山雙谿寺敎諡眞鑑禪師碑銘幷序〉로 시작하여, 진감선사 혜소의 생애 및 행적을 잘 그려내었다. 그가 "서쪽으로 큰 바다 건너 이중의 통역을 거쳐 학문에 종사하려 함에 목숨은 배에 맡기었지만, 마음은 중국으로 향하였다"라고 한 서문의 문장은 신라 당시 해외 유학의 어려움을 대변

〈도판 4〉 진감선사탑비 수리 중 귀부

하는 글로 널리 회자되고 있다.

쌍계사의 명칭이 역사상 최초로 등장하는 것은 그의 비가 세워지는 정강왕 때이다. 원 명칭은 옥천사玉泉寺로, 진감선사가 물이 좋은 주변 계곡의 물을 대나무 통을 거쳐 끌어와 절 둘레 사방에 물을 대면서 붙인 명칭이었다. 정강왕이 이웃에 같은 명칭의 절이 있어 백성들을 혼미하게 한다고 하여 쌍계로 바꾸었지만, 실제 이곳은 지리산 주맥에서 흘러내리는 화개천 상류의 물과 불일佛日폭포의 물이 합쳐지기 때문에 붙여진 명칭이기도 하다.

2. 탑비가 알려 주는 혜소의 생애

최치원은 혜소에 대해 "붓다가 가섭에게 은밀히 전하여 혀를 움직이지도 않고도 능히 마음을 도장 찍듯 옮겼으니, (공자가) 하늘이 말하지 않는다고 한 것은 이것이 아니고 무엇이겠는가. 멀리서 현묘한 도를 전해와 우리나라에 널리 빛내었으니 어찌 다른 사람이겠는가. 선사가 바로 그 사람이다."라고 소개하였다.

진감선사 혜소는 774년(혜공왕 10) 익산에서 출생하였는데, 속성은 최씨였다. 그의 선조는 산동의 고관을 지낸 한족漢族으로, 고구려에 패퇴한 수나라군에서 고구려로 귀화하였다. 이와 달리 고구려인 선조설도 있다. 신라 문무왕 10년(670) 고구려 보장왕의 서자 안승이 4천여 호를 이끌고 신라에 투항하여 금마저(金馬渚, 익산)로 옮겨진 이후에 고구려인들이 비천한 처지를 극복하려 자신들의 선조를 한족으로 썼다는 것이다. 무주인 형미(逈微, 864-917), 사굴산파 행적(行寂, 832-916), 성주산파 현휘(玄暉, 879-941), 사자산파 경유(慶猷, 871-921) 등도 한족 출신의 귀화인임을 내세우고 있어, 최치원이 한족설을 가탁한 원조로 보기도 한다.

하지만 최치원은 신라방 등의 교민 사회와 소통하며 지내면서 당 유학승인 혜소의 선조에 대한 정보를 접했을 가능성이 있고, 혜소의 양친이 한족출신의 최씨와 고씨(顧氏-중국 성씨)여서 한어漢語가 가능했기 때문에 당에서 출가하고 소림사에서 구족계를 받을 수 있었을 것이다.

혜소는 평소 거사로 수행했던 아버지와 범승 꿈을 꾼 어머니 사이에서 태어나 어린 시절부터 도를 추구하는 모습을 보였다. 성장하면서 한 자의 땅도 없이 빈한하여 직접 그물을 만들어 고기를 잡아 생선 장사로 입에 풀칠하는 상황이었지만, 그는 착한 천성으로 화목한 가정을 이끌다가 양친이 돌아가시자 당나라 유학을 결심하였다.

804년(애장왕 5) 11월 31세의 혜소는 신라 하정사賀正使 일행을 태운 세공선의 뱃사공을 자원하였다. 그는 당에 도착 후 국사國使에게 "사람마다 각각 뜻이 있는 것이니, 여기서 서로 헤어지기를 청합니다."라고 하고는 그 길로 바로 발해만 연안의 창주滄州 신감선사(神鑑禪師, ?~844)를 찾아갔다. 이는 그가 유학할 곳을 정하고 신라의 관선에 승선하였음을 알려 주는데, 그는 뱃일을 하면서 신감이 《열반경》 강의와 범패에 능한 것을 알고 찾게 된 것으로 보인다.

신감은 마조도일馬祖道一의 선맥을 이은 선사로, 스승의 입적 후 여러 곳에 머물며 선법을 펼쳤는데(《송고승전》 권20 신감전), 혜소는 그가 창주滄州에 머물 때 찾아갔다. 그를 본 신감은 "반갑다. 이별한 지 얼마 되지 않았는데 기쁘게 서로 다시 만났구나." 하고 곧바로 머리를 깎고 승복을 입게 하였다. 이 표현은 혜소가 스승의 눈에 뜨일 정도의 인물로, 스승이 제자의 그릇을 알아보고 기뻐하는 모습을 보여 준다.

그는 얼굴이 검어서 대중들이 이름을 부르지 않고 지목하여 흑두타黑頭陀라고 하였다. 얼굴이 검어서 칠도인으로 불렸던 진의 도안(道安, 314-385)에 비견될 수행에서 붙여진 별명이었다. 그가 진리를 찾고 묵묵히 머무는 것에 감복한 신감의 제자들도 동방의 성인을 여기서 다시 보았다고 칭송하였다.

810년(헌덕왕 2) 혜소는 숭산 소림사 유리계단에서 구족계를 받았다. 계를 받고서 신감선사의 학사로 돌아가 경을 배웠는데, 하나를 들으면 열을 알았으므로 가르쳐 준 스승보다 나았다[茜絳藍靑]고 할 정도였다.

이후 혜소는 유행遊行에 나서면서 여러 선사와 문답하였다. 당시 선사들은 보림保任이라 하여 심인心印을 인가받은 후에는 일정 기간 스스로 정돈하기 위해, 이름난 스승들을 찾아 자신의 깨침을 확인하고 겸하여 선적禪跡의 명승지를 참배하였다. 혜소는 비록 고요한 물처럼 마음이 맑았어도 조각구름과 같이 찾아다니면서 묻고 익혔다. 그 과정에서 도의道義를 만나 함께 다니면서 백장회해百丈懷海를 찾는 등 조사들의 유적지를 탐방하였다.

혜소는 830년(흥덕왕 5)에 귀국하였는데 불교의 최상승最上乘 도리로 표현된 그의 설법이 알려지자, 흥덕왕이 편지를 보내 "도의선사가 전날에 이미 돌아왔고, 상인上人이 이어 이르니 두 보살이 되었다. 예전에 흑의黑衣의 걸출한 이를 들었는데, 이제 누더기 입은 영걸을 친견하니 하늘에까지 가득한 자비스런 위엄이 있어 온 나라가 기쁘게 기대는구나. 과인은 장차 동쪽 계림 땅을 상서로운 곳을 만들겠다."고 하면서 환영하고 위로하였다. 821년 귀국한 도의의 설법을 이해하지 못하여 마구니 말[魔語]을 한다며 배척했던 신라인들은 불과 10년도 안 되는 기간에 도의와 혜소를 누더기 입은, 지혜와 덕을 갖춘 상인으로 예우한 것이다. 이는 도의와 혜소의 귀국 이후 이들의 수행자다운 생활에 자극받아 일어난 변화로 보인다.

흥덕왕은 그를 왕도 가까이 있던 왕실 원찰인 상주의 장백사[현 남장사]에 머물게 배려하였다. 찾아오는 이가 점점 많아지자, 그는 걸어서 진주의 지리산으로 옮겨가 화개곡의 삼법화상 유허에 절을 지었다. 삼법화상은 김대비金大悲와 함께 육조 정상六祖頂相을 훔치려다 실패하고 이곳에 육조정상탑을 세우고 오직 선정에 침잠했다고 전하는 신라승이다.

혜소가 지리산으로 옮긴 배경에는 835년(흥덕왕 10) 김충공이 사망하고 중앙의 정쟁이 본격화하자 왕경과 거리를 두고자 하는 마음이 커진 것도 있고, 826년 귀국한 홍척洪陟이 실상산문으로 자리한 것에 자극받아 자신도 선종의 본의를 지키고자 하는 불가근불가원不可近不可遠의 행보도 일정하게 작용하였을 것이다. 후일 낭혜화상 무염이 왕의 부름에 응하면서 '무염無染이 유염有染이 되었다고 하겠지만 선종의 흥성을 위해서는 어쩔 수 없다.'고 한 것과는 다른 초기 선종 전래의 모습이다.

838년 민애왕이 왕위에 올라 재齋의 비용을 준비하고 혜소를 따로 친견하기를 구하였다. 혜소가 '부지런히 선정善政에 힘쓰시면 되지 만날 필요가 있겠느냐'고 한 말을 왕이 듣고 부끄러워하며 깨닫고는, '선사는 색과 공을 다 초월하고 선정과

〈도판 5〉 진감선사 진영
(쌍계사 영모각 모사본)

지혜를 함께 원만히 갖추었다.'고 하면서 사신을 보내 호를 내려 혜소慧昭라 하였다. 또한 민애왕은 승적을 대황룡사에 올리도록 하고 서울로 나오도록 수없이 청하였다. 그러나 혜소는 깊은 산에 은거해 있으면서 높은 뜻을 기르려는 의지를 굽히지 않았는데, 최치원이 〈지증대사비문〉에서 그를 혜은慧隱으로 비유해 쓴 이유로 보인다.

혜소는 이곳에서도 법문를 들으려는 이가 거의 송곳 꽂을 곳도 없을 정도로 많아지자 다시 남령의 산기슭에 현재의 쌍계사인 옥천사를 지었다. 이

곳은 여산廬山 동림사東林寺를 방불케 하는 풍광으로, 그가 귀국 전에 유행하면서 신감의 스승 정소율사貞素律師가 거처했던 동림사를 찾았던 기억이 참고되었을 것이다.

그가 세운 육조 혜능의 영당影堂은, 하택신회가 745년 낙양 하택사에 들어가 육조의 진당眞堂을 건립하는 등 육조 현창운동을 체계화한 것과 비슷한 사적으로, 혜소는 자신이 육조의 현손임을 드러내고 신라에 남종선을 뿌리내리려는 것이었다.

850년 정월 9일 혜소는 이른 아침 문인에게 말하였다. "만법이 모두 공하니 내가 장차 가려 한다. 일심一心으로 근본을 삼아 너희들은 힘써 노력하라. 탑을 만들어 형상을 보존하지 말고 명銘으로써 행적을 기록하지도 말라."는 말을 마치고 앉아서 엄연히 입적하였다. 문성왕 12년으로, 향년 77세 법랍 41세였다.

문성왕은 진정으로 슬퍼하며 청정한 시호를 내리려다 남기신 경계를 듣고서 부끄러워 그만두었다. 지증대사 도헌이 882년에 입적하여 이듬해 탑비가 건립되자, 도헌의 스승인 혜소의 무덤이 36년이나 지나 언덕이 골짜기로 변할 것을 걱정한 문인들을 대표하여 내공봉 일길간인 양진방과 숭문대 정순일이 돌에 새길 것을 청하였다. 헌강왕이 시호를 진감선사, 탑호를 대공영탑이라 추증하고 돌에 새겨서 영예가 오래 가도록 하였다.

3. 혜소와 신라 하대 선사들의 일상

질박 검소한 남종선 선사의 일상:

혜소는 821년 도의, 826년 홍척에 이어 830년에 귀국하여 세 번째로 신라에 남종선을 전한 선사이다. 도의는 돌아온 지 얼마 안 되어 배척당하여 설악산에 은거하였다. 하지만 혜소가 오자 흥덕왕은 편지를 보내 환영하고 위로하였다.

도의는 먼저 당에 유학하여 마조도일(馬祖道一, 709-788)의 제자 서당지장西堂智藏의 문하에서 남종선을 익혔고, 혜소도 역시 마조도일의 제자 신감에게 나아가 배웠으므로 이들이 의기투합한 것은 같은 종지의 남종선을 공유하였기 때문이었다. 〈진감선사비〉에는 "그때 마침 신라 승 도의가 먼저 중국에 와 도를 구하고 있었는데, 우연히 만나보니 서로 추구하는 바가 일치하였다. 서남쪽에서 벗을 얻어 사방으로 멀리 찾아다니며 부처님의 지견知見을 증득하였다."고 하였으므로 이들은 남종선의 선사로서 함께 스승들을 찾아다니며 식견을 넓힌 것을 보여 준다. 따라서 9년 만에 신라에서 일어난 정치적 변화가 고국으로 귀국한 이들을 대하는 환경을 바뀌게 한 것이었다.

당시 당에 유학한 신라 승들은 대부분 마조도일의 제자에게로 나아가 손제자가 되었다. 도의와 홍척, 혜철은 서당지장에게, 혜소는 신감에게, 837년에 귀국한 현욱은 장경회휘에게, 846년에 귀국한 범일은 제안염관에게, 역시 846년에 귀국한 무염은 마곡보철에게, 847년에 귀국한 도윤은 남천보원에게 나아가 남종선을 익히고 신라에 돌아왔는데, 이들은 여러 산문의 개산조가 되고 많은 제자들을 배출하였다. 도의와 혜소에 이어 계속 선승들이 신라로 돌아오면서 남종선의 이식에 적극적이었다. 그리하여 선종은 신라에 뿌리를 내린 정도가 아니라, "마조도일이 용의 새끼를 길렀으며, 동해〔신라〕가 서하(西河, 唐)를 가렸다(〈낭혜화상비〉)"고까지 최치원은 기록하였다.

혜소는 평소에도 질박함을 잃지 않았으며 말도 기교를 부리는 법이 없었다. 흥덕왕이 그를 누더기 입은 뛰어난 스님으로 표현하였듯이, 그는 실제 헌 솜이나 삼베도 따뜻하게 여길 정도로 허름하게 입고 지냈다.

평상심시도平常心是道는 일상 그대로의 마음이 도라는 말로, 즉심시불卽心

是佛, 마음이 곧 부처라는 뜻의 마조도일이 한 말이다. 혜소는 마조-신감의 계보에 있었으므로, 이 말대로 일상에서 도를 행하고, 마음을 본으로 삼았다. 또한 그는 제자들에게도 모든 존재가 다 공이니 나도 장차 떠나려 한다며, "한 마음으로 근본삼아 너희들은 힘써 노력하라"고 하였다.

도헌에게도 일화가 보인다. 그가 하안거를 마치고 다른 곳으로 가려 하는데, 밤에 꿈속에서 보현보살[遍吉菩薩]이 이마를 어루만지며 귀를 당겨 말하기를, "고행은 어렵지만 행하면 반드시 이룰 것이다"라고 하였다. 꿈에서 깬 뒤 놀란 그는 각골 명심하여 명주나 솜옷을 입지 않았고, 실로 기워야 할 때는 반드시 삼이나 닥나무로 하였으며 좋은 신도 신지 않았다. 솜옷을 입는 자로 하여금 눈을 뜨게 하고 비단옷을 입는 이가 부끄러울 정도로 자신을 단속하였다. 이 편길보살 일화는 그의 스승 혜소와 관련 있는 내용으로 보고 있다.

노동의 실천:

승려들은 오후 불식이라 이른 아침에 탁발해서 하루 끼니를 해결하기 때문에 탁발 음식에 든 고기도 가리지 않고 먹는다. 그러나 중국이나 우리나라는 기후 습관 등 여러 여건상 사찰 내에서 직접 음식을 만들므로 그 과정에서 살생도 할 수 있어 채식 위주로 끼니를 해결하였다. 선사들은 한 걸음 더 나아가 일하지 않으면 먹지 말라[一日不作 一日不食]는 수행으로까지 나아갔다. 홍주종의 백장회해는 선원청규를 제정하여 상하균력上下均力을 강조하면서 이를 실행하여 '하루 일하지 않으면[一日不作] 하루 먹지 않는다[一日不食].'고 하였다. 이에 선종사원은 토지를 보유하고 노동력을 확보하면서 집단화가 가능하게 되었다. 신감이 백장회해에게 나아가 배웠으므로 혜소 역시 백장청규를 잘 지켰을 것이다.

혜소가 직접 농사를 지은 일은 비문에 보이지 않으나, 직접 향을 사르고 차를 끓이는 모습에서 질박함이 묻어난다. 그의 문인들은 귀인들이 가끔 찾아와도 다른 찬이 없어서 거친 음식이라 올리기 어려워하였다. 혜소는 "마음이 있어 여기에 왔을 것이니 비록 거친 밥인들 무엇이 해로우랴!" 하며, 높은 이나 낮은 이, 나이 든 이나 어린아이를 대접함이 같았다. 노동에서 상하균력上下均力을 강조했던 문중의 영향이 손을 대함에도 한결같았음을 알려 준다.

낭혜화상 무염도 공부하는 승려들을 반드시 '선사'라고 지목하였으며, 손님 접대에 높고 낮음에 따라 달리 예우하지 않았다. 노년에까지 스스로 낮추어서 음식과 의복을 남달리 하지 않았다. 경영이나 수리할 때 대중보다 앞장서서 일하면서, 가섭조사도 일찍이 진흙을 이기셨거늘 잠시라도 편안할 수 없다고 하면서 때로 물을 나르고 땔나무를 등에 지는 일까지 몸소 행하기도 하였다.

차나 마시고 가게(喫茶去):

선사들은 향과 차의 선물을 좋아하였고 임금이 하사하는 것은 반갑게 여겼다. 무염은 헌안왕이 즉위 전에 멀리서 제자의 예를 행하며 향과 차를 예물로 보내어 한 달도 빠뜨리지 않았다고 할 정도였다. 요즘의 절에 가면 차를 마시는 흔한 모습은, 일상에서 근본적인 선기禪機를 펼치는 하나의 방편으로, '차나 마시고 가게'라는 조주趙州 종심從諗의 화두인 끽다거喫茶去 이후로 널리 퍼져 전해졌다고 한다.

521년 신라 사신이 백제 사신을 따라 양에 간 이후 진흥왕 대 양과 통교하고, 승 각덕이 양나라에서 불사리를 가지고 귀국하면서 신라 조정에 중국인들의 차 마시는 풍습이 알려졌을 것이다. 선덕여왕 때는 차가 이미 신라에 들어왔고, 신문왕 대 활약한 설총의 화왕계에는 차와 술(茶酒)로 정신을 맑게 하였음이 나온다.

경덕왕 대 충담사는 차구를 가득 담아 매년 3월 3일과 9월 9일에 남산 삼화령 미륵세존에게 차를 다려 올렸는데, 차의 기미가 이상하여 구역 안에 이상한 향기가 강하게 났으며 경덕왕에게 차를 다려 주기도 하였다. 신라 흥덕왕 3년(828)에는 당에 들어갔던 사신 대렴大廉이 차의 종자를 가지고 왔으므로 흥덕왕이 지리산에 심도록 하였다. 십여 년 뒤 당 유학승 혜소가 지리산 쌍계사에 주석하게 되면서 주위에 차밭이 많았으리라 짐작된다.

혜소는 중국의 어린잎 차인 한명漢茗을 공양하는 사람이 있으면 돌솥에 섶으로 불을 지피고 가루로 만들지 않고 끓이면서, '나는 맛을 알지 못하겠다. 뱃속을 적실 뿐이다'라고 하였다. 이를 최치원은 참을 지키고 속된 것을 꺼림이 모두 이러한 것들이었다고 썼다. 진감선사비문의 명銘에는 "음식에는 맛을 겸함이 없고, 옷은 갖추어 입지 않았도다. 바람과 비가 그믐밤과 같아서, 처음과 끝이 한결같았도다"라고 하였다. 최치원은 '폭우 내리는 어둠이라도 닭은 반드시 운다〔風雨如晦 鷄鳴不已〕'는 《시경》을 인용하여 혜소의 한결같음을 비유하였는데, 이른바 생활선生活禪의 실행이다.

　범패의 운용:

혜소는 범패에 능한 당나라의 신감에게 나아가 유학하였다. 그의 목소리가 금옥 같아서 평소부터 관심이 있었을 것이다. 그런데 최치원은 그가 태어날 적에 울지 않았다고 특기하고는, 일찍부터 말소리〔言聲〕를 내지 않는 상서로운 싹을 보여준 것이라고 감탄하였다. 태어나 울지 않아 언성을 내지 않은 이가 도통한 선사가 되어서는 노래를 잘하여 교화의 방편으로 삼은 것이 아이러니하다.

남종선의 교화 방편으로 할〔喝〕과 방〔棒〕이 유명하다. 임제(臨濟, ?~867)의 할은 선원에서 위엄있게 꾸짖는 소리이다. 글로써 나타낼 수 없는 도리를 보일 때 크게 소리를 내질러 학인의 어리석음을 깨우치는 방편으로, 덕천은 몽둥이를 휘두르는 방을 실행하기도 하였다. 육조혜능의 후계는 5가家 종파로 퍼졌는데, 청원행사가 석두희천에게 전하여 조동. 운문. 법안으로, 또한 남악회양은 마조도일에게 전하여 백장회해를 거쳐 임제. 위앙으로 이어졌다. 도는 하나인데 5가나 된 것은 인간의 심병이 심해졌기 때문으로, 8~9세기 중국의 선사들은 병에 응하여 약을 처방한다(應病與藥)며 방과 할을 교육방법(提接法)으로 활용하였다. 신라 선사들의 8~9할이 마조도일 계통으로, 그는 '달마가 서쪽에서 온 뜻이 무엇이냐(祖師西來意)', '마음이 곧 부처다(卽心是佛)', '평상심이 도다(平常心是道)' 등의 질문과 답변을 통해 제자들을 교육하였는데, 후대 공안(公案, 화두)으로 발전하였다.

혜소가 교화의 방편으로 삼은 범패는 그의 조용한 기질에서 나온 것일 수도 있지만 시기적으로 선종 전래 초기였기 때문일 수도 있다. 최치원은 혜소를 '부처가 설한 심법心法에 이르러서는 현묘하고 또 현묘하며 이름하려 해도 이름할 수 없고 설명하려 해도 설명할 수 없다. 비록 달을 보았다고 하더라도 달을 가리키는 손가락마저 잊어버려야 하니, 끝내 바람을 붙들어 놓으려는 것과 같고 그림자를 힘겹게 사로잡으려는 것과 같으니 참으로 큰 요체를 아는 사람이라고 할 만하니, 비로소 지극한 도를 더불어 말할 수 있을 것이다'라고 칭송하였다.

범패는 종래 신라에서 향유하던 음악과는 전혀 다른 갈래의 음악으로, 월명사가 자신은 단지 국선의 무리에만 속하여 향가鄕歌만 풀 뿐이고 범성梵聲은 익숙하지 않다(只解鄕歌不閑聲梵)라고 한 것에서 그 차이가 드러난다. 중국 위나라 조자건(曹子建 : 192-232)이 어산魚山에 가서 놀다가 바위 골짜기에서 송경誦經 소리가 맑게 흘러 나오는 것을 듣고 감동되어 그 곡조에 따라 지은 범패를 어산파라 한다.

혜소의 스승 신감은 일찍이 관청에서 법석을 베풀었는데 승도들에게 범패를 하게 하여 불교와 음악이 어우러지자 기쁜 기색이 얼굴에 가득하였고, 이후 출가하였으므로(《송고승전》 권20 신감전), 제자들에게 범패를 가르쳤을 것이다. 혜소는 신라로 돌아와 불교 음악 범패를 통해 대중 교화를 실행하였다. 최치원이 이를 특기한 것은 그의 범패 소리가 많은 이들에게 감동을 주었기 때문일 것이다.

간소한 장례:

신라나 고려의 고승들이 입적하면 화장(茶毘)을 해서 사리를 얻는다고 생각할 수 있다. 다비는 불에 태운다는 뜻이어서 화장이라고 하지만, 육신을 본래 이루어진 곳으로 돌려보낸다는 의미가 있다. 그러나 신라 하대 선사들의 비문에는 거의 대부분의 선사들이 색신(色身, 육체)을 매장하였음이 전한다. 이러한 기록들은 근래 강릉 굴산사지 범일국사 부도 석실이 발굴되면서 밝혀졌고, 특히 광양 옥룡사지 도선국사의 부도 석실과 석관 그리고 인골까지 완벽하게 발견되어 나말여초 선사들의 매장식 장례법을 온전히 이해하게 된 예로 보고 있다.

〈도판 6〉 940년경 진공대사 충담의 석관
(국립중앙박물관 소장)

신라의 문무왕(681), 효성왕(742), 원성왕(798) 등 몇몇 왕이 화장한 것이 전한다. 또한 자장이 다비하여 유골을 석혈에 안장한 것과 혜공이 하늘에 떠서 입적하였고, 사리가 셀 수 없이 나왔다고 일연이 전하고 있다. 그러나 신라 하대 선사들은 대부분 매장을 하였다. 매장도 바로 장례를 지내거나 가빈假殯 내지 가장假葬하였다가 몇 달 후 내지 몇 년 후에 장례를 치르기도 하였다. 신라의 선사로는 사자산문의 개산조인 징효 절중(折中, 826-900)이 화장하였다. 고려 초까지도 매장이 유지되다가 중기에 지광국사를 화장한 이후에는 대체로 화장하고 있다.

《삼국사기》에 전하는 문무왕의 유언에는 "임종 후 10일이 되면 고문庫門 밖 뜰에서 서국西國의 법식에 따라 불로 태워 장사 지내고, 상복을 입는 경중이야 본래 정해진 규정이 있을 터이나 장례 절차는 힘써 검소하고 간략하게 하라"고 하였고, 〈문무왕릉비〉에도 '장작을 쌓아 장사 지내고 … 바다에 뼛가루를 뿌렸다'고 나온다.

사실상 화장의 경우 많은 경비가 소요된다는 사실이 부담스럽게 생각될 수 있고, 임시로 빈소를 정하여 가빈假殯을 할 경우 1년(지증도헌)에서 2년(낭혜무염)을 지나 장사 지내기도 하여 번거로웠으므로, 질박 검소를 강조한 신라 하대 선사들은 유언으로까지 간략히 장사할 것을 당부하였다.

진감선사 혜소는 자신이 입적할 날을 알고 있었던 듯 미리 널과 무덤길을 준비하도록 하였고, 옥천사에서 입적한 당일에 바로 장례를 지내게 하였다. 제자 법량 등이 울면서 시신을 받들어 날을 넘기지 않고 동쪽 봉우리 언덕에 하관하여 유언을 따랐다. 77세의 혜소가 출가한 지 41년째 되던 문성왕 12년(850) 정월 9일이었다.

보조 체징(體澄, 804-880)은 임종 다음 날 장사 지냈고, 원랑圓朗은 100일 만에, 진철眞澈은 4일 만에, 대경大鏡은 3일 만에 장사를 치렀는데, 입적한 날 바로 장례를 지낸 이는 혜소가 유일하다. 가는 길에도 그의 평소 검소하고 검약한 성정이 그대로 실행되었음을 알려 준다.

4. 혜소-도헌의 법계와 희양산파

신라 말 최치원이 924년(신라 경명왕 8)에 찬한 지증대사 도헌(道憲, ?~882)의 비문에는 도헌이 부석사 범체梵體대덕에게 출가하여 경의瓊儀율사에게 구족계를 받고 상달上達함에 혜은慧隱에게 선리禪理를 탐문하고 양부楊孚에게 묵계默契를 주었다고 나온다. 이에 의하면 도헌의 법계는 범체대덕-경의율사-혜은-도헌-양부이다.

그런데 고려 초 이몽유가 965년(고려 광종 16)에 찬한 정진대사 긍양(兢讓, 878~956)의 비문에는 조계- 남악- 강서(도일)- 창주 신감- 쌍계사 혜명慧明- 왕사 도헌- 백엄사 양부- 정진 긍양으로 이어지는 법계가 나온다. 이 법계에는 지증대사 도헌이 쌍계사 혜명으로 나오는 진감선사 혜소의 법을 받아 이은 것으로 기록되어 있어 이후 많은 논란을 일으켰다.

위의 두 계보에서의 문제는 도헌-양부에 앞선 쌍계사 혜명이 혜은과 같은 인물인가 하는 것이었다. 이는 사회적 신분 등 여러 면에서 차이도 있고 직접적인 관련이 뚜렷이 보이지 않아 혜소에서 도헌으로 이어지는 법계는 긍양에 의해 변조된 것으로 인정되어 왔다. 하지만 이 두 비문에 나오는 법계는 과연 변조된 것일까? 하는 의문이 있었는데, 근래 여러 논문을 참고하여 다시 살펴보면서 혜소, 혜명은 혜은이라는 결론을 내릴 수 있었다. 그 이유는 이렇다.

첫째로 혜소와 도헌(824~882)은 비문을 비교해 볼 때 신분 등 여러 면에서 차이가 있어 이들의 스승과 제자 관계를 제대로 서술하지 않은 것으로 보인다. 즉 선조가 한족인 혜소에 비해, 도헌은 신라 김씨로 왕경의 귀족 출신이다. 생김새도 혜소는 얼굴이 검은 나이 든 모습이었으나, 도헌은

키가 8자 남짓에 풍채가 뛰어나며 말소리가 우렁찬 위엄이 있으면서도 사납지 않은 이였다. 출가 배경을 보면 혜소가 부모를 여의고 나이 서른이 넘어 당에서 출가하였고, 도헌은 9세에 아버지를 여의고 슬퍼하다가 몰래 부석산 범체 대덕에게 나아가 배웠다. 구족계는 혜소가 37세에 숭산 소림사 유리 계단에서 받았다면, 도헌은 17세에 경의 율사에게 구족계를 받으면서 소매 속에 반짝이는 구슬을 얻었다고 하였다. 혜소가 신라로 귀국하여 상주를 거쳐 지리산에 은거하였지만, 도헌은 왕사로 대접받으며 대사찰을 경영하였다. 혜소가 입적하고 나서 30여 년에 지나 도헌이 입적하자 도헌의 비문을 찬술하는 과정에서 이들의 사승師承 관계가 부각되어 혜소의 비문도 함께 지어진 것으로 생각된다.

최치원은 지증대사비문을 찬술하면서 8년 동안 3번이나 고쳤는데, 이 과정에서 주최 측의 요구가 반영되면서 도헌과 혜소와의 인연을 앞서 언급한 보현보살의 내용으로 요약하고 혜소를 혜은으로 수정했을 가능성이 크다. 지리산에 은거한 혜소를 혜은慧隱으로 쓴 것을 의식하여 긍양의 비문에는 혜명慧明으로 썼을 뿐만 아니라, "지금 절 안에는 옛 선사의 법갈法碣이 있는데, 이 비는 지증국사의 비로서 신라 말 전진사前進士였던 최치원이 비문을 지은 것이다. 그 돌도 남해로부터 가져온 것이어서 지금까지도 그 역사役事에 대한 원성이 전해 오고 있다"고 한 것은, 긍양의 법계가 도헌의 비에 제대로 밝혀지지 못한 불평을 우회적으로 표현한 것으로 보인다.

둘째로 지증대사 부도탑에 부조된 악기를 연주하는 주악상이 혜소와의 사승관계를 입증한다는 점이다. 혜소는 850년 정월 9일에 입적하여 그날로 장사 지냈다. 그런데 882년에 입적한 도헌은 1년 후인 883년에 장사 지내면서 헌강왕이 지증대사의 호와 적조라는 탑호를 하사하였다. 지증대사의 비가 입적 후 40여 년이 지난 924년에 세워진 것과는 달리 8각원당형의 지증대사 부도탑은 1년여의 가매장 시기에 조성되었을 것이다. 이 부도탑은 기단부의 중대석과 중대석 받침에 이중으로 조각된 주악상이 특징적인데,

이러한 사례는 도헌의 부도가 유일하다는 것이다.

지증대사의 부도탑을 좀 더 자세히 살펴보면, 중대석의 8면 가운데 1면은 사리함, 2면은 공양비천상이다. 그 외 5면의 주악비천상은 동쪽에 피리〔篳篥〕, 북동에 박판, 북쪽에 생笙, 북서에 짧은 적〔橫笛〕, 서쪽에 비파를 연주하고 있다. 중대석 받침에는 사람의 얼굴에 화관을 쓰고 목걸이와 완천(腕釧, 팔찌)으로 장식하고, 등에는 날개가 있고, 꼬리깃의 조각이 섬세한 하반신은 새의 형상인 가릉빈가상이 있다. 이들은 춤, 요발, 피리, 박판, 노래, 노래, 횡적의 순으로 연주를 하고 있다.

그런데 혜소는 범패로 대중 교화를 이끈 인물로, 근래 혜소와 긍양이 새로운 주석처를 찾아가는 길에 호랑이가 길을 인도하는 내용에 주목한 해석이 나왔다. 즉 혜소의 스승 신감이 서북산에 머물 때 맹수가 낮에도 돌아다녀 해가 많았으나 그가 거처하면서부터 호랑이 재난이 없어져 원근에서 칭송이 있었던 사실을 들어, 그 제자, 증손 제자 역시 범패 소리로 호랑이를 길들여 길을 찾아 나서는데 앞서 나아가게 했을 것이라는 해석이다. 그렇다면 지증대사 부도탑에 새겨진 각종의 악기들이 의미하는 것은 도헌이 혜소(혜은)에게 나아가 현리를 배우고 범패로 대중 교화를 한 사실이며, 제자들에 의해 부도에 새겨졌을 것이다.

결국 이몽유에 의해 정리된 혜소-도헌-양부-긍양의 법계는 신라말 고려초 9산선문의 하나인 희양산파로 위치하게 되었다고 생각된다.

셋째로 근래 제기된 신라에서의 북종선과 남종선과의 통섭문제이다. 수행에 있어 혜소는 당에 유학하여 신감에게로 나아가 마조도일계의 남선종으로 일관하였다면, 도헌은 북종선 계보에 얽혀 있어 근래 〈신행선사비문〉과 〈지증대사비문〉에 나오는 내용이 쟁점으로 도출되었다.

하나는 〈지증대사비문〉에 나오는 법랑이 중국에 가서 쌍봉도신의 법을 받아와 신행에 전해 주었다고 한 사실은, 김헌정이 찬한 〈신행선사비문〉에는 언급이 없다는 점을 근거로 법랑이 당에 유학하지 않았다는 것이다. 하지만 신행이 법랑의 입적 후 당에 유학한 법랑의 영향이 크므로 당 유학 여부는 좀 더 숙고가 필요하다.

또 하나는 신행이 당 숙종을 면담하고 시문을 교환하였다고 한 내용이 허구라는 것이다. 그간의 연구는 숙종의 재위 기간(756~762)을 계산해서 704년에 출생한 신행이 30세(733)에 출가하여 당에 유학한 것을 52세(755) 내지 53세(756), 귀국은 759년으로 보아 왔다. 하지만 신행이 735~738년까지 법랑 문하에 있었고, 738년 당에 유학하여 지공의 문하에서 3년 동안 수행하고 스승 입적 후 742년경에 귀국하였다고 보면 756년 7월에 즉위한 숙종을 만날 수 없었다는 것이다. 다만 숙종의 황태자(738~756) 시기에 만났을 가능성은 열어 둘 수 있을 것이다.

742년에 귀국한 신행은 779년까지 신라에 북종선을 홍포하였는데 핵심은 간심看心과 방편다문方便多聞으로 좌선간심과 대승무생방편문을 말한다. 813년 제자 삼륜에 의한 현창운동으로 신행의 영당, 탑비 등이 세워지고 김헌정이 비문을 찬술하면서 북종선이 대중에게 알려졌다. 비문에는 안홍(안함)의 형이 신행의 증조로 나오는데 안함이 수에서 귀국하면서 능가경을 가져왔기 때문으로 보고 있다. 당시 북종선에서는 동산선문이 능가경을 중시하여 능가종으로 불리기도 하였고, 능가사자기도 이에 상응하였다. 또한 대승무생방편문은 화엄경에 의거한 제5의 방편문을 설정한 것이어서 신행의 북종선은 화엄경과 유관하다는 것이다. 때문에 근래의 연구들은 남종선의 선사가 교학에 관심을 갖거나 대장경의 조성 등의 일에 종사하면, 바로 이를 북종선과 관계를 짓거나 선교를 양섭한 선사로 간주하고 있다는 점이다.

이와 관련하여 낭혜화상 무염의 수학과정이 주목된다. 그는 12세에 오색선사로 출가하여 중국에서 능가선(북종선)을 수학한 법성선사에게 수학하였으나, 다시 부석사의 석징대덕에게 나아가 화엄학을 공부하고 822년 당의 지상사에 가서 화엄을 강하는 것을 들었으나 부석사에서와 같아서 실망하여 남종선으로 나아간 바 있다. 이는 북종선에서 다시 부석사 화엄교학으로 갔다가 당의 지상사로 나아갔으나 결국 남종선으로 간 것이므로, 당시 신라에서 북종선이 화엄교학에 밀려 인정받지 못하였음을 알려 준다고 보고 있다.

최근 마조의 평상심시도는 북종선과 교학의 이론까지도 포용하는 주선용교主禪容敎의 선사상이면서 불성사상의 세속화로 현실을 중시하는 친화적인 사상으로 평가되고 있다. 때문에 일연은 승과를 상상과로 통과한 가지산문의 선사이지만 재조대장경의 감수 등 오랜 기간 대장경 조성에 간여하였고, 수많은 저술을 남긴 학승이었지만 선승이었다. 보조선사 체징 역시 중국 유학 당시 3년 동안 대장경을 열람하느라 앉지도 눕지도 않았다고 한다. 이러한 점을 감안해 보면, 긍양이 대장경에 깊이 간여된 일이나 도헌이 부석사에서 출가하여 교학에 관심이 많다는 이유로 남종선의 선사인 그들을 북종선과 관련된 것으로 간주할 필요는 없을 것이다.

진감선사 혜소는 금마에서 생선장사를 하면서 빈한하게 자랐지만, 당시 활발했던 해상교역에서 얻은 지견으로 중국에 유학하여 신감선사에게 수학하고 수행하여 육조의 현손으로 당당히 귀국하였다. 신라 하대의 혼란한 정국에서도 수행자의 위치를 잃지 않고 지배층만이 아닌 만민을 위해 교화를 펼쳐 동방의 보살로서 자리하였다. 그는 선사로서 평소의 생활을 통해 생활선을 실천하였고, 선종의 대중화를 위해 범패를 통해 독창적인 산문을 이끌었다. 고려에 와서 희양산파의 조사로서 긍양에 의해 추대되고 있어 그에 대한 후대인들의 추모 사실을 알 수 있다.

참고문헌

김복순, 2001, 〈진감선사의 생애와 불교사상에 관한 연구〉, 《한국민족문화》 15.

김봉건, 2008, 〈차(茶)와 선종(禪宗)의 만남〉, 《동아시아불교문화》 2.

김성혜, 2007, 〈봉암사 지증대사 적조탑의 음악사적 조명〉, 《한국음악사학보》 39.

김영태, 1979, 〈희양산 선파의 성립과 그 법계에 대하여〉, 《한국불교학》 4.

김정권, 1999, 〈진감선사 혜소의 남종선 수용과 쌍계사 창건〉, 《호서사학》 27.

신명희, 2019, 〈唐代 禪者들의 다양한 提接法－마조도일의 제접법(교육관)을 중심으로－〉, 《동아시아불교문화》 38.

이인재, 2005, 〈선사 긍양(兢讓; 878~956)의 생애와 대장경〉, 《한국사연구》 131.

조범환, 2013, 〈진감선사 혜소와 쌍계사에 대한 연구현황과 제안〉, 《신라사학보》 28.

차차석, 2005, 〈마조도일 선사의 사회의식 탐구〉, 《보조사상》 23.

최병헌, 2014, 〈선종 초기전래설의 재검토－단속사신행선사비문의 분석－〉, 《불교학연구》 41.

한기문, 2007, 〈신라 하대 진감선사의 활동과 범패 교화의 의의〉, 《대구사학》 89.

홍성익, 2019, 〈한국 고·중세 승려 墓塔의 지하석실에 대한 검토〉, 《신라사학보》 45.

1. 역사 자료로서 묘지의 가치
2. 〈이구부인김씨묘지명〉의 구성과 내용
3. 재당 신라인 판정의 근거
4. 재당 신라인의 삶
5. 선조 인식: 소호금천씨, 김일제

이기천(경북대 역사교육과 교수)

1. 역사 자료로서 묘지의 가치

묘지墓誌란 묘주墓主의 신원과 생전의 행적을 돌에 새겨 무덤에 매장한 부장품을 가리킨다. 묘지를 제작하여 무덤에 넣는 풍습은 북조에서 정형화되어 당대에 성행하였다. 형태상 묘지는 1,000자 내외로 묘주의 행적을 기록한 지석誌石과 지석을 덮는 정방형의 개석蓋石으로 이루어졌다. 지석은 "… 묘지명병서墓誌銘幷序", "… 묘지墓誌", "… 묘지명墓誌銘" 등으로 표현된 표제, 묘주에 대한 기록을 담은 지문誌文, 송덕과 애도의 뜻을 전하는 명문銘文의 순서로 구성되었다.

지문은 산문의 형식으로 기록되었으며, 서문序文으로도 불린다. 지문은 묘주의 이름과 선조의 본적지 및 가계家系 그리고 품행과 관력 등의 인적 사항과 사망 일자와 장소 및 향년 그리고 장사葬事에 관한 기록을 기본 요소로 한다. 한편 명문에는 묘주의 삶에 대한 평가가 30자 내외의 응축된 운문 형식으로 기록되었다. 송대宋代에는 여러 문학가들이 묘지를 찬술하면서 자신의 문학적 역량을 드러내기 위해 명문에 비중을 두어 묘지 전체의 분량이 4,000자를 초과하기도 했다. 이로 인해 당대唐代 정방형을 유지했던 묘지의 형태가 송대에는 세로가 긴 직사각형 형태의 묘지가 출현하기 시작했다. 한편 역사 연구에서 주로 이용되는 부분은 명문이 아닌 묘주의 생애가 기록된 지문, 즉 서문이다. 이러한 이유로 2010년대 중반부터 중국과 일본 학계에서는 점차 '묘지'라는 용어가 묘지명墓誌銘을 대체하고 있다.

역사 연구자들에게 묘지가 주목받은 배경은 그 자료적 가치 때문이다. 우선 묘지는 묘 밖에 세워 놓은 비석과 달리, 무덤 안에 매장했기에 발굴 이전에는 세상에 알려지지 않은 자료이다. 이 때문에 부족한 자료 환경 속에서 연구의 공백을 채울 수 있고, 새로운 문제에 접근할 가능성이 생겼다. 특히 중국의 경제적 성장과 건설 붐으로 인해 나날이 새로운 묘지가 출토되고 있다. 가장 많은 묘지가 출토된 당대의 사례를 살펴보면, 2015년까지 12,523건의 묘지墓誌와 묘지개墓誌蓋가 공표되었다. 이 수치는 20년 전보다 6,667건이 증가한 것으로 새로운 묘지의 증가 추세를 여실히 보여 준다.

묘지의 또 다른 사료적 가치는 동시대 사람이 묘지의 내용을 작성했기에 그 신뢰도가 높다는 점이다. 《삼국사기》, 《삼국유사》, 정사正史를 비롯한 중국의 문헌자료는 역사 연구의 기본 사료로 통용되지만, 대체로 후대에 편찬된 2차 사료가 대부분이다. 반면 묘지는 당대인當代人이 직접 남긴 1차 사료이며, 2차 사료의 자료적 한계를 보완하고 기록의 오류를 바로잡을 수 있기 때문에 그 가치가 높다.

문헌자료에 기록되지 않은 다양한 인물과 역사 사건에 대한 구체적인 내용이 확인된다는 점에서도 묘지의 사료적 가치가 적지 않다. 최근 당으로 건너갔던 고구려·백제 유민과 재당 신라인 및 발해인에 관한 연구가 크게 진전될 수 있던 원동력도 바로 새로운 묘지의 발견이었다. 당으로 이주하여 생활하다가 중국에서 사망했던 고대 한국인과 그 후손들은 대부분 문헌자료에 기록되지 않았다. 묘지를 통해 그들의 가계와 행적 및 생활상 등이 복원될 수 있었다.

고구려·백제 유민과 재당 신라인 및 발해인의 묘지는 현재까지 44건이 확인된다. 이에 대한 기본적인 정보를 〈표 1〉로 정리하였다.

〈표 1〉 재당 고구려·백제 유민 및 신라·발해인의 묘지명 일람

분류	묘주	생몰연대	묘주의 신분
고구려	고덕高德	676~742	당 건국 무렵 선조가 당에 귀의 우용무군右龍武軍 익부翊府 중랑장中郎將 등 역임.
고구려	고모高牟	640~694	좌표도위左豹韜衛 대장군大將軍 역임.
고구려	고목로高木盧	650~730	배융부위陪戎副尉 및 직복시直僕寺 역임.
고구려	고요묘高鐃苗	불명~673	좌령군左領軍 원외員外 장군將軍 역임.
고구려	고원망高遠望	697~740	건주도독建州道獨·우무위右武衛 장군 등을 역임한 고흠덕高欽德의 장남. 안동대도호부安東大都護府 부도호副都護 겸 송막사松漠使 등 역임.
고구려	고을덕高乙德	618~699	668년 당에 귀의, 검교檢校 본토本土 동주장사東州長史에 임명. 좌청도솔부左淸道率府 빈양부頻陽府 절충도위折衝都尉 역임.
고구려	고자高慈	665~697	유주도독幽州都督 고성문高性文, 즉 고질高質의 아들. 좌표도위左豹韜衛 낭장郎將 역임. 좌옥검위左玉鈐衛 장군將軍에 추증됨.
고구려	고제석高提昔	649~674	영녕부永寧府 과의도위果毅都尉 천씨泉氏의 부인. 고릉부高陵府 장상長上 절충도위折衝都尉 고문협高文協의 장녀. 조부가 당에 귀의.
고구려	고족유高足酉	626~695	당의 진군대장군鎭軍大將軍 및 좌표도위 대장군 역임. 695년 천추天樞 축조 당시 고려번장高麗蕃長 등에 봉해졌음.
고구려	고진高震	701~773	보장왕의 손자.

	이름	생몰년	내용
			개부의동삼사開府儀同三司·상주국上柱國·특진特進·공부상서工部尚書·안동도호安東都護·담국공郯國公 등의 지위에 오름.
려	고질高質	626~697	자字는 성문性文. 고자高慈의 아버지. 좌옥검위左玉鈐衛 대장군 역임. 유주도독幽州都督·상주국上柱國에 추증됨.
려	고현高玄	642~690	천남생을 따라 당에 귀의. 조부 고방高方은 고구려의 처려근지 역임. 좌표도위 중랑장 역임.
려	고흠덕高欽德	677~733	좌옥검위 중랑장 고천高千의 차남. 우무위 장군 및 유주부절도幽州副節度·지평로군사知平盧軍事 등 역임.
려	남단덕南單德	699~776	귀주자사歸州刺史 남우南于의 장자. 개부의동삼사開府儀同三司·좌금오위左金吾衛 대장군大將軍 역임. 요양군왕饒陽郡王 및 식읍 3천호에 봉해짐.
려	두선부豆善富	684~741	서위西魏의 장수였던 6세조가 고환高歡의 공격을 받아 고구려로 망명. 부친세대에 당에 귀의. 우금오위右金吾衛 낭장 등을 역임.
려	소공부인고씨邵公夫人高氏	731~772	고구려 왕족 고진高震의 넷째 딸. 당주唐州 자구현령慈丘縣令 소공邵公의 부인.
려	여항군태부인천씨餘杭郡太夫人泉氏	726~807	연개소문의 자손들은 당 고조 이연李淵을 피휘하여 성씨를 천泉으로 표기. 천현은泉玄隱, 즉 천은泉隱의 딸. 태자세마太子洗馬 마씨馬氏의 부인.
려	왕경요王景曜	680~734	선조가 진말晉末 해동으로 피난했다가 당초唐初 부친이 당에 귀의. 가축의 사육과 방목에 능했으며, 우위위右威衛 장군까지 승진.
려	유원정劉元貞	불명~744	당의 고구려 평정에 일조. 좌용무군左龍武軍 대장군 등 역임, 곡양군개국공穀陽郡開國公·식읍 2천호에 봉해짐. 천수군태수天水郡太守 등에 추증.
려	이타인李他人	609~675	고구려의 책주도독柵州都督 겸 총병마摠兵馬 등을 역임. 당의 대총관 이적李勣을 따라 투항. 당의 우령군위右領軍衛 장군 역임.
려	천남산泉男産	639~701	형 천남생과 갈등하였고, 고구려가 멸망하자 당에 투항. 당의 영선대장營繕大匠 등 역임.
려	천남생泉男生	634~679	연개소문의 장남. 고구려의 대막리지 역임. 동생 남건, 남산과의 갈등으로 당에 투항. 당의 우위右衛 대장군 역임, 변국공卞國公에 봉해짐.
려	천비泉毖	708~729	천남생의 증손, 천헌성의 손자, 천은의 아들. 고장의 외손인 태자첨사太子詹事 태원공太原公 왕위王暐의 사위. 태묘재랑太廟齋郎 등 역임.
려	천헌성泉獻誠	650~691	천남생의 아들. 9세에 고구려의 선인仙人 역임. 천남생과 함께 당으로 투항. 좌위左衛 대장군 및 검교檢校 천추자내사天樞子來使 등 역임.
제	괵왕비부여씨虢王妃扶餘氏	690~738	의자왕의 증손녀, 부여융扶餘隆의 손녀, 위주자사渭州刺史 덕장德璋의 딸. 괵왕虢王 이옹李邕의 비.
제	난원경難元慶	668~734	고조 난조難祖는 달솔 역임. 조부 난한難汗이 입당하여 웅진도독부熊津都督府 장사長史 역임. 난원경은 청승부淸勝府 절충도위折衝都尉 역임.
제	부여융扶餘隆	615~682	의자왕의 아들. 당 고종을 따라 태산 봉선에 참여. 웅진도독熊津都督, 웅진도熊津道 총관摠管 등 역임. 대방군왕帶方郡王에 봉해짐.

나라	이름		설명
백제	예군禰軍	613~678	선조가 영가永嘉의 난을 피해 백제로 피난. 조부와 부친은 백제의 좌평 역임. 660년 당에 귀의하여, 웅진도독부 사마司馬, 우위위 장군 등을 역임.
백제	예소사禰素士	불명~708	예식진禰寔進의 아들. 좌무위左武衛 장군 등을 역임, 래원군개국공來遠郡開國公에 봉해짐.
백제	예식진禰寔進	615~672	부친 사선思善은 백제의 좌평을 역임. 좌위위左威衛 대장군 등을 역임, 래원현개국자來遠縣開國子에 봉해짐.
백제	예인수禰仁秀	675~727	예소사의 장남. 예식진에 이르기까지 선조는 백제에서 관작을 받았음. 곡주虢州 금문부金門府 절충도위 역임.
백제	진법자陳法子	615~690	증조부 춘春은 백제의 은솔恩率, 조부 덕지德止는 달솔達率, 부친 미지微之 덕솔德率을 역임. 660년 당에 귀의. 용정부龍亭府 절충도위 역임.
백제	흑치상지黑齒常之	630~689	증조부~부친까지 모두 백제의 달솔 역임. 백제 멸망 후 당에 투항. 좌무위위左武威衛 대장군, 검교 좌우림군左羽林軍 역임. 연국공燕國公 등에 추
백제	흑치준黑齒俊	676~706	흑치상지의 아들. 우금오위右金吾衛 익부 중랑장 및 상주국 역임.
신라	곽공희설씨 郭公姬薛氏	불명~693	대대로 신라왕실과 인척. 고조부와 증조부는 신라의 귀신대인貴臣大人. 부친 영충永冲 김인문과 함께 입당, 당의 좌무위 장군에 임명됨.
신라	김일성金日晟	713~774	신라왕의 사촌 형. 은청광록대부銀青光祿大夫·광록경光祿卿 역임. 연주도독兗州都督에 추증됨
신라	김영金泳	747~794	선조는 신라왕의 당형堂兄. 가문대대로 입당入唐하여 숙위宿衛. 시위위소경試衛尉少卿·질자質子·번장蕃長 등의 지위에 오름.
신라	이구부인김씨 李璆夫人金氏	832~864	부친 김공량金公亮은 당의 장작감승將作監丞 등을 역임. 지계양감知桂陽監 등을 역임했던 이구李璆의 부인.
신라	청하현군김씨 清河縣君金氏	불명~772	대리정大理正 등을 역임했던 농서隴西 이씨의 부인. 764년 남편의 작위에 청하현군清河縣君에 봉해짐.
발해	낙사계諾思計	불명~748	부여부扶餘府 대수령으로서 당에 투항, 노정빈盧庭賓으로 성명을 하사받. 당의 상주국 및 좌우림군 장군 등을 역임.
발해	정혜공주貞惠公主	738~777	발해 문왕의 둘째 딸. 해당 묘지명을 통해 문왕의 존호(대흥보력효감금륜성법대왕〔大興寶曆孝感金輪聖法大王〕) 및 보력으로의 사실이 확인됨.
발해	정효공주(貞孝公主)	757~792	발해 문왕의 넷째 딸. 정혜공주 묘지명과 함께 발해인이 남긴 문자 기록으로서 사료적 가치가 높음. 문왕 시기 연호의 변화(대흥→보력→대 전해줌.
발해	효의황후孝懿皇后	불명~775	발해 문왕의 황후 한씨韓氏. 용두산龍頭山 고분군의 정식 발굴보고서 출 지연으로 아직 전모를 파악하기에는 곤란.
발해	순목황후順穆皇后	불명	발해 간왕의 황후 태씨泰氏. 용두산龍頭山 고분군의 정식 발굴보고서 출 지연으로 아직 전모를 파악하기에는 곤란.

재당 신라인 묘지는 이구李璆의 부인夫人 김씨金氏, 곽공郭公의 희姬 설씨薛氏, 청하현군淸河縣君 김씨金氏, 김일성金日晟, 김영金泳 등 5건인데, 이 가운데 당의 관료 이구李璆와 혼인한 재당 신라인 김씨 부인의 묘지에 주목하고자 한다. 신라 김씨 왕실의 출자와 9세기 재당 신라인의 선조에 대한 인식을 탐구할 수 있는 내용이 담겨져 있기 때문이다. 이 글은 비록 당에 거주하고 있었지만 신라인으로서 정체성을 지닌 인물을 다루고 있는 만큼, 한국사학계의 오랜 전통에 따라 '묘지' 대신 한국학계의 익숙한 표현인 '묘지명'으로 표기한다.

2. 〈이구부인김씨묘지명〉의 구성과 내용

〈이구부인김씨묘지명〉은 1954년에 중국 섬서성陝西省 서안시西安市 동쪽 교외 곽가탄郭家灘에서 출토되었으며, 현재는 서안 비림박물관碑林博物館에 소장되어 있다. 중국에서 출판된 묘지 자료집에 1991년부터 탁본과 판독문이 수록되기 시작했고, 국내에는 2009년 재당 신라인의 묘지로서 처음 소개되었다.

해당 묘지는 현무암 재질의 개석과 지석으로 이루어졌다. 〈도판 1〉에서 확인할 수 있듯이 개석은 상단의 정중앙에 3행 3열로 "大唐故金氏夫人墓銘"이라고 전서체로 새겨져 있다. 그 아래로 비스듬히 깎여 네 면에 사신도가 그려져 있으며, 밑면은 가로 43.5㎝, 세로 44㎝이다. 지석도 정방형에 가까운 형태로 가로 46.5㎝, 세로 45.5㎝이며, 지문이 새겨진 지석의 표면에는 모눈종이처럼 경계선이 그어져 있으며 총 23행 27열로 구획되었다. 지문은 종래 알려진 바와 달리 총 592자가 쓰여져 있으며, 지문 아래의 네

〈도판 1〉〈김씨부인묘지명〉 개석의 탁본

(출처: 王仁波 主編,《隋唐五代墓誌彙編: 陝西卷》2, 天津古籍出版社, 1991, p.106)

면에는 12생초도로 장식되어 있다. 지문의 탁본은 〈도판 2〉와 같으며, 독
자의 편의를 위해 판독문을 행렬에 맞추어 〈표 2〉로 정리하였다.

<도판 2> <김씨부인묘지명> 지석의 탁본

(출처: 王仁波 主編,《隋唐五代墓誌彙編: 陝西卷》2, 天津古籍出版社, 1991, p.106)

<표 2> <김씨부인묘지명> 판독문

㉓	㉒	㉑	⑳	⑲	⑱	⑰	⑯	⑮	⑭	⑬	⑫	⑪	⑩	⑨	⑧	⑦	⑥	⑤	④	③	②	①	
賢	執	夫	王	遷	靈	心	表	有	婦	柔	有	武	監	諱	忠	德	緜	仕	分	太		前	1
聖	是	人	傅	神	櫬	臨	享	筭	夫	順	祿	餘	內	原	信	亂	是	武	有	上	鄉	知	2
	執	兄		于	追		年	脩	人	利	有	刃	中	得	行	離	望	帝	昌	天	貢	桂	3
邁	非	世	親	萬	號	柩	卅	短	無	貞	位	究	尙	皇	篤	瘦	係	慎	有	子	進	陽	4
此		舊	兄	年	岡	遂	三	定	嗣	稟	善	平	使	贈	敬	矣	京	名	徽	有	士	監	5
短	無	追	守	縣	極	歸	端	分	撫	受	始	子		工	雖	握	兆	節	蔓	國	崔	將	6
辰	疏	惻	右	漇	敬	世	公	綿	訓	自	令	觀	父	部	之	粟	郡	陟	衍	泰	希	仕	7
	無	有	清	川	玄	域	追	邁	前	然	終	象	諱	尙	蠻	去	史	拜	四	宗	古	郎	8
游	親	作	道	鄉	等	嗣	昔	疾	夫	女	先	規	公	書	貌	國	籍	侍	天	陽	撰	侍	9
岱		因	率	上	支	子	平	療	人	工	夫	摸	亮	祖	其	避	叙	中	下	號		御	10
絕	不	以	府	傳	殘	敬	生	巫	男	婦	人	運	皇	諱	道	時	載	常	亦	少	翰	史	11
秦	饗	請	兵	村	扶	玄	尙	扁	三	道	隴	公	翰	忠	亦	屆	莫	侍	已	昊	林	內	12
	積	銘	曹	歸	喘	次	存	不	人	服	西	輸	林	義	行	遠	之	封	多	氏	待	供	13
大	行		參	世	謹	子	同	攻	過	勤	李	如	待	皇	今	故	與	秅	已	金	詔	奉	14
道		銘	軍	塋	備	敬	體	咸	人	永	氏	神	詔	翰	後	吾	京	亭	衆	天	承	李	15
已	不	日	聯	域	禮	謨	經	通	己	舊	揞	機	將	林	昌	宗	必	侯	遠	卽	奉	珤	16
矣	永		仕	夫	文	次	山	五	子	及	紳	技	作	待	燼	違	世	自	祖	吾	郎	夫	17
	大	天	宗		人	以	子	河	年	將	歸	厚	乃	監	詔	吾	異	後	秅	諱	宗	守	人	18
萬	命	地	金		咸	敬	視	五	期	李	族	貢	承	檢	宗	於	仁	亭	日	受	建	京	19
化		不	門	親	通	元	若	月	積	氏	夫	藝	充	校	於	遼	徵	已	碑	氏	州	兆	20
同	豈	仁	丞	叔	五	並	平	貳	善	中	人		內	左	遼	東	驗	降	自	世	長	金	21
塵	伊		家	翰	年	哀	川	拾	豊	外	卽	金	作	散	東	文	斯	七	龍	祖	史	氏	22
	令	先	嗣	林	十	毀	不	玖	報	戚		門	判	騎		宣	在	葉	庭	厥	董	墓	23
	淑	死	業	待	二	形	避	日	豈	睠	判	共	官	常	夫	王	及	軒	歸	後	咸	誌	24
		陶	希	詔	月	容	艱	終	謂	咸	官	事	祖	侍	人	立	漢	紱	命	派	書	銘	25
	亦	鈞	古	前	七	遠	儉	于	天	號	次	六	父	少	曾	言	不	燉	西	疏	篆	并	26
	罹		與	昭	日	侍	堅	嶺	命	賢	女	朝	文	府	祖	言	見	煌	漢	枝		序	27

묘지명의 내용을 구성요소에 따라 구분하면, 1행은 표제에 해당하며 "前知桂陽監將仕郎侍御史內供奉李璆夫人京兆金氏墓誌銘并序"라고 적혀 있다. 2행에는 묘지명의 작성과 관련된 인물들이 기록되었는데, 이에 따르면 문장은 향공진사鄕貢進士인 최희고崔希古가 작성했고 한림대조翰林待詔 동함董咸이 예서체로 적었다. 3행~8행 22열은 김씨 부인의 선조先祖, 8행 24열~12행 8열은 부인의 증조부·조부·부친의 이름과 당에서의 관직 및 행적, 12행 9~19열은 모친의 품행과 가문 내력에 관한 기록이다.

12행 20열~15행 14열에는 묘주인 김씨 부인의 인적 사항과 출가 후 생활 및 품행을, 15행 15열~16행 5열에는 사망 일자와 장소 및 향년을, 16행 6열~19행 16열에는 남편과 후사後嗣의 애도 모습과 장례 일자와 장소를 기록하였다. 19행 17열~20행 24열은 묘주의 숙부와 오빠의 관품 및 김씨 가문의 승계에 대한 내용이며, 20행 25열~21행 13열은 최희고가 김씨 부인에 관한 명문을 작성하게 된 배경에 관한 서술이다. 21행 15열~23행 22열은 4언 운문으로 이루어진 명문銘文이다.

3. 재당 신라인 판정의 근거

〈이구부인김씨묘지명〉에 주목하는 까닭은 묘주 김씨 부인을 비롯한 그 일족이 당으로 이주했던 한국 고대인이었을 가능성이 있기 때문이다. 묘지에는 그 선조를 기록하며, "우리 집안은 요동에서 불이 활활 타오르듯 번성하였다"라고 밝혔다. 물론 "요동"이라는 표현이 등장했다는 것만으로 고대 한국인으로 단정하기는 섣부르다. 그리고 묘지에는 그녀의 일족에 대해 명확한 종족이나 국가명을 표기하지는 않았다. 하지만 그녀의 할아버지와 아버지에 관한 묘지의 기록과 중국의 사서를 상호 대조해 보면, 그들이 재당신라인이었을 가능성이 적지 않다.

묘지명의 8행 24열부터 김씨 부인의 증조부·조부·부친에 대해 다음과 같이 기록하고 있다.

> 부인의 증조할아버지 이름은 원득原得이며, 황실로부터 공부상서工部尙書에 추증되었다. 할아버지의 이름은 충의忠義이며, 한림대조翰林待詔 검교좌산기상시檢校左散騎常侍 소부감少府監 내중상사內中尙使를 역임했다. 아버지의 이름은 공량公亮이며 한림대조 장작감승將作監丞 내작판관內作判官을 역임했다.

우선 김씨 부인의 조부에 관해 살펴보면, 김씨 부인의 할아버지는 당 조정에서 소부감을 역임했던 김충의이다. 소부감은 공예와 관련된 업무를 관장하며 온갖 종류의 장인匠人을 관리하고 황실에서 필요한 물품을 제조 및 공급하는 행정기구이다. 소부감 본부의 장관은 행정기구의 이름과 동일한 소부감이며, 종3품에 해당한다.

중국의 문헌사료에도 김충의가 소부감을 역임했다는 사실이 확인되는데, 《구당서》 권158과 《신당서》 권169에는 김충의에 관한 일화가 실려 있다. 그 내용의 요지는 다음과 같다. 신라인 김충의가 뛰어난 재주로 인해 승진하여 그 지위가 소부감에 이르렀는데, 음서로써 그 아들은 양관생兩館生이 되었다. 양관생이란 당의 귀족 자제들의 교육기구인 홍문관弘文館과 숭문관崇文館의 학생을 가리키며, 두 교육기관에 입학하면 급제에 용이했다고 한다. 그러자 예부원외랑 위관지韋貫之가 공상工商의 자제가 벼슬에 오르는 것은 부당하다며 이를 반대했다. 위관지의 주장에 따르면, 비록 김충의가 기예에 통달하고 황제의 총애를 받는 권세 있는 자이지만 만일 김충의를 예외로 삼으면 향후 비슷한 사례가 많아질 것이 우려된다는 것이다. 결국 김충의가 파직되었고, 위관지는 권신들의 미움을 사게 되었다.

다만 정사의 기록에는 김충의가 소부감을 역임했던 시점이 불분명한데, 《당회요唐會要》 권59, 《옥해玉海》 권124에는 해당 사건을 원화元和 2년(807)으로 밝히고 있다. 묘지명에 따르면, 김씨 부인은 함통咸通 5년(864) 5월 29일에 33세의 나이로 사망했으니, 당시 나이 세는 방식인 허세虛歲에 따라 출생 연도를 계산하면 그녀는 대화大和 6년(832)에 출생했음을 알 수 있다. 그렇다면 김씨 부인의 출생 시기와 조부 김충의 관련 일화는 시기적으로 크게 모순되지 않는다.

다음으로 김씨 부인의 아버지는 김공량金公亮이며, 장작감승將作監丞 내작판관內作判官을 역임했다. 장작감은 토목과 관련된 업무를 관장하며 궁궐의 수축 등을 도맡은 기구였으며, 그 장관은 종6품하의 장작감승이었다. 내작판관은 황궁 안의 여러 전각과 누대 및 각종 관사의 수리를 관장하는 직책에 해당한다. 중국의 문헌사료에 김공량에 대한 기록도 남아 있다. 《책부원귀册府元龜》 권908에 "원화 15년(820) 10월 고故 김충의의 아들 공량이 기리고記里鼓를 부착한 지남거指南車를 완성하여 진상하였다. 또한 문종 태화太和 원년(827) 6월 지남거의 기리고를 수리한 고 김충의의 아들 공량에게 붉은빛 명주옷과 상아로 만든 홀 및 비단 30필을 하사했다"라고 전해진다. 지남거는 특수한 기계장치로 움직이는 황제의 의례용 수레를 가리키며, 기리고는 수레의 운행 거리를 자동으로 북을 쳐 알려 주는 장치로 추정된다.

요컨대 중국의 정사에 원화 2년(807) 소부감을 역임했던 김충의를 신라인이라고 명기했으며, 다른 문헌 사료에서도 그의 아들 김공량이 원화 15년(820)과 태화 원년(827)에 거리를 측정할 수 있는 황제의 의례용 수레를 완성했다는 기록이 확인된다. 이러한 중국 문헌 사료의 기록은 묘지명의 내용과 합치되며, 이로 미루어 보면 김씨 부인 일족은 당으로 이주한 신라인이었음을 알 수 있다.

4. 재당 신라인의 삶

〈이구부인김씨묘지명〉은 9세기 여러 세대에 걸쳐 당 조정에서 고위 관리로 활동하며, 황실의 총애를 받아 권신의 자리에 올랐던 재당 신라인 일족의 생활상을 엿볼 수 있게 한다. 김씨 부인 일족이 언제 당으로 건너왔고, 어떠한 과정에서 중국에 정착하게 되었는지 상세히 알 수는 없다. 하지만 그녀의 증조부 김원득이 당으로부터 공부상서工部尙書에 추증되었다는 점을 근거로 그 일족이 늦어도 김원득 시기에는 당에 정착했던 것으로 보는 견해가 있다.

그러나 '추증'은 일반적으로 후손이 고관을 역임했을 때 특별히 황실에서 그 선조에게 내려준 명예로운 호칭이라는 점을 상기하면, 실제로 김원득이 당에서 관직 생활을 역임했을 가능성은 적어 보인다. 묘지명에 김충의와 김공량의 추증 사실이 없다는 점을 고려하면, "황제의 총애를 받는 권세 있는" 김충의의 공로로 김원득이 추증받았을 가능성이 크다. 그렇다면 김씨 부인 일족은 당으로 온 이후, 김충의가 자신의 재능으로 당 조정에서 입지 전적인 업적을 남겨 가문을 일으켰을 가능성도 배제할 수 없다.

김씨 부인의 할아버지와 아버지가 활약했던 시기를 묘지명의 내용을 통해 유추할 수 있다. 10행 25열에서 12행 8열까지 김충의와 김공량의 공예 관련 기술이 특출났다는 점을 다음과 같이 기록하고 있다. "할아버지와 아버지는 문무에 뛰어난 능력이 있었고, 평자平子의 학문을 깊이 연구하여 기상을 관측하는 모형을 만들었고, 공수자公輸子의 기술을 궁리하여 신과 같은 기술을 갖추었다. 그런 까닭에 기예로 천거를 받아 금문金門에 들어가 여섯 조대朝代를 섬겨, 봉록과 작위를 가지고서 처음부터 끝까지 훌륭한 삶을 살다가 아름답게 마쳤다.”

평자는 후한시대 장형張衡의 자字이다. 장형은 천문과 역산에 정통했으며, 혼천의渾天儀를 만든 천문학자인 동시에 수학과 지리에도 뛰어났다. 공수자는 춘추시대 유명한 장인인 공수반公輸班을 가리키며, 그는 노나라에서 여러 차례 토목공사에 참여했으며, 초나라로 건너가 병장기를 제조하기도 했다. 《맹자》에서는 공수자를 목공 기술의 상징적인 인물로 표현하기도 했다. 지문誌文은 김충의와 김공량 모두 이에 버금갈 정도의 장인이라는 점을 강조한 것이다.

주목할 점은 금문, 즉 궁궐 문에 들어가 여섯 조대를 섬겼다는 기록이다. 앞서 문헌사료에 기록된 김씨 부자의 행적을 정리하면, 김충의가 음서의 문제로 인해 파직된 사건은 11대 황제 헌종 원화 2년(806)의 일이며, 김공량이 기리고가 부착된 지남거를 두 번째로 완성했던 것은 14대 황제 문종 태화 원년(827)의 일이다. 여섯 조대의 기준을 어디로 잡느냐에 따라 김충의, 김공량 부자의 임관 기간이 상이할텐데, 가령 헌종 원화 연간을 기산점으로 설정하면 김씨 부자는 11대 헌종(재위: 806~820)에서 16대 선종(재위: 847~860)까지 당 조정에 임관했을 것이며, 반대로 문종 태화 연간을 만료점으로 역산하면 9대 덕종(재위: 780~805)에서 14대 문종(재위: 827~840)까지 관직 생활을 영위했을 것이다.

묘지명에 기재된 김충의의 최고 지위는 종3품의 소부감이며, 김공량의 경우 종6품하의 장작감승이다. 김공량이 기리고를 부착한 지남거를 수리한 공로로 인해 태화 원년(827) 상아로 만든 홀과 비단 30필 등 막대한 하사품을 받았음에도, 그 지위는 종6품하에 불과했다. 이는 김충의가 오른 소부감의 지위를 가늠케 한다. 환언하면 김충의가 종3품 소부감에 오르고, 조정에서 “황제의 총애를 받는 권세 있는” 지위를 인정받기까지 적지 않은 시간이 필요했을 것이다. 그렇다면 김충의가 9대 덕종조부터 차근차근 입지를 다지며 결국 11대 헌종조에서 소부감의 지위까지 올랐으나 음서 문제로 파직되었고, 그 영향으로 아들 김공량은 비록 뛰어난 재주와 공로는 있었으나 14대 문종조에서 장작감승을 마지막으로 퇴직했을 것으로 보는 것이 합리적이다.

한편, 재당 신라인의 삶과 관련하여 이목을 끄는 점은 혼인 관계이다. 일반적으로 한국 고대 유이민은 동족 간의 공동체를 지니고 있으며, 족내혼의 경향이 강했을 것으로 생각한다. 하지만 김씨 부인의 어머니는 농서隴西가 선조의 본적지인 한족漢族 이씨이다. 농서 이씨는 위진남북조시대 조군 이씨, 청하 최씨, 박릉 최씨, 범양 노씨 등과 함께 중원의 대표적인 문벌에 해당하며, 당대에는 10명이 연속으로 재상에 임명될 정도로 권세 있는 가문이었다. 묘지명에서도 어머니 농서 이씨에 대해 "대대로 벼슬한 후덕한 가문출신이다"라고 적고 있다. 이와 같은 신라인 김공량과 한족 농서 이씨 간의 혼인을 한화漢化 혹은 중국화로 치부해서는 안 될 것이다. 오히려 당으로 건너가 중국에 정착한 신라 이주민이 당 조정의 고위 관료에 진입하면서 자연스럽게 한족과 교류한 결과물로 보아야 할 것이다.

김씨 부인의 남편이 한족인지 아니면 신라인인지 확인할 수 없다. 비록 유명인일지라도 문헌사료에 행적이 기록되는 인물들이 극소수이듯이, 그나마 김씨부인 묘지명을 통해서라도 그녀의 남편 이구에 대한 삶의 흔적이 남아 있다. 다만 분명한 점은 김씨 부인의 남편 이구가 당의 관료였다는 사실이다. 표제에 해당하는 1행에는 "지계양감知桂陽監 장사랑將仕郎 시어사侍御史 내공봉內供奉을 역임했던 이구李璆의 부인 경조京兆 김씨의 묘지명 및 서문"이라고 밝히고 있다. 지계양감은 계양군〔현재의 호남성湖南省 침주시郴州市〕 주변의 광산물 채굴과 야금 제철을 총괄하던 관직을 가리킨다. 장사랑은 문신들의 품계를 나타내는 당의 문산관文散官으로서 종9품하에 해당

한다. 시어사는 어사대 소속의 관원으로 문무 관리를 감찰하고 송사를 담당하는 관직으로서 관품은 종6품하에 해당하며, 내공봉은 궁궐 안에서 황제를 보좌하고 시종하던 관직이다.

묘지명에 따르면, 김씨 부인은 김공량의 둘째 딸로 태어나 이구에게 출가한 후 시댁에서 어진 여인이라 칭송을 받았다고 한다. 다만 부인에게는 친자식이 없었으며, 전 부인이 낳은 세 아들을 양육하였고 그들의 효심이 지극했다. 부인은 이구를 따라 멀리 계양으로 거처를 옮겨, 함통 5년(864) 5월 29일 33세의 비교적 이른 나이에 사망하였다. 주목할 점은 김씨 부인의 군망郡望이 경조부京兆府로 설정되었다는 사실이다. 경조부는 당의 수도 장안에 설치된 행정구역으로서 예하에 장안현長安縣과 만년현萬年縣 2현을 두었다. 당으로 건너온 외래인이 수도에 군망을 둘 수 있었던 사실은 그녀 가문의 위세를 가늠케 한다. 그리고 앞서 지적한 한인과의 통혼이 한화가 아닌 당의 관계官界에 진출했음을 의미한다는 것을 방증케 한다.

사망 후 그녀의 유해는 같은 해 12월 만년현에 소재한 대대로 이어온 선영에 안장되었다. 장례와 관련하여 향공진사 최희고가 묘지명의 명문을 작성하게 된 배경에도 주목할 만하다. 향공진사란 주와 현에서 실시하는 진사과에 합격하여 중앙의 성시省試에 응시할 수 있는 자격을 부여받은 사대부를 뜻한다. 묘지명의 20~21행에 따르면, 진오빠는 우청노솔무右淸道率府 병부참군兵部參軍이라는 관직에 있으며, 최희고와 오랜 친구였기에 그 인연으로 명문을 지었다고 한다.

한편 부인의 숙부도 조칙을 비롯한 각종 황실 문서의 작성과 현안을 자문하는 한림대조翰林待詔의 관직에 있었다. 앞서 김씨 부인의 조부 김충의도 한림대조를 역임했으니, 묘지명의 표현처럼 "세대를 거듭하며 황궁에서 관료로서 가업을 계승하고 있었다"라고 평할 수 있다. 공교롭게도 최희고의 문장을 예서체로 쓴 동함의 관직도 한림대조였으니, 아마도 김씨 부인 일족이 한림대조를 대대로 역임했던 연유로 동함이 묘지명 제작에 참여했던 것으로 보인다.

　정리하자면 김씨 부인의 가문은 조부 김충의 일대에 특출난 공예 기술로 입신하여, 당 조정에서 종3품의 고위 관직인 장작감의 지위에 이르렀다. 하지만 당시에는 김충의 가문에 대한 인식은 그리 높지는 않았던 듯 보인다. 《구당서》 권158 〈위관지열전〉에는 다음과 같은 일화가 수록되어 있다.

　　신라인 김충의는 솜씨가 뛰어난 기계 장치로 승진하여 소부감에 이르렀는데, 그의 아들을 문음門蔭으로 홍문·숭문 양관의 생도로 만들었다. (예부원외랑) 위관지는 그의 호적을 쥐고 내어주지 않으며, "공상工商의 자제는 입사할 수 없다"고 하였다. 김충의가 공예에 통달하여 권세있고 황제의 총애를 받는 신하였기에, 그를 대신하여 청하자는 자가 하나둘이 아니었지만, 위관지는 굳게 버티었다.

　《구당서》 권43 〈직관지〉2에 기술된 규정에도 "무릇 문무文武를 학습하는 자는 사士이며 … 기물을 공교하게 만드는 자는 공工이며 … 공상의 집안〔工商之家〕은 사士에 참여할 수 없다"고 하였다. 이로 미루어 보면, 김충의가 비록 기술로 입신하여 황제의 총애를 받았다고는 하지만, 여전히 조정 내의 인식은 공인工人에 해당했던 것으로 보인다. 하지만 부인의 조부 김충의, 부친 김공량, 숙부 등이 모두 한림대조를 역임했다는 사실에 주목할 필요가 있다. 한림대조는 본래 북문학사北門學士에서 유래하여, 황제의 부름에 응해 조직을 비롯한 황실 문서 작성과 국정 현안을 자문하던 각 분야의 전문가들을 뜻한다. 김씨 부인 가문이 한때 공상의 자제로 취급되었으나, 이후 대대로 황제 자문 역할을 담당했다는 사실은 재당 신라인으로서 김씨 일가가 이루어 낸 성취의 편린을 보여 주기도 한다.

5. 선조 인식: 소호금천씨, 김일제

〈이구부인김씨묘지명〉이 한국사에서 큰 의미를 지니는 까닭은 신라인의 선조 인식에 관한 단면을 보여 주기 때문이다. 묘지명의 본격적인 시작 부분(3행~4행 15열)에서 다음과 같이 그 시조를 밝히고 있다.

> 아득한 오랜 옛날에 하늘의 아들께서 나라를 태평하게 하고 집안을 열어 드러냈으니, 이름하여 소호씨금천少昊氏金天이라 불렀다. 이는 곧 우리 집안이 성씨를 갖게 된 선조[世祖]이다. 그 후에 유파가 갈라지고 갈래가 나뉘어져 번창하고 밝게 빛나 온 천하에 두루 퍼지니, 이미 그 숫자가 많고도 많도다.

소호에 대한 고사는 《사기》 오제본기, 《백호통》, 《산해경》, 《회남자》 등 문헌 자료마다 다소 차이를 보이며, 그 한자 표기도 少昊 외에도 少皞, 少曍, 少皓, 少顥 등 용례가 다양하다. 그 전승을 간략히 정리하면 다음과 같다. 중국 전설 속의 황제黃帝는 헌원軒轅의 언덕에 거주하면서 서릉씨西陵氏의 딸 누조嫘祖를 아내로 맞이하여 정비로 삼았다고 한다. 황제와 누조 사이에 두 명의 아들이 있었는데, 그 가운데 첫째가 현효玄囂, 둘째가 창의昌意이다. 현효는 청양靑陽이라고도 하며, 그는 강수江水의 제후로 봉해졌다. 강수는 현재의 산동 서부에 해당하며, 이런 까닭에 현효, 즉 소호는 동이의 선조로 인식되었다. 다만 상고시대 동이는 중원의 동쪽을 가리킨다는 점에 주의할 필요가 있다.

훗날 현효는 아들 구망句芒으로 하여금 태호太昊 복희씨를 보좌하도록 하였다. 구망은 수목 및 만물의 생육을 주관하였기에 민간에서는 그를 봄과 목木의 신으로 추앙하였다. 한편, 현효는 다른 아들을 데리고 서방으로 가서 천제가 되어 곤륜에서 삼위국三危國에 이르는 1만 2천 리의 땅을 관할했다. 이때 태호의 법을 계승했기 때문에 현효는 소호라고 불리게 되었다. 그리고 황제의 25명의 아들 가운데 14명이 성姓을 얻었는데, 그 가운데 소호는 금천씨를 성으로 삼았다. 그 연유는 금덕金德으로 천하를 다스렸기 때문이라고 한다.

이처럼 재당 신라인 김씨 부인 일족은 자신들의 선조로 중국 상고시대 전설 속의 소호금천씨를 상정했던 것이다. 그렇다면 과연 그 배경은 무엇이며, 이러한 현상을 어떻게 이해할 수 있을까? 당에 이주해 오면서, 비한족非漢族으로서 받았던 차별을 피하기 위해 중국 신화 속 소호금천씨를 끌어 쓴 것일까? 아니면 장기간 당에 거주하면서 자연스럽게 한화된 것일까? 이에 대한 해답을 찾기 위해, 신라 왕실의 선조 인식을 살펴볼 필요가 있다.

신라 김씨 왕실의 시조에 관한 인식은 《삼국사기》, 《삼국유사》 등의 문헌 사료와 신라~고려시대 금석문마다 여러 가지 전승이 존재한다. 대표적인 전승은 신라의 김씨가 알지閼智에서 시작되었는데, 알지가 하늘에서 내려온 금궤金櫃에서 태어났기에 성을 김씨라고 했다는 이른바 알지 출자설이다. 그 외에도 김씨의 기원을 소호금천씨와 연결시키는 기록이 존재한다.

《삼국사기》 권28 백제본기 의자왕 30년조 말미에 수록된 사론史論에는 알지 설화와 더불어 "신라 사람들은 스스로 소호금천씨의 후예이므로 성을 김씨라 했다(新羅人自以小昊金天氏之後, 故姓金氏)"라며 소호금천씨 출자설을 소개하고 있다. 이는 김씨의 시조에 대한 두 가지 인식이 존재했음을 보여주는 것이다.

한편 사론의 세주細註에는 그 근거로 신라의 국자박사 설인선薛因宣이 지은 〈김유신비〉와 박거물朴居勿이 문장을 작성하고 요극일姚克一이 글씨를 쓴 〈삼랑사비三郎寺碑〉를 제시하였다. 당시 사람들이 찬술한 1차 사료인 해당 금석문들은 현재 전해지지 않지만, 작성에 참여했던 인물들의 행적을 통해 대략적인 시기를 추정할 수 있다. 경문왕 12년(872) 박거물과 요극일은 각각 〈황룡사 구층목탑 금동찰주본기〉의 문장을 작성하고 글씨를 썼으며, 같은해 요극일은 〈대안사 적인선사비〉에도 글씨를 썼다. 이 외에도 872년 무렵 요극일은 〈흥덕왕릉비〉의 비문을 쓰기도 했다. 이러한 박거물과 요극일의 행적에 비추어 보면, 〈삼랑사비〉도 872년을 전후한 시기에 세워졌을 것으로 추정된다. 이는 9세기 후반에도 소호금천씨와 신라 김씨 왕실의 시조를 연결시키는 인식이 존재했음을 보여 준다.

《삼국사기》 권41 김유신전에도 그 가계를 설명하며 "신라 사람들은 스스로 이르기를 '소호금천씨의 후예이기에 성을 김이라 한다(羅人自謂少昊金天氏之後, 故姓金)"고 기술했다. 이어서 〈김유신비〉를 인용하며 "헌원의 후예이며, 소호의 자손이다(軒轅之裔, 少昊之胤)"라고 하였다. 그렇다면 언제부터 소호금천씨 출자설이 출현하게 된 것일까? 이와 관련하여 1차 사료에 해당하는 금석문의 기록을 정리하면 다음과 같다.

〈문무왕릉비〉에는 "그 신령스러운 근원은 멀리서부터 내려와 화관의 후예〔火官之后〕에 창성한 터전을 이었고, 높이 세워져 바야흐로 융성하니, (중략) 하늘에 제사지내는 투후의 후손〔秺侯祭天之胤〕이 7대를 전하여"라고 기록되었다. 이러한 서술에 따르면, 문무왕의 계보는 멀리 중국 상고의 신화 속 황제의 후예와 연결되며, 황제는 상술했듯이 소호, 즉 현효의 아버지이다. 문무왕의 계보는 황제를 거쳐 투후까지 이어지는데, 투후는 곧 투정후를 가리키며, 흉노 휴도왕의 아들 김일제金日磾이다. 그리고 휴도왕이 금인金人을 만들어 하늘에 제사를 지냈기 때문에, 한 무제는 그에게 '金'을 성씨로 하사했었다고 한다.

〈문무왕릉비〉에서 김일제의 고사를 인용한 까닭은, 김일제의 고사를 끌어와 이에 가탁假託하기 위함이었다. 이로 인해 문무왕의 선대에 최초로 김씨를 칭했던 존재로서 투정후 김일제를 상정하였던 것이다. 이러한 구도는 〈이구부인김씨묘지명〉 4행 16열에서도 그대로 반영되어 있다.

> 먼 조상의 이름은 일제日磾이다. 그분은 흉노 조정에서 서한에 귀순하여 무제를 섬겨 벼슬함에, 명예와 절개를 중히 여겨 시중侍中과 상시常侍에 임명하고 투정후秺亭侯에 봉하였다. 투정후에 봉해진 이후 7대의 후손들이 높은 벼슬을 하며 눈부시게 빛났다. 이로 말미암아 경조군京兆郡의 명망 있는 가문이 되었으며, 그러한 사실은 역사서에 잘 갖추어 기록되어 있다. (중략) 난리가 일어나 괴로움을 겪게 되자, 곡식을 내고 점을 쳐서 나라를 떠나 어려운 시국을 피해 멀리까지 이르렀다. 그런 까닭에 우리 집안은 요동에 떨어져 나뉘어 살게 되었다.

〈문무왕릉비〉의 구체적인 건립 연대에 관한 학계의 확고한 정설은 없지만, 대략 680년대에 황제의 후예 → 투후 → 신라 김씨 왕실로 이어지는 선조 인식이 존재했음은 분명해 보인다. 한편 〈이구부인김씨묘지명〉은 이러한 계보 인식을 더욱 구체적으로 황제의 후예, 즉 소호금천씨 → 투정후 김일제 → 신라 김씨로 구조화했다. 아울러 중국에 터전을 잡았던 소호금천씨, 김일제의 후손이 신라로 건너와 정착하게 된 계기에 대해서도 한의 혼란을 피해 요동으로 건너왔다고 설명하고 있다. 한편, 김씨 부인의 군망이 경조부京兆府로 설정된 배경도 김일제의 7대 후손이 경조군에 정착했던 것에서 그 유래를 가탁하고 있다.

한편 효소왕 4년(695) 10월 장례를 마친 직후 건립된 것으로 추정되는 〈김인문묘비〉에도 소호금천씨에서 김씨 왕실의 계보를 찾는 흔적이 보인다.

잔결이 심해 정확한 문맥을 파악하기 어렵기에 해석상 차이가 존재한다. 이와 관련하여 한국사학계의 최근 연구 성과의 해석에 따르면, "소호少皞의 후손에서 나와 푸른 바다를 건너 금천金天의 명命을 ▢▢ 했다(少皞▢壚分星于而超碧海金天命▢▢)"라고 풀이할 수 있다. 그렇다면 7세기 후반 통일시대 신라 김씨 왕실은 스스로를 소호금천씨의 후예로 인식하고 있었음을 알 수 있다.

현재까지 확인되는 자료에 근거하면, 소호금천씨와 김일제에서 신라 왕실의 계보를 찾는 인식은 680년대 이후, 즉 통일 신라 시대에 처음 발견된다. 진골로서 왕위에 오른 무열왕은 중대 왕실을 개창하며, 동시에 중국의 제도를 수용하며 강력한 군주권을 행사했다. 그 과정에서 자신의 왕실이 기존 왕실과 구별된다는 사실을 강조하기 위해 종래 '알지 출자설'을 부정하고, 군주권의 정통성을 과시하려는 정치적 목적에서 소호금천씨 출자설을 창안했던 것이다. 즉, 실제로 김씨 왕실이 소호금천씨 혹은 김일제에서 유래했다고 보기는 어렵다. 오히려 정치적 목적에서 이와 같은 선조 인식을 창안하고, 표방했던 것으로 이해하는 것이 합당할 것이다.

7세기 중반 신라는 당의 제도를 능동적으로 수용하며, 중국 중심의 일원적인 국제질서와 천하관을 수용하였다. 이 과정에서 신라 왕실의 계보를 소호금천씨 혹은 김일제처럼 중국의 고사와 연결시킴으로써, 당과 신라의 연결 고리를 강조하려는 의도에서 창안되었을 가능성도 상정할 수 있을 것이다. 함통咸通 5년(864) 작성된 〈이구부인김씨묘지명〉에서도 이러한 선조 인식이 부각된 까닭은, 관념적인 선조 인식에 더해 당에 거주했던 외래인으로서의 한계를 극복하기 위한 바람이 반영되었을 가능성이 있다. 왜냐하면 앞의 인용문에서처럼 다소 장황하게 경조군이 군망으로 설정된 유래, 요동으로 건너갔던 상황을 구구절절 설명할 필요가 없기 때문이다. 아울러 요동으로 건너간 이후의 삶에 대해 "비록 오랑캐의 모습[蠻貌]을 하고 있었으나 그러한 도리道理를 역시 행하여, 그때 이후로 우리 집안은 요동에서 불이 활활 타오르듯 번성하였다"라고 화이관華夷觀에 기반하여 서술하고 있다. 반면 정작 중요한 김씨 부인 일가가 언제, 어떠한 과정에서 당으로 건너오게 되었는지에 대한 서술은 존재하지 않는다.

한편, 재당 신라인에 관한 자료는 아니지만, 김씨의 연원을 '소호'에서 찾는 또 다른 석각 자료로서 〈김공순 신도비金恭順 神道碑〉 잔편이 최근 새롭게 발견되었다. 해당 자료에 주목한 연구성과에 따르면, 아찬 김공순은 진골 출신으로 추정되는 중대 왕실과 밀접하게 관련된 인물로서, 약관 무렵에 천령군天嶺郡 태수에 부임하였고, 혜공왕 4년(768) 대공大恭의 난을 진압하는 데에 공을 세운 인물로 추정된다. 해당 비석의 건립 연대는 지명의 복고 조치를 단서로 삼으면, 대략 757년 12월에서 776년 정월 사이로 추정된다. 비문에는 김공순을 신라국의 김씨(新羅國之金氏)로 표현하며, 김씨로서의 강한 자존감을 보여 준다.

또한 비문 3행에서는 그의 가문이 태종대왕의 후예("太宗大王之孫者也")임을 밝히고 있다. 이는 태종 무열왕의 직계 자손들이 즉위한 중대 왕실이 그의 후예임을 자랑스럽게 과시했던 사실과 관련이 깊다. 그리고 비문은 "왕실의 김씨는 소호금천씨에서 연원했다(我金氏淵少昊之)"라는 구절로 이어진다. 8세기 후반으로 추정되는 〈김공순 신도비〉, 864년에 각석된 〈이구부인김씨묘지명〉 등의 제작 시기를 종합하면, 신라 김씨의 소호금천씨 출자 인식은 중대 왕실에서 처음 출현한 이후 부침없이 지속되어 왔다고 보는 것이 합리적이다.

참고문헌

《삼국사기》, 《삼국유사》, 《당회요唐會要》, 《옥해玉海》, 《책부원귀册府元龜》

권덕영, 2009, 〈〈大唐故金氏夫人墓銘〉과 관련한 몇 가지 문제〉, 《한국고대사연구》 54.

권덕영, 2021, 《재당 한인 묘지명 연구》 1·2, 성남: 한국학중앙연구원출판원.

陝西省考古研究院, 2025年 6期, 〈陝西西安唐新羅質子金泳墓發掘簡報〉, 《考古與文物》.

王仁波 主編, 1991, 《隋唐五代墓誌彙編: 陝西卷》 2, 天津: 天津古籍出版社.

이기천, 2014, 〈唐代 高句麗·百濟系 蕃將의 존재양태〉, 《한국고대사연구》 75.

이기천, 2021, 〈唐宋代 墓誌의 연구와 生年 표기−나이 세는 방식의 혼란과 제안−〉,
        《중국학보》 96.

이문기, 1999, 〈新羅 金氏 王室의 少昊金天氏 出自觀念의 標榜과 變化〉, 《역사교육
        논집》 23·24.

이성규, 2003, 〈고대 중국인이 본 한민족의 원류〉, 《한국사시민강좌》 32.

이영호, 2022, 〈신라 아찬 金恭順 神道碑片 검토〉, 《영남학》 81.

이우태, 2014, 〈李璆夫人京兆金氏墓誌〉, 《한국금석문집성》 7, 한국국학진흥원.

전덕재, 2004, 〈신라의 대외인식과 천하관〉, 《역사문화연구》 20.

夏培朝·魏鍼, 2025年 6期, 〈唐新羅質子金泳墓誌考略〉, 《考古與文物》.